中国人应该知道的100部百家经典

十分钟读透一部儒学、佛学、术数、医学经典

中国经典一本通

ZHONG GUO JING DIAN YI BEN TONG

陈韵鹦◎主编

经典珍藏

陕西师范大学出版社

·目　录·

中国古典文化之旅

一、典籍——中国文化的承载方式

中国文化有影响世界的特质，而它这种强大的吸引力，来自它极其旺盛的生命力。奇怪的是，当世界中的其他文化在不断被打破和重建的时候，中国文化却以一种奇妙的一贯性和连续性传承至今。

能够将文化如此一贯连续的保存发展下来，最功不可没的，当然就是文字。在没有发明录音机、摄像机的年代，要想把声音和影像保留下来，那简直就是不可能完成的使命。所以全世界的人类都掀起了文字发明运动，这才让我们知道曾经有那么一些辉煌文化的存在。两河流域的人们发明了在泥版上刻字，埃及人发明了用轻便的纸草卷轴来记录历史，而中国人将文字刻在了不易损坏的龟甲上、青铜器上。泥版易做却不易保存，纸草卷轴轻便却昂贵，青铜器龟甲耐久却书写困难，这些都无法让文化得以长期有效的传达。

春秋时期，那些由绳子栓在一起的竹简，制作方便、价格低廉、易于普及，加上书写代替了契刻，文化打破了官家的垄断，得以广泛传播。中国文化经历了“焚书坑儒”、外族入侵等灾难性的打击，仍然坚毅地生存并焕发出勃勃生机。

■ 中国典籍的类别

几千年过去了，用来承载中国文化的书籍越来越多，已经是浩如烟海。今天，要想了解中国文化，必须要懂得如何在海量的书籍中去选取适当的书籍。

清朝虽然文字狱严酷，但统治者至少还向往中国传统文化，更鼓励学者整理古代文献，将那些海量的书籍整理归类，这就成就了中国古代最大的一部官修书、最大的一部丛书——《四库全书》。《四库全书》收录了古籍3503种，79337卷，装订成三万六千余册，几乎囊括了中国古代所有书籍，是至今最完整的古代文化资料库。为了将这么多书籍有序的编放在一起，《四库全书》对所有的书籍进行了分类，我们寻着这个分类，即可将中国书籍的种类尽览。

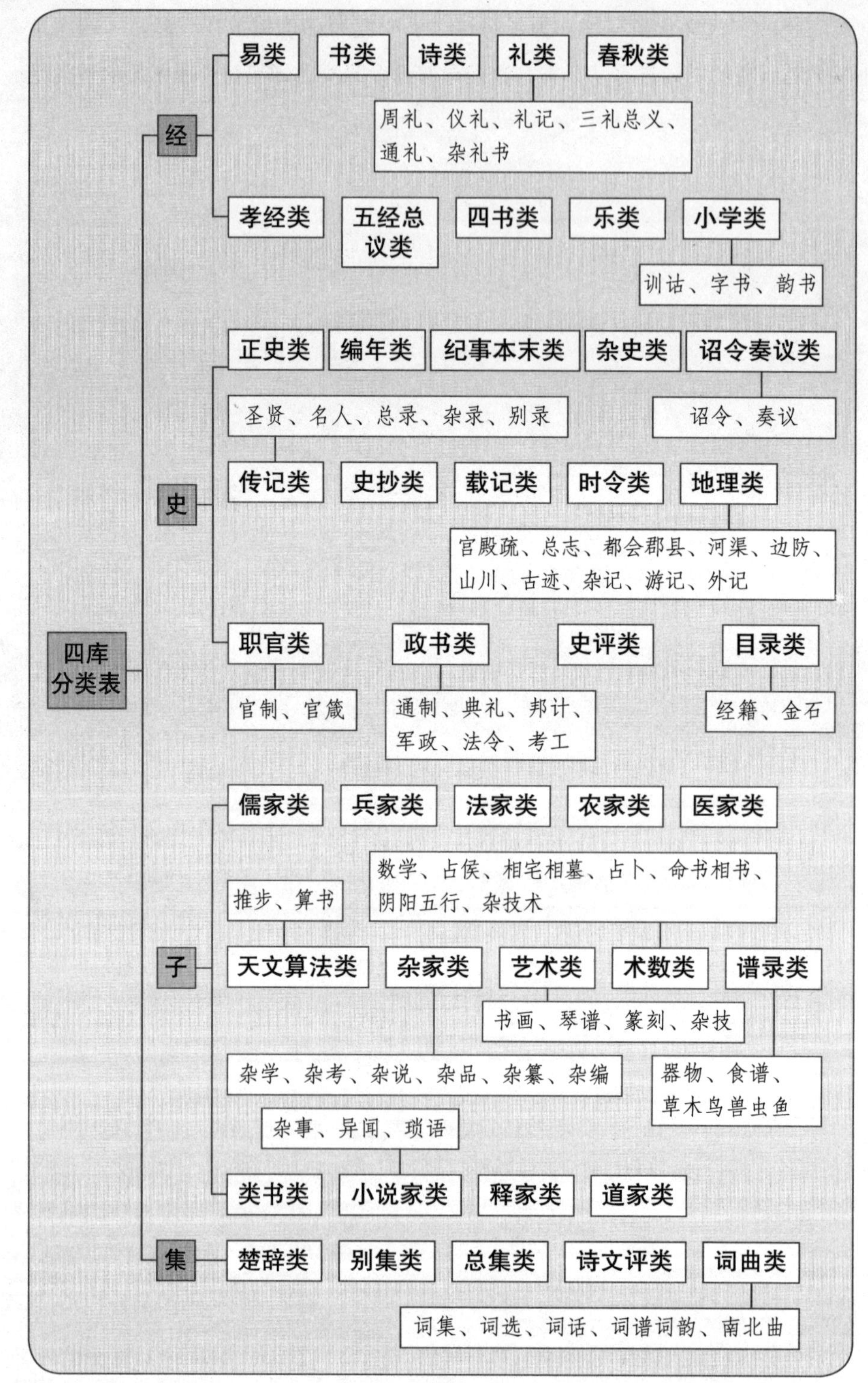

四库分类表
经
易类
书类
诗类
礼类
春秋类
周礼、仪礼、礼记、三礼总义、通礼、杂礼书
孝经类
五经总议类
四书类
乐类
小学类
训诂、字书、韵书
史
正史类
编年类
纪事本末类
杂史类
诏令奏议类
诏令、奏议
圣贤、名人、总录、杂录、别录
传记类
史抄类
载记类
时令类
地理类
官殿疏、总志、都会郡县、河渠、边防、山川、古迹、杂记、游记、外记
职官类
政书类
史评类
目录类
官制、官箴
通制、典礼、邦计、军政、法令、考工
经籍、金石
子
儒家类
兵家类
法家类
农家类
医家类
推步、算书
数学、占侯、相宅相墓、占卜、命书相书、阴阳五行、杂技术
天文算法类
杂家类
艺术类
术数类
谱录类
书画、琴谱、篆刻、杂技
杂学、杂考、杂说、杂品、杂纂、杂编
器物、食谱、草木鸟兽虫鱼
杂事、异闻、琐语
类书类
小说家类
释家类
道家类
集
楚辞类
别集类
总集类
诗文评类
词曲类
词集、词选、词话、词谱词韵、南北曲

这些门类中，除了章回小说、戏剧著作之外，基本上包括了社会上流传的各种图书。

■ 中国典籍的装帧

中国古典书籍非常独特，一张张纸经过特殊的装帧，变成一种艺术，让中国书籍本身就有了一种特殊的审美趣味。

中国古典书籍主要有以下几种装帧方式：

1.卷轴装	这大概是由简册和帛书的装帧方式延续而来的。它把幅度相等的若干幅纸粘结成一长条，左端安上一个轴，以轴为中心，从左向右卷成一卷。也有的不用轴。 该装帧方式盛行于南北朝至唐代，有意思的是我们发现西方早期的纸张也使用这种卷的方式，只不过不用轴而已。
2.册叶装	册叶装又分为经折装和蝴蝶装。 经折装是由卷轴装过渡而来的，即将一长条，按一定行数左右折叠成长方形，前后加封面。 蝴蝶装则是将印好的一整页，以有字的一面对折，数页为一叠，将若干叠的版心处（一般来说是整叠的右边）粘于用作前后封面的硬纸上。当书摊开来的时候，从侧面就可以看到仿佛蝴蝶一样舞动的翅膀。 这种装帧出现在唐末五代，宋元时期最为盛行。
3.包背装	将书页无字的一面对折，数页为一叠，右边版框空白处打眼订捻（用线、纸等搓成的条状物），前后封面是一整张纸，书脊被包裹起来。 这种方式很像我们现在的装订手法，在元代和明代前期最流行。
4.线装	线装书的折叠方法与包背装一样，只是打眼处改用线装订，前后封面各用一纸。 线装在明代中期出现，是中国古典书籍最后的，也是最通行的装帧形式。明清时期，很多宋元古书重新装修时大半都改为线装。我们今天很多时候都把“线装书”当做了古书的代名词。

■ **中国典籍的名称**

刚接触中国古典书籍的人，经常为书的名字而困惑，不知道是什么意思。其实古书名比较复杂的，基本都集中在古人的著作集名上，而其由来，都有规律可寻。它们或是以作者的名字，或是以作者的籍贯、居住地、斋室，或是以作者的官衔、封号等作为著作的名称。只要了解各个作者的背景资料，就可以对号入座的知道各著作集是属于哪个作者的了。

类型	说明	示例
作者本名	以本名为著作集名的现象较少，但却是认识著作作者最方便的名称了。	《杜审言集》 唐代有诗人叫杜审言，此为他的诗集
作者的字或别号	古代的文人雅士喜欢为自己取“字”或“别号”，“字”通常是对自己名的解释，而“别号”则随意性很大，可以用来表达自己的爱好，也可以用自己的斋室名称或居住地。	《曹子建集》 曹植字子建，此为他的作品集
作者籍贯	因为儒教对伦理孝道的提倡，使得中国人尤其是中国文人非常注重自己的根源，所以对出生地也有一种格外的尊重。	《曲江集》 唐代诗人张九龄为曲江人，此为他的作品集
作者的堂名、室名	古代士大夫除了住室之外，还有专为进行读书、藏书的处所，多以堂、室、斋、居、轩、亭、庵、馆为名，讲究点儿的称楼称阁。	《玉茗堂全集》 明代汤显祖家有玉茗堂，此为他的作品集 《随园诗话》 清代袁枚家筑有一座随园，此为他的作品集

作者的官衔

古代文人十年寒窗往往为的就是一日高中，所以为了表达对其的尊敬，常用官衔来为其作品集命名。有的是用作者曾任官职中最高的官衔作集名，有的则以作者诗文创作较多或成名时的官衔作集名，也有一些是以作者做官时所在的地名作集名的。

《杜工部诗集》

杜甫一生所任的最高官职为检校工部员外郎，此为他的作品集

作者的封、谥

封号和谥号是朝廷对一个人的承认，是一种很高的身份象征。

《谢康乐集》

南北朝的谢灵运袭封为康乐公，此为他的作品集

《温国文正司马公集》

宋朝的司马光被封为温国公，谥文正，此为他的作品集

成书年代

以作品集编辑成书的年代为版本或集名的名称。

《白氏长庆集》

唐穆宗长庆年间，唐代白居易的诗文集编辑成书，此为其作品集

以上几种命名方法，有时交互使用，这就造成了同书异名的现象。

二、孔子——中国文化传承的极大贡献者

孔子的伟大，不仅因为他是儒家的创始人，更因为他在中国文化传承中，做出了极大的贡献。

孔子做了一件非常伟大的事，就是将那些难以传播到民间的文字，编撰

成书，成为当时的教学课本，代代相传，成就了中国文化真正意义的传承。

◇“对孔子的尊敬不仅限于中国人，儒家思想传入西方后为很多的思想家认可，孔子也成为他们膜拜的对象”

孔子可以算是中国历史上的第一个编撰者，而且他已经拥有了自己的编辑思想。他根据自己的政治思想，对古代文献进行分类编撰，并注重这些即将成为学子课本的书籍，可能对社会造成的影响。除此之外，孔子还懂得海纳百川，不断地向同时代的学者学习，不断丰富自身，这正是其学识著作广博精深的原因。因此，孔子虽然身在鲁国，却没把自己的思维局限在一个小小的国家，他认为周王室是自己的宗主国，把殷商的承递关系看成中国历史的承递，这也就把中国看成是同文化的统一国家。国家的概念从此深入而清晰地刻在中华民族的脉络深处，也为国家的统一奠下思想的基础。

虽然中国文献的出现迟于两河流域和埃及，但是，简册的发明和孔子的编辑，使中国文化得到极大的推广和传播，并为中国文化的一贯性、连续性、包容性打下了坚实的基础。

三、造纸术、印刷术——中国文化的推广技术

中国四大发明中，有两项是跟中国文化的发展息息相关的。这一是纸张的发明，轻便而廉价的纸，让文化为更多人掌握成为一种可能。这二是印刷术，中国古典书籍告别了契刻，告别了手写，文化得以更迅速更广泛的传播和推广，从而拥有了旺盛的生命力。

■ 纸张的发明

许慎在《说文解字》中对“纸”的解释是：“纸，絮一沾也”，“沾，澈絮箦也”，“澈，于水中击絮也”。“絮”是指原料，“沾”是工具，“澈”是方法，服虔《通俗文》中称：“方絮曰纸”，也就是讲到了纸的成品形状了。所以在古代，纸是指水中的絮，经过滤水脱水后，黏结后而成的方形物。

教科书中通常说东汉宦官蔡伦是纸的发明人，这是根据《后汉书·蔡伦传》的记载，说蔡伦发明了用树皮、麻绳、破布、鱼网等制造纸张的方法，并将其进献给皇帝，当时皇帝对这一发明十分称赞，这就是“蔡侯纸”。所以蔡伦这才被尊为纸张的发明人，而他向汉和帝刘肇献纸的时间（105年），被当作了纸的诞生日。但现在的学术界公认，事实上在蔡伦造纸之前，已经有了纸的出现，并大量的投入了使用。

1957年，考古人员在西安灞桥的古墓中发现了三面铜镜下成叠的88片古纸残片，这一墓葬的年代不会晚于公元前118年，这个时间比蔡伦造纸早了两百多年，也就是说，在蔡伦造纸前就已经有了大量的纸的出现。在之后的考古发现中，更有不少证据再次有力的证明了这一观点。

目前可知的纸张最早出现在西汉初年，当时的纸是麻质纤维的。这种麻纸并不具备书写功能，它当时主要被用于包装和卫生清洁。《汉书·赵皇后传》中提到“里药二枚赫蹏”，就是指当时用来包装用的小幅薄纸，它比起之前使用的布块、植物叶子等包装材料方便很多，之前提到的灞桥纸也就是铜镜的包装垫衬。加上在卫生清洁方面的卓越表现，使当时的纸张成为至少上层社会家庭的生活必需品。不断增加的需求量，使生产纸张开始成为一门新的行业。之后纸张的材质得到改进，甚至已经可以用于书写和绘画了。1986年在天水一座西汉墓中考古发掘出的一张地图，是目前所知的最早的纸张实物，这也成为西汉初期中国就拥有可供书写的纸张的明证。

蔡伦的造纸，无疑是在民间造纸工业的基础上进行改造完善的造纸方法，它使造纸技术有了跨越式的发展。即使现代的造纸术已经很发达了，但造纸的基本原理还是当年蔡伦造纸的方法。虽然今天的造纸原料大多换为了木浆，但在制造高级印刷纸、卷烟纸、宣纸和打字腊纸等时，依然使用采用蔡伦造纸术中的原料。

蔡伦纸的优越性，使其成为造纸的通用标准，纸张在中国得到广泛的使用。到了公元8世纪，纸张被出口到亚洲各国，但纸张的制作方式却始终保密。后来由于阿拉伯人俘获了中国的造纸工匠，从而使造纸技术在阿拉伯传开，并经其传到北美和欧洲。纸张这才在全世界广泛的使用和制造，从而对世界的发展发挥了巨大的影响。

■ 印刷术的发明

随着纸张的广泛使用，读书人也由上层社会向更广泛的社会层面发展，这也就使书籍的需求量得以增加。然而在印刷术发明之前，读书人要拥有书仍不是一件容易的事。书籍的手抄形式，使书籍的生产周期、成本都超出了一般人的承受能力，只有官府和富人才有藏书的能力。

由于手抄书费时、费力，还会因为抄写过程发生人为的错误和疏漏，所以这种形式不仅不利于文化的发展，更使文化在传播中有所损失。为了改掉文化传播方式中的这一缺点，聪明的中国人从印章和碑拓中发现了更为方便、快捷又经济的传抄方式。

印章在先秦时就已经出现了，当时的人在硬质物体上刻写姓名、官职、机构等文字，盖在简牍封口处的泥上。这是当时的保密手段，在纸张发明后，这种保密手段就改为用沾上墨的印章盖在公文的接缝处或公文袋的封口处。印章的好处在于一枚刻好的印章可以反复的使用很多次，都能基本保持其原貌，这无疑给印刷术发明以很好的启示。

碑拓更为印刷术的发明以直接的启发作用。碑刻至少在春秋时就已经出现，东汉以后，石碑就相当盛行了。汉灵帝四年（175年），为了弘扬儒学，蔡邕建议朝廷将《诗经》、《尚书》、《周易》、《礼记》、《春秋》、《公羊传》、《论语》等七部儒家经典刻为石碑，立在太学门前。历时8年，46块石碑刻成，成为当时读书人的经典，争相传抄。到了魏晋六朝时，有人趁看管不严或无人看管，把纸覆盖到石碑上，再用沾了墨的布包拍打纸张，从而把石碑上的文字原样复制到了纸上。这种原本自用的方法，因为简便、快速，让一些人看到了商机，便冒险将文字拓下来出售，这就使这七部儒家经典真正得到

了广泛的流传。

有印章和碑拓在前，印刷术的出现也就只是时间的问题。到了晋代，葛洪在《抱朴子》中提到，当时的道家已经在使用一种可以容纳120个字的大木印了，这可以算得上是雕版印刷的雏形。而目前我们能看到的最早的雕版印刷实物，是于868年刻印的《金刚经》，它作为世界印刷业的最早物证，而名声远播。

雕版印刷突破了手抄本的在制作周期和人工上的局限，一个印工一天可以印上千张，一块印板可以使用上万次。如此的经济和快速，在当时是具有巨大的跨越意义的，对文化的传播起到了极大的推动作用。但雕版并非想象中的那么简单，首先刻制雕版就是一个比手抄更为复杂的过程，需要花费大量的时间，一本大部头的书往往需要花费几年。可当一张雕版费力完成后，很可能发现错误，这就需要整块重刻，十分费时。另外储存雕版也是一个问题，那些木质雕版不仅要占用很大的存储空间，更会因为虫蛀、水浸等问题而遭到损坏，造成极大的浪费。再有就是一些书的印数并不大，而且也不需要重印，这就使它的雕版成为了废物。雕版印数的局限，却促使了活字印刷术的发明。

采用活字印刷方式的想法其实在秦始皇统一度量衡的时候就已经出现了，只是并没有得到广泛的应用。真正意义上的活字印刷，来自于沈括《梦溪笔谈》中的记录，这里记载了在1041～1048年间，一个叫毕升的平民发明了用单个胶泥烧制成的陶字组合成一板来印刷的方法。这种方法的好处在于用于印刷的版子是由单个字组成的，这就可以按照需要进行排列，省掉了雕版在时间和空间上的浪费，而且具有检字方便、纠错容易、使用经济的优点。然而毕升这个能极大的提高印刷效率的发明，在当时并没有受到重视，更没有得到推广。

◇毕升是活字印刷的发明人

所幸毕升的活字印刷术在沈括的笔下得以保存，之后这门技术又得到了改进，在材质方面更由胶泥演变出木质、铜质、锡质等。到了清代，木活字技术得到了政府的支持，当时的书籍几乎都采用木活字技术印刷，使得清代的印刷业空前繁荣。

日本是最早接受印刷术的国家，朝鲜也在中国的影响下开始使用印刷术，并率先发展出了铜活字印刷的方法。西方直到14世纪才开始接触到雕版印刷术，到了14世纪末才开始出现木版雕印的物品。活字印刷术传入西方后，德国人古登堡在1450年左右发明了用合金制成的字母活字，并用葡萄酒压榨机原理制造了印刷机，开始使用油性墨印刷。这便是现代印刷的开始。

印刷术在欧洲的推广，加速了欧洲的发展，促进了文艺复兴的出现。它在培根的眼中，是与火药、指南针并列的推动历时进程的重要发明。印刷术不仅成为中国文化的有力推动者，更成为世界文化的积极促进者。

第一章

儒雅之术——儒学

儒学以“仁义”为核心，意欲改造出一个理想的社会，它对“大一统”的提倡，使它最终得到皇权的认同，而承载其核心思想的“四书五经”也就成为了中国圣经式的书籍。

“儒”，在最早的时候，是对那些主持成人、婚丧及祭祀等仪式的司仪的称呼。孔子崇尚周朝的礼仪制度，并由此发展出自己的政治思想，孔子也就有了“儒”的称谓。在他传播自己政治思想的同时，便形成了儒家。

在儒家学派之前，古代社会贵族和自由民都通过“师”和“儒”接受教育，教育内容是传统的六德（智、信、圣、仁、义、忠）、六行（孝、友、睦、姻、任、恤）、六艺（礼、乐、射、御、书、数）。虽然当时还没有进行这么高度的归纳，但一个统一民族所具备的大国风范已经开始显现。然而春秋时期的诸侯割据，各自称雄，让周王室渐渐失去了统治地位，社会中处处充满着挑战传统文化权威性的危机。这就是孔子所说的“礼崩乐坏”。

孔子当时很痛苦，他认为失去仪礼是国家混乱的原因。他想提醒当时的君王们，但在那个群雄并争，弱肉强食的年代，讲究“仁爱”、大一统、君臣父子、华夷之辨等的思想，注定没有市场。

孔子明确提出“有教无类”的主张，认为应该扩大受教育的对象。他开始整理古代文化，编写出一系列优秀的课本，还概括出了一系列社会仪礼理论。不仅如此，他还身体力行地向全社会推广自己的思想理论，打破了这些思想从来只能由官家或贵族获得的传统。

◇孔子的思想革命是从教育入手的。

儒学在其发展演变的过程中，经过两次重大的改造，西汉的董仲舒和南宋朱熹是两次儒学改造的关键人物。孔子是儒家的创始人，董仲舒是儒学大师，朱熹是理学大师，这三大体系是儒学发展的三个里程碑。

虽然后世儒学成为了统治者的工具，但其中那些不可磨灭的优秀思想，却教育和培养了一批批致力于树立完整人格的独特的中国文人。

■ 儒家经典

儒家经典主要有儒学十三经：

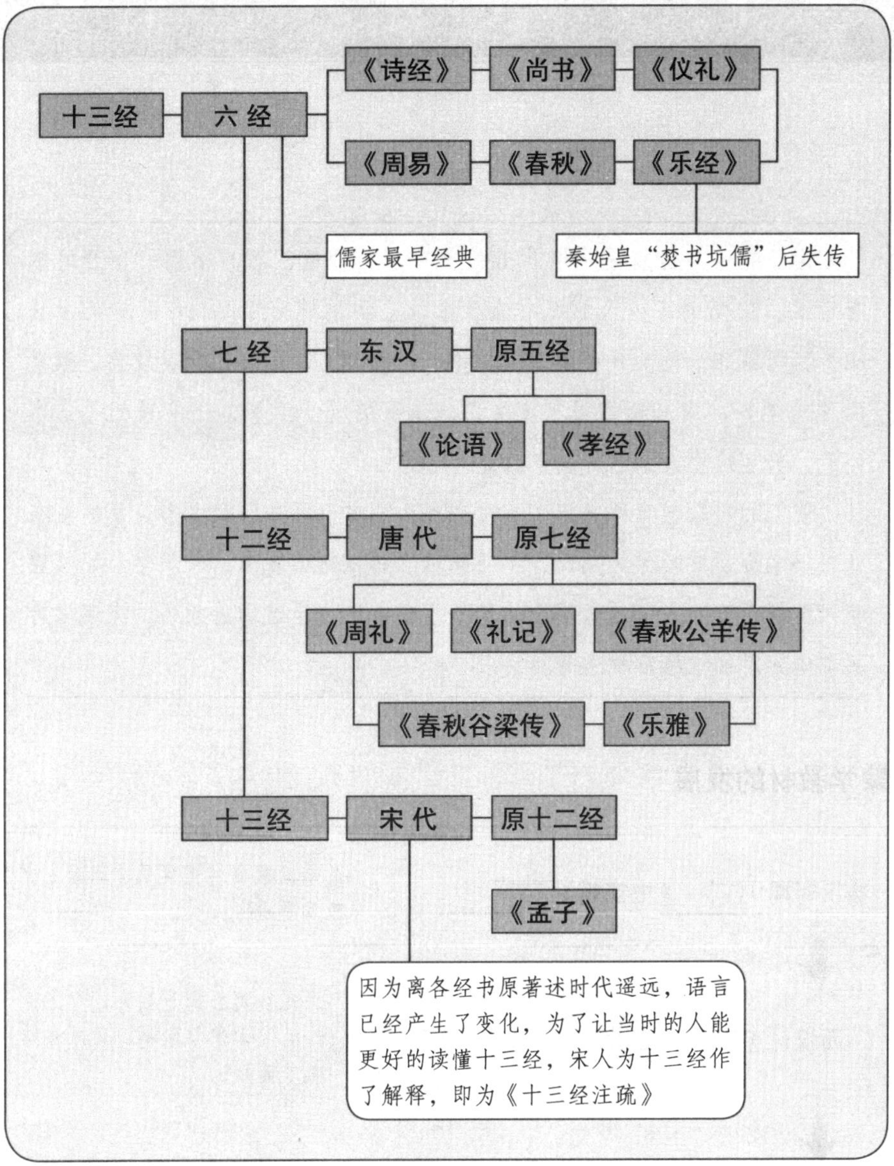

十三经 — 六经 — 《诗经》《尚书》《仪礼》《周易》《春秋》《乐经》

六经：儒家最早经典

《乐经》：秦始皇“焚书坑儒”后失传

七经 — 东汉 — 原五经 — 《论语》《孝经》

十二经 — 唐代 — 原七经 — 《周礼》《礼记》《春秋公羊传》《春秋谷梁传》《乐雅》

十三经 — 宋代 — 原十二经 — 《孟子》

因为离各经书原著述时代遥远，语言已经产生了变化，为了让当时的人能更好的读懂十三经，宋人为十三经作了解释，即为《十三经注疏》

第一节 童子之学——蒙学

由于孔子自身就是一名优秀的教育家，他的门派自然拥有良好的教育意识。中国的不少大儒就有为孩童作蒙学教材的好传统：李斯的《仓颉》，司马相如的《凡将篇》，杨雄、班固的《训纂篇》及其续篇，蔡邕的《劝学》，周兴嗣的《千字文》，朱熹的《小学》，王应麟的《三字经》，都是这些大儒们为孩童们量身打造的。

儒家的启蒙教育不是识字、写字那么简单，那些蒙学之书注重的是在让孩子学会识字写字的同时，也能够树立起良好的观念。《三字经》《百家姓》《千字文》，这些现在依然为国学者津津乐道的启蒙书，在字里行间都透露着儒家的哲学思想。

蒙学教材的发展

时期	教材	说明
秦汉时期	《史籀篇》	最早的蒙书，据说是“周时史官教童书也”。
西汉	元帝时黄门令史游作《急就篇》	是汉魏两晋南北朝时期广泛流传的蒙学识字教材，同时介绍各方面知识。
唐以后	陆续出现《千字文》《百家姓》《三字经》	“三、百、千”配合成套，成为蒙学集中识字阶段的通用教材。

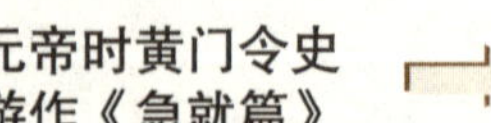

蒙学之首——《三字经》

《三字经》结构严谨，文字简练，内容丰富，而且句句押韵，琅琅上口。作为在元、明、清时期流传最广的蒙学识字课本，《三字经》可谓家喻户晓、妇孺皆知，更因它的思想性拥有了蒙学之首的美名。

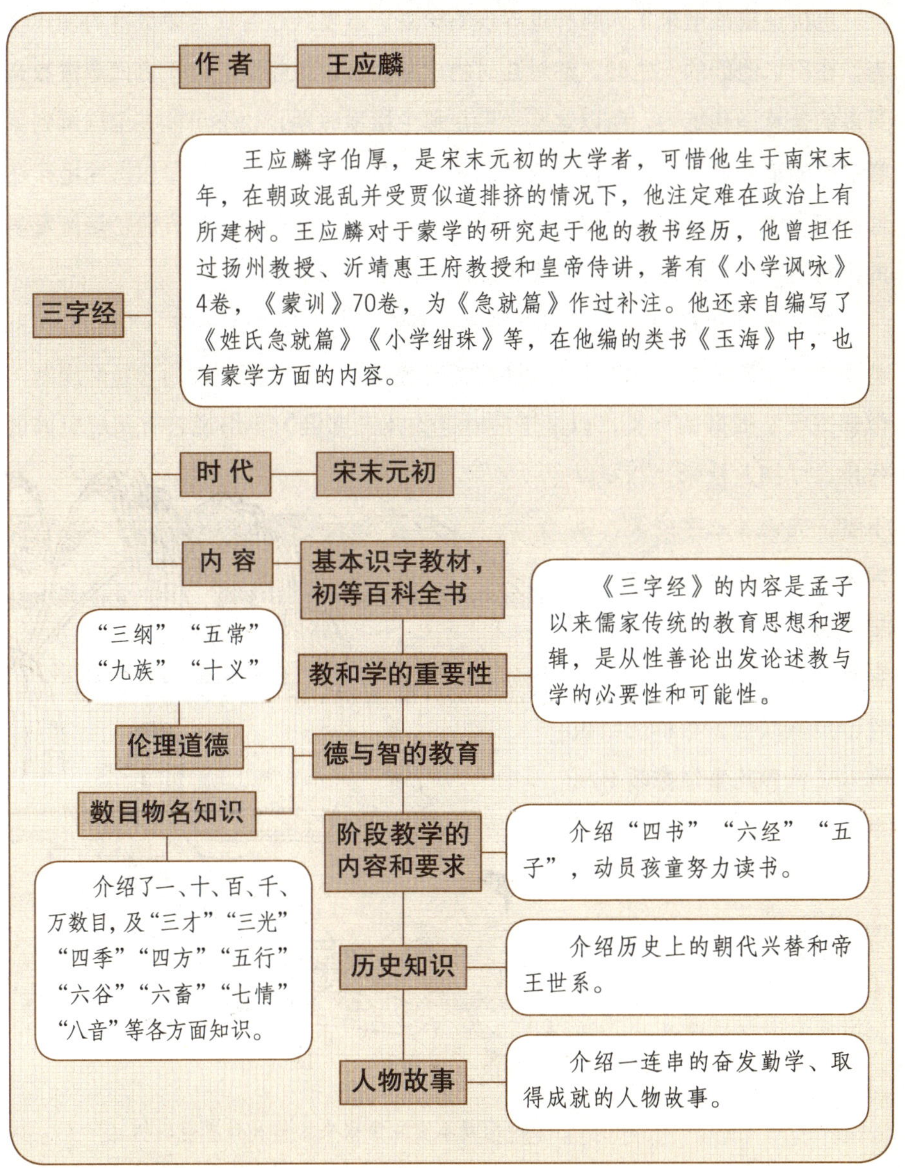

■ 现代启蒙教育VS古代启蒙教育

现代启蒙教育最为注重的就是“自我的认知”，也就是教给孩子知道我是谁，我的周围有些什么，我与我的周围有什么样的关系。这是一种取自西方的非常注重知识和应用的一种教育方法。

但源自儒家的中国古代启蒙教育，却认为在普通的知识和应用的基础之上，更应注重孩童未来人格和世界观的树立。很多经过古代启蒙教育的现代学者，在回忆他们的一生时，都对儿时的启蒙教育印象颇深。由于古代启蒙教育更多的是背诵和练习，所以这些学者在那个懵懂时期，也不可能完全理解到蒙学书中的诸多道理，但到他们成年之后，那些含义深刻的话语早以深深地印在他们脑海中，并一次次浮现出来，验证现实，提醒他们为人的方法，这些蒙学的语句其实已经成为了他们一生为人做事的准则指引。

这些准则和指引并非用深奥的语句写成。《三字经》三字一句，两句押韵，内容非常浅显，孩童读和背诵都相当容易。《三字经》的内容虽然庞杂，但却进行了很好的分类，以至于旧时评论《三字经》，都说它有拓展见闻的作用，“初入社学，八岁以下者，先读《三字经》，以习见闻。”还被誉为是“袖里《通鉴纲目》”。而《三字经》所具有的思想教育性，更被联合国教科文组织列入《世界儿童道德教育丛书》。

正是《三字经》所拥有的独特魅力，使它渐渐走进了今天的课堂，并准备申报国家非物质文化遗产。

◇中国蒙学更注重未来人格和世界观的树立

姓氏大全——《百家姓》

人类对于自己的根源问题从来都充满了兴趣，对自己家族繁衍的历史也希望能清晰明了。在中国，“根”的意识尤为强烈，《百家姓》不仅是民间脍炙人口的启蒙读物，而且是我国姓氏寻根探究的雏形，是研究中国社会生活，历史传统的文献之一。

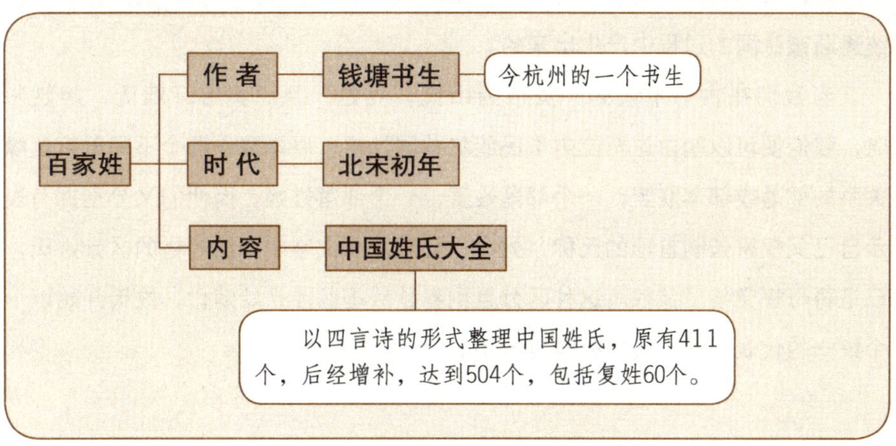

（1）赵、钱、孙、李

几乎所有的中国人都知道“赵钱孙李”代表着中国姓氏，但为什么这四个姓会排在《百家姓》之首？

根据南宋学者王明清的考证，这几个姓氏的排列非常讲究。

赵，是指赵宋，即是当时国君的姓，国姓理应列在首位。

钱，是五代十国中吴越国王的姓氏，当时他们的后裔就住在浙江，所以排位第二。

孙，为当时钱姓王钱俶的正妃之姓，借“钱”的威名得以爬升。

李，为南唐国王的姓氏。

（2）“姓”与“氏”

从世界范围来看，姓氏都是血脉关系的外在烙印。在中国，“姓氏”并非只是一个词，它其实包含的是两种血脉传承的关系。

早在五千多年前，中国就已经形成了姓氏的概念，并不断扩大发展，得以延续。但最早的时期却是只有“姓”，没有“氏”。“姓”从字源上来说，就是“女生”，女人生下的意思，它的血缘关系很明显是母系的。所以中国最早的姓，大都有个“女”字旁：姜、姚、姒、妫、嬴等。“氏”则是在父系血统逐渐被认同的过程中产生出来的。

当我们在古书中读到“炎帝列山氏，姜姓”及“黄帝轩辕氏，姬姓”时，我们便可以明白这两位中华民族的共同始祖，原本属于两个不同母系血缘关系的部落或部落联盟，一个部落姓姜，一个部落姓姬，而他们又分别拥有表示自己父权家长制首领的氏称：列山、轩辕。而文字中如此严格的区分姓氏，已是将母权交与了父权。这种区分直到春秋战国后才开始消亡，姓氏开始以一个统一的代表父系血统的符号传承了。

第二节 中国圣经——经典教材

只要谈到中国传统文化，不可避免的就要提到四书五经。

四书五经是四书和五经的合称，它们均为儒家经典书籍、教育子弟的标准课本。

作为儒家经典，四书五经记载了中国文化发展史上最活跃时期的政治、军事、外交、文化等各方面的史实资料及经典的孔孟思想，历代科举选仕的试题必定出自其中。这也就使四书五经拥有了在中国最广泛的传播性，成为中国古代文人必读的、圣经般的书籍。

四书

四书的组合方式比较特别，它包括《论语》《孟子》《大学》《中庸》，《论语》《孟子》分别是孔子、孟子及其学生的言论集，《大学》和《中庸》则源自于《礼记》。首次将它们编在一起的，是南宋时著名的大儒朱熹。

其实在朱熹之前，程颢、程颐兄弟已在大力提倡这几部书了。他们认为，《大学》是孔子讲授“初学入德之门”的要籍，由孔子的学生曾参整理成文；《中庸》是“孔门传授心法”之书，是孔子的孙子子思传给孟子的书。这两部书与《论语》《孟子》形成了儒学的基本思想体系，是研治儒学最重要的

文献。

根据这样的观点，朱熹把《论语》《孟子》《大学》《中庸》这四部书编在一起。这四本书正好出于早期儒家的四位代表性人物——孔子、曾参、子思、孟子，所以又被称为“四子书”，简称为“四书”。

由于以程颢、程颐兄弟和朱熹为代表的“程朱理学”地位的日益上升，朱熹死后，朝廷便将他编定注释的《四书》审定为官书，成为标准课本。元代恢复科举考试后，朝廷正式把出题范围限制在朱熹注释的《四书》之内，直至清朝末期。“四书”不仅成为了儒学的重要经典，也成了每个读书人的必读书，成了古代中国标准的小学教科书。

入德之门——《大学》

这里的大学，并非指学校，它是儒家学子在经过了蒙学的启蒙教育之后，正式进入儒学教育的第一本正规课本。虽然只有两千多字，《大学》却给学生定了一个学习的规矩——学习的目的和步骤，因为它的重要性，朱熹将它放在了四书之首。

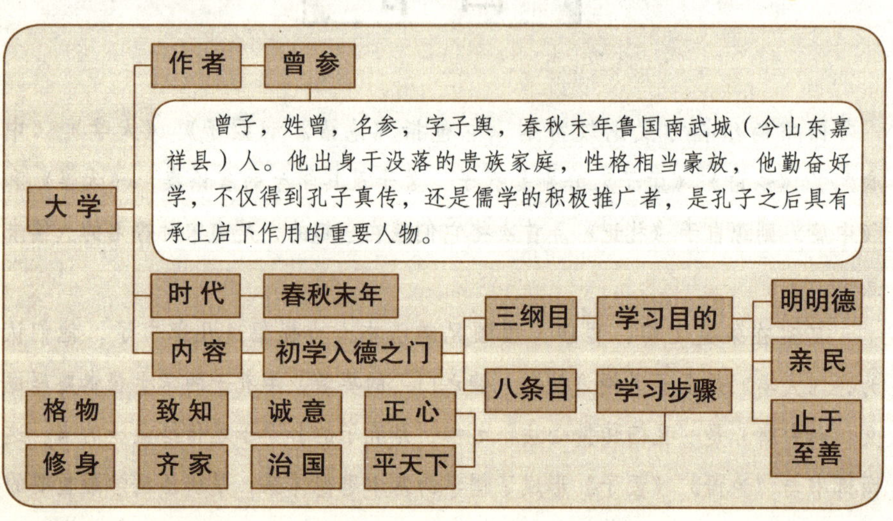

（1）大人之学

■ 大学与小学

大学和小学，不是近代才出现的名词，在古代，大学和小学分别代表不同的学问，而现代，大学、小学则是指学习的阶段。

儒学中的小学是指研究文字的学问。比如训诂，就是研究文字来源的学问；句读（dòu），是研究如何读文字断句的学问。这样的学问是用来让学习者更好地理解并传播文化的，是初学者必学的课程。大学则是指可以治国安邦的学问。治国安邦才是孔子创立儒学的目的，是大人才能学习的学问。

虽然大学有大人之学的解释，但是并不是说小学就只是孩童学习的内容。小学中的训诂是门很高深的学问，中国的文字是怎么来的，古时候读什么音，是什么意思，又是怎么发展到现在的写法和含义的。当专心于这些学问的学者们，把古人的话弄明白了，我们才知道古人究竟说了什么，那些优秀的文化才能更为完整地保留下来，而前人治国安邦的学问才能被我们真正的融汇贯通。

■《大学》版本

我们今天看到的《大学》原本是《礼记》中的第四十二篇，因为《大学》所拥有的精深思想，让它脱颖而出。后代的学者逐渐认识到了它的重要性，开始把它单独进行讲解和学习。在继承前人的思想下，朱熹重新编排和整理了《大学》，还将它分为“经”一章，“传”十章。他认为“经”是由曾子记录的孔子的语录，而“传”是由曾子的学生记录的曾子解释“经”的话。

朱熹的重新编排和整理，导致了一个新版本的诞生。由于后世科举对朱熹编撰版本的推崇，令朱熹版《大学》广泛地传播，书商们也乐于偷懒，经常把《礼记》中的《大学》删去。我们今天已经很难看到原版《大学》，看到的几乎都是朱熹版了。

（2）大学之道

无论是《礼记》版还是朱熹版的《大学》，它们的开头都是相同的，而开头的这段文字，就是《大学》的纲，也是儒学的纲要。

■ 儒者的终极理想

“大学之道，在明明德，在亲民，在止于至善”，这就是《大学》的第一句话，它讲的正是儒家学者的终极理想。

儒家认为成人学习的根本有三点：

首先是要“明明德”，就是要把原本人自身所具备的善良通明的品德展现出来。虽然每个人都有这样的品德，但不是每个人都能将它们展现出来。因为后天的遭遇和教育，有的人不由得隐藏自身，以换取某种安全。但这样的做法，就是人为地为自己戴上了假面具，如果全社会的人都这样，人与人就会缺乏起码的信任，令社会不安定。这正是儒家不愿看到的结果，所以儒家首先要倡导彰显自身的纯良光明的德行，以纯良整个社会。

其次是要“亲民”，就是要身躬力行地与周遭人相亲近，知其所难，助其所危。这是一个很广义的说法，后面我们可以知道每个儒家学者都有治国平天下的理想，虽然不是每个人都有这样的真实机会，但不等于没做官的人就不需要与民相亲。所以所谓亲民，大的是指要亲近治下的民众，小的则是指要关心周遭的每个人，无论为官还是为民，都要有为民着想、关心社会的心，这样才可以创造一个和谐的社会环境。

最后是要“止于至善”，就是将事物做到尽善尽美而不动摇。这是一个很高的境界，要知道，将事物做到尽善尽美是非常不容易的，“做一件好事并不难，难的是一辈子只做好事，不做坏事！”这可以说是对“止于至善”最好的解释。

儒家心目中有一个理想的大同世界，在这个世界里，人们单纯善良，不欺互助，和谐无间。而要实现这样的大同，无疑需要每个人的努力。“明明德”“亲民”“止于至善”，统称为《大学》的三纲目，是儒家教育希望每个儒者应该具备的人生终极目的。

所以《大学》的根本宗旨在于为实现大同而进行的基础人格教育。

◇《大学》是儒家正式入门的第一课。

■ 接近大学之道的方法

《大学》开篇就是大道理，不容易被理解，但儒家的理论化学习却有它实际的意义。

儒家有句话是要“知其然”，还要“知其所以然”，就是说不仅要知道一个事物是怎样的，还要知道它为什么是这样的。比如说我们都知道“青，取之于蓝，而青于蓝”——青色是从靛蓝这种草中提取出来的，但颜色却比靛蓝深。这是因为靛蓝作为一种植物，它的青色只是用来作为光合作用的工具而已，而青作为一种颜料，它必须去掉靛蓝中不能表现青色的部分，从而变得更为纯粹。

根据这样的理论，我们可以在生活中得到一些相关的经验：经过定向提炼的物体一定在某方面比原事物更好，专注于某一领域比广泛的了解更容易出成就等。比如现在的中成药，就着重研究如何从传统的草药中提取能治病的有效因子，中药也就向着既安全又有效的方向发展。致力于这个领域的专家们，经过多年的努力也终于使世界开始逐步认可中国医学。这就是理论的运用，即我们常说的“举一反三”。

“举一反三”是让学习事半功倍的好方法。不过，这首先需要一个人能够对事物的原理进行归纳，这就是刚才说的“知其然而知其所以然”。得出了理论的知识之后，这个人还要将它们推导联想或运用到平常生活中去。只有这样，才能将从一个事物中学会的经验，应用到别的事物中。只有这样，才可能

做到不死读书。

为了让这些理论更好地被理解，并运用，曾子在其后专门对它们进行了解释：

“知止而后能定，定而后能静，静而后能安，安而后能虑，虑而后能得。物有本末，事有终始。知所先后，则近道矣。”——当人知道了要达到的目标之后，才能意志坚定，有了坚定的意志，才可以做到镇定不急躁，这样才可以随遇而安，得到思虑的空间，从而能在周详的考虑中有所受益。每个事物的发展都是有先后规律可言的，只要明白了这个道理，也就接近“大学”的根本了。

曾子用心良苦地告诉世人，不要被“明明德”“亲民”“止于至善”这些听起来大而空的理论给吓怕了，它们不过就是一盏灯，一盏在黑夜里指路的明灯，你看到了它，便有了目标，就会有了坚持走下去的意志而不会急躁，无论道路中有怎样的艰难险阻，你都能随遇而安，并在重重困难中用自己的智慧解决问题获得经验，一步步地向目标靠近，只要这盏明灯在，达到目标只是时间问题。

■ 修身齐家治国平天下

现代教育喜欢教人养成定目标写计划的习惯，虽然很多人不喜欢，但它却是现代企业管理的必胜法门。很多公司都会要求每个员工、团队甚至企业自身具备各种目标和计划，长期计划套中期计划，中期计划套短期计划，年计划套月计划，月计划套周计划，周计划套日计划……虽然这件事看起来很繁琐，但如果真的把每个计划都落实了，就不怕办不好事。

但这绝对不是现代人才有的先进的思想，早在两千多年前，曾子就懂得这个道理了，他还把一个儒者应该有的目标和计划写进了《大学》！

“古之欲明明德于天下者，先治其国，欲治其国者，先齐其家；欲齐其家者，先修其身；欲修其身者，先正其心；欲正其心者，先诚其意；欲诚其意者，先致其知，致知在格物。物格而后知至，知至而后意诚，意诚而后心正，心正而后身修，身修而后家齐，家齐而后国治，国治而后天下平。自天子以至于庶人，壹是皆以修身为本。其本乱而末治者，否矣。其所厚者薄，而其所薄者厚，未之有也。”

曾子说，古代那些想要在全天下人面前展现自己的光明品德的人，先要治理好自己的国家；要想治理好国家，就要先管理好自己的家；要管理好自己的家，就要先修养自己的品性；要修养品性，就得先端正自己的心思；要端正心思，就得意念真诚；要意念真诚，需要先获得知识；获得知识的途径在于认识、研究万事万物。通过对万事万物的认识、研究，就能获得知识；获得知识后意念就能真诚；意念真诚后心思就能端正；心思端正后才能修养品性；品性修养后就能管理好自己的家；家管理好后就能治理好国家；国家治理好后就能天下太平。无论是国家的君王还是平民百姓，人人都要以修养品性为根本，若这个根本被扰乱了，要做好事情，就是不可能的！

曾子在这里提出的是八步走计划，即通往那个终极目的需要经过“格物、致知、诚意、正心、修身、齐家、治国、平天下”这么八个阶段，这就是后世学者归纳的“八条目”。如果我们把“明明德、亲民、止于至善”看做是长期目标的话，那么这八个阶段就分别是短期目标和中期目标，儒家学者严格地以此要求自己，寻求进步。

其实格物、致知、诚意、正心，都属于自我修养，是从知识、道德等方面对自己的磨炼。所以后世儒家学者都有一个明确的观念，就是即使自己再弱小，也要做到起码的修身、齐家，如果自己比较强大，则要向治国、平天下努力。“修身、齐家、治国、平天下”，最终成为儒家学者的口头禅，成为儒家学者的人生理想。

孔门心法——《中庸》

《大学》让儒家学者跟着“修身齐家治国平天下”的步骤不断进阶修炼，但这第一步的修身，究竟是要修成什么样，却讲得不是很明确。而《中庸》正是讲解儒家学者必需的心理修养和行为准则的，它的推广，最终形成了中国人儒雅含蓄的性格特征！

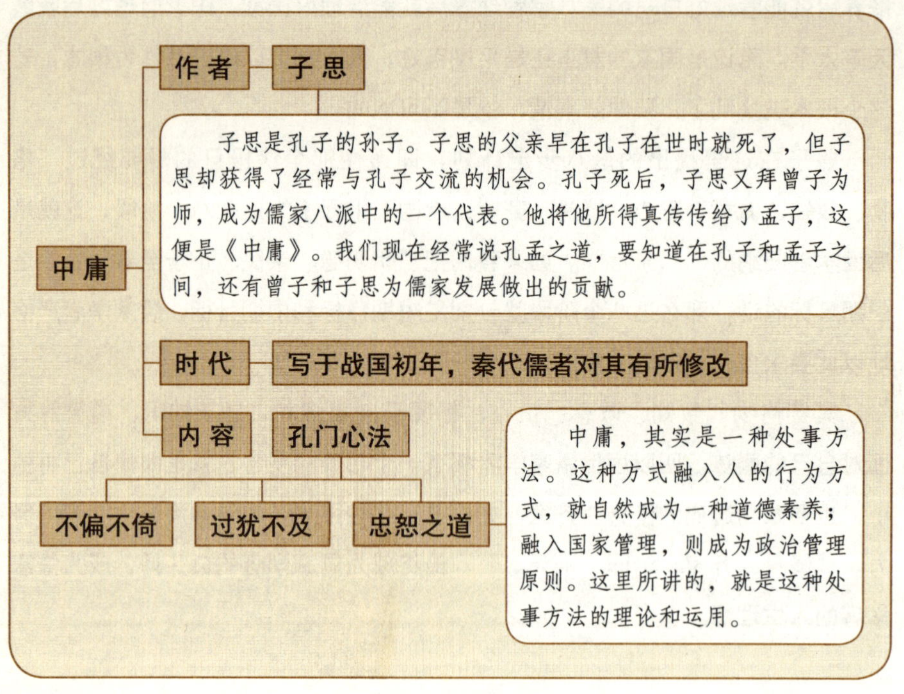

（1）心法要旨

虽然曾子在《大学》中告诉了门徒，儒家修炼所必经的八个阶段，但却没有透露在这修炼过程中应该抱有什么样的心态。子思不仅是曾子的徒弟，更是儒家开门祖师孔子的孙子，所以自然得到了儒家真传。他在看到《大学》缺陷的同时，自然著书弥补，这就是《中庸》，实为讲述儒门心法。所以儒家八派，数这一派最正宗。

儒家最高心法

中和

这是天地和谐的自然天性，是宇宙的本来状态，人一旦拥有这样的状态，自然可以所向无敌，天人合一。

方法

不偏不倚，过犹不及

注重客观事实，做事适度，成败与否决定于分寸的拿捏。

效果

天地位焉，万物育焉

天地万物达到一种和谐无碍的境界，人与天地合为一体，行事自在，对万物无害。

如何才能做到“中”

至诚无妄

“唯天下至诚，为能尽其性；能尽其性，则能尽人之性；能尽人之性，则能尽物之性；能尽物之性，则可以赞天地之化育；可以赞天地之化育，则可以与天地参矣。”

要想与天地并列，达到天人合一的境界，就必须要“至诚”。曾子也把“诚”作为达到最高理想的必需阶段，子思把诚发挥到极致。只有绝对的诚，才能充分发挥自己固有的天性，才能发挥天地无私的本性，才能发挥事物最大的能力，才能参与天地化育。

诚

诚可不是单指诚实这种品行，中庸的诚是在讲客观事实。客观事实就是天道，如果人能熟练运用它，就拥有了人道。

诚的修养

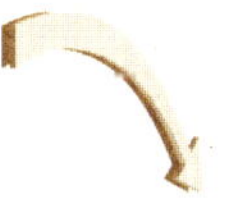

对自己

“博学之，审问之，慎思之，明辨之，笃行之。”

学、问、思、辨、行

广泛学习，详细询问，周密思考，明确辨别，切实实行只要能做到以上五点，不管天赋如何，是人都可以达到中和境界。

对别人

忠恕

己所不欲勿施于人

凡事懂得设身处地为他人着想，自己不喜欢的，也不能强要求别人。人与人多些理解，社会也就更多地拥有和谐。

言行一致

“言顾行，行顾言，君子胡不慥慥尔。”

说话的时候能考虑到自己是否能做到，做事的时候能考虑到自己所说的话，如此一来君子怎么可能不忠厚诚实呢？

至诚无妄

实事求是

“君子素其位而行，不愿乎其外。”

君子就该安于自己所处的地位，做应做的事，不生非分之想。

“素富贵行乎富贵，素贫贱行乎贫贱，素夷狄行乎夷狄，素患难行乎患难，君子无入而不自得焉。”

一个人处在富贵中就按富贵的情况做事，处在贫困中就按贫困的情况做事，处在蛮夷之地就按蛮夷的情况做事，处在患难的境地就按患难的情况做事。一切从实际出发，不妄想跟自己不一样的境界，那么人无论处于什么情况都能安然自得。

脚踏实地

“在上位不陵下，在下位不援上，正己而不求于人，则无怨。上不怨天，下不尤人。故君子居易以俟命，小人行险以侥幸。”

地位较高的人不欺凌比自己低下的人来立威，地位低下的人不依附比自己高的人，摆正自己的位置，不求助于他人，就不会怨天尤人。所以君子是安居现状，踏踏实实做事来等待机会；小人却是铤而走险，妄图获得非分的事物。这样即使达到了目的，也落得心力憔悴。

从小着手

“君子之道，辟如行远，必自迩；辟如登高，必自卑。”

君子要实行中庸之道，就像走远路一样，必定从近的地方开始，又像登高一样，必定从低的地方开始。

《大学》讲修身齐家治国平天下，没有修身齐家，怎么可能治国平天下？不要好高骛远，还是做实事更踏实些！

实事求是

在实践中运用

"子曰：舜其大知也与!舜好问而好察迩言，隐恶而扬善，执其两端，用其中于民，其斯以为舜乎？"

孔子曾说过，舜是一个有大智慧的人，他不仅懂得询问，还注意调查，能隐恶扬善，善于对听来的意见进行分析，排除左右的极端，选择其中最合实际的，运用在人民的身上。这就是中庸的运用方法。

行而不倦

在实践中学习

"子曰：回之为人也，择乎中庸，得一善，则拳拳服膺，而弗失之矣。"

孔子说颜回就是懂得在实践中学习的人，他选择了中庸之道，得到了它的好处，就十分珍惜地把它放在心上，并坚持不移地执行，再也不让它失去。这就是中庸的学习方法。

避免过犹不及

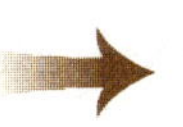

"子曰：道之不行也，我知之矣，知者过之，愚者不及也；道之不明也，我知之矣，贤者过之，不肖者不及也。"

中庸之道，难就难在容易"过"和"不及"。连孔子也摇头说：中庸之道很难实行的原因，我是知道的，聪明的人容易自以为是，认识过头了，愚钝的人由于智力不够，又不能理解它。中庸之道不能弘扬的原因，我也是知道的，贤能的人做得太过分了，不贤的人又根本做不到。在孔子看来，"过"和"不及"的结果是一样的。

中庸之道就是不偏不倚，但是在纷繁复杂的大千世界中，要不偏不倚地找到正确的客观事实，是件很不容易的事。就一般来说，社会地位较高的人容易过分，社会地位较低的人又不容易达到。所以中庸还倡导行为方式的内敛，聪明的有能力的人恰恰要学习如何隐藏自己的锋芒，以防止自己行为偏差。"淡而不厌，简而有文，温而成理"，简淡却不令人厌倦，简洁却有文采，温和却深藏道理，这样做人行事，才是实行中庸的正确方法。

（2）不偏不倚

连孔子自己都清楚，中庸这个孔门的最高心法只有真正的大智者才能明白，可这样的智者并不多。颜渊原本算一个，但死得太早。所以连孔子也怀疑这套心法，是否有被广泛弘扬、实行的那一天了。

然而孔子没有想到，他所倡导的中庸之道，还真成了后世绝大多数文人为人处事的重要守则。可惜的是，有些将中庸之道挂在嘴上的儒者，不过是只学了点皮毛。

■ 中庸＝折衷主义？

究竟什么是“中庸”？宋朝的程颐有一个说法：不偏为中，不移为庸！中，就是不偏颇；庸，就是不动摇。我们在面对人与事物的时候，应该不偏颇于某一方，注意广泛地听取意见，如此才能选择到最客观的答案，同时对这种处事态度不动摇。这就是我们现在说的不偏不倚。

在现实生活中经常会发生一些纠纷，我们会发现，通常被侵害的一方会极力夸大自己受到的损害，而侵害的一方则会极力撇清自己的责任。虽说人之初，性本善，但性相近，习相远。在面对利益的时候，人往往坚决捍卫“人不为己，天诛地灭”的理论。究竟如何去发现哪些是事实，哪些是夸大，孔门秘诀当然就是用“中庸之道”。也就是用至诚的心，去实事求是，行而不倦地调查，注意不偏颇于某一方，广泛询问，仔细地辨别，自然能去除那些夸大的方面，找到真实的事实。这就是中庸之道的一个应用方法。

经过这样的实践，有的聪明人发现：用“中庸之道”处理事物，怎么几乎都取的是中间值。聪明人自有处理事物的一套办法——懂得简化，于是他们总结：中庸，就是事物两个极端的中间值！中，这个字也不用解释得那么复杂，就是中间的意思嘛！

这就是聪明人犯的毛病，孔子早摇过头了：聪明人做事，就是容易过头，这就是过犹不及啊！虽然中间值很多时候都是相对正确的答案，但这也不是绝对的，中庸之道，被聪明人理解成折衷主义了！

所以一说到那些古代文人，人们普遍的感觉就是古板。他们不喜欢喜怒形于色，因为喜怒是情感的两端，折衷主义自然是不喜也不悲；他们喜欢在出现矛盾的时候，当和事佬，因为有矛盾就有两端，他们自然要站中间。不主张、不反对、没情感，这群没有思想的木偶，不过是一群只摸到孔门心法皮毛的“聪明人”。可他们偏偏还道貌岸然地维护起所谓的道统，让儒家正式成为皇权唯唯诺诺的拥护者，彻底失去了原有的睿智与锋芒。

还好，始终有一些能真正学到最高心法的高人，他们在扬儒家之名的同时，将真正的心法传承了下来，让我们今天还能看到最真实的儒家原貌，才知道儒家思想至今依然拥有的实用价值！

老外也“中庸”

中庸之美不是儒家独有的，古希腊人也喜欢中庸，不过他们的中庸跟儒家的中庸不同，他们喜欢的可是绝对的“中”。

古希腊哲学中的中庸叫“中道”，毕达歌拉斯学派认为：现存事物是双方之间的“恰如其分的均衡”，这个其实跟中庸中的天性是很合拍的。根据这个理论，柏拉图还把这种均衡概念移植到了伦理学中。

亚里士多德则把中道和节制相联系，还制定了系统的理论。他认为万物都有中道，比如“10”这个数，“5”居其中；人一旦欲望过度就是荒淫，没什么欲望就是禁欲，节制才是适度。中道就是美德的特征和道德的标准，美德是一种适中、以居间者为日的的追求。

亚里士多德还把这种中道原则运用到政治上，他认为由中等阶级治理的国家是最有希望、治理得最好的。因为他发现拥有适度财产的人，最容易遵循合理的原则，最不会逃避工作，也不会拥有过分的野心，是国家最安稳的公民阶级。由他们组成的城邦，可以结构得最好，组织得最好。

孔门言行录——《论语》

虽然《论语》是孔门弟子对孔子言行的记录，但跟前面《大学》《中庸》那些拔高到理论层面的书籍相比，《论语》简直就是对生活中事无巨细的方方面面进行的指导。

论语

作者——孔门弟子

虽然《论语》记录的几乎都是孔子的言行，但却是孔子的弟子或弟子的弟子记录的。其中也有少数的是孔门之外的人，但大多数的还是曾子的门徒。传说孔子有弟子三千人，加上弟子的弟子就不知有多少了。可能是动手记录的人太多了，所以论语里多是一条条的语录，在这里孔子的任何一句话都成珍宝了。至于最后由谁来最终编撰在一起的，已经不能考证了，今天的论语版本，是东汉末年一个叫郑玄的大学者根据几个古本做的《论语注》，所以郑玄至今还颇有名气。

时代——春秋末期至战国初期

虽然《论语》成书不可能出现在孔子在世的时候，但事实上《论语》的收集工作早就开始了。估计最早的记录是那些勤奋的学生为了更好学习做的笔记，这种好习惯又由他们传给了他们的学生。直到孔子去世，孔门弟子们才突然发现孔子虽然一身学问，虽然传了这么多的弟子，但他的思想却没有被记录成文字，这很可能会造成孔子思想的失传。为了不让这种事情发生，孔门弟子及弟子的弟子，赶忙群策群力地把他们记住的孔子言行给记录下来，作为他们可以时而温习的圣典。估计这些言行还有一个较长的时间做陆续的添加，所以整个《论语》成书的时间应该在五十年左右。

内容——孔门言行录——为最早的语录体书籍

现存《论语》共20篇，492章，其中记录孔子跟弟子或其他人谈论的话约有444章，记录孔门弟子之间的相互言论有48章。它们涉及的内容非常广泛，多半都是跟社会生活相关的问题，重点是心理跟道德问题。

（1）述而不作

■ 孔门也不立文字

说起来孔子门徒三千，这个天下第一的民间教师，要把自己的教育思想跟教育方法写下来，也是本浩浩巨著了。可孔子谦虚，他说要“述而不作”！孔子自己解释说：我呢，就相信和喜欢古代的东西，它们都是千百年提炼下来的精华！所以我哪里敢随便去写东西呢，我能做的最多就是把这些精华的东西记录传承下来。我这是在向老彭学习啊！

老彭是谁？现在没人把这个考证清楚了，有人说老彭是商初一位贤明的大夫，他的优秀事迹就是相信古代传统，并向众多的人传扬。但也有人说，按照古代人的语言习惯，老彭很可能指的是两个人，“老”就是老子，“彭”就是彭祖。

无独有偶，佛家也强调不立文字。禅宗有个十六字心传：“教外别传，不立文字。直指人心，见性成佛”。在禅宗看来，文字容易因理解而误传，不立文字，心心相传，才可以保存正宗。直到今天，佛教中的某些派别也只师徒相传，特别是一些最精要的地方，非得口口相传，不能理解。

大道相通，我们可以猜想到孔子述而不作的真正原因。文字就是一把双刃剑，它可以将思想和文化得以保存和传承，但不同人对文字的理解不同，它又可能导致后人对思想和文化的误解。不用说后世了，就是孔子的三千门徒，能六艺精通的也只有七十二人，能真正把他的思想领会贯通的，也只有颜渊一人而已。这还是孔子的亲身教导，更不用说后世那些望文生义的人了。

事实也确实如此，后世不仅把孔子神化了，把他的文字也圣经化了。因为句句真言、字字珍宝、断章取义的解释方法，几乎把整个儒家毁了。孔老夫子述而不作也是很有道理的。

■ 传承与创新

儒家有个特点，就是善于传承，乏于创新。

两千多年来，儒家学者几乎只干两件事，一是把孔子说的话，按现在可以理解的语言翻译一次；二是按孔子说的话办事。

儒家把他们最早出现的著作称为“经”，就是说这些著作神圣不可侵犯，后世的学者就只能围绕“经”来做文章。后来随着历史的发展，语言文字发生了变化，学者就用时下的话把“经”翻译一遍，解说一次，这就被称为“传（zhuàn）”。再后来，语言又变化了，再为“传”做翻译，就叫“疏”……如此反复，儒家著作几乎就是各种组合的翻译，那真是连绵不绝，浩如烟海了。

◇半部论语可治天下

儒家把他们的思想都做到这个份儿上了，先不管他们传下来的东西对还是不对，至少做到了最大程度的传承。中华文明能不断地传承，跟儒家各辈学者的这份努力还是分不开的。

可惜的是，也正是这种类似于疯狂的传承方式，让绝大多数的儒家学者画地为牢。他们没想过，当年孔子那也是博了众家之长，才有如此精绝的思想，要是戴了镣铐跳舞，有什么美感可言!

缺乏创新，儒家的没落可知矣!

（2）半部论语治天下

古话说“半部论语治天下”，这可是一个著名的典故。话说宋朝开国宰相叫赵普，他年轻时读书不多，到了晚年，每每遇到问题，他都会回家翻书。但奇的是，经过一夜后，那些难题都会迎刃而解。有人很好奇，便偷偷打探，才发现赵普只有一本《论语》。当时的太宗赵匡义不信，便招来赵普询问，赵普毫不避讳地说：“臣平生所知道的学问，都没有出《论语》之外，过去我用半部《论语》帮助太祖赵匡胤平定天下，今天我要用另外半部《论语》帮你治理天下！”

半部《论语》就可以治天下，听起来很悬，其实它真实的含义该是《论语》的内容不仅广泛而且具有实际的指导意义，是名副其实的儒家政治生活实战宝典。

孔老夫子

我们现在常喜欢把孔子喊成孔老夫子，这个称呼一度带有那么一点儿贬义。事实上，这个带贬的含义，远没有带褒的含义来得长！

孔子，本名其实是孔丘，“孔”是他的姓，“丘”是他的名，而“子”是对他的一个尊称。当时孔子的弟子在与孔子面对面的时候，就称呼他为“子”，所以《论语》里才“子曰”“子云”的。

但不是每个人都有与孔子面对面的机会。据考证，“夫子”这个词在较早的时候指的是第三者，相当于“他老人家”，直到战国，才成为第二人称。《论语》里的用法还是“他老人家”，所以不仅别人背后称孔子为“夫子”，孔子也会在背后称别人为“夫子”。

所以，“孔夫子”就是孔子他老人家的意思。后人为了进一步地显示敬意，又多加了个“老”字，成为“孔老夫子”，在世流传达两千多年。

理想主义的完善——《孟子》

与孔子随时很谦逊的态度相比，孟子有性格得多，他努力维护正统，坚决打压异端，就是一个称职的儒家捍卫者。他更激情洋溢的，把孔子那些语焉不详的理想主义，一一加以完善，最终让《孟子》成为解读《论语》的一把钥匙。

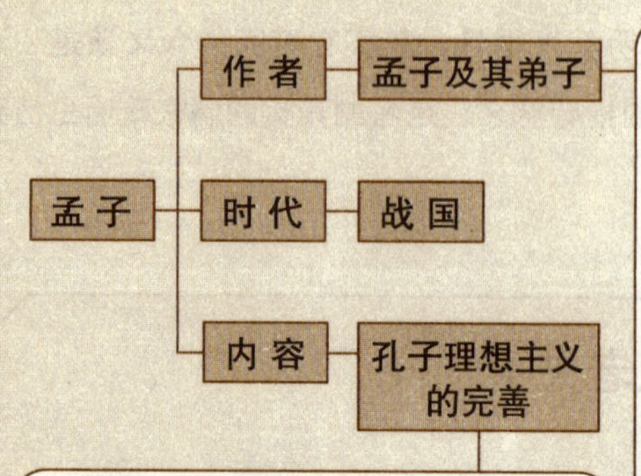

孟子名轲，是山东人，他的远祖是鲁国的贵族，可后来家道衰败了。三岁时孟子的父亲死了，由他的母亲艰难地把他养大。孟母不仅能干，还很聪明，知道学习的重要，“孟母三迁”“三断机杼”都是为了让孟子读书。孟子还真就有出息，不仅成为孔子孙子子思的门生，更成为一代大儒。本来学而优则仕，但孟子却步了孔子的后尘，无人接纳他的政治观点。理想主义者注定在现实中受挫，所以孟子退而著书，将他的经历和政治观点写下来，才有了《孟子》。

《孟子》共7篇：《梁惠王》上、下；《公孙丑》上、下；《滕文公》上、下；《离娄》；《万章》上、下；《告子》上、下；《尽心》上、下。孟子从性善论的角度出发，主张“仁政”“王道”。因它没有在焚书坑儒中被焚毁，它也就成为今天研究先秦儒学的重要资料。

（1）人性本善

“人之初，性本善；性相近，习相远。”当宋朝学者在给孩童编这个类似于童谣的启蒙书时，放在最前面的，就是孟子所宣扬的人性本善。孟子用他的美好愿望影响到后世两千多年。

■ 善恶之战

跟孔子谦逊求教或和而不同的处事原则十分不同，孟子遇到与自己不同的意见时，会坚决拿起捍卫的武器，向对方投以笔墨。

在关于善与恶的争论上，孟子就是如此。人性最初究竟是善还是恶，是孟子那个年代被激烈争论的问题。当时关于善恶，有三种观点：一种是说人性没有所谓的善恶，一种是说人性有善也有恶，还有一种是说有些人性善，有些人性恶。为这个斗嘴的人很多，孟子也加入到这场战斗中，还跟一个叫告子的，进行过长时间的讨论。

孔子强调“仁”，这个所谓的“仁”，是个非常抽象的概念，表述的是一个人从内心散发出来的一种良好品德，而要达到“仁”，就要“克己”“修身”。但为什么要这样做？我们似乎在《论语》中没有找到答案，但我们在孔门心法的《中庸》中可以发现，儒家修炼“仁”，为的是达到一个叫“中和”的境界，在这个境界，天地万物自然和谐相处，而这个，本就是宇宙的基本运作法则。既然是宇宙运作的基本法则，那么在这个宇宙中运行的万物，自然有和谐的善存在，我们至少可以推出，人是有善因存在的。

虽然孔子当时没有讲明，但按照他老人家的核心思想，人性应该是本善的。这正是孟子急于为儒家辩驳的原因。只是有善因，不一定有善果，不是人人都可以生下来就是孔圣人，现实世界有很多恶的东西，如对自己不加控制，就可能导致人向恶。这就是为什么孔子反复强调要“克己”“修身”的培养“仁德”了，这才是人与动物的根本不同之处。

为了让大家更清楚这个道理，孟子还举例说：如果今天有个人突然看到一个小孩要掉进井里了，他一定会感到惊恐和同情，这种恻隐之心，不是因为想跟孩子的父母拉关系，也不是因为想在乡邻朋友中博得一个好的声誉，更不是因为厌恶孩子的哭声才产生的，这就是人的自然反应，这就是藏在人本性中的善起的作用。

为此孟子更归纳出“四端”——四种人本性中的基本善良品性来。

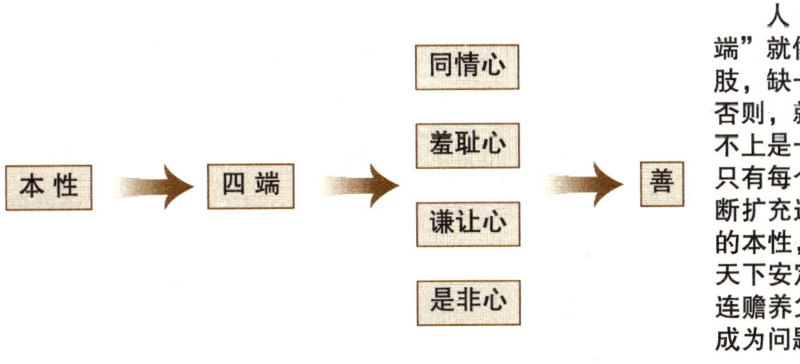

人的“四端”就像人的四肢，缺一不可，否则，就根本算不上是一个人！只有每个人都不断扩充这种善良的本性，才可使天下安定，否则连赡养父母都会成为问题。

“人性本善”学说，解答了一个孔子没有解答的问题，孟子也就凭此名垂后世。

■ 儒墨之争

孟子在学术上是个充满火气的人，笔战诸子不算，他还会指名道姓地骂人。他的原话是："杨朱那小子，主张利己，这就是目无君王；墨子讲兼爱，就是目无父亲。无父无君，这就是禽兽！"那个杨朱讲利己主义，被骂骂也就算了。墨子堂堂一代宗师，也被他骂得如此不堪。

当然，这也不能全怪孟子。《墨子》书中曾记录了一个叫巫马子的儒生，他对墨子坦言说："我没有办法兼爱。我爱邻国的人胜过远邻国的人，爱本国的人胜过邻国的人，爱我的乡亲胜过本国的人，爱我的家人胜过我的乡亲，爱我的亲人胜过家人，爱我自己胜过亲人。"现在我们来看这段话，蛮能理解，哪个人没有一点私心，但懂得爱就是一件好事，这个巫马子能把这个说出来，还算诚实。墨子当时记录这个，估计是想讲两派的差别，但孟子却勃然大怒：爱自己胜过亲人，这哪里是儒家倡导的孝道？明明就是在歪曲事实！儒墨之争从此开始。

其实墨家跟儒家一样都讲"利人"，而且墨子在这方面比孔子讲得更为明确。不同的是墨家认为爱应该是毫无差别的，对别人和自己的亲人的爱都应该是相同的；而儒家则承认人的爱是有差别的，但人应顺应这种善良的本性，把对自己亲人的爱也推及到别的人身上，这就是大爱。

孟子就曾问过一个叫夷之的墨家人士，问他是否真的相信人爱邻居的孩子可以跟爱自己兄弟的孩子一样，因为现实中人爱自己兄弟的孩子自然要比爱邻居的孩子多些，这是完全正常的。但"老吾老，以及人之老；幼吾幼，以及人之幼。"从爱家人推广到爱其他人，这就是在实践孔子的"忠恕之道"，也就是"仁"的实践。而这种实践是没有勉强的成分存在的，因为人的本性中就有恻隐之心，不忍看到别人受苦。把这个善良的本性推而广之，就能自然地爱别人，也能自然地更爱自己的父母。这个与墨家靠外力强迫人绝对同等地对待亲人与他人，是有非常大的分歧的。

虽然孟子骂得难听，但儒家对爱的理解，确实更人性化一些。

■ 浩然正气

当学生公孙丑问孟子最擅长的是什么时，孟子回答说：我最擅长的是养浩然正气！公孙丑没弄明白这浩然正气是什么，于是孟子又说："难言也，其为气也，至大至刚，以直养而无害，则塞乎天地之间。其为气也，配义与道；无是，馁矣。"

连孟子自己也觉得他的这个浩然正气很难用言语表述。但在他眼里，这个"气"却十分厉害，它非常地浩大，也很有力量，用正直去培养它不加伤害的话，它就会充满整个天地。而且它还必须与仁义道德相配，否则就没有力量了。难怪孟子会说"万物皆备于我"的话，这就是天人合一的境界了！

孟子眼中的"天"，是一个由道德主宰的宇宙，懂得了这个宇宙，就是"知天"，一个知天的人，就不仅仅是一个普通的国民，而是"天民"！只要一个人充分发展他的恻隐之心，就能达到"仁"，在这个遵守仁义忠信、乐善不倦的道路上，人的自我就会渐渐减少，"人"与"天"的差别也就不复存在，这就是天人合一的境界！在人世间有官爵的人可以叫做"人爵"，但能达到天人合一的人则是"天爵"，天民看重的，不是如何成为人爵，而是如何成为天爵。

所谓浩然正气，其实就是天民们修养的一种精神，这是要达到天人合一必须修炼的内功。其实孟子的这个浩然正气跟孔子讲的"仁"没有多大的差别，只不过把它具象化了，似乎气势十足。于是这个原本属于孟子的专有术语，成了后世儒者的又一口头禅，代代都会出些清官忠臣凭着他们的浩然正气大喊："人生自古谁无死，留取丹心照汗青！"

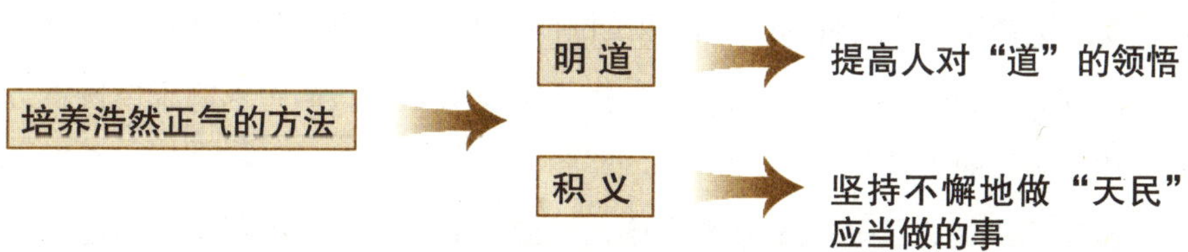

（2）政治理想

让孟子最头疼的是，要么是那些急功近利的君主们，不给他提供实施政治理想的机会，要么就是面对一个自身难保的小国，让他也束手无策。但孟子却以比孔子更具体，更生动的方式，向世人展示了一个理想的大国该有的气度。

■ 王道与霸道

有人作了个比喻，把围棋比作是王道，把象棋比作霸道。这大约是说下围棋就像治国一样，需要从各个方面去精细地考虑和盘算，并懂得宏观掌控，对弈双方如同对话的智者；而下象棋，则更多的像打仗，巧妙用兵，以最终直捣巢穴为胜，满盘血雨腥风。

这样的比喻相当有意思，似乎智慧为王，力量为霸。事实上，在中国的历史中，圣人皆可称王，就像孔子，顶多做了个小官，但就凭他的思想，后人便为他封了王，他在画像中更穿戴起帝王的衣冠，他的子孙世代公爵，成为世界上最悠久的贵族世家。但春秋战国时期的那些王，其中不乏优秀的，堪比后世帝王，但他们最多只被叫做春秋五霸、战国七雄，只因他们用力量治国，而非智慧。

这就是孟子创造的革命性治国理论：王道与霸道。

孟子认为国家就是一种道德体制，因此国家的领袖也应当是社会的道德领袖。他的著名思想："民为贵，社稷次之，君为轻。"就是领袖要注重自己子民的民心所向，才能有道德地统治他们。所以只有圣人才能成为真正的君主。在远古时代，就是一个标准的圣人领导国家的时代。最早有个叫尧的国君，就是选择了一个叫舜的圣人，把王位禅让给他。舜年老时，也同样地选择了禹来禅让王位。这种老一代的圣人将王位传给新一代的圣人的王位传承方式，才是真正的王统！

换句话来说，孟子的革命性理论也就应运而生：那些不用王道治国，只懂得用暴力来统治国家的人，他的帝王生涯必定不长久；那些不配做国君的人，杀掉他们不算弑君，只是在杀一个不义的人，百姓拥有这样的革命权利！

他预见性的为后世那些自以为承袭天命的帝王们，下了道紧箍咒。他就是造反有理的鼻祖！

于是乱世用霸道，治国用王道，这成为后世帝王为他们的万代江山，必须严格遵循的法则。

■ 要想王，先致富

不要以为孟子是一个狂妄的空想家，他也有较为实际的一面。比如说，他就很明白经济在国家中的作用。不过在他眼中，经济不是一个十分功利的事物，而是一个基本的大众福祉问题。一个想要遵循王道的圣王，怎么可能让人民都生活在贫困中，所以，要想王，先致富。

孟子理想的经济制度是农民能平均分配土地，即“井田制”。农民拥有自己的私田，但也必须耕种国家的公田。虽然这只是对周朝的一个怀念，但孟子却对一个井然有序的国家充满了幻想。

在孟子的幻想中，每户农民都用五亩地来建房子，房子周围种着桑树，桑叶用来养蚕，这样每户人家的老人就都可以有丝绸的锦衣穿了。每户人家还要养些猪和家禽，这样老人就可以有肉吃了。孟子认为，能让人民生活富足，即使出现死亡也觉得没有遗憾，这就是王道的开始。

当然，富足之后，自然是让人民接受适当的教育，懂得人伦之道，方能“老吾老，以及人之老”，这时，王道才能完全实现。

圣人之路

虽然我们今天都把儒家学说说成是“孔孟之道”，孟子超越了他的老师们，拥有了与孔子比肩的地位，但是，他的圣人之路，却是一个相当漫长的过程。

在中唐时的韩愈之前，真正注意到孟子的人并不多。《孟子》成书的时候，人们还没发现孟子学识的意义，只把它当做是诸子著作流传。《孟子》却因这个原因，逃过了焚书坑儒的劫难，没被毁掉。但韩愈却在他的《原道》一书中，热情地将孟子列为先秦儒家中唯一继承孔子“道统”的人物。从此，孟子的身份在一系列的“升格运动”中得以步步高升。

北宋神宗熙宁四年（1071年），《孟子》第一次被列为科举考试科目，继而《孟子》升格为儒家经典，南宋朱熹更将它列入四书。元朝至顺元年（1330年），孟子被加封为“亚圣公”，以后就称为“亚圣”。孟子经过一千多年，终于成为圣人，地位仅次于孔子。

五经

五经产生于四书之前，指的是《诗经》《尚书》《礼记》《周易》《春秋》五本典籍，简称为“诗书礼易春秋”，是经过孔子编撰修改的研究古代的五本经典书籍。

五经的经典地位不仅是因为它们是孔子传世的著作，更在于它们几乎囊括了古代文化的精华，学习它们便是对中国文化的继承。

最美的语言——《诗经》

（1）最早的文学形式

诗歌的诞生，是绝对早于文字的，这点从世界各地各民族盛行的大量口传保留下来的“史诗”上，可以得到证明。

中国的文字是在黄帝时代发明的，但有古籍《世本》说在黄帝之前就有伏羲作瑟，女娲作笙黄，《风俗通》又说神农作瑟，可见乐器的发明是远在创造文字之前的。

“乐，所以和歌。”在没有文字的远古时代，人们就已经开始了用乐伴奏口唱诗歌的娱乐了。《吕氏春秋》就曾记录：“葛天氏之乐，三人操牛尾投

足以歌。”那载歌载舞的场景，是乐与歌的美妙配合。

既而有了文字，便有人将这种当时最高的娱乐形式，用文字的方式记录下来。这些文字的歌词，便是诗。

统治者收集民间的诗，为的是体察民风民情；收集上层社会的诗，为的是自我颂扬，自我娱乐。所以远古诗歌便散见于各种古籍之中，但都是吉光片羽，一鳞半爪。

传说孔子为了让“思无邪”且能教人温柔敦厚的诗歌流传于世，特将古传的三千首诗删为三百首，费心编辑，终成今日我们看到的《诗经》。

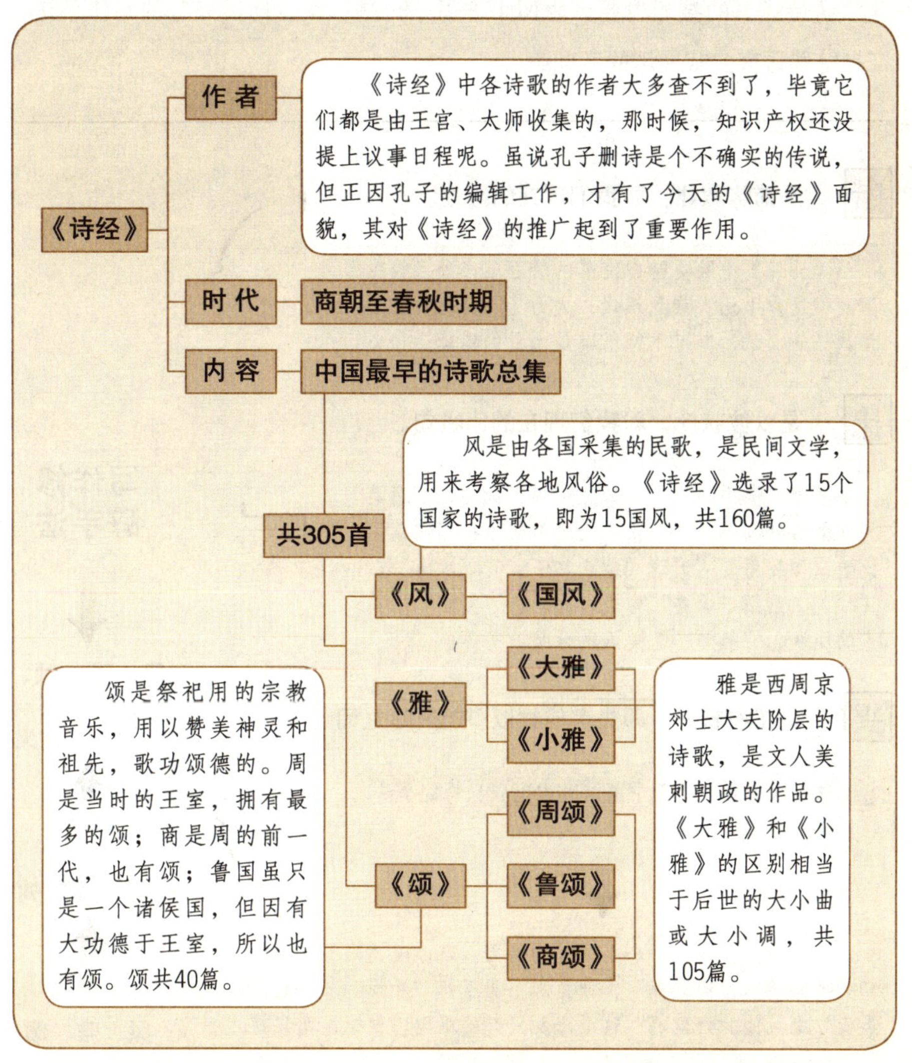

（2）不学诗，无以言

《诗经》在孔子的眼中拥有“不学诗，无以言”的高度，当然，这并非表示不学《诗经》，就连基本的说话都不会，而是说不学《诗经》，就会欠缺说话的技巧。正是这一奠基性高度，让《诗经》拥有了影响后世中国文化语言的重要力量。

■ 赋比兴

《诗经》的技巧主要分为两个方面：一是“赋、比、兴”的写作手法，二是特殊语言方式展示的音韵美。

赋 **是铺陈叙述，即我们现在的陈述。**

《诗经》中除史诗中铺陈的场面较多外，较少用。但这种手法发展到汉代，成为了一种新的文学体裁——汉赋，其基本特征就是大量的铺陈。

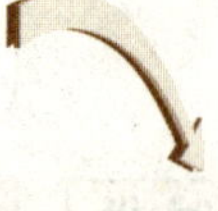

比 **是以彼状此，即我们现在的比喻句。**

《诗经》中用比喻的地方很多，如《氓》用桑树从繁茂到凋落的变化来比喻爱情盛衰；《鹤鸣》比喻治国要用贤人时说“他山之石，可以攻玉”；《硕人》则用“柔荑”喻美人的手，“凝脂”喻美人的肌肤，“瓠犀”喻美人的牙齿，等等。

写作修辞手法

风、雅、颂、赋、比、兴合称为：六义

兴 **是托物起兴，即先言他物以引起所咏之词。**

这是《诗经》乃至中国诗歌中比较独特的手法。

“兴”，就是一个念头兴起的原因。就像《关雎》开头的“关关雎鸠，在河之洲”，便是那个男子想“寻找一个‘窈窕淑女’来做他的好配偶”这个念头兴起的原因。你想，两只嬉

编写体例

风、雅、颂

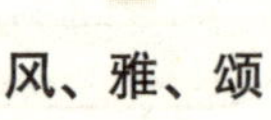

戏鸣叫的小鸟，是很容易让单身男子联想到未来的配偶。

由于“兴”是这样一种微妙的、可以自由运用的手法，那些喜欢含蓄委婉韵致的诗人，对此也就特别有兴趣，纷纷翻陈出新，不一而足，中国古典诗歌从此开始拥有一种特殊味道。

四言 《诗经》采集的年代，四言句式盛行，虽然《诗经》中也杂有二言直至九言的各种句式，但毕竟比例很低。四言一句的诗歌，简洁而敦厚，正合当时的民风。汉代以后，四言诗不再成为主流诗型。

叠章 《诗经》常采用一唱三叹的叠章形式，即重复的几章间，意义和字面都只有少量的改变，是种强化情感抒发的方式。

《周南·芣苢》：
采采芣苢，薄言采之。
采采芣苢，薄言有之。
采采芣苢，薄言掇之。
采采芣苢，薄言捋之。
采采芣苢，薄言袺之。
采采芣苢，薄言襭之。

音韵美

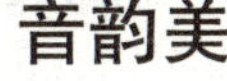

全篇只变动了六个动词，便写出了采摘的过程，不断重复的韵律，更让气氛生动活泼，似乎有一种合唱、轮唱的味道。清人方玉润说：“恍听田家妇女，三三五五，于平原旷野、风和日丽中群歌互答，余音袅袅，忽断忽续。”其实在现代歌曲中，我们常看到这种情况，而西方的小夜曲等乐曲，也喜爱使用这种回环起伏的韵律。

双声 两个字的声母相同
如“参差”，表示不整齐

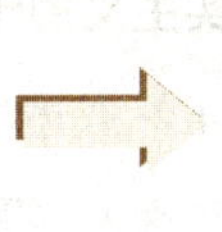

叠韵 两个字的韵母相同
如“窈窕”，表现淑女的美丽

叠字 两个相同的字
如“关关”，形容水鸟的叫声

这些词一方面让诗更具音韵感，另一方面，有助于表达曲折幽隐的感情，描绘清新美丽的自然。

■ 爱情诗

《诗经》最集中、成就最高的莫过于爱情诗。在《诗经》时代，男女交往并没有后世那样的所谓道德限制，他们经常自由地约会相恋，《诗经》更毫不掩饰爱情的美妙。

当后世的儒家学说变为灭人欲的程朱理学后，人们不会忘记《诗经》这一爱情的权威旗帜。明代剧作家汤显祖就在《牡丹亭》里大胆地宣扬了一把爱情，他笔下的杜丽娘独锁深闺，哪知什么是爱情，但正是当她在读《诗经》中的《关雎》时，她的心随着诗句怦然而动。

《诗经》造就的中国文化VS《荷马史诗》造就的西方文化

诗歌作为人类最早的文学样式，自然为后世的文化奠定了坚实的基础。今天中国文化与西方文化的巨大差别，从在同一时代诞生的《诗经》和《荷马史诗》就可以看出。

◎抒情与叙事的传统：

《荷马史诗》是讲历史故事的，它所用的手法最多的当然就是叙述，后世的西方文学也就有了以叙事为主的传统。

《诗经》却完全相反，除了《大雅》中的史诗和《小雅》《国风》中的个别篇章外，几乎全部都是抒情诗，而且抒情诗所达到的水准明显高于叙事诗，从而奠定了中国文学以抒情为主的文学传统。

◎现实主义与超现实主义的传统：

《荷马史诗》虽然叙述的是历史故事，但这些故事都跟随着诸神和魔怪的力量，英雄们也有着各种来自诸神的神奇力量。从此，超现实主义成为西方文学的重要模式。

《诗经》中我们很难找到那些诸神英雄们，有的是现实人间的日常生活和经验，讲的也是现实的政治风波、春耕秋获、男女情爱等，后世的中国文学自然注重的是现实的生活了。

◎公众立场与个人立场的传统：

《荷马史诗》所宣扬的是个人英雄主义，每个人都有私利和私欲，保护自己的财产和情感是天经地义的事。所以西方文学通常喜欢展示个人的情感和奋斗经历。

《诗经》虽然以抒情为主，但这些个人情感，通常是站在公认正确的道德层面上的，无论是爱情的辗转还是对统治阶级的批判，都是出于当时人们普遍认可的道德模范和政治需求，只有这样，《诗经》才可以“思无邪”，才能够教人温和敦厚，教导后世文人以公众利益为重。

然而这种公众立场的强调，却让《诗经》被曲解了。例如《关雎》，我们现在都知道是一首表现爱情的诗，但在古代，却被曲解为描写后妃之德的政治道德诗了，让《诗经》失去了人性的趣味。

◎含蓄与直接的表达传统：

《荷马史诗》由于是以叙事为主，所以在描写情感的时候，也喜欢直叙其事，导致后世的西方文学也喜欢直接而详尽的描写。

《诗经》就不同了，那些个人情感往往克制而平和。没有强烈的悲愤和欢乐，《诗经》的抒情往往弥漫着一种忧伤，它委婉曲折，波澜起伏，虽然没有喷涌而出、一泄无余的快感，但却造就了细致、隽永的含蓄之美，这便是孔子口中的“乐而不淫，哀而不伤”。不论这是诗歌对中国人性格的细腻真实的展示，还是《诗经》的传播塑造了中国人含蓄的性格特征，中国后世的文学也习惯了曲折达意，在曲径通幽中寻找淡然的惊喜。

最早的史书——《尚书》

最早的"书"是什么？就是"册"，就是被绳子拴起来的竹片，也就是"简册"。真正的书本是从有简册开始的。当人们把有简册之前的那些零零星星的历史给统一刻成简册时，把它命名为《书》，而"书"最终成为后世对书本的统称。到了汉代，《书》被改成为《尚书》，"尚"是以尊崇的方式称上代，所以《尚书》实为上代之书，是中国最早的史书。自汉以来，《尚书》便被视为中国的政治哲学经典，是帝王的教科书，是贵族子弟及士大夫必须遵循的"大经大法"。

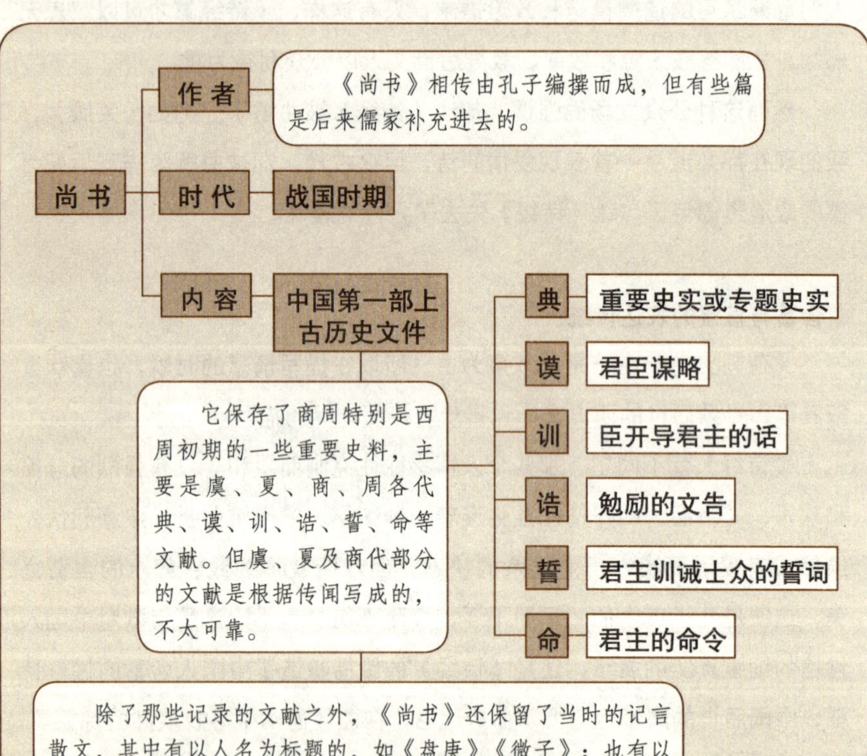

（1）上古历史

■ 最早的档案

尚书所录,为虞、夏、商、周各代典、谟、训、诰、誓、命等文献。其中虞、夏及商代部分文献是据传闻写成，不尽可靠。“典”是重要史实或专题史实的记载；“谟”是记君臣谋略的；“训”是臣开写君主的话；“诰”是勉励的文告；“誓”是君主训诫众的誓词；“命”是君主的命令。自汉以来，《尚书》一直被视为中国封建社会的政治哲学经典，既是帝王的教科书，又是贵族子弟及士大夫必遵的“大经大法”。

像孔子这种崇尚上古文化的人，自然更把《书》当成宝贝。所谓删《书》百篇的说法，不过就是孔子把那些东一句西一句的话，按照一定的规律给编排起来。毕竟这个是孔子他老人家拿来教学生的，怎么可能把那些生涩的话直接丢给学生呢。由此，《尚书》算是把那些上古档案给保留了下来，让我们还能依稀看到那个远逝的年代。

■ 《尚书》磨难记

秦始皇焚书，损失最大的就是《尚书》了，汉文帝鼓励人民献书的时候，只有济南一个叫伏生的在讲授《书》。话说这个伏生，曾经是秦朝的博士，为了躲避焚书，他就把《书》藏在墙壁里。结果等刘邦打下了天下，他终于结束流亡回家时，才发现他藏的《书》丢了几十篇，只剩下二十九篇了。聊胜于无，伏生就拿着这本残缺的《书》教学生。

汉文帝知道了伏生同志的感人事迹后，就派人去跟他学习，《书》就以《尚书》的面貌开始流行起来。汉文帝为五经书设立经书博士的时候，专给《尚书》设了三个博士位。但这些博士居然得了鸡毛当令箭，硬说《尚书》是完整的，说二十九篇是效法天象，是一个北斗星加上二十八星宿，借此炫耀自己的地位。

后来鲁恭王为了扩建自己的宫殿，跑去拆孔子的老屋，结果从墙壁里面找到了几十篇“古文”。这一重大的考古发现中，就有《书》，经过整理，还发现这本《书》比流行的《尚书》多出十六篇文章。可惜的是，那些文字太古

老了，是晚周民间的别体字，以至于没人看得懂。这本上古之书就被放进了皇家图书馆，没几个人见得到了。虽然其间有著名的编辑大家刘歆刘向父子极力建议为《古文尚书》设立博士，专门研究，但都被那些道貌岸然的《尚书》博士给否决了。

到了东汉初，一个叫杜林的意外得到了一卷漆书的《古文尚书》。虽然这卷《古文尚书》远不如孔家老屋出得多，但杜林却如获至宝，随时都带在身上，后来更有几个著名的经师为它作注，《古文尚书》才得以现世。

但《尚书》并没有因此获得真正的尊重，上千年的时间中，流行的居然是假货。真正的《尚书》直到清朝才被学者辨别出来，可谓是历尽磨难。

（2）造假尚书

■ 假货横行千年

当初汉成帝时，因为发现了根本读不懂的《尚书》，汉成帝便下令征召能解释《古文尚书》的人。当时就有个叫张霸的家伙，他还不晓得孔家老屋的墙壁里出了《古文尚书》这档子事，只当是个机会，就伪造了《古文尚书百二篇》献上去。成帝一看就晓得是假的，立刻把张霸扔进监狱，但没有毁他的书，任其流传。直到后来张霸有一个叫樊并的再传弟子谋反，才把这书给毁了。

可是假货的特点就是层出不穷，到了三国末年，又出了个叫王肃的造了本《古文尚书》。这个王肃博学多才，不仅在篇数上符合东汉的记录，更在文字和思想上大下工夫，看起来满篇仁义道德，蛮像儒家经典的，十分符合当时的潮流。加上王肃是晋武帝的外祖父，即使有人怀疑，也敢想不敢言。晋武帝为这本假《古文尚书》设立了博士来专门研究，王肃的造假活动大获成功。

虽然后来因战乱这本假《古文尚书》几乎失传，但东晋元帝时又给发掘出来了，还拥有了跟正统《尚书》并列的地位。更可笑的是唐太宗时期编《尚书正义》的时候，竟把假书弄出来做正统，还是考试必考的内容。原本正统的《尚书》就退出历史舞台，让冒牌货顶替了千年之久，其间虽有朱嘉等人怀疑过，却没有举出证据。直到清代学者注重考据，才揪出了王肃这个罪人，让正统《尚书》恢复了名誉。

◇《尚书》注重的是以古才能鉴今

■ 鬼治还是德治

以德治国是儒家的政治理想，至于周朝和周朝前是不是真有那么些先贤圣人在治理国家，估计那不过是理想化的想象而已。

其实在西周以前，那些君主可以说是为所欲为，根本不受道德的约束，一旦有臣民不听话了，他们就把上帝先祖通通抬出来，立马可以解决问题。这哪里是德治，明明就是鬼治。即使从今天的考古中也可以发现，西周以前鬼治不仅用来治民，更用来治国。当时的君主不论大小事物，都要请示鬼神，吉兆就做，不吉就回避。那些刻在龟甲、兽骨以及青铜器上的文字，大多数都是跟卜卦有关。

作为上古档案的《尚书》，自然记载的是鬼治的内容，打着德治幌子的冒牌《古文尚书》自然就是伪造的了。

《尚书》与“尚书”

《尚书》不等于“尚书”。

“尚书”是战国时开始的一个官名，那时候就是一个文员而已，后来地位逐渐升高，最终成为六部的最高长官。

而《尚书》在战国时叫《书》，到了汉代才出于尊崇给它加了个“尚”字，代表上古的意思。

典章制度之首——《礼记》

礼记

作者

《礼记》的作者不止一人，写作时间也有先有后。其中大部分是孔子的七十二弟子及其学生们的作品，他们在孔子死后散居诸侯各国，各传各对《仪礼》的理解，他们所写的传礼的文章到汉代已经有一百多篇了。其他还有一小部分，是兼收的先秦其他典籍。

时代

战国至秦汉年间

内容

春秋战国时代仪礼汇编

《礼记》是解释说明经书《仪礼》的文章选集，主要记载了先秦的礼制、礼意，并记录孔子和弟子等人的问答，用来记述修身做人的准则。虽然表面是讲礼仪制度的，但实质是一部儒家思想的资料汇编。它的内容涉及相当广泛，包括政治、法律、道德、哲学、历史、祭祀、文艺、日常生活、历法、地理诸多方面，是先秦儒家的政治、哲学和伦理思想，更是研究先秦社会的重要资料。

孔子对周朝的礼仪制度相当地崇拜。面对春秋时期诸侯割据、群雄并起的状态，孔子也只是大叹“礼崩乐坏”。

孔子那时候讲“礼”，讲的应该是《仪礼》。这是一本上古社会史料的汇编，不仅内容古老，涉及面也很广，这么广杂的东西该怎么去解读就成了问题。孔子是“述而不作”，孔门弟子以及后世学者就根据他们自己学到的东西进行整理和教学。将这些讲礼的文章收集到一起，便是《礼记》。

◇以礼相待不仅是种外在形式，更是对内心的一种修炼。

原本从汉代起，孔子定的典籍才能称为“经”，弟子对“经”的解说只能叫做“传”或者“记”。但《礼记》却是个特例，它居然与孔子钦定的教材比肩，最终名列“五经”之列。

（1）何为“礼”

最早的“礼”其实应该是对鬼神先祖的祭祀，是用来求福的，在《尚书》里面我们就可以看到很多这样的内容。虽然孔子自己本人“不语怪力乱神”，但他却相信先人传下来的这些礼仪制度，有规范人心的作用，可以将人导向他所理想的至高境界。所以孔子开始发明创造了新的“礼”，它的实质，更应该是一种道德规范。

所以《礼记》开篇就说什么是“礼”——“人当曲身为礼”。根据古代的象形文字，“礼”字是一个躬身跪着的人，这本是祭祀求福的动作，后来被当做是恭谨、诚意的表现。只要一个人弯曲自己的身体，做出恭谨、诚意的表现来，也就自然会拥有诚心学习的状态。但孔子认为这还不够，还要再根据自己学到的内容去实践，才可以称为“有礼”。简单来说，就是只要虚心学习、认真实践，就是礼的表现。

当然，这个虚心学习中就包含了很多繁复的礼仪制度。这种礼仪制度已经不是《周礼》这种单纯的国家架构及官员设置可以涵盖的，它更多的涉及社会生活的方方面面。所以当《乐经》在焚书坑儒后被损毁，最终只找到一卷后，也就把它归入了《礼记》，作为“礼”的一个环节进行宣扬。当然更有关于做人的礼仪廉耻问题，被孔子的学生们当做礼教的重要内容给收纳进来。最终使《礼记》成为孔子创新的“礼”的真正传承，从而拥有了达到孔子当年钦定教材《仪礼》的力量，上升到“经”的地位，成为“五经”中的一个特例。

《礼记》虽然是加工过的《仪礼》，但经手的人太多，内容也实在太庞杂。后人只能给它重新归类，其中数近代的梁启超归纳的最有价值：

- 礼记
  - 通论礼仪和学术：《礼运》《经解》《乐记》《学记》《大学》《中庸》《儒行》《坊记》《表记》《缁衣》等篇
  - 解释《仪礼》：《冠义》《昏义》《乡饮酒义》《射义》《燕义》《聘义》《丧服四制》等篇
  - 记孔子言行或孔门弟子及时人杂事：《孔子闲居》《孔子燕居》《檀弓》《曾子问》等
  - 记古代制度礼节，并加考辨：《王制》《曲礼》《玉藻》《明堂位》《月令》《礼器》《郊特牲》《祭统》《祭法》《大传》《丧大记》《丧服大记》《奔丧》《问丧》《文王世子》《内则》《少仪》等篇
  - 格言、名句：《曲礼》《少仪》《儒行》等篇

（2）散文造诣

■ 不是拿来抒情的散文

在古代，所谓散文，就是对叙事抒情文章的总称。现在的散文是一种文学体裁，与记叙文、议论文等并列；而古代的散文却是指所有的文章，与诗、词、赋等并列。当然，记言的不算，最多就是个记录而已。所以要记住，在古代，散文不只是拿来抒情的。

《礼记》就是全部用散文写成的，有的是用短小生动的故事阐述一个道理，有的则气势磅礴、结构严谨，有点言简意赅、意味深长，有的则擅长进行心理描写和人物刻画。特别是一些叙事小品，相当生动。

曾子寝疾

曾子寝疾，病，乐正子春坐于床下。曾元、曾申坐于足，童子隅坐而执烛。童子曰："华而睆。大夫之箦与？卜也！"子春曰："止！"曾子闻之。瞿然曰："呼！"曰："华而睆，大夫之箦与？"曾子曰："然。斯季孙只赐也。我未之能易也。元，起，易箦。"自此始也。曾子曰："夫子之病革矣，不可以变，幸而至于旦，请敬易之。"曾子曰："尔之爱我也不如彼，君子之爱人也以德，细人之爱人也以姑息。吾何求哉？吾得正而毙焉，斯已矣。"举扶而易之，反席未安而没。

这个故事是讲曾子病倒在床上，即将去世的事情。当时乐正子春坐在床下，曾元、曾申坐在曾子脚旁，童仆则手拿烛火坐在墙角。这时童仆突然问："这张席子花纹华丽光洁，是大夫用的席子吧？"乐正子春马上制止道："住口！"曾子突然惊醒过来。这时童仆又问："这张席子花纹华丽光洁，是大夫用的席子吧？"曾子说："是的，这是季孙送给我的，我没有力气换掉它。元啊，扶我起来，把席子换掉。"曾元说："您老人家的病已很危急了，不能移动，等到天亮了我再来换吧。"曾子却说："你爱我不如那童仆，君子爱人是用德行，小人爱人是姑息迁就。我现在还有什么要求呢？也就是盼望死得合于正礼罢了。"于是大家扶起曾子，换了席子，再把他扶回到床上。但还没有放安稳，曾子就去世了。

这是个相当令人震惊的故事。儒家十分注重名节，是否符合"礼"就是名节是否能保住的关键。曾子至死也在盼望要合于正礼，要按照符合他身份的方式去死，否则就会有辱名节。

齐大饥

齐大饥。黔敖为食于路，以待饿者而食之。有饿者蒙袂辑屦，贸贸然

来。黔敖左奉食，右执饮，曰："嗟！来食！"何施而得斯于民也扬其目而视之，曰："予唯不食嗟来之食，以至于斯也！"从而谢焉，终不食而死。曾子闻之，曰："微与！其嗟也可去，其谢也可食。"

话说齐国出现了严重的饥荒，黔敖就在路边准备好饭，准备等饥饿的人来吃。这时有个饥饿的人用袖子蒙着脸，无力地走过来。黔敖就端着饭和汤，喊那个人："喂！来吃吧！"那个饥民扬起眉头看着黔敖，说："我就是不愿吃嗟来之食，才落到这个地步！"黔敖赶忙追上去向他道歉，他仍然不吃，终于饿死了。曾子知道后说："恐怕不该这样吧！黔敖无礼呼唤他时，当然可以拒绝，但黔敖道歉之后，就可以吃了。"

虽然只有短短80余字，却是一段尤为精彩的小品，黔敖的倨傲跟饿者的不为所屈都被写得活灵活现，其中甚至还有服饰、神态、语气的描绘，手法近乎于小说了。

大道之源——《周易》

孔子不语怪力乱神，但很少有人知道，孔子最喜欢的书，竟然是《周易》！有句话形容孔子爱看书的情形：韦编三绝。就是说孔子喜欢看一本书，看到串简册的皮绳子断了三次的程度。而这本书，就是《周易》！

现代很多人把《周易》看成是一本算卦卜命的书，其实《周易》作为"五经"之一，是儒家重要的典籍。《周易》深刻体现了中华民族精神发生、成长、定型的整个历史。《周易》提供的思维方式也影响了儒家和道家。这样的哲学自战国末年形成之后，2500年来，一直是中国文化的主流。

《周易》

作者

周文王、孔子

《周易》相传诞生自河图洛书，先王伏羲据此画出了八卦。到了殷商末期，周文王在囚禁中重新演绎八卦，还写出了六十四卦的卦辞，这时就出现了先天八卦和后天八卦两个版本，也就是伏羲八卦与文王八卦。孔子在晚年十分喜欢研究易经，更为周易写了“传”（解释），和周易一起，作为儒家文化的一个组成内容，教授学生。

时代

殷商末年至春秋

《周易》的“周”指的是周朝，“易”指的是变化，《周易》就是一本产生于周朝的变化之书。本来《易》的内容成书更早，但文王为其定下更为具体的规范，而孔子为其做解释，我们只能把成书定在这个时期。值得庆幸的是，由于李斯将《周易》列在医书占卜书一类，让《周易》躲过了焚书的劫难，完整地保留了下来。

内容

变化之书

从表面看，《周易》好像是专论阴阳八卦的著作，但实际上它论述的核心问题，是在讲一个对立与统一的宇宙观，以及如何运用它来得到未来的信息。《周易》上论天文，下讲地理，中谈人事，包罗万象，无所不有。

《易经》

主要讲六十四卦，并分别加以解释和演说。

《易传》

“传”有七种十篇，古人把这十篇“传”叫做“十翼”，就如同是附属于“经”的羽翼，即用来解说“经”的内容。但实际上，是“传”的作者借解说经文来发挥自己的思想观点。

《彖》

专门对易经卦名和卦辞的注释。

《象》

对易经卦名及爻辞的注释。

《文言》

对《乾》《坤》二卦作了进一步的解释。

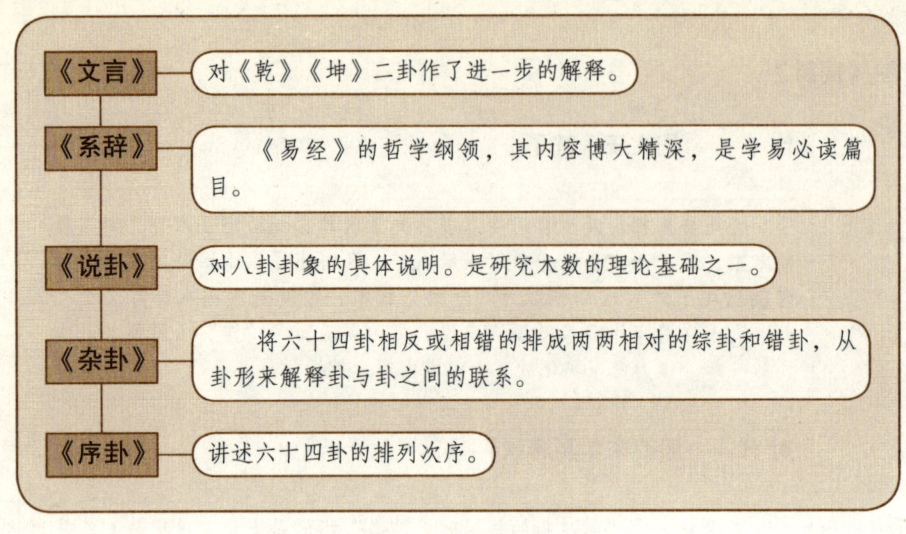

（1）群经之首

■ 五千年文明的代表

“人更三圣，世历三古”，《周易》是经过伏羲、文王、孔子三个圣人的手才写出来的，经历了上古、中古、近古才完成，秦汉以后更有历代学者对它进行解释和发展。可以说《周易》是与五千年历史的中华民族同步生长的。而《圣经》只有两千年的历史，《古兰经》也只有一千三百年，最古老的印度《奥义书》的历史也不过三千年。

虽然说《周易》原本就是一本用来占卜的书，但是老子跟孔子都受它的启发发展出自己独特的宇宙观，他们将《周易》的占卜功能升级到了思想层面的哲学，并成为后来中国文化的主流。

■ “和谐”的智慧

中华民族与其他民族相比，有一种奇特的凝聚能力，从尧时代的民族融合开始，整个民族始终是在斗争、融合中发展。其实，这也是个很正常的规律，但其他民族在被征服后，文化信仰往往会发生整体改变，而中华民族却奇迹般的在融合中将自己的文化一直保留，甚至发展。

《周易》说：“一致百虑，殊途同归。”中国的先人们早就有这种未卜先知的智慧，或许他们早就创造出了一种精神，把他们融到了中国人的骨子里，历数千年不变。这种精神，应该就是一个“和”字。

太和殿、中和殿、保和殿是故宫的三大殿，“太和”是指最高的和谐，“中和”是阴阳互调产生的和谐，“保和”是当不和谐的时候通过管理调节而和谐。这完全就是《周易》的思想。孔子对它的发挥就都写在《易传》里面了，他认为“乾道变化，各正性命，保合太和”，一种宇宙的规律，在孔子的手中就变成了一种富于哲理的政治思想。我们在《中庸》里看到的“和”，也就是孔子从《周易》中一脉相承出来的精华。从此，《周易》的实用性不再仅仅局限在宗教的演算上，它的政治指导性越来越明确，它的升级只是时间问题。

■ 被低估的周易

在孔子之前，《易》也就不过是本讲巫术的书，但孔子的《易传》彻底改变了《周易》的命运，使它开始走上了仕途。

汉初《周易》并没有得到应有的重视。这个时候就出现了一位伟大的人物——司马迁。当时被认为是群经之首的，是《春秋》，司马迁认为应该是《周易》，因为它“究天人之际”。他的意思就是《周易》穷尽了所有天人之间的事情，一切问题都可以在《周易》中找到答案。

汉武帝接受了这个观点，《周易》开始有了市场。到汉宣帝时，一个宰相甚至认为《周易》是圣帝明王治太平的书，运用《周易》的原理，就可以创造出一个太平盛世来。《周易》也就此正式开始步入坦途。直到班固写《汉书·艺文志》时，最终将《周易》定为群经之首，《周易》终于升级成功，并保持了两千年毫不动摇的地位。期间《周易》被用来批评决策朝政，治国安邦，直到清朝，解释《周易》的成果就有三四千种之多。

（2）和谐的阴阳

■ 科学的占卜书

就《易》来说，它的传奇性的发明很耐人寻味。传说伏羲因为看到河图

洛书才演化出八卦。河图上，黑点和白点排列成数个奇阵；洛书上，纵、横、斜三条线上的三个数字的和，皆等于15。这本来就是极其巧妙的数学组合，但其中的奥秘却远大于此。

《周易》更先进的一点是，它的六十四卦在数理方面的规则与今天电脑使用的二进制完全一样。十八世纪初的德国哲学家、数学家莱布尼茨认为阴爻（yáo）-- 就是0，阳爻—就是1，那么坤是000，艮是001，坎是010，巽是011，震是100，离是101，兑是110，乾是111。更有趣的是，他居然还把上帝创造世界的七日来与八卦一一对应。

中国后世的所有算命方法，几乎都源自于《周易》。虽说它算得上是算命的鼻祖了，但它更多的是古人认识世界的一种方法，它的智慧远远超过了算命这一简单的命题。

◇《周易》中用的八种基本图形，亦称八卦，即“－”和“--”符号组成的。象征天、地、风、雷、水、火、山、泽八种自然现象，以推测自然和社会的变化。认为阴、阳两种势力的相互作用是产生万物的根源，乾、坤两卦则在“八卦”中占有特别重要的地位。

太极和八卦组合成了太极八卦图，它又为以后的道教所利用。道家认为，太极八卦意为神通广大，镇慑邪恶。

阴阳世界

在《周易》的世界里，是分阴阳的，阴阳是对立的两个方面，但它们又互相依存组成世界中的各种事物。在这样一个大前提下，世界又由八类基本物质组成，他们分别是天地、风雷、水火、山泽，这就是八卦。

作为物质来说，这八卦中的每种物质又是有阴阳的。“—”称做阳爻，“– –”称做阴爻，它们三个一组，共同组成一个基本物质。而这些基本物质中，天地又互为阴阳，风雷也互为阴阳，水火、山泽同样如此，它们两两相对，却又相互依存，才构成了一个动态的世界。

《易传·系辞·上》说：“是故易有太极，是生两仪，两仪生四象，四象生八卦。”可八卦仅仅是基本物质，把它们排列组合起来，就可以得到六十四卦，如此反复，就可以生出万物来。

在六十四卦的卦象中有“否（pǐ）卦”和“泰卦”。如果天在上，地在下，那么天往上升，地往下降，两个就永没有相交的时候，两者不通，就是“否”，是非常不好的卦相，阴阳不搭界，就什么事也办不了。相反的，如果天在下，地在上，天往上升，地往下降，两者就会相交，这就是天地交泰，阴阳互通，是件极好的事情。根据阴阳不同的排列组合，就会发现某些方式是好的，而某些方式则是不好的。整个八卦都在寻找阴阳交泰的途径，寻找动态中的和谐。

这就是《周易》的阴阳世界，一个对立和谐的世界。所谓独阴不生，独阳不长。这种充满生机与活力的方式，才是真正的宇宙。

编年史始祖——《春秋》

在古代，“春秋”通常指的是一年。在商代和西周还没冬夏的概念，一年就分为春秋两个季节，后来人们也就习惯了用春秋代替年了。

既然一春加一秋等于一年，朝廷的史官就干脆将编修的史书叫《春秋》。不过东周时各诸侯国编的史书后来都没了，只有孔子编订的鲁国史《春秋》给保留了下来。孔版《春秋》记载的是上自公元前722年，下至公元前481年，合计242年的历史，包括12个国君。这段时间天子国周朝还在，但基本丧失了它的地位，诸侯国群雄并起，要把这段时间归在周朝似乎不太合适，后人

就干脆根据《春秋》把这段历史叫“春秋时期”了。

这可是中国历史上唯一一个以书名为断代定名的例子。

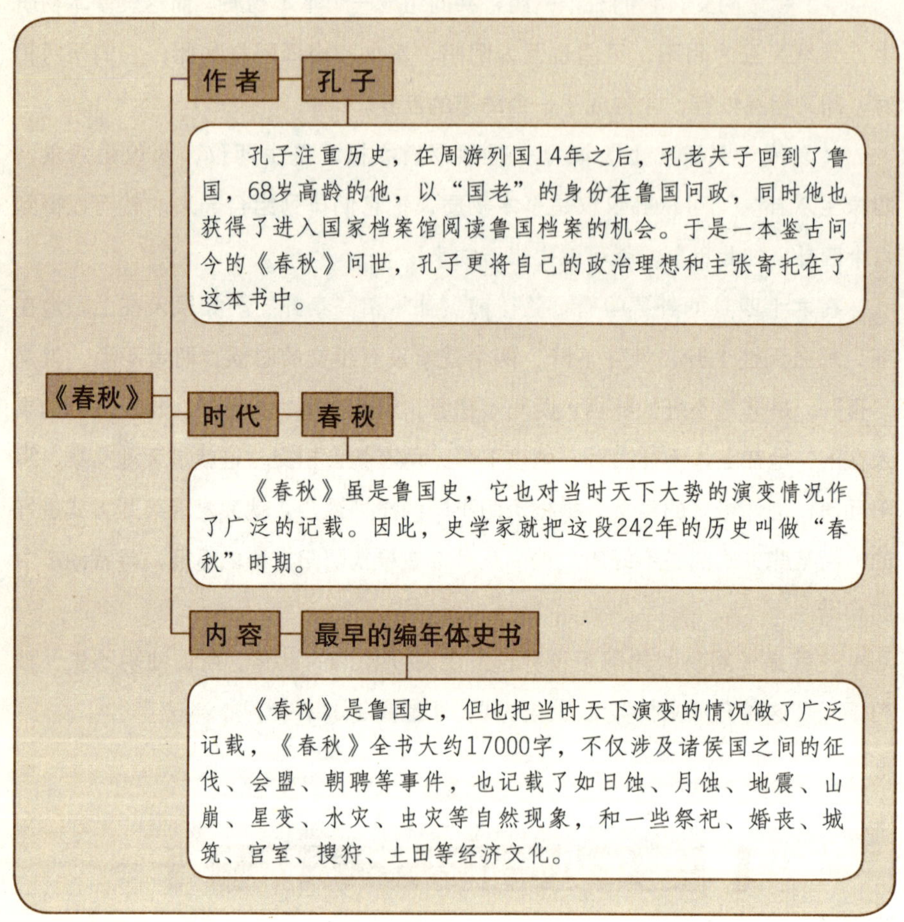

（1）春秋笔法

孔子相当看重《春秋》，但在他之前，修史都是官方的事，以私人的身份修史，他算是天下第一人。所以孔子也预见到《春秋》必定在争议中存在，而世人对他的赞誉也好，非议也好，都将出自于《春秋》。

■ 流水账

我们今天来看《春秋》，满篇某年某月某日、时间地点人物事件，没有详细的情节，没有人物的刻画，跟账房先生的流水账没多大区别。

但这却是世界上最早的编年体史书。

所谓编年体，就是按照时间的先后次序，将发生的事件依次记录下来。它在时间上是纵向的，不像《史记》，记述的是某一个时间段的事件，虽然有大致的时间先后，但却和讲故事一样，注重的是一个事件的完整性，在时间上是横向的。

当然，编年体也不是孔子首创的，为了记录各自的历史，东周的各诸侯国都设置了史馆来撰写本国的历史，一天一天流水账似的把发生的事件记下来，也就成了史书。孔子不过就是根据这些资料，把鲁国的历史更系统地整理出来而已。

孔子的《春秋》为的是记载那段历史，成为一本流水账也就是在所难免的了。鲁国《春秋》最终因孔子而存留下来了，不能不说是孔子的一大功劳。

更重要的，当然就是它记录的那些史实，如其中记录的自然现象，就与西方历史记录的相当吻合。它记载的公元前611年哈雷彗星出现在北斗的情形，就是世界上最早记录彗星运行的记载。

■ 春秋笔法

由于《春秋》本是鲁国的史书，所以文字简略，注重事件的结果，而不注重过程。但就在这些简略的文字中，却蕴涵着孔子深厚的思想，他对世事的评判，都在只言片语中展露。

孟子说："孔子成春秋而乱臣贼子惧"，《春秋》之所以具有如此惊人的社会效果，就源自于孔子藏于叙述中的评论。这种曲笔的手法就叫做"春秋笔法"。

最终将"春秋笔法"完整总结并普及的人物是晋代的杜预。他是诗圣杜甫的十三世祖，不仅学识渊博，还武功卓著，很受杜甫敬仰。他扬名后世的便是《春秋左传集解》，其高超的学术价值，在今天都是研究《春秋》的主要参考文献。

杜预在书中说“春秋笔法”“一曰微而显。文见于此而起义在彼。称族尊君命，舍族尊夫人。梁亡。城缘陵是也。”这就是说文字不直说含意，但因为它被放在具体的语言环境中，而意思自明。

◇《春秋》虽是鲁国史，却广泛记载了当时天下大势的演变

“二曰志而晦。约言示志，推以知例。参会不地，与谋日及之类是也。”这就是说文字并不复杂，表达的意思却很隐晦，但人们仍然可以通过作者用词的不同，而获得更多的附加信息。

“三曰婉而成章。曲从义训，以示大顺。诸所讳避，璧借许田之类是也。”这指的是避讳，就是为了避开让人们忌讳的事物，而改换名字或称呼或事件的一种方法，它能让人们的心里感觉更为舒畅。自《春秋》起，避讳就成为中国一门相当有艺术性的学问，大到皇家姓氏，小到百姓讨吉利，避讳可以说在中国文化中无处不在。

“四曰尽而不污，直书其事，具文见意。丹楹刻桷，天王求车，齐侯献捷之类是也。”这就是要照事实实录，不加以任何的掩饰。由于作者提供了足够多的客观事实，虽然作者没有在文中表达自己的具体观点，但由于人事公理在，人们自然可以从事实中去判断是非对错。正因这些结论都是人们通过自己的经验得出的，这样的文字更具有攻击性，使被攻击者无法辩解。

“五曰惩恶而劝善。求名而仁，欲盖而彰，书齐豹盗，三叛人名之类是也。”这就是要让好人名垂青史，让坏人遗臭万年。把他们的名字连同他们的作为都记录下来，以彰显好人的事迹，以批判坏人的恶迹。中国人不仅重视在世时的名声，也重视死后的名声，估计这正是乱臣贼子们极为惧怕《春秋》的一个原因。

杜预对“春秋笔法”的总结，让“春秋笔法”最终成为民众表达思想、沟通感情的利器。这种手法，不仅让语言具有含蓄之美，更让文章耐人寻味。

为麒麟绝笔

话说在鲁哀公十四年的春天，一个管理山林的人和一个叔孙氏的仆人出去打猎，在曲阜西抓了只怪兽回来。叔孙氏看到怪兽，觉得很不吉祥，就把它给了管山林的人。孔子很好奇那是只什么怪兽，就去看，结果发现那居然是麒麟！

麒麟是神兽，孔子认为它有仁德，只会在太平盛世才出现。但当时不是太平盛世，它来得不是时候，所以没有得到神兽的待遇。孔子十分伤感，不由得大哭，边哭边说："这是麒麟啊，它为什么来啊，为什么来啊！"伤心回家的孔子，写下"十有四年，春，西狩获麟"后，就搁笔不写了。

是年，孔子71岁。两年后，孔子辞世。

（2）春秋三传

《春秋》的写法可以说相当简洁，甚至可以说是简略。它记录的每年发生的事件最多不过二十来条，最少的只有两条，最长的文字也只有四十来字，最短的仅有一个字。比如鲁隐公八年（公元前715年），有一条只记了一个"螟"字，我们仅仅知道这年发生了螟虫灾害，但具体发生在哪儿，灾情有多大，我们不得而知。要想读懂春秋，着实是一件不容易的事。难怪后世有那么多的给它做解释的书。

孔子钦定的教学课本叫"经"，后世为这些"经"做解释的就叫"传"。据说汉代给《春秋》作"传"的有5本，但留下来的只有《左氏传》《公羊传》《谷梁传》，这就是"春秋三传"。

《左氏传》

《左氏传》传说是与孔子同时代的鲁国史官左丘明写的，据说他教弟子

《春秋》，又怕弟子们不能理解，就用史实来补订《春秋》。但《左氏传》不过是后人托左丘明的名而已，事实上，它是战国时期的人根据各国的史料编成的。

跟《春秋》相比，《左氏传》在进行编年的同时，更注重史实的过程，不仅能解释那些《春秋》没有讲清楚的史实，在内容上更丰富。因为它在编年体例上更完备，在史料和文字价值上更甚于《春秋》，《左氏传》最终上升到“经”的地位，被称为《左氏春秋》。我们现在说五经中的《春秋》，其实通常是指《左氏春秋》。

■《公羊传》与《谷梁传》

《公羊传》的作者，相传是子夏的弟子，战国时齐国的公羊高。而《谷梁传》的作者相传也是子夏的弟子，其作者是战国时鲁国的谷梁赤。它们起初都是口头传授，后来才逐渐成书的。

与《左氏传》不同的是，《公羊传》与《谷梁传》注重的都是阐释《春秋》中微言的“大义”。《公羊传》强调的是中央专制集权和“大一统”，宣扬的是拨乱反正、大义灭亲，对乱臣贼子要无情镇压。而《谷梁传》侧重礼仪教化，以缓和统治集团的内部矛盾，稳定长期的统治。

因为这两部传都很注重政治作用，自然也受到统治集团的极大重视。唐代，被定为“小经”，到宋代被升为“中经”，虽然不像《左氏传》般有“大经”的声名，但也都被列入“十三经”中。

第三节 儒家新貌——后世经典

我们回观历史中的儒家书籍，大多不过是在用各种方式来阐述“四书五经”而已。但历史中也总有一些敢于突破与创新的另类，他们能突破过去的窠臼，自创新招。那些新颖的，不同的，甚至针锋相对的思想，让这个一统江山的儒家学派，不至于那么沉闷。

思想的碰撞，开创的总是一个全新的世界。

性恶之书——《荀子》

◇荀子是被故意贬低了的圣人

《荀子》是自孔子开派以来，儒家的第一本由本人著述的书，所以才能全面而系统地展示荀况的思想。其中最核心的莫过于“人性本恶”，因为荀子认为人的本性是好利恶害的，如果任人顺着他的性情发展的话，人与人之间就会产生争夺，使社会陷入混乱。这时候圣人的礼义就成为最好的教化工具，它能使人转而为善，安定社会。所以恶是人的本性，需要由后天的教育去改变；而善不是人的本性，是人为努力得出的结果。

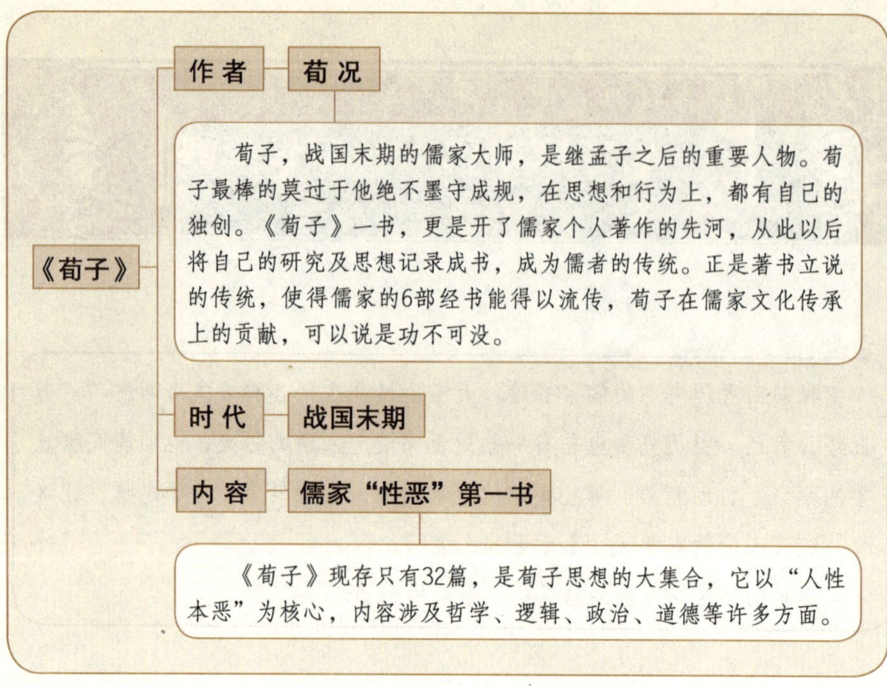

（1）水能载舟，亦能覆舟

“水能载舟，亦能覆舟。”这话可不是唐太宗的发明，它最早是出现在《荀子》里。

这话说的是君与民的关系，民是水，君是舟，顺应民意，人民就拥护你，不顺应民意，人民就会推翻你。孟子也在对“王道”与“霸道”的分析中得出不利于民的君王，百姓就有推翻他的权力的论断。可见《荀子》的思想还是儒家一脉相承下来的。

但为什么《荀子》不但在后世不受重视，连给它写注的人都少之又少?

都是法家惹的祸

荀况生活的年代是在战国末年，自各学派的创始祖师爷们创下了一番基业，学派之间就跟战国七雄一般，纷争不断。

《荀子》虽然也有跟别的学派进行争论，甚至批判了自家的子思、孟子一派，但它采纳了道、法、名、墨诸家的长处，最终成为战国思想的集大成者。

《荀子》重点吸收了前期法家的思想，在儒家的仁义基础上，提出“隆礼”“重法”的政治学说。礼与法的两手抓，可以说是同时把握了国家的道德建设和法制建设。

荀子前瞻性地看到了秦国的强盛。他在跟秦昭王的谈话中，十分赞赏地说，秦是一个治理得相当好的国家，唯一的缺陷就是缺乏儒家的治理。秦是一个注重法的国家，自商鞅变法使这个国家得以富国强兵以来，法治的观念就在秦国国君的心目中根深蒂固。这也是秦始皇最终能采纳韩非的法治观念、重用李斯改革的思想根源。而这两位对秦国一统江山起着重要作用的法家人物，竟是荀子的学生！

韩非、李斯可以说是荀子学生中名气最大的两位，特别是李斯，官拜宰相，算是儒家学子中率先爬到最高位的了。但问题是，他们辅佐的是制造“焚书坑儒”惨案的秦始皇，后世儒家的怨恨，自然要落到这两个人身上。而荀子作为他们的老师，也被后世儒生们“连坐”了，《荀子》自然为他们所不耻。

更要命的是，《荀子》居然把礼仪道德称为“伪”。“伪”的本义是“人为”的意思，就是礼仪道德不是天生就有，是需要后天的培养的。但“伪”字，实在太容易被误解为虚伪、伪善了，要以儒家仪礼来统治天下的君王们自然十分不喜欢。

所以汉代以后，荀子的地位就日益下降，朱熹甚至告诫学生不用理会荀况。直到清代以后，才逐渐有饱学之士发现《荀子》的价值，这种状况才有所改观。

卓越的文笔

荀子的创造不仅仅在思想上，他还有一把好笔杆子。

《论语》《孟子》都是语录体，也就是说，荀子之前的儒家著作基本都是光辉的语录式著作，真正成文的论著却不多。而《荀子》因为是荀子自己写的论著，成为了儒家第一部比较完整的论著。

从文章本身来看，《荀子》往往论题鲜明，结构严谨，说理透彻，有很

强的逻辑性。从语言来说，他善于使用多种修辞手法，特别是比喻，大量运用排比偶句，很有自己的独特风格。后世说理文章，很多都向他看齐。

不仅仅是文章，《荀子》也用五篇短赋，开创了后世一种以“赋”为名的文学体裁；他用民歌形式来宣扬自己的政治思想，也影响了后世以说唱托言寓志的形式。

（2）天行有常

《荀子》有一种大气磅礴的气势，《荀子·天论篇》中的“天行有常，不为尧存，不为桀亡”，更是劈空而来，磅礴之势前所未有。

与孔子将天人格化相比，荀子能更客观地看待世界。荀子少了理想主义的浪漫，多的是智者的哲思。

天就是天，天有自己的一套运转规律，不会因为有贤明的尧的存在而存在，也不会因为有残暴的夏桀的出现而灭亡。所以“应之以治则吉，应之以乱则凶。强本而节用，则天不能贫；养备而动时，则天不能病；循道而不贰，则天不能祸。”人想要获得好的生活，就要懂得天运行的规律，懂得利用天运行的规律来为自己服务。这就是最原始的“人定胜天”！！

正是因为天是一个物质的天，而非有人格的天，那么天赋的善良，便成为一个无稽之谈。天赋予人的，唯有吃喝拉撒的自然属性，至于道德，那是后天的教育才可能培养出来的。《荀子》提出的“人性本恶”论，其实也就是基于物质的自然而得出的。

人之能“制天命而用之”，正是人的特殊禀赋。“君子性非异也，善假于物也。”既然懂得利用天的规律，那么也能懂得效法天的规律。所以“天不为人之恶寒也辍冬，地不为人之恶辽远也辍广，君子不为小人之匈匈也辍行。天有常道矣，地有常数矣，君子有常体矣。”道德，也就在效法天的规律中，自然养成了。

天行有常，人性本恶，这就是《荀子》的真知灼见。

唯物的认识

《解蔽》 → “凡以知，人之性也；可以知，物之理也。以所以知人之性，求可以知物之理，而无所凝止之，则没世穷年不能偏也。” → 认识要有正确的方法和途径

人具有认识事物的能力，事物是可以被认识的。但如果被事物的一个片面局限，就不能明白全面的道理，将其纠正才是正道。而对正道三心二意必然会迷茫。

《正名》 → 感性认知的能力 → 人都有对感觉印象进行分析辨别的能力，这就是人们为事物定名的方法。

以“实”定“名”，“名”符其“实”

《劝学》 → 知识的来源 → 知识才能不是天生的，是后天学习教育的结果。

以恶扬善的伦理

《性恶》《修身》《礼论》等篇

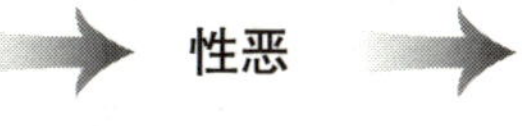

性恶 → 人的本性就是“目好色、耳好声、口好味、心好利”和“饥而欲饱”、“寒而欲暖”、“劳而欲休”

政治与经济

《王制》《富国》《王霸》《君道》《臣道》《强国》等篇

用人原则  **“隆礼敬士”“尚贤使能”**

“贤能不待次而举，罢不能不待须而废，元恶不待教而诛，中庸民不待政而化。”“虽王公士大夫之子孙也，不能属于礼义，则归之庶人。虽庶人之子孙也，积文学，正身行，能属于礼义，则归之卿相士大夫”。

只有使用贤能之人，才能巩固统治。而王公士大夫的子孙，如果不守礼仪，就是庶人；庶人的子孙如果通过学习懂得了礼仪，一样可以当卿相士大夫。

政治纲领  **“重法爱民”“赏罚严明”**

“赏行罚威，则贤者可得而进也，不肖者可得而退也，能者可得而官也。”“王者之论，无德不贵，无能不官，无功不赏，无罪不罚。朝无幸位。民无幸生。”

要治理国家，一定要有一套严密的政治法令和赏罚措施。与其压榨人们，不如先让他们富有、得利后再从他们身上去获取利益。先爱护人们的效果，比单纯重用他们的效果要强。

经济措施  **“强本抑末”“节用裕民”“开源节流”**

在用赏罚严明的制度来鼓励人民发展生产的同时，还应抑制商品流通，不断开拓新的财源，限制统治集团的费用，这样才能达到国家富强、人民富足的目的。

其他理论

与孟子的针锋相对 → 《非十二子》《儒效》

音乐的作用 → 《乐论》

军事理论 → 《议兵》

儒道合一——《抱朴子·外篇》

《抱朴子·外篇》

作者——葛洪

葛洪不仅是东晋著名的神仙家，他还为东晋开国立下过战功，位列将军，还被封侯，地位相当显耀。但他就是喜欢炼丹，非要隐居修仙不可。说来这可能还是跟他的童年有关系。葛洪出身是江南豪族，但十几岁的时候父亲就死了，家道破落到连纸笔都买不起的地步。幸而他聪明，不仅饱读诗书，更成为有识之士。但他心直口快，虽然遭受世事变迁，却我行我素，因为没有遇到知音，也就不爱说话。当时乡邻就笑他是抱朴之士，后来他干脆就拿这个外号当自称了。本来就性格孤僻，再加上战乱，葛洪渐渐对世事失去了足够的兴趣，所以即使到后来封将封侯声名显赫，也仍然专注于炼丹修仙。但他一直怀有儒家的济世之心，还很认同庄子内圣外王的想法，所以修仙之余就教书。《抱朴子·外篇》就是他用儒家的思想讲述处事之方的教科书。

时代——东晋

内容——儒道合一之书

儒道合一之书

《抱朴子·外篇》共50卷，作为葛洪教育学子的教科书，它内容涵盖十分广泛，不仅讥刺世俗，讲治民之法；还主张藏器待时，克己思君；它希望君主能任用贤能，爱民节欲，独掌权柄；同时也不认为人应超俗出世等。

《外篇》言人事，以儒家为宗，反映了葛洪先儒后道的思想发展轨迹。

《弭讼》等9篇论述时政得失，讥刺世俗，言治民之法。

《臣节》等7篇评人事臧否，主张藏器待时，克己思君。

《君道》等14篇谏君主任贤举能，爱民节欲，独掌权柄。

《勖学》《崇教》两篇论超俗出世。

《交际》等5篇论修身。

《钧世》等7篇论文言著书之贵。

《诘鲍》篇主张有君。

《博喻》《广譬》两篇皆重复诸篇思想。

《自叙》一篇殿后，乃自传体，亦为全书之序。

抱朴子，是东晋著名的神仙家葛洪的号，也是葛洪为自己取的另一个名字。葛洪是儒道合一的人物，他写的《抱朴子》一书，分《内篇》和《外篇》两个部分。《内篇》讲的是修身成仙之法，是道家的；而《外篇》是处事之方，是儒家的。

虽然给这个藏在罗浮山中修仙的葛洪最终盖棺定论为道家重要人物，但《抱朴子·外篇》却是难得的儒家经典。它不仅内容广博，更有不少真知灼见，难怪在鲁迅开列的十二部中国文学的入门级书目时，它就榜上有名。

（1）先儒后道

葛洪可以说是天资聪颖，十六岁开始学习儒家经典，二十岁前就已经开始写《抱朴子》了，可以说就是当时的少年作家。正是因为爱他的才气，海南太守将自己的女儿许配给了他。

但家庭环境的起落，已经让他看穿世事无常，对成仙很感兴趣，便当了当时著名的道教人物郑隐的弟子。郑隐本人就是兼通儒道的大家，又看葛洪聪慧，就将炼丹秘术倾囊教他，而那些早就入门的弟子，连那些秘笈的影都没见过。

所以葛洪是先从儒家，再从道家，而且他的《抱朴子》也是先写儒家部分的《外篇》，再写道家部分的《内篇》。葛洪先儒后道的经历，使他得以将儒道有机地结合在一起，对内以道修身，对外以儒处事。

■ 立言以不朽

葛洪是自少年起就经历过大起大落的人，从受父亲溺爱的富足子弟，到饥困至砍柴买纸笔的穷苦少年，葛洪尝尽了人生悲苦。但想到自己的祖辈位列人臣，自己这样窝窝囊囊地死去，岂不是辱没了先人，更枉度了自己的一生。而自己的满腹经纶，都没有发挥的地方，默默无闻的人生，实在让他难以忍受。

但幸好荀子开创了儒家著书立说的先河，而司马迁等人写书给自己身后留下的美名，让葛洪十分羡慕。特别是曹丕更宣扬说：文章是经世治国的大业，是不朽的盛事。这对于自称是“才非政事，器乏治民”“用不合时，行舛于世”的葛洪来说，无疑就是留名后世的最好的办法。

所以葛洪早早就下定决心，一定要吃透儒家学说，写一部属于自己的书，好让后世的人都知道他是一代文儒。

葛洪把以前写的文章整理出来，就成了《抱朴子·外篇》，这个时候，他还不到三十岁！

■ 道内儒外

《抱朴子》是葛洪真实思想的写照，他著内外两篇，不仅仅是因为学习先后的关系，更在于他已经将儒道融会，形成了内道而外儒的思想观念。

在葛洪眼里，只有上古时代的黄帝，才是他的榜样。传说黄帝以圣人的身份治理国家，最后升仙而去，他一方面是道家崇敬的神仙，另一方面也是

儒家极为敬重的圣人。这种儒道双修，内外兼具才是葛洪所向往的理想境界。“上士得道于三军，中士得道于都市，下士得道于山林。”看来葛洪眼中真正的能者，是即能修身又能济世的人。

可惜当时的人都崇儒毁道，为了调和这一矛盾，葛洪也努力向世人表示，两者是完全可以合二为一的。就拿儒家最重视的孝道来说，不伤身体就是孝。而修仙不仅可以长生，如果真成仙，那更是一件光宗耀祖的事。儒家的祖先崇拜也就跟道家的神仙信仰矛盾冰雪消融。

于是《抱朴子》强调修炼不是单方面的，它既可以保德致长生，也可以治世致太平；人生的抱负也不能仅仅是遁隐山林，要想真正修仙还要建功立业、修身齐家治国平天下。儒道在《抱朴子》这里水乳交融了。

（2）文德并重

《抱朴子·外篇》中的文章之多，内容之广，记忆之渊博，文笔之精密，在两晋儒士的著述之中，没有能超过它的。就连著述等身的班固，也只能望其项背。

■ 个性的刀笔

《抱朴子·外篇》常常“弹断风俗，言苦辞直”，这样的笔墨，为的就是察人间的得失，世事的对否。

魏晋时期，清谈之风盛行，士大夫们成天无所事事，就喜欢互相攀比。然而他们那些用虚美来隐恶、以华艳来取悦的言论，根本无法掩饰当时的社会问题。而《外篇》中的《酒诫》《疾谬》《讥惑》《刺骄》等篇，却是对社会黑暗面进行了揭露和抨击，直言不讳；就是《汉过》《吴失》两篇，用意还是在借汉、吴来讽刺当世，借题发挥。

■ 文章的魅力

儒家从来都是重思想轻文笔的，就连《诗》也更注重教人朴素的美感。所以在道德与文章中，道德是最重要的，文章只是用来展示道德、宣扬道德的工具而已。道家更绝，他们坚决反对对文章的修饰，因为在他们看来，一切的外部修饰都是会伤害人自身的，使人离天地自然的属性越来越远。

就在这一派轻视文章的声音之中，《外篇》是自古第一本站出来肯定文章价值的书！

◇《抱朴子·外篇》是葛洪教育学子的教科书

《外篇》指出，文字不仅承担了教化的重要作用，它更能极大地提高事物的价值。它追溯文章的原本意义，将这一系列与圣人有关的人事结合起来，说明文字的重要。它更用发展的论调反问：如果什么事物都保持自然的天性，那人和动物又有什么区别？

《外篇》以人类发展的观点，为文字与道德并重理论找了一个坚实的基石。而这种将文字与天道自然结合起来的思想，最终被刘勰的《文心雕龙》发挥到了极致，将“文”抬升到了至高无上的地位。

■ **长江后浪推前浪**

中国人有一种贵古的思想，估计是先贤们对老祖先太推崇了，动不动就说“人心不古”“世道不古”，弄得让人产生错觉：古代肯定比现代好。不过《外篇》却竖起了要文明不要倒退的旗帜。

面对那些好古非今、重自然而轻人伦、尚混同而贬分殊的人，《外篇》笑话他们是把混沌当成了美，如果那样，那么天地就不能分，哪来的今天这个世界？！而如果不为事物定名字，那么八卦就没有画的必要了。世界是进步的，如果抱着古代不放，那么岂不是造化出了错？

所以长江后浪推前浪，今天这些文章的金玉，远远胜过了古书的质朴；今天文章的雕饰，也胜过了古时的纯素。厚古薄今，是个传统的弊病，遗害的

是那些富有创造性的脑袋!

《外篇》的摇旗呐喊，不仅仅是为华丽的文风张目，更是为社会的进步和发展喝彩。

人性之作——《传习录》

《论语》里曾子说过这样的一句话："吾日三省吾身，为人谋而不忠乎？与朋友交而不信乎？传不习乎？""传不习乎"正是《传习录》名称的来历。从名字上来看，这是一部关于教育的书，而事实上，它正是王阳明和他的弟子在教与学的过程中，一起编写的一部书籍，"传"与"习"中似乎有很强的师生互动意味。

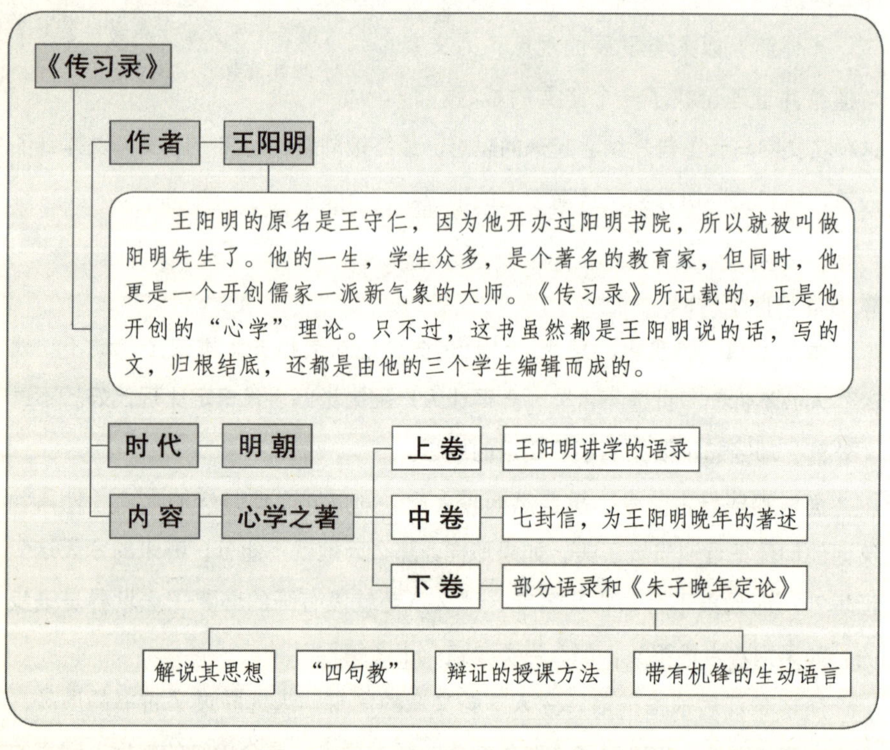

（1）龙场悟道

在王阳明生活的年代，正统思想是程朱理学，是必须刻板遵守的“天理”，而王阳明充满人性的理论就成了“异端邪说”。但人心存的是人性，在王阳明积极办学宣扬人性以来，他的学生和知音越来越多。虽然朝廷并没有因王阳明的出现而改变统治学说，但王阳明的思想却影响了后世的许多有识之士，使他们能跳出程朱理学的窠臼来考虑问题，令思想界日益开放起来。而汤显祖、李贽等艺术家，更成为王阳明的忠实粉丝，着力在自己的作品中表达人性之美。

■ 颠沛中悟道

王阳明自出生就多奇异的事。他生在一个诗书官宦之家，传说他是被怀了十四个月才生下来的。他天资聪慧，对万事万物都充满了兴趣。他先是沉溺在路见不平一声吼的侠义之中，后来觉得这种侠义只能救少数人，就跑去学兵法，学骑射。学着学着，他发现还是要做官才能救苍生，便开始研究怎么写朱熹的八股文。

◇《传习录》的名字透着教学互动的意味

朱熹解释“格物致知”，就是要通过对自然界一草一木的耐心品味和静心思考，得到所谓的“天理”。但王阳明发现人不可能对世间的千万事物逐一思索。这之后，王阳明开始研究道家和佛家。他惊喜地发现，原来儒道释的基本内核是相通的！于是他最终回到儒家的道路上，潜心钻研，终于成为将儒释道融会贯通的一代大儒。而他的话语中，处处机锋，他的思想，亦充满禅意。

回归儒家的王阳明，年仅27岁就考中进士。可惜他生不逢时，他为之效命的皇帝，就是那个喜欢当木匠搞发明的正德皇帝朱厚照。这个成天只知玩乐的小孩儿，把国事都交给了宦官刘瑾。

1506年，十几个官员联名上书弹劾刘瑾。但刘瑾的后台是皇帝，结果那些官员不是被罢官就是被下狱，再没有大臣敢站出来说话。这时候一个吏部主事站了出来，结果被朱厚照当庭打了四十大板，流放到偏远的贵州山区一个叫龙场的地方去当政府招待所所长。这个小官就是王阳明。

王阳明前脚才走，刘瑾的杀手后脚就跟着来了，当他历尽艰辛到达龙场，已经是三年以后了。逃过死劫的王阳明，面对的是密布的群山与森林，肆意的瘴气与毒虫，无处安身的他只能自搭草棚居住。艰苦的环境，让王阳明的随从很快病倒了，王阳明只得亲自烧饭煎药照顾他们。巨大的落差让他万念俱灰，在绝望中徘徊。还好当地的少数民族给了他帮助，让他在困顿中感受到了难得的温暖。

在无法排解的苦闷中，王阳明终夜难眠，他时常在深夜自问：如果是圣人处于这种情况，他会怎么办？昼夜苦思的王阳明，在一个梦中突然豁然开朗，原来“圣人之道，吾性自足”！荒芜的龙场，给以王阳明自由、人性的心性，成为他思想的新起点。从此他开馆授徒，才有了今天的《传习录》。

（2）人性之学

王阳明开创的“心学”其实是沿袭陆九渊的“心学”理论。

陆九渊是与朱熹同时代的人物，朱熹认为要去“心”存“理”，认识世界就是从具体研究各类事物开始的；而陆九渊认为“心”就是“理”，人首要做的应该是去除心中的恶念来得到良知。两个人的想法针锋相对，互不相让。后来当时的一位大儒吕祖谦请他们到今江西铅山县河口镇的鹅湖书院辩论，他们辩了三天三夜，结果谁也没说服谁。

后来皇帝因为利益原则选择了朱熹，陆九渊的“心学”自然就被封杀了。但到了明朝，程朱理学的弊病已经充分地暴露出来：由于它对人民德性和德行的培养无法充分发挥作用，社会上“外假仁义之名，而内行自私自利之实”的人大有人在，诚伪不明，是非不分，道德的沦丧使世风每况愈下；政治上的争权夺利、尔虞我诈、互相倾轧也越演越烈。世道和政道都染上了功利的毒，这必然导致天下大乱。此时，去功利之毒，才是治疗国家人民的妙方，王阳明毅然继承和发扬了陆九渊的“心学”理论，以期能够挽救国民。

■ 良知是“心”也是“理”

朱熹口口声声强调“天理”，可在王阳明看来，天理绝不是一个单纯的物质，对人来说，天理是人们心中共同认定的一个善良的真理，这就是充满良知的人伦与礼仪。人与动物不同，人是有情感的，如果把富于情感的人以绝对的物质条款来框定，人哪里还是人？人如果不要人性，只凭物质世界的本能行事，那人不就跟动物没什么区别了？更可怕的是，人的智商高于动物，兽性一旦发作，其危害不知要比动物大多少倍！

所以，人在认识世界之前，应该懂得良知。这个良知是所有人都公认的善良的准则，就是一个公理。当一个社会拥有了这样的公理，人人有良知，那么一个健全的社会秩序就得以建立了。虽然“良知”是 个看不见摸不着的事物，但却是人在超越物质之上的精神不可或缺的信仰。只有当一个国家拥有大批有良知的贤能之人，官员们才能够同心同德、各司其职，去建立一个清平的世界；农工商贾才会“各勤其业”“各效其能”“通其有无”“集谋并力”，去创造“各安其分”“各得其所”的太平盛世；国家才最终能够实

◇王阳明是集政治家、军事家、思想家、教育家、文学家的天才人物

现长治久安的宏图大业。

所以王阳明坚决地认为，“心”和“理”根本就是一体，哪里能够被分割开！“心”的良知，就是做人处事、治国安邦的“理”。就如亚里士多德所说：“城邦以正义为原则。由正义衍生的礼法，可凭此判断是非曲直，正义恰恰是树立社会秩序的基础。”

■ 知行合一

《传习录》提到知行合一，这源自朱熹主张的知先行后、行重知轻。对朱熹的主张，王阳明很不喜欢，他说：“外心以求理，此知行之所以二也。求理于吾心，此圣门知行合一之教。”也就是说在良知之外去求取理，这是导致朱熹将知和行分割开来的原因。但如果在有良知的基础上去求取理，这就将内部的知识和外部的行动结合起来了，这才是圣门所教导的。

王阳明批判了朱熹不懂得何为知，何为行。知就是心的本体——良知，而因良知发出的具体行动或事物就是行。由此知而不行就是不知。本来行与知是紧密相联的，却被朱熹刻意的分割开来。

儒家历来对于知的认识，注重在道德的修养上，而轻在科学知识的培养上，所以王阳明的知，更回复儒家本来的面目，更能与儒家学说有机融合而最终达到道德修养与行为准则的有效结合。

■ 仁者与天地一体

《传习录》指出仁者是可以到达与天地万物为一体的境界。

圣人之所以能拥有如此超凡入圣的境界，源自于他们对天下的民众没有内外远近之分，对任何人都给以仁爱之心。原本天下人的心和圣人的心是相同的，但由于人有了私欲，便会反爱为仇，跟世间万物的距离自然就拉大了。要想达到圣人的境界，就要以修养来求取仁心，这就是心的本体——良知。

原本这是程颢所提出的，但程颢的仁要“合内外之道”，却是道德与知识的并重，而《传习录》中仁的理论却更偏重在道德修养上。

■ “四句教”

《传习录》记载了王阳明的“四句教”，而它成为后世对王学争议最多的焦点。

这四句话是：“*无善无恶是心之体，有善有恶是意之动，知善知恶是良知，为善去恶是格物。*”它们的本意是说，作为人心本体的至善是不能触摸的事物，不是具体的善的行为。为了善而做善的行为，那只是一种手段；而只有不为故意展示自己的善却做了善的行为，才是真正的善。人心的至善，超越了世间具体的善恶。具体的善行，只是不惦记要有所作为的至善之心自然引发的。所谓的人心无善恶，是要人们不要去执著于具体的善行，而要注重认识自己的本心。

可惜的是，《传习录》充满玄机的论调，让它有了禅一样的特质，只能让生具慧根的人看懂。但它的人性光辉，却成为后世社会改革的推动力。

一场白打的仗

王阳明自小就喜欢兵法，他带兵打仗，那是一等一的好手。

宦官刘瑾倒台后，王阳明又被重新启用。1516年，他被任命为督察院右都御史兼巡抚，作为地方的最高军政长官，负责镇压福建、江西、广东一带的农民起义。当时起义军的势头相当强劲，王阳明就故意示弱，说官兵不堪防守，准备全面撤退，等待时日再来剿杀。但他却暗地里加紧训练，在一个月后的深夜，用突袭重创了起义军。为了治理好当地，他改革兵制来提高战斗力，又用一家反法邻里九家一同受罪的方式来进行互相监督，还大力办学校，教百姓读书识字，宣传国家的政策，以防止民众违法犯罪。这些措施收到了良好的效果，王阳明也因平乱之功加官晋爵。

最能显示王阳明军事才干的，莫过于1519年平定宁王之乱。当时蓄谋已久的宁王带领十万大军一路势如破竹，准备一举拿下京城南京当皇帝。王阳明当时任赣南巡抚，奉命阻击的他却采用了围魏救赵的战术，直接攻打宁王的老巢南昌，逼得宁王回师救援，最后在鄱阳湖上决战。王阳

明使了个小计，他让人把写有“宸濠叛逆，罪不容诛；协从人等，有手持此板，弃暗投明者，既往不咎”的令牌投入鄱阳湖中，让叛军几乎人手一块，顿时军心大变。仅仅三十多天，一场危及江山社稷的叛乱，就在王阳明的谈笑间灰飞烟灭了。

这本来是天功一件，但朱厚照却龙颜大怒了。这贪玩的皇帝在宫里呆腻了，正想借宁王叛乱来个“御驾亲征”，过把打仗的瘾，哪晓得王阳明这么轻易就平定了叛乱，简直就是大不敬！无奈之下，王阳明只好假装把宁王放了，让自称是“威武大将军”的朱厚照率领大军“亲自”把宁王捉住。朱厚照是满意了，但这平叛的功劳也被他给占去了，保了性命的王阳明哪还敢奢望什么功劳。一场他最辉煌的战役，就这么白打了。

第二章 哲人之思——哲学

哲学，虽然在中国古代没有相应的提法，却早已是每个文人所必须思考和面对的课题。自诸子百家建立各自的哲学系统开始，对哲学的研究，早已融入了中国文人的血脉。

中国是哲学发端得相当早的一个国家，而且历代素有对哲学的研究，中国人将这些对宇宙、对生命、对生活的思考，作为学习的必须任务。

中国哲学的发展

中国古代哲学萌芽在殷周，西周初年就已经有了五行学说来解释世界的构成，《周易》提出了原始的“阴阳”观念，《易经》更为世界寻找到事物的根源。这些朴素的唯物主义，都成为春秋战国诸子百家在哲学上交相争鸣的思想基础，使春秋战国，成为中国哲学史上最为辉煌的时期。此后，中国哲学在两千多年的发展中出现了不少的哲学家和派别，他们以其时代精神成为中国精神的不同基因，至今发挥着广泛而深刻的影响。其中影响最大的有以下几个时期：

先秦的哲学爆发	先秦时期，在诸子争鸣的环境下，产生了儒、道、墨、名、法、阴阳、纵横、农、杂等各家，他们作为后世思想的奠基，为中国哲学提供了广泛的思考空间。
两汉经学的文化独尊	汉代实行的“罢黜百家，独尊儒术”，结束了思想纷乱的情况，展现了一个统一大国的统一思想，成为中国哲学在先秦发展的基础上的第一次综合。但此时的两汉经学为适应统治的需要，进行了一系列的改革。它首先注重宣扬天人感应、君权神授，为儒家思想罩上了神学的色彩；三纲五常的伦理规范不仅继承了儒家个人修养的仁义，还从社会控制的角度发展了儒家修养论。

中国佛教哲学的诞生	佛教自印度传入后，经过汉代到唐代六百多年的消化，中国人创造出了自己的佛教哲学，中国佛学成为融会儒、道、玄学的新哲学体系。
宋明理学的学术融合	宋明时期，儒道释进入了全新的融合阶段，其产生的哲学即是宋明理学。这种以儒学为主干，吸收了佛道智慧的哲学，虽然分作以朱熹为代表的“理学派”和以王阳明为代表的“心学派”相互对抗，但却使儒家哲学发展到了一个新的高度。

中国哲学的基本精神

虽然中国哲学派系繁多，而且常常在派系内部，也在许多问题上互不相让，但中国哲学的和谐性和延续性，使中国哲学拥有一些基本的精神：

重人生	中国哲学家往往是从生活的实践中寻找关于哲学的答案的，所以他们都特别注重对人生的研究。儒家哲学中的心、性、情、气、意、良知等都是对人生、人性以及生命的认识；道家则致力于精神的逍遥和解脱，这种出世的风骨成为他们向往的人生境界；佛家则追求净化超生，将“涅槃”作为人生的终极目标。
重实践	知行关系是中国哲学家特别关注的问题，因为它就是要求理论与实践统一起来。孔子就讲过：“知之者不如好之者，好之者不如乐之者”，这就是人应该用他所知道的去实践，从而获得乐趣。所以中国哲学家的兴趣不在于建立一个理论体系，在他们看来，思想和观念的表达，并非是他们的最终目的，言行一致、知行统一才是他们的追求。

重道德	中国哲学从本质上讲应该是一种道德哲学。无论是儒家的三纲领八条目，还是道家的修道积德，无一不是以道德实践为第一要义。通过道德实践，可以提高人的道德修养，社会也就最终达到良性的互动，这才是中国哲学的终极目标。
重和谐	中国哲学十分注重人与宇宙、与人之间的和谐。孟子说“天时不如地利，地利不如人和”，强调的就是要以和谐为最高原则来处理人与人之间的关系。而最根本的途径就是要“中庸”，以不偏颇的态度去学习和实践，就能最终与自然、人、社会、天道之间达到和谐和平衡。
重直觉	中国哲学不重视形式上的精密论证，也没有形式上的条理系统，注重的是在实践过程中，通过直觉体验来有所感悟。所以中国哲学著作也少有西方哲学著作的严密论证和逻辑结构，多是一些文章片断。而这些只言片语，往往也只能靠读者通过自己的生活经历去体悟。如影响深远的“天人合一”“道”，孟子讲的尽心、知性、知天，养“浩然正气”，庄子讲的“天地与我并生，万物与我为一”，魏晋玄学家讲的“言不尽意”“得意忘象”……而禅宗更将注重直觉发挥得淋漓尽致，即所谓的明心见性、立地成佛。忽视逻辑推理和概念分析的中国哲学，正是让人误解中国无哲学的原因。

第一节 百家争鸣——诸子之言

古代的“子”跟现代的“子”意义相差相当大，现代的“子”通常指的是儿子，而古时却是对一个有学识的人的尊称。而所谓“诸子”，就是春秋战国时期崛起的那些有思想的新贵。这些人可能没有贵族的身份，但是却在纷乱的世间拥有自己独特的学识，发表了自己独特的哲思。他们都想用自己对宇宙、对人事的思考，来帮助身在乱世的国家和人民，从而他们受到了本来只属于贵族的尊重，从而被称为“子”。

先秦诸子则不是指人，而通常指的是那些受人尊敬的学者所代表的学派，他们代表着春秋以后才开始产生的私学，他们的思想成为影响中国之后两千多年的重要基石。

说先秦诸子通常指的是儒、道、墨、名、法、阴阳、纵横、农、杂等各家，其中最为重要的是儒、墨、道三家。

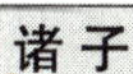
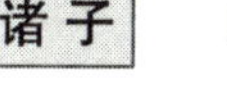

诸子

儒家

是以仁义的思想入世的学派

代表人物为孔子、颜子、曾子、子思、孟子、荀子等

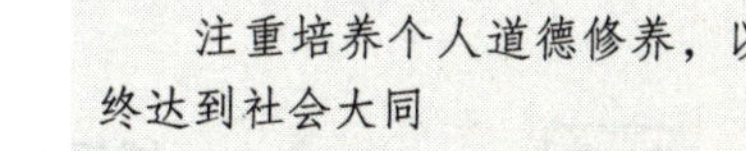

注重培养个人道德修养，以最终达到社会大同

道家

是以无为而治的思想出世的学派

代表人物为老子、庄子

注重精神的超脱，以达到天人合一的境界

墨 家  **是以兼爱的理论参与政治的学派**

代表人物为墨子

注重以个人的爱和能力辅助政治，以达到社会和谐

法 家  **是以法律的手段治理国家的学派**

代表人物为韩非子、商鞅

注重以法律手段来制止纷争，使民断绝不法的心思

名 家  **是以倡导名乎其实来制止混乱的学派**

代表人物为公孙龙、惠施

注重按名字的原意来验证现实，以使事物走上正轨，却有“诡辩”之名

阴阳家  **是以《周易》的阴阳观念来研究人事的学派**

代表人物为周衍

注重以阴阳五行来考察世事的变迁，为社会的变革进行论证

纵横家  **是以不同的联合方式达到政治平衡的学派**

代表人物为苏秦、张仪

注重通过游说联合不同的政治力量，以达到政治上的最大利益

农 家  **是以农业耕种为国家之重的学派**

代表人物为许行

注重通过与民同耕，来达到平等的政治理想

杂 家  **博采众家之长的学派**

代表人物为吕不韦

注重广泛地吸纳不同流派的学说，以形成兼容并蓄又行之有效的治国方案

遵天循道——《老子》

“道可道，非常道；名可名，非常名。”“玄之又玄，众妙之门。”《老子》之有名，超出了所有的道书，毕竟这是老子亲手所写，算是道教至宝。老子虽说是道家学派的开创者，但后世的道教却并非由他开创。但《老子》书中“玄之又玄”的文字，为道教奠定了理论的基石，从而使老子成为整个道教最受尊崇的人物。

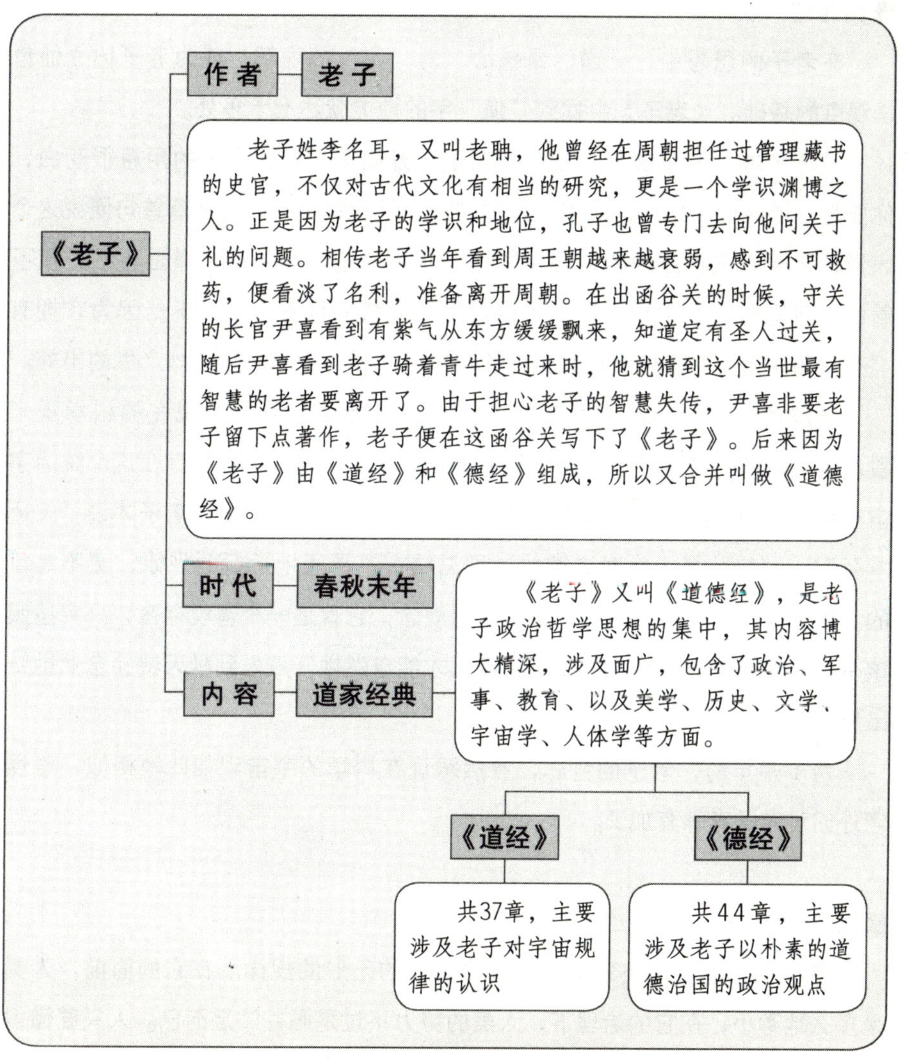

（1）道法自然

在西方，哪本书才是最受欢迎的中国经典？答案不是孔子的《论语》，而是老子的《道德经》，即《老子》！

据西方学者统计，从1816年至今，各种语种的《道德经》已有250多种，如今几乎每年都有一两种新的译本问世。哲思深得老外之心，其次他超越时代的宇宙观与现实政治的结合，令老外们叹为观止。

■ 何为道

在老子的思想中，“道”是核心，对“道”的理解，成为老子树立他哲学观点的基础。《老子》中提到“道”字的地方就达七十多处。

“道可道，非常道”，这是《老子》开篇第一句，老子的用意很明白，你要想知道该如何生活，就得从认清“道”是何物说起。可开篇首句便说这个大道，是可以进行解说的，但这却不是永恒的道，因为这个道是看不见摸不着的，可同时它又生成了我们可以看见和触摸的世界万物，正是因为它拥有“有”和“无”两个相反却又相生的特质，才成为世间一切玄妙产生的出处。

一般的人一听这等玄之又玄的话，就开始晕。其实用现在的科学观来看，这个所谓的“道”可以理解为宇宙的规律。正是因为世界存在这个统治宇宙一切运动的规则，这个世界才可以自然而有序地运转，所以老子才说“天地不仁”。“仁”是人类对道德的一种总结，不是天地运行的规律，更不是目的。相对地，“道”没有含杂人的道德观念，它就是一个客观存在，只会按照该有的客观规律去运转，所以花到春天才能自然地开放，到秋天就会自然地结出果实。

两千多年前，老子的哲思，竟然跟现在科学的宇宙观如此地相似，难怪老外们对老子青睐有加了。

■ 无为而治

道，是天道，是凌驾于有形万物之上的无形的规律。在它的面前，人类是多么地渺小，在它的治理下，人类的努力不过是画蛇添足而已。人只要懂得顺应道，就能让世界有序而自然，就根本没有必要去人为进行治理。这就是老子的理想世界："无为而治"。

《老子》的"无为而治"，是基于"道"的存在，所谓"无为"，就是不要刻意地去改变"道"的规律。因为道就存在于整个宇宙之中，乃至于一草一木，一器一皿。只要"人法地，地法天，天法道，道法自然"，一切便能井然有序。

传说孔子与老子就曾对此进行过讨论。话说孔子向老子请教了礼仪之后，老子送孔子回去，路过黄河时，孔子看到如万马奔腾的河水，不由感慨道："逝去的就像这水一样，不分昼夜地流逝，人的年华也是如此。河水不知往哪儿去，人生不知哪里才是归途？"孔子的感慨被老子听在耳里，他便开导道："人生在天地之间，就跟天地是一体的。天地是自然之物，人生也是自然之物；人有幼、少、壮、老的变化，就像天地有春、夏、秋、冬的交替一样，有什么值得悲叹的呢？生在自然里，死也在自然里，顺其自然，人就不会慌乱；否则，成天忙着在仁义道德里折腾和忧愁，人的本性就会受到羁绊。如果心中有功名，就会生出焦虑；心中有利欲，就会增添烦恼。"

孔子分辩说："我是在担忧大道不能运行，仁义不能实施，战乱不能停止，国乱不能治理。人生短暂，我担心不能为这个世界做贡献，不能为民众有所作为，所以才感叹。"老子笑着继续开导："天地没有人推动就能自行运转，日月没有人点燃就能自动发光，星辰没有人排列却能自然有序，禽兽没有人创造却能自然生长，这些都是自然的作为，哪里需要人去作为呢？人之所以生、死、荣、辱，都有自然的规律，顺应整个自然的规律，国家自然得到治理，人民自然正直，哪里需要在礼乐上下工夫来倡导仁义呢？如果这样做的话，只能是大大地违背了人的本性。就像一个人一边敲鼓一边去找逃跑的人，鼓敲得越响，人也逃得越远。"

美国前总统里根就很欣赏老子的"无为而治"。老子曾说"治大国，若烹小鲜"，这小鲜就是指小鱼，用现在的白话说，要煎好小鱼，这一要小火，二要少翻动，否则鱼不是焦了就是烂了，只有自然而然地慢慢烹饪，才能得到一条美味的煎鱼。里根总统深知其中三味，如获至宝地把这句话放到他1978年的"国情咨文"中，以此来指导其经济政策，一度引起当时美国国会和国际

社会的强烈反响。

虽然老子“小国寡民”“老死不相往来”的理想社会，是后退的原始农耕社会，但其立足于宇宙客观规律对世事的分析，却以超越时代的高度，使今天和将来更多的人得以分享他的智慧。

（2）休养生息

《老子》的哲思不是进取、积极的社会政治参与者拥有的，它是归隐之人站在政治的漩涡之外，以方外之人的超脱形而上的观察世界。在脱尘出世的眼目中，社会只是天道的过程，而非目的，所以也就没有必要提出一套决定性的社会理想来。老子更强调的还是在社会中的生存智慧，在任何历史境况中都能行之有效的生存之道。老子无意于开创一个新的社会气象，他只想用自己的智慧来指导人们应对混乱的世局。

■ 修养人生

儒家和道家都讲究人的修养，所以儒道之间有很好的互通性。但不同的是，儒家的修养是建立在天“仁”的基础之上，只要能学习天的“仁”，人就能靠近天，成为圣人；而道家的修养建立在天“不仁”的基础上，要完善自己的品德，只效法天地规律就行了。

◇老子以“道”为核心形成他的哲学观点

“上善若水”，就是《老子》认为最完美品德的人所拥有的处世为人的的原则和方法。老子说拥有最完美品德的人，就如同水一样。水能滋养万物却不与万物相争，谦卑地停在人们最厌恶的低洼，这就接近于“道”了。天下没有比水更柔弱的了，它但却能攻克那些高耸入云的山

岳，柔能胜刚，弱能胜强。所以人就该像水一样，立身处世，善于谦下；心胸幽深，善于潜藏；待人慷慨，善于仁爱；说话能堵止开流，善于守信；为政能洗涤污秽，善于治理；办事能随物成形，善于取得成效；行动能涸溢随时，善于掌握时机；与世无争，则天下无人能与之争。

正是这种对水的崇尚，老子谦卑而俭朴。当弟子为了修身而准备盖深宅雇仆人的时候，老子大为不高兴。他认为大道自然，没有必要强迫自己进入清静的境界。只要行为不去强求人就自然轻松，饮食不奢华就自然清爽，睡觉没有欲望就自然安宁。修身哪里用得着深宅大院？肚子饿了就吃东西，困了就睡，太阳出来就劳作，太阳下山就睡觉。家里哪里需要众多的仆人？顺其自然而不强求，就能神安体健；违背自然而辛勤劳作，就会神乱体损。

所以以自然的方式生活，才是人修身的方式，乃至于生死，只要也能以自然的心态去面对，就能泰然处之了。

老子的母亲死时，老子也曾痛苦到不吃饭不睡觉的地步。但当他席地冥思的时候，突然发现自己很愚钝。人降生到这个世界，都是从无到有的，那也必然有返回到无的状态。在还没有出现母子的时候，是没有母子之情的；有了母子之后，才有母子情产生；母亲去世了儿子还在的时候，母亲已没有感情了，只有儿子还有感情；但当母子都死了以后，感情全部消失了。这种感情在没有时和消失之后是没有差别的，把自己沉浸在这种没有差别的事物上不是很愚蠢吗？人生在这个世界，是有感情和智慧的。有感情，才使人伦和谐地相互温暖；有智慧，才能明理通达而理事不乱。但以感情来通达智慧，只能使人昏庸、做事颠倒；以智慧来统治情感，则可以使人聪慧、做事合尺度。母亲对儿子有生育之恩，母亲去世儿子悲痛是人之常情，不控制的话，人就会乱到痛不欲生。只有用理智来控制感情，感情才能被节制，事情才可以被调理顺当。

面对生死的洒脱，包含着老子唯物的智慧。传说老子以一百六十余岁的高寿仙逝，他的好友秦佚来吊唁，只在灵前哭号了三声就回去了。别人质问他，他回答说：“老子生是从无到有，今天死是从有到无，都是合乎自然之道，有什么好悲伤的？”如此应答实在是最明白老子之人了。

逍遥之游——《庄子》

老子在世时没有建立一个有影响的学派，直到庄子时才建立了道家，与儒家、墨家形成三足鼎立之势。庄子更在魏晋时代，成为文明的核心，成为清谈家灵感的源泉。此时的庄子，也拥有了与老子齐名的地位，从此，“老庄”成为道家的代名词。

近代著名的史学家顾吉刚先生，将《庄子》看做是战国时代最高的哲学表现。国学大师徐复观更将《庄子》看做是崇高艺术精神的阐述，它对中国历代的文学艺术有着深刻的影响，甚至认为中国画就是庄学的私生子。

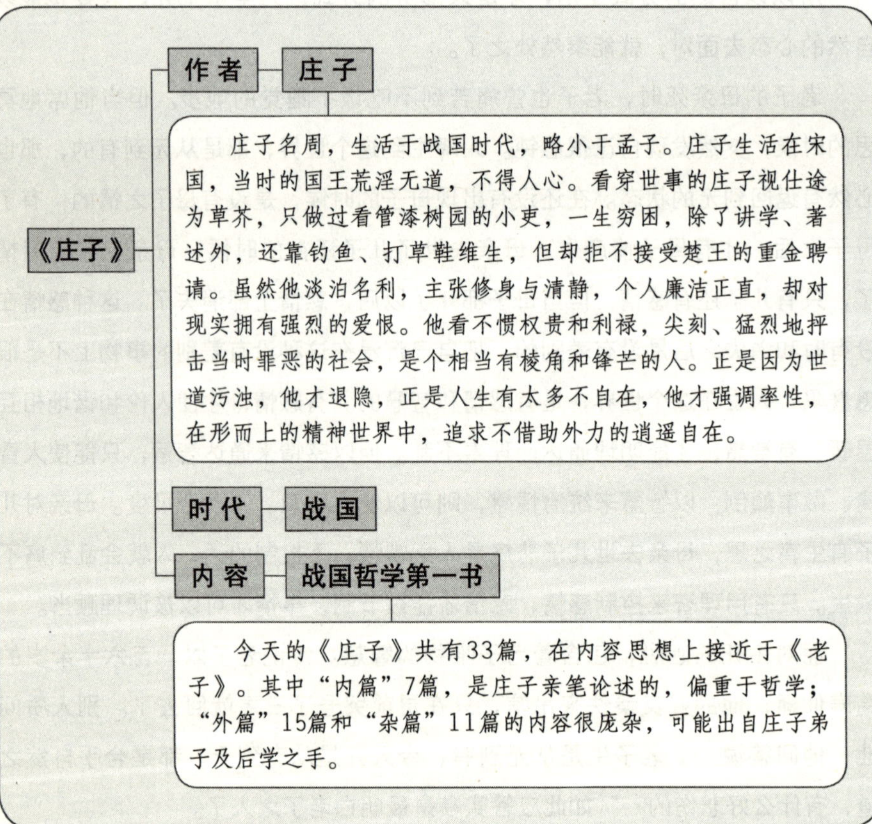

（1）乐得自在

庄子在诸子中是个特立独行的人物，他一不研究宇宙的本原问题，二不愿意参加政治活动，他一生都在追求自在的境界。在他这里，没有唯心和唯物的复杂命题，没有善与恶的根本问题，他只关注美丑与雅俗，只追求自由的美学。

■ 自由精神

什么是自由？《庄子》说，没有局限便是自由。人常常为局限束缚，那就成了井底之蛙，只有摆脱了所有外部的和内部的束缚，人才可能得到自由。

比如对事物的习惯思维就会束缚人思维的自由。惠子曾对庄子抱怨，说魏王送给他的大葫芦种子，居然结出了能容纳五石的果实，但拿它装水，它不够坚固，拿它做瓢又没有地方放，他最后只有把葫芦给砸了。庄子便教育惠子说：“你实在不会用东西。宋国就曾有一个漂丝的家族，他们研制了一种不皲手的秘方，一个游客就以百两黄金买下秘方送给了吴王。当时正是冬天，吴国与越国在水上交战，吴国的士兵用了药膏手没皲裂，打赢了这场仗，吴王高兴之下，就拿土地封赏了这个游客。同样是一个药方，有的人拿来漂丝，有的人拿来获得封赏，这就是使用方法的不同。你既然有这么大的葫芦，怎么不拿来做个小舟呢？”被外物蒙蔽了心灵，就不懂得灵活地应对事物。世间万物都有它的用处，即使一棵看似毫无用处的树，也可以让人悠然自得地徘徊其下。

人的精神也容易受到束缚。儒家提倡的仁义道德，就是一种精神上的束缚。人的本性就足以指导人们做事，但因为有了仁义，人们在做事前就不得不考虑如何做才能符合仁义，这样，仁义就摧残了人的本性。同样地，毁誉观也是一个普遍的思想负担，人们常常不能理智地认识自己，要通过周围人的反应才能肯定自己。别人反对，就惴惴不安的，觉得自己做错了事；别人肯定，才心中踏实甚至洋洋自得。用别人的观点来约束自己，人哪还有自由可言？人只有“举世而誉之而不加劝，举世而非之而不加沮”，才可能做回真正的自己。

只有做到物我两忘，人才能达到逍遥的境界。庄子提到一位神仙样的人物，他住在遥远的姑射山上，皮肤润白像冰雪，体态柔美如处女；他不吃五谷，只吸清风饮甘露，乘云气驾飞龙，遨游在四海之外；他神情专注，使得万物不受病害，年年五谷丰登。可有人不相信有这样的人存在，庄子便借连叔的口说："人无法同瞎子一起欣赏花纹和颜色，也无法同聋子一起聆听钟鼓的乐声，事实上人不仅有身体上的聋和瞎，思想上也有！"人看不见，想不到，不等于没有，受局限的人就和聋子瞎子没什么两样。

《庄子》的自由，是脱去一切形骸的自由，他是在享受自由，享受在一切环境下都可以从内心发散出来的自由。而这种自由思想，最终成为中国人文个性的重要组成部分。

■ 相对论

爱因斯坦的相对论是宇宙科学，《庄子》的相对论是人生哲学，它几乎成为庄子哲学的代名词。

"彼亦一是非，此亦一是非。"彼、此，可以代表某个人，某个时间，某个地区，以及某种情况等。比如有人认为吃肉好，有人认为吃素好，这里就有了是非。诸子纷争也是如此。儒家认为要用仁义治天下，法家却认为要用法制才行。儒家倡导礼乐，道家却认为那是扰乱社会的首要因素，墨家也认为乐是劳民伤财的东西，该被禁止。

其实是非都是人站在自己的立场去考虑问题才制造出来的，人总喜欢"自是而相非"。诸子纷争就源自于各家都认为自己的主张是绝对正确的，所以就要攻击别人的主张。这个世界人有百样，物有万种，人喜欢在床上睡觉，泥鳅却喜欢在烂泥里睡觉，猿猴则喜欢在树上睡觉。谁能够肯定地说他的选择就是最正确的，就是所有事物都必须遵从的？万物平等，万物都有自我选择的权力，明白了这点，人就不会只站在自己的角度去强争是非了。

所以争辩是一件很没意义的事情，庄子说，我与你辩论，你赢了，难道你就正确了吗？或者我赢了，我就是对的吗？如果再来一个人支持我的观点，我就是对的吗？如果他支持你的观点，你就是对的吗？辩论是判断不了是非的，它只有让辩论双方的观点更加明确而已。

既然是非是不容易被辩清的，人又何必执著在是非对错上。每个人都有自己的"是"，万物都有自己的"对"，认识到这点，就能够设身处地理解万

物，自然就把自己从那些纷争中解放出来。

诸侯家的仁义都是偷来的

可能是因为认为世间无道，庄子坚决不当官。

楚国想请庄子去做丞相，庄子说：用来祭祀的牛会用好料养几个月，然后洗得干干净净的，杀了之后还用精致的容器盛着送进太庙，放在神案上，还用红布盖着，但牛宁愿做在野地里寻找杂草吃的野牛也不愿做祭祀的牛。我还是当野牛好了。又有国君想请庄子，庄子直接回绝说：和在神庙里用来虔诚占卜的龟壳相比，他宁愿做在水沟里爬的野龟。

在庄子看来，做官就是用珠玉去打麻雀，损失巨大，收获却微小，怎么可以用自己宝贵的精力和生命去做这些得不偿失的事呢。所以当庄子到梁国去，惠施怕庄子来争夺他已经到手的相位时，庄子忍不住讥讽他是抱着已经腐烂的死老鼠，还怕别人来抢。

对于那些自以为了不起的官员，庄子更是不客气。有个叫曹商的人，出使秦国回来时，带了百辆车来装秦王送的礼物，他碰到庄子时，神气地说自己没有能力忍耐贫穷，只有一点发财的小本事。庄子便回讽他说："我听说秦王生病，医生治疗一个疖疮，就给一辆车；但如果谁舔一下痔疮，就给五辆车。干越卑下的活，得到的车就越多。你难道给秦王舔过痔疮，要不怎么会得到这么多车呢？你真够厉害的呀！"

孟子说："为仁者不富，为富者不仁。"庄子就势发挥说："彼窃钩者诛，窃国者为诸侯，诸侯之门而仁义存焉，则是非窃仁义圣知邪？"诸侯如果有仁义，那都是偷来的。对政治的极端厌恶，使庄子更致力于精神生活的建设，最终成为一方大家。

◇庄子是老子之后最重要的道家人物

（2）浪漫华章

庄子致力于精神世界的修建，使他更容易具有浪漫的想象和华丽的辞章。他对于美和自由的追求，也使他拥有不同寻常的文学造诣。

■ 浪漫的想象

庄子主张精神上的消遥自在，他“独与天地精神往来”，把想象和幻想作为他日常生活中不可或缺的东西。他更大量地吸收楚地神话创作的精神，在他的散文中构筑了一个诡谲的艺术世界。《庄子》中的《逍遥游》《人间世》《德充符》《大宗师》等篇，基本上都是用几个幻想出来的故事组成的。他的许多哲学思想和政治观点就是通过这些故事人物的问答方式来表现的。

姑射山上那个吸风饮露的神仙级人物，王倪口中物我两忘的“至人”，把事物内在都掌控于心的庖丁，用歌讽谏孔子的楚狂接舆，都在庄子的浪漫想象下，被描写得十分生动。这些人物被《庄子》包装成为道家文化的典范，更成为后世文学创作的灵感。

■ 以寓言理

庄子喜欢以寓言理。当然，庄子说的寓言比我们今天说的寓言范围广很多。寓，就是寄寓；言，就是言论。寓言就是将自己的观点放到某个人物或者故事之中，它可以是神话式的幻想故事、历史故事，也可以是古人或假托之人的话。

庄子利用寓言的频率相当大，《庄子》中许多文章都是由几个虚构的故事组成的，寓言也就成为《庄子》文章构成的基本材料。于是庄子将哲学、政治等观点渗透到寓言故事中，自己也不再论述，只让人从故事中去体会他的思想。所以庄子文章中的形象也就往往大于思想，他们往往超越了庄子的主观意图。

就如庖丁，他是个十分了解自己的刀和他要面对的牛的人，他的刀一定要寻找到适合的缝隙，才能顺利地完成工作。庄子想用他来告诫人们，养生就要顺应自然，避开矛盾。但今天再看庖丁的生动形象，更让人深刻体悟到的是：只要掌握了事物的内在规律，按规律办事，就能得心应手，矛盾也能迎刃而解。

庄子寓言的创造性和生命力，让他更成为一名文艺家，郭沫若甚至认为他的文学价值已经超过了其哲学价值。

■ 不拘一格

庄子写文章往往是“无端而来”，又“无端而去”，行文随意到了冲破一切固定的模式，想怎么写就怎么写。这份魄力，使得庄子的文章气势磅礴，开合自如，富于变化。同时庄子丰富多彩的词汇，挥洒自如的语言，对偶、排比、比喻、夸张手法的经常使用，都令得文字华章溢彩，引人入胜。如此一来，《庄子》便时而如风行水上，自然成文；时而如万斛源泉，随地涌出，机趣横生。如此风格独具的文章，即使在后世，也鲜有能与其比美的。

嵇康、阮籍、陶渊明、李白、曹雪芹等，都曾吸收过庄子的批判精神，对当时的社会做出猛烈的抨击。庄子散文的艺术风格更深刻影响了后世文人，使许多人受益无穷。

贫民圣学——《墨子》

墨子是一位以天下为己任、立志救民于水火的学者，他出身于平民，所以他要建立利于平民的学说。墨家与其他的以知识分子为主体的学派不同，它主要由生活在社会底层的平民组成，但它却在墨子的带领下成为在先秦时期与儒家并擎的显学。《墨子》是墨子学说的重要载体，其中“非命”、“兼爱”等政治主张构筑了墨家独特的思想体系，其独树一帜的科技发明则以超越时代的成就令今人瞠目。虽然《墨子》文风朴实，却艰涩难懂，这就致使它在问世后的两千多年来少有人问津。至到近代，才有人在认真解读它后，发现了它惊人的科技价值，从而让墨家智慧再次散发出夺目的光辉。

《墨子》

墨子，姓墨名翟，他出生的时候，正是儒家学说兴起昌盛的时期，他成为孔门学生学习了儒术。但由于墨子出生于中下层家庭，觉得儒家的礼相当繁琐，而且讲究厚葬，这就意味着浪费财富让人民贫困，长期如此，必然对统治不利。于是墨子另立新说，广招门徒，最终成为儒家的主要反对派，在法家兴起前，成为与儒家并立的显学。

时代——战国初期

内容——墨家经典

《墨子》是墨子和墨家学派的著作汇编，由西汉刘向编辑成册，今存五十三篇，是墨家的思想精髓。

《亲士》《修身》《所染》《法仪》《七患》《辞过》《三辩》七篇——前三篇为墨子早期著作，后四篇为墨学的纲领。

《尚贤》上中下篇、《尚同》上中下篇、《兼爱》上中下篇、《非攻》上中下篇、《节用》上中篇、《节葬》下篇、《天志》上中下篇、《明鬼》下篇、《非乐》上篇、《非命》上中下篇、《非儒》下篇，共二十四篇。——墨家主要政治思想

《经》上下篇、《经说》上下篇、《大取》《小取》篇，共六篇。——墨家精华，又称墨辩，墨经。

《耕柱》《贵义》《公孟》《鲁问》《公输》共五篇。——墨子的言论行事，体裁接近《论语》。

《备城门》《备高临》《备梯》《备水》《备突》《备穴》《备蛾傅》《迎敌祠》《旗帜》《号令》《杂守》共十一篇。——墨家兵法，因为墨子提倡非攻，所以主要是守备的方法。

（1）平民圣人

墨子出生在一个木工家庭，当时的工匠都受到官府的严格控制，地位十分低下。当时的工匠是世袭的，所以墨子练就了一身木工本领，并以他的聪明巧思，成为一名高明的木匠和杰出的机械制造家。他精湛的手艺可与当时的巧匠鲁班相比：他制作的木头车轴，能承受六百斤重的物体；他模仿天上的鸟制作了木鸢，能在天上飞三天；他还比鲁班更早发明了云梯；他看到野果壳被雨水浸泡后流出的液体，就发明了坑染布料的方法……墨子在学术之外，更是发明家、科学家。可惜他的不少发明不但没有受到应有的重视，有些还被剥夺了署名权。

墨子的冤屈源自于他对儒家的攻击，他对孔子本人就颇有微辞，后世儒生自然能把他忽略就把他忽略。但墨子却是孔门一个相当优秀的弟子，他勤奋好学，以天下为己任，立志救民于水火。孟子和庄子都曾由衷地称赞过他，说他是个大好人。

墨子一生致力于广招弟子，宣扬自己的学说。他的门徒中，亲信弟子的数量达数百人之多，形成了一个声势庞大的墨家学派。墨家不仅仅是个学派，更是一个严密的组织，有着严格的纪律。墨家的最高领袖被称为“巨子”，墨家的成员被称为“墨者”，必须严格服从巨子的领导，听从指挥，并且做到赴汤蹈火，死都不怕。

严密的组织使墨家拥有实力去不遗余力地反对兼并战争。墨子十分注重理论知识的实践运用，因为他的理论本身就是用于救民的，所以一旦出现了兼并战争，只要被攻的城池向他们求援，墨家往往会挺身而出，出兵打仗。最有名的例子莫过于墨子阻止楚国攻打宋国的故事。

据说由于鲁班在鲁国没有施展才能的地方，便到了楚国，用他的能力帮助楚国灭了越国。眼看楚国又要打宋国了，鲁班就造了云梯，以方便从高处窥视敌营的情况。墨子知道后急忙赶到楚国，把鲁班和楚王辩得哑口无言。楚王最后说鲁班的云梯都造好了，这仗不能不打吧。墨子便用带子做城墙，用木片做武器，与鲁班进行战争模拟演习，结果鲁班换了九次攻城武器，都被墨子挡住了。气馁的鲁班赌气说：我知道该怎么对付你，我就是不说。墨子也笑说：

我知道你要怎么对付我，我也不说。纳闷的楚王问墨子，墨子就笑道：鲁班的意思就是把我杀了，他认为我死了，宋国就自然不保，但他不知道我的三百个弟子已经准备好了守城的工具，就等楚国去打了，杀了我又有什么用呢？楚王一看没有必胜的把握，就放弃了攻宋的打算。

墨子以他独具的力量，吸引了很多名士投奔，更因为他主张从劳动者中选拔人才，而受到普通民众的欢迎，被称为平民圣人。

（2）兼爱的智慧

墨子是个多才的智者，或许正是他对民众的兼爱，才促使他从思想和实践中处处寻找有利于民众的方面，最终使他在各方面都取得了卓越的成就。

■ 思想的火花

墨子是个经验主义者，所以他检验真理的标准就是要排除个人主观成见，努力以事实为基准。《墨子》提出了行动需要的三个共同执行的准则：一是要看古代的圣王们是否做过，二是要看是否是百姓耳听目看的事实，三是看这样做是否对百姓有利。墨子将间接经验、直接经验和社会效果联系起来，就形成了较为客观的行动依据。

墨子的这一思想，不仅为他的政治思想提供了基础，还开创了中国的逻辑史。墨子在中国逻辑史上提出了辩、类、故等逻辑概念，并要求将辩作为专门知识来学习。此后墨家更养成了重逻辑的传统，并由后期墨家建立了中国第一个逻辑学体系。

有了检验世事的标准，为国者也就容易制定政策了。《墨子》在此基础上提出，凡是参与国政的人，都应该选择最重要的去从事，去制定政策。而这里，就涵盖了墨子十条五类的政治思想。

《墨子》提出国家混乱，就应该尚贤、尚同。这就是一方面要求国君要任用贤能，废抑没有能力的人；一方面要求百姓要以国君的是非为是非，上下一心。

如果国家贫困，就应该强调节用、节葬。古代的圣贤君王都过着极为俭朴的生活，像儒家那样看重久丧厚葬的风俗，必然引起奢侈浪费的现象。所以君主贵族都应该注重节约，而墨者也必须在这方面身体力行。

如果国家沉湎在音色和天命之中，就应该强调非乐、非命。在墨子看来，音乐是没有用处的事物，只能浪费了天下人的资源和时间。而天命更是不存在的，那不过是人们对自己处境强加的一种不需要负责的解释而已。这些不思进取的行为，自然不会让国家有进步，因而必须禁止。

如果国家淫僻无礼，就该强调尊天、事鬼。一旦君主知道了有违天意就会受到上天的惩罚，自然就不敢随意行事。墨子坚信鬼神会对人们进行赏善罚恶。

如果国家不想被掠夺欺凌，就要强调兼爱、非攻。这个部分是墨子思想的核心，他希望天下的君臣、父子、兄弟都要兼相爱，爱别人就像爱自己一样。只有做到了互相真心的爱护，才可能制止那些因为以强凌弱、以富辱贫、以贵傲贱而导致的相互攻击。

可惜，墨子的政治理想并没有得到统治阶级的认同。

■ 科学的进步

墨子以他的聪明才智，在科学领域取得了多方面的成就，并都在《墨子》中有所展现：

◇墨子是精通机械制造的大家

宇宙论	《墨子》认为，宇宙是一个连续整体，个体和局部都是从这个整体中分离出来的，是一个统一的组成部分。在这个宇宙里面，有时间和空间，它们连续不断共同组成宇宙。而物体的运动其实就是物体在时间中的先后差异和在空间中的位置迁移。没有时空的单纯运动是不存在的。 《墨子》还提出物质的本原并非老子所说的“有生于无”，万物应该是始于“有”的。物质的属性也不会离开物质而独立存在。
数学	墨子是中国历史上第一个理性对待数学的科学家，他提出了一系列的数学概念，其命题和定义都具有高度的抽象性和严密性。 他提出“倍”是原数加一次，或原数乘以二；“平”是同样的高度；“同长”是两个物体的长度相等；“中”是物体的对称中心；“圆”是用圆规画出或可以用圆规进行检验的形状；正方形的四角为直角，四条边长度相等，可以用直角曲尺“矩”来画图和检验；直线是三点共线；点、线、面、体分别叫“端”“尺”“区”“体”，其中“端”是不占空间的，是物体不可再分的最小单位。 墨子还对商代就已经普遍应用的十进制进行了论述，是第一位对位值制概念进行总结和阐述的科学家。
物理	《墨子》的物理学研究十分广泛。 首先墨子认为“力”是使物体运动的原因，物体在受力的同时，也产生了反作用力；“动”是因为有力推送，“止”是因为物体经一定时间后运动状态结束；杠杆原理是称重物时，“本”短“标”长，这比阿基米德要早200年。此外，墨子还就杠杆、斜面、重心、滚动摩擦等力学

问题进行了一系列研究。

在光学上，墨子是第一个进行光学试验，并对几何光学进行系统研究的科学家，比希腊、印度都要早，他奠定了几何光学的基础。他探讨了光与影的关系，物体的本影与副影的问题，进行了小孔成像实验，还对平面镜、凹面镜、凸面镜等进行了相当系统的研究。

墨子还对声音的传播进行了研究，他发现井和罂有放大声音的作用。于是他教学生在守城时，用这个原理来预防敌人挖地道攻城。他让学生每隔三十尺挖一井，并将大罂放在井中，罂口蒙上薄牛皮，让听力好的人伏在罂上进行侦听，敌人是否在挖地道，地道挖在哪里，从而可以事先做好御敌的准备。

机械制造

墨子是一个精通机械制造的大家，他几乎谙熟当时各种兵器、机械和工程建筑的制造技术，并有不少创造。在《墨子》一书的《备城门》《备水》《备穴》《备蛾》《迎敌祠》《杂守》等篇中，他对城门的悬门结构、城门内外各种防御设施的构造、各种攻守器械的制造工艺以及水道和地道的构筑技术进行了详细的介绍和阐述。这些器械和设施，极大地影响了后世的军事活动。

《墨子》的科学成就，在古代杰出科学家中都堪称佼佼者。可惜的是，随着墨家的衰落，墨子的科技成就几近熄火，直到近代，人们才又重新发现了墨子的伟大。

法家的智慧——《韩非子》

《韩非子》开创了自秦至清的法治观，它斩钉截铁的论证、说理，如老吏断狱般，推证事理，深刻明切。这一融汇了先秦法家智慧的书，虽出自于口不善言的韩非，但它的影响却贯穿了整个封建王朝。直至宣扬法治的近代，其更受追捧，成为与儒家并立的显学。

《韩非子》更以大量脍炙人口的寓言故事、丰富的语言、生动的比喻、多彩的文辞、风发的议论，对后世文学产生了深远的影响。

《韩非子》

作者：韩非子

韩非子是战国时期法家的集大成者，他作为韩国的贵族，却因为口吃不受重视。看着韩国国力日益弱小，韩非几次向韩王劝谏，都没被采纳。韩非只好把自己的思想写进书里，他根据历史上治国的经验教训及现实社会状况，写出了十万字的政治论文，辑成《韩非子》，这让韩非名声大振。但真正识得韩非才识的，还是秦始皇，他非常喜欢韩非的《孤愤》《五蠹》等篇，还说“寡人得见此人与之游，死不恨矣”。秦国攻打韩国时，韩国派韩非出使秦国去求和，秦始皇曾想重用韩非。不幸的是，韩非子却最终被他以前的同学、秦国的宰相李斯陷害入狱，最后还被逼服毒自尽。西汉时期，刘向校书的时候，在原《韩非子》中又加进了几篇别人的作品，如《初见秦》《有度》和《存韩》的后半篇，才最终成为我们今天看到的《韩非子》。

时代：战国末期

内容：法家智慧之大成

《韩非子》是在总结商鞅、申不害和慎到三人代表的法家思想基础上对法家的重大发挥，在中国历史进程中起着举足轻重的作用。今本《韩非子》共55篇。

法治理论：《难势》《难三》《定法》《扬权》《有度》等篇

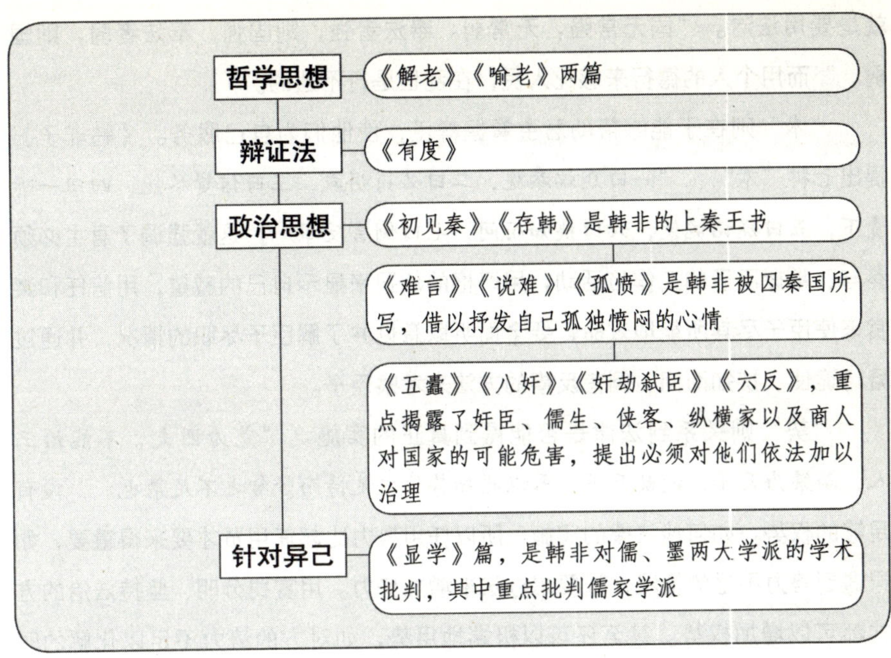

（1）以法治国

《韩非子》最为强调，也最为后世重视的，便是它以法治国的观念。在韩非看来，一个国家的强盛，必定与其法律的制定和实施有莫大的关系。

■ 法、术、势

在韩非之前，法家有三派，商鞅——重法，申不害——重术，慎到——重势。《韩非子》则将它们综合起来，认为只要拥有了“法、术、势”，即使是一个平庸的君主，也能把国家治理好。

所谓“法”，就是条例、法令等公布于天下的法律；“术”就是君主治理臣下的手段和方法，是不易被人们察觉洞悉的；“势”就是权势，是辅助君主被拥戴的程度。这三者就是决定国家强弱的根本。

《韩非子》指出“法”的重要性在于“道私者乱，道法者治”。韩非生活在弱肉强食的战国时期，他认为，一个君王只有拥有强大的统治力，才能富国强兵，才能战胜他国，才能在纷争中存活下来。拥有强大统治力的方法，

就是要用法治。“国无常强，无常弱。奉法者强，则国强，奉法者弱，则国弱。”而用个人的德行来感化人民，在乱世是行不通的。

“术”则在于能够帮助君主掌握群臣，使他们为自己服务。《韩非子》提出七种“术”：“一曰众端参观，二曰必罚明威，三曰信赏尽能，四曰一听责下，五曰疑诏诡使，六曰挟知而问，七曰倒言反事”，这就强调了君主必须参与、掌握臣子的工作与活动，用严格的惩罚来显示自己的威望，用信任和奖赏来使臣子尽其所能地效命，要全面听取意见并了解臣子尽职的情况，并通过疑诏诡使、挟知而问、倒言反事的方法来考察臣子。

“势”则关系到法律是否能得到真正的实施。“尧为匹夫，不能治三人，而桀为天子，能乱天下；君以此知势位之足恃而贤智之不足慕也。”没有足够的权势，如何谈法律的实施？所以任用势力比起任用贤才要来得重要，如果遇到势力不足的情况，就要想办法来增加势力。用赏罚分明、坚持法治的方式都可以增加权势。甚至还可以极端地用势，如对方的势力不足以化解的时候，就要想办法除掉对方来增加自己的势力。

法、术、势三者，必须和谐一致地使用才能有效地发挥作用。因为法治和用术的目的，都是为了让权势从不足发挥到足；权势又是法治与用术是否能得以发挥的基础；而法治作为治理国家的基本前提，需要用术这种必要的手段来扶持。三者缺一不可、相辅相成的观念，让《韩非子》达到了先秦法家理论的最高峰。

◇韩非认为，一国之君，必须集权力于一身，才能有效地进行法治

■君主专制

韩非提出的君主专制理论，其核心就在于“法、术、势”并用学说，因为将一切权力集中于君主一人，就能更有效地造势，更方便地用术，最终达到法治的有效。所以韩非虽然主张君主集权，但并不主张需要一个十全十美的统治者。因为人无完人，双手难敌众拳，君主不可能以一人之力来敌

万人，也不可能以一人之智来做万事，但当他作为一国的君主时，情况就不同了，他拥有的是一国的眼睛和一国的耳朵，能对天下事看得最清楚最明白。所以下君用尽自己的智能，中君能用别人的力量，上君能用众人的智慧。

但皇权的掌握者往往只喜欢拣他们喜欢的来用，所以秦始皇并没有真正意义上地采用韩非的专制理论，他只取了其中专制独裁的部分，却忽略了君主应驾驭群臣，发挥众智群力的方面。他让专制思想走上了极端，导致他成为真正的孤家寡人，对自己手下的臣子都不信任并时时提防。一方面是贤臣遭到迫害，小人得志；一方面是极端专制带来的无限权力和无穷欲望。

另外，由于韩非的法治是用来对付民众的，他也因为愚者容易驱使而主张愚民，他的严刑更禁绝一切自由，诛杀一切可疑，并提倡告密，这就势必将民众严格地束缚起来，得不到呼吸的空间，更不用说内在的道德建设了。由此，韩非的严刑也将批判的矛头直指向了儒家的仁义。

（2）仁义无用

韩非是荀子的学生，他自然也接受了荀子人性本恶的观点，只不过他并不想要通过后天的教育让人为善。韩非提倡的是“人性自利”说，也就是说人是自私的动物，要想治理好这些自私的人就需要掌握到他们的好恶后，有针对性地采取策略。所以他根本不相信孔孟关于“为政以德”的说辞，甚至荀子的礼法双行他也有些不屑，在他看来，仁义就是有害无益的东西，仁义会破坏法治，会造成在外不勇敢杀敌，在内不积极耕种，有害于农战。所以《韩非子》提倡，一切都必须用法治，才可能让民众趋利避害，达到统治的结果。这也成为韩非所有理论的出发点。

■ 人多带来的问题

韩非可以说是中国历史上第一位为人口增多而焦虑的思想家。

战国后期，各诸侯国的生产力进步，经济日益繁荣，各国人口都迅速增长。但由于战国七国的总疆域并没有扩大，土地面积的增加又很有限，这就造成了人多地少的局面。到了韩非的时代，人口和土地比例严重不平衡，使得韩

非焦虑地说："大夫未死而有二十五孙。"人口的每代倍增，造成"人民众而货财寡，事力劳而供养薄"，韩非认为，这就是造成动乱的原因。

为了解决人多财少的问题，韩非提出：一是要改变当前的人口职业结构，特别是要增大农业人口比例，压缩工商游民，这样靠增加生产者来增加财富；二是要把劳动者固定在他的职业上，不让其轻易改变，这样才可能增加熟练程度，增加财富收入；三是要提高劳动生产率，不仅要靠人的主观能动性和自然力的应用，更要注重科学的管理，利用先进的手工技术；四是要控制人口，虽然韩非以"男尊女卑"的观点强调要"产男则相贺，产女则杀之"，凸显了他思想上的冷酷，但他对于人口的此番理论却具有超时代的意义。

■ 因时制宜

面对历史，韩非的思想是积极而进步的。

韩非继承了商鞅的观点，他说在他之前的上古，"人民少而禽兽众；人民不胜禽兽虫蛇。有圣人作，构木为巢以避群害，而民悦之，使王天下，号曰有巢氏。民食果蓏，腥臊恶臭而伤害肠胃，民多疾病。有圣人作，钻燧取火，以化腥臊，而民悦之，使王天下，号曰燧火氏"；而中古，由于水灾泛滥，鲧和禹就致力于如何防水的工作；到了近古，桀纣暴乱，汤武就征伐他们。不同的历史时代，会有不同的问题出现，那么自然解决问题的方法也就不同。"用先王之法，治当时之民"，就像守株待兔一样，是相当迂腐、愚昧的。

在韩非看来，当时的战国就是乱世，乱世需用重典，所以以法治国才是当时最好的解决问题的办法。面对当时的社会问题，就应该一方面对内加强统治，增加生产，另一方面对外积极备战。这就是所谓的"耕战"。它所带来的结果，是地主们收入增加了，政权领域扩大了，不仅发展了经济，也更巩固了政权。

■ 检验真理的标准

《韩非子》说："夫言行者，以功用为之的彀者也。"所谓"的彀"，就是射箭的靶子。韩非认为要判断一个言论是否是真理，只要看它的实践效果就可以知道了。判断一个人是否有才干，不是靠他的言论来决定的，只有依据他的工作成效才能判定。

这就是所谓的“循名责实”，也就是实践是检验真理的标准。

■ 道、德、理

韩非的思想中还包含有老子的哲思。

韩非的“道”，是适用于万物的普遍法则，是哲学的最高范畴，是改造自老子的“道”。“德”是人所具有的“精气”，是事物的本质属性。只有人做到“无为”，这些精气才能集合在一起；只有“无欲”，人的“德”才能安全。“理”是事物所具有的性质，是事物的规律，只有按这个规律办事，才能成功。但理不是永恒不变的，理会随着事物的变化而变化，也就是在政治上，没有永恒不变的制度。

所以，人如果拥有了“德”，就能通过“理”来最终得“道”。

权谋辩论之书——《鬼谷子》

《鬼谷子》是一本集军事、政治、外交于一体的奇书，它崇尚谋略、权术、言谈、辩论技巧，是讲究名利进取的实用主义哲学，它讲求行动的实践，是处于乱世顺应时势、知权善变的学说。但由于它的思想与儒家所推崇的仁义道德大相径庭，所以历来被视为洪水猛兽，但在那些宣扬禁而毁之的人之中，也不乏私下学习乐此不疲的。到了今天，它所揭示的智谋权术，更被广泛地运用在内政、外交、战争、经贸及公关等领域中，甚至成为现代商家的必备书。

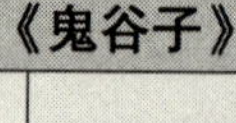

作者——鬼谷子

鬼谷子的原名叫王诩，因为隐居在清溪的鬼谷，所以自称是鬼谷先生。但他的身份却颇为神秘。在历史学家眼里，他是战国时纵横家的鼻祖，传说曾经以合纵、连横之说影响了战国军事政治格局的名辩士苏秦和张仪都是他的弟子；在道教的传说下，他成为从轩辕时代一直活到商周时代的神仙；在传说中，他又是兵家孙膑的老师；他更是相命行业的祖师，甚至连靴鞋业和眼镜店都要祭祀他。鬼谷子虽然在民间有相当一批追捧者，但是却因为《鬼谷子》鲜少受到正统的承认，不仅饱受诋毁，更被怀疑是否真有其人。

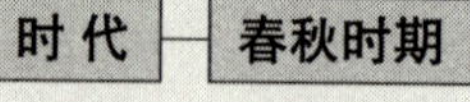

时代——春秋时期

内容——权谋辩论之书

《鬼谷子》原本为12篇，后又加上了鬼谷子的《本经阴符》等3篇文章，共15篇。其主要内容是关于权谋策略和言谈辩论技巧的。

（1）谋略与诡辩

《鬼谷子》虽然被后世正统鄙弃，但刘向、班固等人都在他们自己的著作中引用了《鬼谷子》的言论和词汇，可见《鬼谷子》一书对后世有着深刻的影响。一位宋代的学者曾说《鬼谷子》的智谋、数术、变谲、谈辞，“盖出于战国诸人之表”。虽然这是溢美之词，但却精当地道出了《鬼谷子》的两大特征：以政治谋略为中心，注重思辩的奇变诡伟。

■ 政治谋略

儒家是耻于谋略的，但在《鬼谷子》看来，谋略却是一项非常重要的行为，因为它可以“远害就利”。人类社会大到国家政治，小到人际交往，都充满了纷繁复杂的矛盾与争斗，《鬼谷子》就是研究如何利用谋略手段在这些矛盾和争斗中远害就利的。

比如，它提出在变化不定的政治风云中，要时刻捕捉契机，获取现实的政治利益。还要不断地探求真实情况，以做到随时应变。更要运用转移巧辩的政治诡辩术“荧惑诸侯，以是为非，以非为是”，进而获得政治实力。

《鬼谷子》的这些政治谋略是以“利”为上的，与“忠信仁义”相去甚远。但它诞生在诸侯争霸的大裂变时期，当时人们的眼中充斥的只有“臣弑君”“子弑父”等激烈争夺、残酷吞并的生活现实和历史事实，那些在道德中包裹着的温情社会关系和秩序统统失去了。要在这样的时代生存，靠浪漫的理想是不可能的，而冷静理智的利害计算、谋略巧施才能确保或改变自己的地位身份，于是“应对酬酢，变诈激昂”的政治谋略立刻显示出它的实用性，从而得以风靡。

其实古代的“阴谋”二字并不包含“阴险”的贬义，而是指秘密计谋的意思。古代的纵横术、勾距术、长短术统统属于阴谋术的范畴，它们本身是没有什么善恶是非的道德属性的，只有动机为恶为非的才会受到贬斥。所以《鬼谷子》应该是古代智谋的范本，他为纵横家提供了一整套理论和方法，在实际中取得了卓越的成效。

■ 诡辩逻辑

诡辩这个词来源于希腊，它本是善辩的意思，后来逐渐转化成为形式上好像运用正确的推理手段，实际却违反逻辑规律和规则而做出的似是而非的推论。春秋战国时期的邓析、惠施、公孙龙乃至庄子都曾大力推进诡辩逻辑思维的发展，而《鬼谷子》更以它独特的思辩风格为战国时期的“游士”“策士”“谋士”或“游说权谋之徒”提供了一整套的政治诡辩术。

◇鬼谷子是隐于历史的神秘人物，他的所有才智都是由其弟子苏秦、张仪展现出来的

《鬼谷子》的诡辩术吸取了老子辩证法和庄子的相对主义思想，它能够

灵活地任意歪曲事物的普遍联系，主观应用概念，构造出一系列违背事物真实逻辑联系的虚假可能。这些看似指鹿为马的诡辩技巧，却能使人在变化不定的政治风云中转危为安，救亡使存，立于不败之地。

虽然《鬼谷子》的诡辩术在本质上是对辩证法的歪曲和玩弄，但它又独辟蹊径地提出“一切事物，均有连络”的法则，也变通地触碰到了矛盾对立的辩证法。所以那些看似在“扯歪理”的诡辩，却蕴含着高妙的辩论智谋，实为雄辩。

（2）雄辩八术

《鬼谷子》在实际应用中最出名的例子莫过于苏秦、张仪的合纵连横之策。苏秦主张的是合纵，就是联合各国诸侯共御强秦，苏秦凭他的三寸不烂之舌说服了诸侯而当上了六国的约纵长，风光无比。而张仪主张的是连横，目的是拉拢诸侯向秦靠拢，然后再各个击破，秦王用他而统一天下，鬼谷术再次得以成功。由此后世说纵横家以“一人之辩，重于九鼎之室；三寸之舌，强于百万之师”，孟子也感叹说：“一怒而诸侯惧，安居而天下息”。由此可见《鬼谷子》的雄辩术有胜过刀枪剑戟的功效，作用不可小觑。而《鬼谷子》的雄辩术就在“雄辩八术”中：

捭（bǎi）阖（hé）术	“捭阖”的本义是开合，《鬼谷子》认为，一开一合是事物发展的普遍规律，认识它就掌握了事物的关键。所谓捭阖术，就是在估量了对方的贤能、智慧和勇气等方面的情况后，选择或者让对方开启，或者让对方闭藏的一种方法。开启，可以掌握对方的情况；闭藏，是为了坚定对方的诚意。通过这一开一闭，就可以使对方的实力和计谋全部暴露出来，这样才能对对方做出准确的估计，然后才能根据这个判断来实施说服。而说服的过程也是采用一开一闭的方式来实施的，能说时就要努力去游说，不能说

	时则要闭上自己的嘴，这样才能把握恰当的时机。 捭阖术是《鬼谷子》中进行游说活动最基本和最常用的方法，它是中国传统智慧中独有的一种方法，是纵横家们在斗智、论辩中驰骋有余的重要砝码。
反应术	所谓反应术，并非我们常说的反应，它是《鬼谷子》关于刺探情报的一种方法。反应术就是通过某种活动或者是言辞来刺激对方开口，根据对方的话语来分析对方真正的意图。但如果有不清楚或不合情理的提防，还需要重新探寻求证，最终从对方的言辞中分析出下一步的计划，从而得到对方的实情。这也是《鬼谷子》独创的方法，它以静测动，自己不用太多的表现或说服，就能收到获得情报的实际效果。它就像一张张打渔人张开的网，只要把它放到了一个适当的地方，用鱼饵引诱，就不愁没有鱼落网。但这种方法并不是一次就能奏效，可能对方说出的情况并不多，所以还需要用模仿和比较的方法，通过对方对这些模仿和比较的反应，进一步暴露实情。就这样反复地使用，一定能全面地掌握情况。 不过要让这种方法有效实施，还需要一些小手段。比如要让对方说话，首先就要拉拢跟对方的关系，或者先给他点甜头，或者故意沉默，这样都有可能消除对方的戒备心，使对方打开话匣子。当然，还要懂得如何辨别对方话的真伪，这就需要认真的观察，分析对方的言辞和细节，善于通过小事推测出大事，并且自己要迅速而准确地获取信息，否则就事倍功半了。
内（nà） 揵（jiàn）术	“内”是使对方采纳自己的计谋，“揵”是设法坚持自己的计策，所以内揵术是《鬼谷子》关于进献计谋的方法。它用来拉近与游说对象的关系，要让他总是想着

	你。这就可以用道德与对方暗合的方式来使对方觉得他跟你有共同的志向，也可以用党友的方式来使对方把你当自己人，还可以用财物金钱的方式来拉拢对方。一旦对方觉得你亲近了，跟他是一路的，他就会更容易地采纳你的意见，只要他采纳了意见，他也就被你控制了，从而自己占取了有效地位，使自己的计策得以实施。 当然，要得到对方的信任不是一件容易的事，所以要尽全力想尽一切办法让自己受到重用，即使因为某种原因被解职，也要想方设法让自己再度被启用。只要自己的行为合分寸、得体，自己的谋略与决策者的利益一致，就能最终得到采纳。
抵巇（xī）术	“抵”是防止、停止，“巇”是缝隙。《鬼谷子》认为任何事物都可能会出现裂痕，而且在一定条件下裂痕还会由小变大，所以在裂痕刚出现的时候就要采取措施去防止和消灭它，政治斗争尤其需要这种防御之术。 任何事物都是由很细微的事物累积起来的，所以即使是圣人的事业也会遇到破坏。特别是天下纷乱的时候，朝廷没有英明的君主，公侯缺乏道德，小人猖狂肆虐，忠良遭到放逐，圣人隐居不出，臣民互相猜疑，纲纪被瓦解，百姓争斗，父子离散，夫妻反目，这些都是社会中出现的裂痕。这时候就需要用弥补和征服的方式来治理，弥补可以使事物恢复原样，保持平衡，而征服则全盘打乱了来获得重新改造。合纵、连横的策略，正是为了解决当时社会混乱而采取的弥补和征服的方法。
飞钳术	这是用褒扬的言语来抓住对方心理的一种方法。但在“飞钳”之前，需要“钩钳”，也就是先诱导对方发言，一旦诱导出需要对方说的话后，马上附议、赞同、

	推崇，让他无法收回。如果用了“钩钳”还无法钳住对方，就要对其实行威胁、利用，再反复对其进行试探。 飞钳术的运用可以使双方建立感情，和平相处，如在诸侯之间使用，就能在建立紧密关系的基础上，进而控制对方，从而达到合纵或连横的目的。
忤（wǔ）合术	《鬼谷子》认为联合和对立都有相应的策略，并且两种状态是可以互相转化的，只要掌握了这一规律，就进可攻，退可守。由于“世无常贵，世无常师”，这就要人无所不为，无所不听，在了解自己和周围环境的情况下，或者顺势，或者逆势，都有成功的可能。
揣摩术	这是通过对方表现出来的情况去了解其掩饰情况的一种方法。这种方法难在需要选择适当的时机，或者趁对方特别高兴的时候，让他更加地狂热，以至于无法掩饰内心的想法；或者趁对方特别恐惧的时候，去加重他的恐惧，使他不能控制而表露实情。但由于不是通过语言而是通过外在表情来判断，所以就需要像钓鱼一样投放适当的鱼饵，一旦投放正确，对方的表现就能符合，这就需要很多方法：和平进攻、正义进攻、正义责难、奉承讨好、愤怒刺激、名望威吓、行动逼迫、廉洁感化、信义说服、利益诱惑、谦卑期盼等。 《鬼谷子》认为揣摩是谋略的根本，是游说的主要方法，没有它就无法得知隐匿的实情，所以即使是圣人也应该使用。
转丸术	这是巧辩的方法。《鬼谷子》认为说话的技巧可以掩饰说话的内容：奸佞的人，由于会献媚就可以成为“忠”；奉承的人，由于会吹嘘就可以成为“智”；平庸的人，由于能说果决的话就可以成为“勇”；犹豫的人，由于善于权衡就可以成为“信”；冷静说话的人，

由于善于逆反就可以成为“胜”。所以要想自己的话有人听，就要讲究方法，要扬长避短，同时也要懂得用言语来保护自己，攻击别人。

因此《鬼谷子》强调：见什么样的人就要说什么样的话。对有智慧的人要渊博，对笨拙的人要详细，对善辩的人要简明，对高贵的人要有气势，对富有的人要高雅，对贫贱的人要谦敬，对勇敢的人要勇敢，对有过错的人要鼓励。

杂家巨著——《管子》

《管子》的特别就在于它是一本集众家所长的著作。春秋战国竞相争鸣的诸子百家，在管仲开放的视野中，都有其独特的价值。于是《管子》成为先秦时独成一家之言的最大一部杂家著作。它庞大精深的内容中，以法家和道家的思想为主，但也兼有儒家、兵家、纵横家、农家、阴阳家的思想，还涉及到了天文、伦理、地理、教育等问题，这在先秦诸子中，“裹为巨轶远非他书所及”。

《管子》—作者—管仲

管仲的名气在于他成功地担任了齐国的丞相，他在位的四十年间，大刀阔斧地对齐国进行改革，在军事、政治、税收、盐铁等方面取得了卓越的成绩，令齐国国力大盛。在此基础上，管仲又让齐桓公以“尊王攘夷”为口号，帮助他“九合诸侯，一匡天下”，使齐国成为春秋时期第一个称霸的大国，管仲也被齐桓公尊称为“仲父”。管仲虽然算得上是一个著名的政治家、军事家、经济学家，但成为哲学家，还要靠后世的追捧。管仲的学思主要集中在《管子》中，但《管子》却是由管仲学派的拥护者，经春秋到汉的不断修撰，才最终形成的，由此才成就了它博览百家的气概。

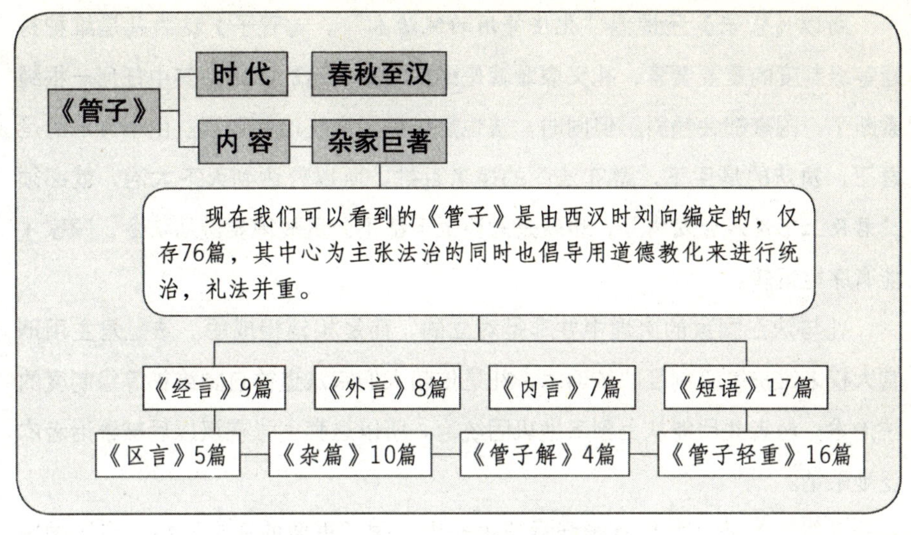

（1）治世哲学

管仲学派以实用为原则来看待世界，所以他们既要尊天道，也要明人情。天道是上天给予的有利条件，但人心的向背却可以改变这些有利因素，使事件向反面发展。比如当一个国家具备地大国富、人众兵强的称霸条件时，但由于没有掌握到人心的向背，国家就会接近危亡的边缘。只有根据“天道之数，人心之变”办事，才能游刃有余，即使战争爆发，也“战可以必胜，而守可以必固”，这才是正天下之道。在此基础上遵循“予之为取”的策略，便能有效地转化天道与人情间的矛盾，再加上掌握好时机，就必然可以使所有的事物向有利方面转化。《管子》中的治世哲学就是在这样的哲学基础上提出的。

■ 政治经济

《管子》在政治经济上最突出的，就是它“作内政而寄军政”的社会编制思想，这是管仲辅助齐桓公创立霸业时首先提出来的。它寓兵于农，利用乡村组织中的宗法成分来作为加强团结的纽带，又通过军队的编制来实行由上而下的集权统治，这种将乡村组织和军队编制结合起来的社会编制思想，是儒家周宗法制和法家军队编制的结合。

所以《管子》还提倡“礼法并用的统治术”。《管子》认为礼是维护封建等级制度的重要要素，礼义廉耻就是维护国家统治的四维，其中任何一根绳索断了，国家都会倾斜。但同时，法也是维护国家统治的要素。由于立法的是君王，执法的是臣下，遵守法令的是老百姓，所以要达到天下大治，就必须“君臣上下贵贱皆发焉”，也就是君臣上下都不分贵贱地要遵从法令，国家才能有序地运转。

礼与法在国家的治理中并非是对立的，而是相辅相成的。法是君主用刑赏大权来维护等级制度的统治术，礼是依赖人们宗法道德自觉维护等级制度的统治术。两者共用能从上到下地巩固统治。所以这套主张在汉以后被统治者广泛地采纳。

《管子》还认为要富国强兵成为一个大国，重要的还在于民，在于国民经济的基础，所以就要争取民心，注重耕战。齐国的富强，就和靠宗室贵族势力起家的鲁国以及靠君权势力起家的秦国不同，它明白民心向背对维护统治的重要意义，靠的是收买民心起家。“予之为取”的思想就要求统治者在推行政策的时候注重符合人民的心愿，从而才能够从人民那里取得所需要的东西。

从争取民心出发，《管子》还主张重农抑商，只有发展了农业，物资充裕了，国家才能富强。但由于战争对人力和物力的消耗太大，因此也不主张轻易发动战争。管仲创立的这种以事物轻重来进行宏观经济管理的思想被后世的管商学派丰富和发展了，他们主张国家要积极干预社会经济，实行重征商、官山海和禁榷制度等，使国家直接掌握大量资财，以控制物价，调节经济，并实行利出一孔，使每个人都根据其为国家所作贡献的大小而得到利益。《管子》的这一思想对后世统治产生了深远的影响，西汉武帝时桑弘羊等人及后世许多著名的理财家如刘晏、王安石等人，都在轻重理论的基础上进行创新和发展，从而提出和推行了自己的经济政策。轻重论学派最终成为中国宏观经济管理理论中最重要的思想派别之一。

■ 法律思想

《管子》对于法律的注重，形成了一套系统的法律思想：

法律的基本观点

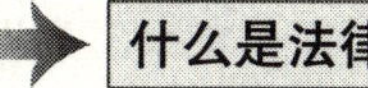

什么是法律

“法律政令者，吏民规矩绳墨也”

法是衡量人们言行是否、功过、曲直的客观标准和人们必须遵守的行为规范

法律的作用

“法者，所以兴功惧暴也；律者，所以定分止争也；令者，所以令人知事也”

法律是君主用来劝人向善制止暴力，确定各自权利义务，保护私有财产，役使臣民，维护其统治秩序的工具

“以法治国”的法治理论

“以法治国”的口号是《管子》最先提出的

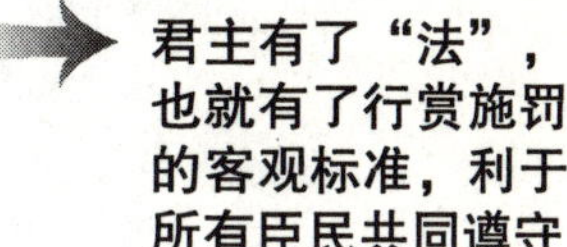

君主有了“法”，也就有了行赏施罚的客观标准，利于所有臣民共同遵守

“以法治国”并不等于要重刑罚

“君之所以为君者，赏罚以为君。至赏则匮，至罚则虐。财匮而令虐，所以失其民也”

作为赏罚主使的君王，如果滥用赏罚，必然会造成财物的匮乏并对民暴虐，就会失去民心

法、势、术相结合的法治方法

“有生法，有守法，有法于法。夫生法者君也，守法者臣也，法于法者民也。君臣上下贵贱皆从法，此谓为大治”

制定法的是君主，守法的是臣民，如果君臣上下都能不分贵贱地遵从法律，国家就得到最好的治理了

“亏令者死，益令者死，不行令者死，留令者死，不从令者死。五者死而无赦，唯令是视”

法令要得以贯彻，首先必须“重令”，让法令拥有极大的权威

尊君

赋予君主至高无上、独断专行的权势，而君主为了防止失势，必须以术驾驭臣下

管仲在韩非之前，初步提出了实行法治必须法、势、术相结合的思想

（2）四维教育

“仓廪实则知礼节，衣食足则知荣辱。”《管子》认为国家在一定的经济基础之上，必须重视教育，教育是国家治乱兴废的关键，而经济是教育的基础。但只有当礼义廉耻在社会上得到普遍认同时，国家才能得到长治久安。“必先顺教，万民乡风。”只有先对百姓施以礼义廉耻等道德规范教育，百姓才会趋向好的风化。但教育却是一个长期过程。“一年之计，莫如树谷；十年之计，莫如树木；终身之计，莫如树人。一树一获者，谷也；一树十获者，木也；一树百获者，人也。”这就是我们常说的“十年树木，百年树人”。

■ 职业教育

经济是教育基础，但发展经济也要进行四民分业的社会职业教育。

《管子》说：“士农工商四民者，国之石民也，不可使杂处，杂处则其言哤，其事乱。”“处士必于闲燕，处农必就田野，处工必就官府，处商必就市井。”士农工商分业而居不仅有利于形成良好的生产和流通环境，促进各业的发展，还有利于其子弟形成良好的职业观。同时还有利于寓兵于民的强兵政策的推行，利于加强社会管理，并方便国家针对不同区域的特征来进行社会教育。

◇管子作为齐国的丞相，在位四十年，将齐国变为春秋时期第一霸国

如“士”作为四民之首，重在培养军士和文士，他们都是直接关系到国家安危治乱的关键人物。他们必须经过乡长、官长、君主的三级人才选拔制度才能产生，通过“三选”的士，还要经过不同的特别教育，来使文能治国，武能安邦。“三选”制便是后世乡举里选荐举制度的鼻祖。

农是国家经济的根本，《管子》主张设立“虞师”“司空”“司田”“乡师”等官职，由这些专业的技术人员负责向农民进行农事教育，解决困难，从而有效地向百姓推行农事教育发展生产。但这些农技人员在两汉后就变成了走形式的农村税收审案人员。

虽然《管子》把工商定为“末”，但并不是反对一般的工商业，它反对的只是对国家富强不利的。《管子》对工商的教育，不仅要求他们要制造出满足社会需要的工业产品，还要促进商品交流和市场繁荣，为此，工匠和商人还要经常切磋生产和操作技术，交流市场行情。

四民分业的社会职业教育虽然是子承父业的家业相传，但却是中国古代教育史上最早的职业技术教育。

■ 道德教育

《管子》的道德教育包括礼、义、廉、耻、孝、悌、慈、惠、仁、信等，礼、义、廉、耻是中心德育内容，其中又以仁义为基本。但《管子》的仁义，与儒家的不同，儒家强调由个人的道德修养上升到社会道德规范，是需要自觉遵守的，而《管子》则强调用社会伦理道德规范来约束个人道德行为，并为其德育总结出了几条原则：

反倦怠	接受教育应积极主动，“解惰简慢，以之事主则不忠，以之事父母则不孝，以之起事则不成。”懒惰的人根本培养不出道德意识。
忌伐矜	《管子》积极倡导谦虚出世的作风，反对骄傲自满，它认为用骄傲的态度去侵凌他人，是失败的开始。“盛必失而雄必败”就是提醒居功自大的人，骄傲会使大事难成。
慎　言	说话要分场合，有原则，如果说话不周密，不仅会给自己招来祸患，甚至还可能给他人或社会带来危害。
从小做起	道德修养的培养，靠的是从小严格要求自己，只有经过日积月累的严格培养，才能修成大德。所以对一个国家而言，也要倡导人们“谨小礼，行小义，修小廉，饰小耻，禁微邪。”要防微杜渐，防范于未然。
自我反省	人要经常反省自己的所作所为，同时要在从别人身上获得经验和教训时，反观自己的作为，才能不断提高自己的修为。

第二节 脱离苦海——佛学

相传佛教之所以能传到中国，是后汉明帝的功劳。据晋袁宏《后汉纪》的记录：“初，明帝梦见金人，长大，项有日月光，以问群臣，或曰：‘西方有神，其名曰佛，陛下所梦得无是乎！’于是遣使天竺，问其道术，而图其形像焉。”于是汉明帝就派人去印度取经，还迎回了印度高僧，并用白马驮着经书回国，这就是著名的“白马驮经”。

当时中国的行政机关有八个，都以寺为名，汉明帝为了接待陆续从印度赶来的僧人，在洛阳城外修建了一座供他们居住的国宾馆，这个国宾馆作为专门的外交部，被命名为“白马寺”，以纪念那些因驮经而累死的白马。这就是中国寺庙的雏形。印度僧人们则在白马寺中翻译出中国最早的佛教经典——《四十二章经》。

自此佛教开始在中国传播，而此后，又陆续有过四次取经活动。

三国时期，有个叫朱士行的沙门发觉《般若》经的文义不通，很难讲解，他听说西域有更完备的

◇敦煌遗书中的木刻版《圣观自在菩萨千转灭罪陀罗尼》

《大品经》，就发誓要去寻求，最终达到了今天的和田，抄回了《大品般若经》。

东晋时期的法显又苦于律藏的残缺，到印度求取戒律，经历了十一年时间，经过三十多国，最终得到了《摩诃僧祇律》等梵本，后来还到了狮子国，即今天的斯里兰卡，又获得了《弥沙塞律》等梵本。回国后，他不仅写出了《佛国记》一书，还翻译了《大般泥洹经》、《摩诃僧祇律》等五部四十九卷佛经。

同时期一位叫宝云的僧人也到印度取经，回国后译出《新无量寿》、《佛本行》等4部17卷经。还有智严、智猛僧人也各组织人员出国取经。

南北朝时期，中国佛教进入了一个高潮，西行取经也出现了一个新高潮。先有南朝高僧昙无竭迎回并翻译了《观世音受记经》一卷，又有道普、法献、道药陆续西行，后有北魏的惠生、宋云迎回了170部梵本，北齐又出现了宝暹、道邃、僧昙、智周等十位沙门西行，获得了梵本260部。

最活跃的时期莫过于隋唐，取经历史上最出名的玄奘，就是这股热潮的先行者，他不仅带回经律论等梵本526部，还翻译出75部1335卷经。随后又有义净、悟空等佛门弟子千里迢迢赴印度取经求法。

经过这五次取经浪潮，印度的佛经基本上被翻译成汉文，中国佛教也在对这些经书的著疏、阐释中发展。中国的佛教经典也在印度宗教之争中最好地保留了佛教的精髓，不仅没有让佛教失传，还将佛教传播到了日本、韩国、东南亚等地。

小乘佛教

印度佛教自传播到国外后，即分为两大系统。一个是向北流传到了中国内地和西藏，再传到韩国、日本、越南等地，这就是北传大乘佛教。一个是向南流传到斯里兰卡，再传到东南亚的缅甸、泰国、柬埔寨、老挝及中国南部的傣族等地区，为南传小乘佛教，他们自己又称为“上座部佛教”。

小乘佛教在中国内地也曾流传过，当时是在佛教传入中国的初期，大量的梵文佛经被翻译为中文，其中安世高翻译的都为小乘佛经，魏晋南北朝时期这些佛经广为传播，之后被大乘佛教盖过，而失去了地位。

相对大乘佛教来说，小乘佛教信徒奉释迦牟尼为教主，认为现世界只有一个佛，就是释迦牟尼，信仰者虽然不能成佛，但也可以通过“八正道”等修养，达到阿罗汉果（即是断尽三界烦恼，超脱生死轮回）和辟支佛果（即是观悟十二因缘而得道）。大乘佛教则认为人人都有证佛果的可能。小乘佛教还注重追求个人的自我解脱，大乘佛教却注重普度众生。

小乘佛教比较固守释迦牟尼佛的本意，它不要信徒求助神，因为在佛教理论中神和人的区别只在于生命的长短，最终都要落于轮回中。人的解脱在于自我修炼达到涅槃，只有这样才能逃脱轮回，解脱痛苦。所以小乘佛教原本是不允许建立佛像的，它用脚印、法轮等象征物来表示佛陀，要求信徒进行礼拜。但近世受到大乘佛教的影响，小乘佛教也开始修造佛像，由于它的建造风格更接近于印度本土，从而使小乘佛教拥有了独特的佛像艺术。

小乘佛教的主要经典为《长阿含经》《中阿含经》《增一阿含经》《杂阿含经》，合称“四阿含”，是原始佛教的基本经典。所谓“阿含”，就是“法归”“汇聚”的意思，“阿含经”就是万善汇聚的地方。一些小乘佛教经典，同时也成为了大乘佛教典籍中的经、律、论三藏。

首部翻译佛经——《四十二章经》

金庸的《鹿鼎记》中一部《四十二章经》将朝廷上下闹了个翻天覆地，其实《四十二章经》是佛教众多典籍中最容易理解和记忆的一部。

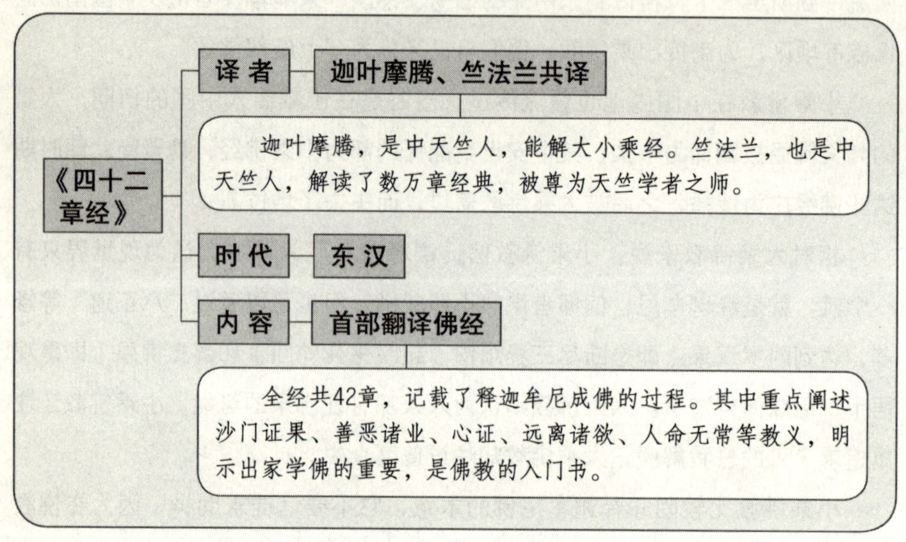

《四十二章经》由释迦牟尼成佛的42段短小的故事组成，故事中人的生命短促，事物无常，因此要抓紧修道，争取解脱。中国佛教也正是由这部经书开始的，它是宣扬佛教的重要工具。

虽然《四十二章经》只有短短两千多字，叙述却很生动活泼，并且经常使用各种比喻来增加论述的说服力。如经文说人贪求财色，就好像小孩看到了刀刃上有蜜糖就去舔食一样，虽然那点蜜的甜味并不多，但小孩却乐此不疲，根本想不到他可能为了这点甜味而会被割破舌头。又比如说恶人害好人，经文就用仰头吐唾沫来比喻，说吐出去的唾沫掉下来正好掉在自己身上，而天根本不会被污染。讲修道人必须专一，不被外部诱惑时，经文又举例说，这好比一根顺流而下的木头，只有一直保持在水流的正中间，不被人拿走，也不被回流阻挡，才能顺利到达大海。

《四十二章经》正是因为它简单而精妙的言辞而与后世直译的经书有很

大的区别，它虽然是小乘佛教的经典，但之后的三藏十二部教理及后世古德方便宣说诸义，都离不开这部经。又由于这是一部由故事构成的经书，开篇又引出了经义，所以是众多经书中最直截了当的，因而得到了相当广泛的流传。

大乘佛教

大乘佛教是因自称能运载无量众生从生死大河的此岸到达菩提涅槃的彼岸，成就为佛而命名的。由于它宣扬人法无我，强调菩萨理想胜过阿罗汉，并且人人都有菩提心，可以成佛，因而大乘佛教倡导慈悲一切众生，力主以功德回向他人。汉传佛教与藏传佛教都属于大乘佛教。

大乘佛教和小乘佛教一样，也要进行禅定的修行，这是为了达到成佛的一种修炼。但大乘佛教还鼓励被称作般若智慧的理性活动，当然，它的目的依然是为了导向对空的认知。大乘佛教中的涅槃也超越了寂灭不生或超越轮回流转的原始概念，它还是一种佛的境界，即法身、佛性、真如等，是人性中最本真的部分，反应世间一切生灭而本无的诸相却不为其所染。这也就是密宗的修持者在本心去寻求的空，由于空可以生出一切有形的物体，所以那些秘密咒术和陀罗尼一类的经典被合法地吸收到大乘中来。

佛在大乘佛教中已经神化成为泛指的多数，除了释迦牟尼外，佛的品格同样见于大日如来、宝生佛、阿弥陀佛等。由于要成佛不是一件容易的事，而阿罗汉只为修得自身证果，所以成为普度众生的菩萨成为大乘佛教的理想。

与小乘佛教经典不同的是，大乘佛教的众多经典大多出现得比较晚，甚至有些经文并非是释迦牟尼在世时就出现在这个世间的。按大乘佛教的说法，那些最初的经典是释迦牟尼佛或别的佛为天人讲述的，有资格听到这些经典的是声闻和菩萨，于是这些经典就被保留在雪山或龙宫，等到机缘成熟时才向人们显示。所以它们的权威性同小乘佛教的经典一样，不容置疑。

大乘佛教在传播的过程中，形成了侧重点各有不同的宗教派别，这也是大乘佛教在汉地繁荣的表象之一。

中观派	该派思想的依据是般若经类，龙树及提婆是其代表。龙树的《中论》等论著形成了中国的三论宗。
唯识宗	该派又叫瑜伽行派，是用瑜伽观想和琐细的心理分析来将万法唯识转化为智，其思想是由《楞伽经》系统化而来的，玄奘是中国唯识宗的创始人。
华严宗	该派依《华严经》而立，其主旨为大日如来为世间万法的本源，一微尘一刹那都同全体和永恒是同一的圆融的。由此华严宗根据法界缘起论，整理出一套顿悟的信解行证理论。
天台宗	该派思想起源于《法华经》，其中心教义为一念三千，三谛圆融，禅定也要一心三观。
净土宗	该派依《无量寿经》而成，它宣扬对无量光佛的信仰和果报，并认为解脱之道不在读经和习禅，而在念佛法门。
禅 宗	该派为汉传佛教最重要的宗派，它依据《楞伽经》和《六祖坛经》，讲的是众生皆有佛性，悟到了这个道理就是菩提。由于禅宗本身的空性，其掌握不易，所以又发展出了五家七宗，并多采用净禅双修的方式。

空的智慧——《金刚经》

《金刚经》是在中国文化中影响力最大的一部佛经，它的特殊在于它超越了一切宗教性，但也包含了一切宗教性。佛在《金刚经》里说："一切贤圣，皆以无为法而有差别"，这就是在告诉世人，那些古往今来的一切圣贤，一切有成就的宗教教主，都是得道成道的，他们的差别就只是个人得道程度的深浅不同，并且因为时间和地域的不同，他们各自传播教化人的方式不同。《金刚经》彻底破除了一切宗教的局限。

《金刚经》

译者 — 鸠摩罗什

鸠摩罗什是龟兹人，他的先代是婆罗门族，在印度有世袭的高位。鸠摩罗什七岁就随母亲出家，因他无比聪慧，十一二岁就悟道了，年纪轻轻就声誉显著。当时正是南北朝时期，据传为了请到这位大德高僧，有三个国家遭到了灭亡。三十多岁的时候，他来到中国，开始为汉地翻译经书，闲暇时也讲经。鸠摩罗什的翻译事业在当时是空前的，他不仅在所翻译的经论内容上第一次系统地介绍了般若经类，成立了大乘性空缘起学，而且在翻译文体上一改过去艰涩的直译法，采用了更容易让中国人阅读理解的达译法，让经文更具文学趣味。鸠摩罗什为人坦率开朗，他的门徒号称达到三千，当时云集长安的沙门（僧人）多是他的门下，这也为中国佛经的翻译事业做出了长足的贡献。《金刚经》就以他的译本最为通行。

时代 — 成书于公元前994年（相当于中国的周朝），最早于东晋时期传入中国

内容 — 空的智慧

《金刚经》是释迦牟尼的前身如来世尊在世时跟众弟子、长老须菩提等人对谈的记录，由弟子阿难记载。今本《金刚经》共三十二章，由梁武帝的昭明太子编定而成。虽然全篇没一个“空”字，却都是在讲述关于空的智慧，关于如何能消除世间一切痛苦和烦恼而成佛的方法。

（1）金刚智慧

《金刚经》的全名是《金刚般（bō）若（rě）波罗蜜多经》。

“金刚”指的是最坚硬的金属，就像金刚钻，能破除一切障碍，也能让自己不被一切外物所破坏。

“般若”是指大智慧，是能够了解道、悟道、修证、了脱生死、超凡入圣的智慧，它是用身心了解到生命本源、本性的智慧，是绝对完全的大智慧。

“波罗蜜”是彼岸的意思，波罗是完成，蜜是无极，加起来就是超越了生死而达到解脱的彼岸。

“多”是梵文的尾音，无实意。

《金刚般若波罗蜜多经》的全意就是按照此经修炼就能成就金刚不坏的本质，修得悟透佛道精髓的智慧，脱离欲界、色界、无色界三界而达到苦海彼岸。如果想要修行成佛成菩萨，就要经过《金刚经》的真修实证，开悟后必然有所成就。

今本《金刚经》的开头有两篇偈（jì）子，一篇是开经偈：

“无上甚深微妙法　　百千万劫难遭遇

我今见闻得受持　　愿解如来真实义”

一篇是云何梵偈子：

“云何得长寿　　金刚不坏身

复以何因缘　　得大坚固力

云何以此经　　究竟到彼岸

愿佛开微密　　广为众生说”

传说这两首揭示经文内容，表达见到此经喜悦之情的佛教诗歌，竟是出自武则天之手。一位帝王亲自为梵文译经写序，不仅是对佛教本身的推崇，更是对这部经本身的重视。

而修持《金刚经》本身就有很大的果报，《金刚经》强调：“当知是经不可思议，果报亦不可思议。”正是由于《金刚经》拥有强大的功效，它也最终成为流传最广的佛经。

（2）我法皆空

虽然《金刚经》全书没有出现一个“空”字，但通篇讨论的都是空的智慧。前半部说众生空，后半部说法空。

■ 心性之学

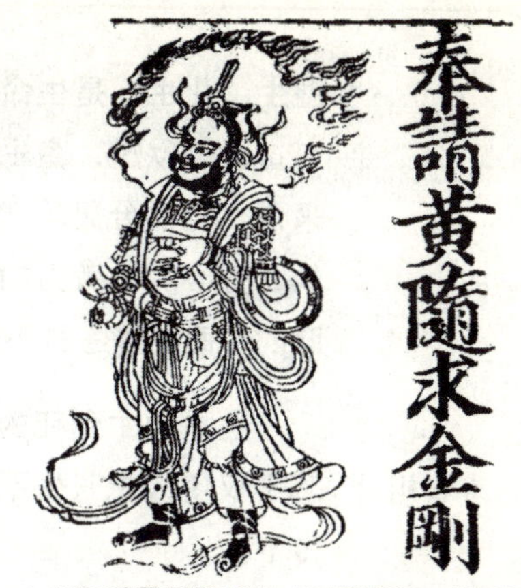

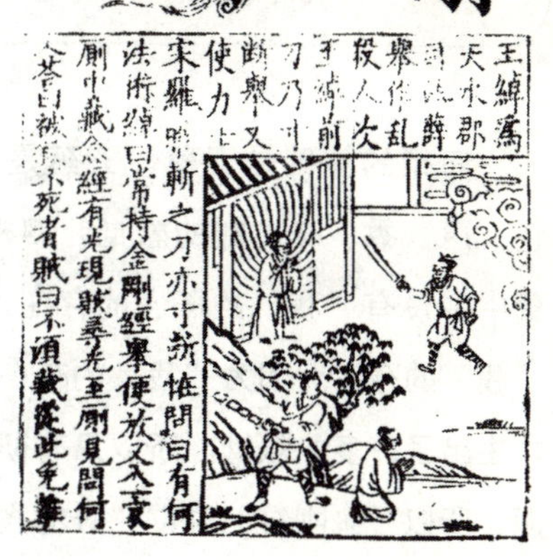

◇《金刚经》是中国流传最广的佛经

《金刚经》一开始，号称佛陀十大弟子中“解空第一”的须菩提就发问：“善男子、善女人，发阿耨多罗三藐三菩提心者，云何应住，云何降伏其心？”当众生立定志向要达到佛陀智慧的时候，应该将心的目标定在哪儿，如何在实践过程中降服不能安定的心？《金刚经》就是围绕这个前提展开的，而降服其心，不仅是《金刚经》要解决的问题，也是整个佛法要解决的问题。

由于人世间存在众多的不安定因素，也就导致了我们的内心充满了不安定的烦恼，《金刚经》要降服的，正是这些无边无际的烦恼。般若法门说，如果要降服这些烦恼，就要从“空”入手，当我们拥有了般若智慧，明白“我”“法”皆空，不留任何的色、声、香、味、触相在心中，那烦恼自然也就不再出现，心也就被降服了。

《金刚经》提到四相：我相、人相、众生相、寿者相。

我相	这是一个生命体对生命的执著而产生的强烈的自我感，它使我们对自我拥有特别的情感，并支配我们的思维和行动。
人相	我们的生命体以人的形式出现，就出现了个体的差异，也就成为各种界限区别的方式。
众生相	这是生命体的构成，是各种感官感觉组合在一起的假象。随着业力的不同，众生相也千差万别：如胎生、卵生、

	湿生、化生，是生命体的四种不同受生形式；天道、人道、鬼道、地狱道、畜生道，是生命形式的五大种类；而就人道来说，还要分男的、女的，富贵的、贫穷的，健康的、病弱的，劳心的、劳力的，庄严的、丑陋的，善良的、邪恶的，胖的、瘦的等各种不同相。
寿者相	这是由生到死的过程，是业力而生的生命，对生命的执著不仅使人想长生不老，更希望子孙及事业都能千秋万代地传下去。

四相的基础是五蕴，五蕴是由物质的眼、耳、鼻、舌、身引发出来的色、声、香、味、触的感觉，四相的生灭是随着五蕴的生灭而生灭的，但五蕴中并没有"我"的概念的存在，人却执著在五蕴构筑的四相假象中有一个"我"的存在。因为"我"的存在，而生出了许多差异和不同来，正是如此，才生出了许多的烦恼。所以只有彻底打破对"我"的执著，才能切断痛苦的根源。所以《金刚经》说："若有我相、人相、众生相、寿者相，即非菩萨。"

■ 求证佛法

《金刚经》强调"信"是求证佛法的入门，但这部经却自称是难信的法门。经中说："颇有众生得闻如是言说章句，生实信不？佛告须菩提：莫作是说！如来灭后后五百岁，有持戒修福者，于此章句能生信心，以此为实，当知是人，不于一佛二佛三四五佛而种善根，已于无量千万佛所种诸善根，闻是章句乃至一念生净信者，须菩提，如来悉知悉见，是诸众生得如是无量福德。"这就需要信仰者有一个信仰的基础，一是持戒修福获得的福德，二是由千万佛种下的诸多善根，有了这样的基础，才能对般若法门产生信仰。

有了信仰，还需要从无所得中去求证佛法。

《金刚经》说："凡所有相，皆是虚妄。"这个世界中的所有现象都是虚妄不实的，所以即使学佛，也不能抱着有所得的心去求证，否则就有了妄心，必然无所得。"世尊！佛得阿耨多罗三藐三菩提，为无所得耶？佛言：

如是！如是！须菩提！我于阿耨多罗三藐三菩提，乃至无有少法可得，是名阿耨多罗三藐三菩提。”这就是佛陀在用自己作例子，说阿耨多罗三藐三菩提的成就，其实不是得到了什么。

◇这本木刻版金刚经是现存世界上最早的雕版图书

《金刚经》里有一个三句公式：“如来说微尘，即非微尘，是名微尘。”“如来说世界，即非世界，是名世界。”“如来说三十二相，即非三十二相，是名三十二相。”“所言一切法者，即非一切法，是名一切法。”“佛说般若波罗蜜，即非般若波罗蜜，是名般若波罗蜜”等等，这样的句式几乎遍布全经。

般若经教的核心是“缘起性空”，世间万事万物无不缘起，也无不性空。所以所谓的“世界”，是缘起的世界，“即非世界”则是说这样的世界却是空的，“是名世界”是说虽然世界是空的，但它的假相却在。一切事物都是如此，即使是成佛，也只是正悟到了空，而没有得到任何东西。

世界最早的雕版印刷品

1900年敦煌莫高窟发现了一卷印刷精美的《金刚经》，经卷最后有“咸通九年四月十五日”字样，标明这是唐朝咸通九年，也就是公元868年的雕版印刷品。这卷《金刚经》，图文风格凝重，印刷墨色清晰，雕刻刀法纯熟，是迄今为止世界上最早的有明确刊印日期的印刷品。可惜的是，这本珍贵的卷子，世界上最早的书籍，在1907年被英国人斯坦因带回了英国，现藏于大英博物馆。

明心咒语——《般若波罗密多心经》

《般若波罗密多心经》是佛教经论中文字最为简炼，而内容又极为丰富的一部典藉，它作为般若教义的枢要，简短而概要地讲述了般若真义。由于它极其方便诵读，所以更成为了帮助信徒明心见性的一部咒语，让无数信徒在喃喃自语的诵读中，驱烦静心。《心经》由此成为流传民间最普遍、最深入的一部经。

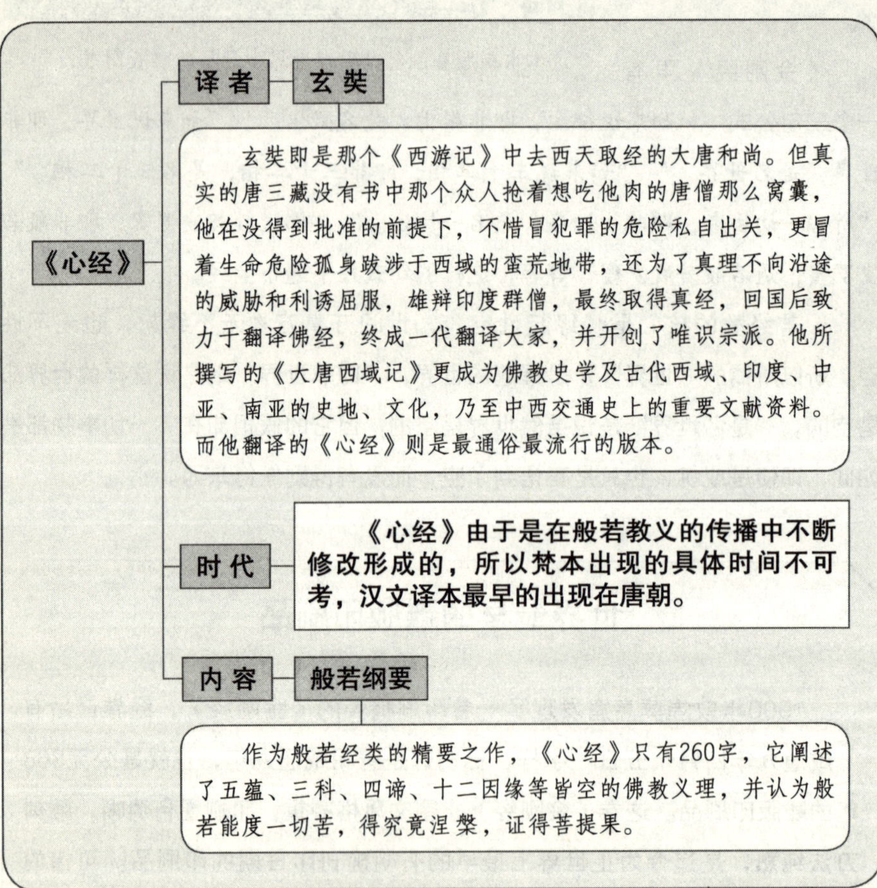

“般若波罗蜜多”，是梵文的音译，如我们在《金刚经》中所解释的，由于中文中没有可以与之对等的词语来表述，所以就沿用了原音。但它的总体

含义是能达到脱离生死而涅槃的彼岸的智慧。“心”本指心脏，是百髓五脏之主，但由于这部经是佛陀用二十二年所说的般若言论的心髓，是七百余卷般若经的精要，所以用“心”来命名。

传说佛陀在菩提树下修成正果后，说法四十九年，其中有二十二年是用来说般若的，可见般若经的重要意义。而《心经》作为阐述般若真义的要典，又成为开启佛法的一把重要钥匙，成为指引众生的指南。

《心经》分为显说般若和密说般若两部分。

显说般若

观自在菩萨行深般若波罗蜜多时，照见五蕴皆空，度一切苦厄。

这是全经的纲要，如果一个人能够用般若智慧发现由五蕴组成的身心世界都是空的，那就能像观世音菩萨一样，处处自由自在，不受一切苦厄的侵扰。

舍利子！色不异空，空不异色；色即是空，空即是色。受、想、行、识，亦复如是。

这是在解说什么是“五蕴皆空”，五蕴代表物质的色相，但它们却是空的，并不实际存在，包括五蕴生成的“我”所能感受到的情欲、意念、行为、心灵，都不是真实存在的。

舍利子！是诸法空相，不生不灭，不垢不净，不增不减。

不仅物质的“我”是空的，就连一切佛法本身也是空的，因为空，所以不生也不灭，不会被污染也不会干净，不会增加也不会减少。

是故空中无色，无受、想、行、识，无眼、耳、鼻、舌、身、意；无色、声、香、味、触、法；无眼界乃至无意识界；无无明亦无无明尽；乃至无老死，亦无老死尽；无苦、集、灭、道；无智亦无得。以无所得故。

因此在空当中是没有一切色相的。即没有情欲、意念、行为和心灵，也没有眼、耳、鼻、舌、身、意六根，更没有色、声、香、味、触、法六尘；世间没有眼睛所能看到的界限，以至于也没有心灵所能感受的界限；这其中没有不能了解的，也没有不能了解的尽头；所以就没有老和死，也没有老和死的尽头；同时没有痛苦的集合，也没有修道的幻灭；不需要用智慧去强求。所以是否得到并不重要。

菩提萨埵，依般若波罗蜜多故，心无罣碍，无罣碍故，无有恐怖，远离颠倒梦想，究竟涅槃。三世诸佛，依般若波罗蜜多故，得阿耨多罗三藐三菩提。

只要依照般若波罗蜜多修行，就能明白五蕴皆空的道理，从而远离一切阻碍、恐怖、颠倒、梦想，成就菩萨功德，进而圆满成佛。

故知般若波罗蜜多是大神咒，是大明咒，是无上咒，是无等等咒，能除一切苦，真实不虚。

所以般若具有的功德有极大的力量，能破除一切黑暗愚昧，是一切法门中最高的，能真实地让人远离一切苦厄。

密说般若

故说般若波罗蜜多咒，即说咒曰：“揭谛揭谛，波罗揭谛，波罗僧揭谛，菩提萨婆诃。”

这是一段咒语，是给根基差的信徒准备的，念这段咒能使人更容易接受般若。把这十八字咒语翻译过来，其实就是般若波罗蜜多的功用：“去吧，去吧，到彼岸去吧！用般若的智慧，让我们迅速地登上正觉的彼岸。”

经中之王——《妙法莲华经》

《妙法莲华经》简称为《法华经》，这是在中国佛教界流传最广的一部佛经，受到中国古代僧人最多的重视，被称为是“经中之王”。在历代《高僧传》中列举讲、诵《法华经》的人最多，不少僧人专门念诵这部经，有些信徒甚至刺血书写它。信徒们对《法华经》的虔诚，与经文中关于受持该经就会受到诸佛护念，而毁谤该经必然遭到恶报的说法有关。所以不少信徒把念诵书写《法华经》作为修功德的重要手段，虔诚地奉行。

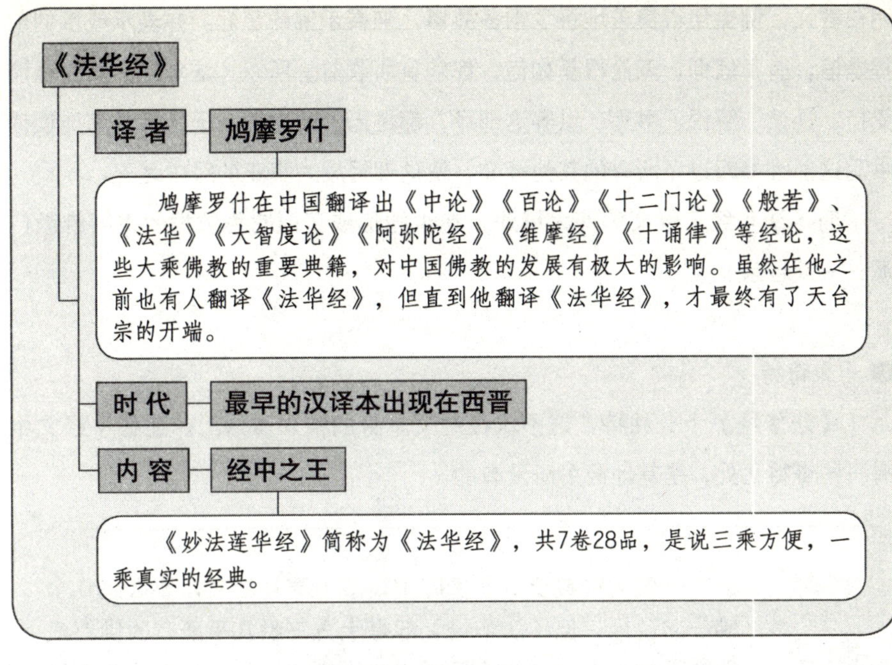

（1）深妙的经文

在佛教中，莲花是出淤泥而不染的圣洁之物，而它又有花与果实同时存在的奇异，这样的奇异正好对应佛法中的因果。佛法中众生以迷为因，佛界以悟为果，但在法华的世界中，十界又各有十界。也就是佛界中有众生界，而众生界中也有佛界，于是因中有果，果中有因，众生与佛没有多大的差别，因与果也是同时存在的，就如同这花果同生的莲花一般。如此精深微妙的佛法，唯有用莲花这样独特的事物来比喻。这也就是《妙法莲华经》名字的来历。

这部大乘佛教的重要经典，是佛晚年时期在王舍城东北的灵鹫山上讲说的，它区别小乘，显示大乘，它通过这种区别来调和大小乘的各种说法，最终达到让一切众生皆能成佛的目的。

佛在这个重要的佛会上明示自己成佛以来，已经经历了无量无边百千万亿那由他劫（那由他，数词，千万亿），他则在这其间以种种方便化出不同的分身，来引导众生。而真正的佛法便是一乘。二乘、三乘的声闻、缘觉不过是为引导众生的方便法门。只要明白了这一点，便知众人都能成佛。为了让众生明白教义，佛更用心良苦地讲了很多故事，来展示佛的慈悲。并表示成佛的前提是信，有了信仰，无论根基如何，都能有所收益。所以《法华经》反复强调受持、诵读、解说、书写、供养这部经，都是无上的功德。于是佛教信徒读诵书写这部经书超过了所有的其他经文，使这部经成为真正的经中之王。

而《法华经》经文的博大精深，在中国形成了以它为依据的重要佛教门派——天台宗。

■ 十大奇特

《法华经》十分独特，这不仅在经文本身的精深微妙上，还在于经文中有一些奇特之处，是其他经书所没有的：

佛　多	一般的经典要么是佛陀演讲般地宣扬经文，要么是几个佛一起说经，但《法华经》却是十方三世几乎所有的佛都汇聚在灵鹫山上，完全不受时空的拘束，这是在其他经典中没有的。
信徒多	经文中说当时参加这个佛会的信徒多到了不可思议的程度，本来在这十方世界中，就已经有四百万亿佛和他们的侍者遍布了，又从下方千世界中涌出了微尘数的菩萨，遍布这十方虚空，甚至从沙竭龙宫又来了无数的大士云集在灵鹫山上。佛教史上再没有比这次更盛大的佛会了。
国土多	为了容纳足够多的佛，佛陀从八方各变出了六万亿国土，乃至《如来神力品》感叹：“十方世界通达无碍，如一佛土。”
教门多	在《华严经》、《大般若》中各有十万偈语，就已经算是多的了，而《法华经》中大通智胜佛说了如恒河沙一般多的偈语，威音王佛又说了二十千万亿偈语，都是为了显示《法华经》内容的广博。
时间多	日月灯明佛说《法华经》用了六十小劫，妙光菩萨八十小劫，大通智胜佛八千劫，十六沙弥八万四千劫。佛陀说

	《法华经》时，拥出一位大士，问讯之间，又用了五十小劫。 依我们地球的人寿计算，从人类八万四千岁的长寿，每一百年减短一岁，减至人类的寿命仅有十岁时，称为减劫；再从十岁，每一百年增加一岁，又增加到人寿八万四千岁，称为增劫。如此一减一增的时间过程，总称为一小劫。如此计算，讲这部经书不是用一般的时间可以计算的。
神力多	佛在讲经的过程中，会同十方分身共展现了七种神力，并且神力持续了百千年。虽然其他经典中也出现过神力，但要么是一个佛展示，要么就是很短的时间，绝对没有这次佛会上如此的胜景。
利益多	《分别功德品》中说听闻了《法华经》就会得到十二种利益，结果如恒河沙的菩萨由此悟道，最后连八方世界如微尘数量的众生都发菩提心了。其他经书中听经就悟道的人从没有这么多过。
功德多	《随喜功德品》中说这部经的功德大到了超过布施四百万亿僧人，能让人随喜转教，得阿罗汉道。
融释大小	其他经书要么说小乘，要么说大乘，都不如《法华经》说得最切本质，消融了大乘小乘的区别，从而避免信徒误入歧途。
坚固心智	经文中不仅涌现了多宝塔，还有众多佛的分身云集，用以显示佛法的精妙；佛更用开近显远，囊括古今的方法，显示时间没有长短的区别；从而令菩提心智坚固。

（2）优美的文学

《法华经》的通行本是鸠摩罗什翻译的。这位西域高僧不仅学识渊博，更精通中国文化，所以他在翻译经文的时候，十分注重要让中国的老百姓都看

懂，他翻译的经文通常清晰易懂，并且语言优美。其中《法华经》就在文学方面取得了卓越的成就，这部经书想象丰富，极具浪漫色彩，不仅说理透彻，更注重用比喻来形象地说理。《法华经》是宗教与文学完美结合的产物，它的翻译水平高超到了令历代文人学士称叹的地步。

■ 七比喻

为了让大众都能理解经文，佛在说法的时候，特别注意用比喻，这就是“法华七喻”：

火宅喻

在一个村庄里有个非常富有的老人，拥有一个巨大的宅院，但这个宅院只有一道进出的门。由于宅院年久失修，某天发生了火灾。老人看到四起的大火，感到非常恐惧，虽然他可以冲出火海去，但孩子们却完全不知道自己处在危险之中，还在院中嬉戏。他让大人们告诉孩子危险，但孩子们根本不知道什么是危险，依旧游戏。为了不让孩子们被烧死，老人只得骗孩子们说：“我在门外放了很多你们非常喜欢的玩具，都是世间少有的，你们如果不马上去拿的话，肯定会后悔的！”孩子们一听，都迫不及待地冲出了火宅。看到孩子们安然无恙，老人欣慰地奖励给孩子们想要的各种玩具。

火宅就是我们所生存的三界，老人是佛陀，孩子是众生，各种玩具代表声闻、缘觉、菩萨等层次。当众生身处在充满矛盾的世界里，却不知道自己身处在危险中时，佛陀只得用智慧诱导众生，虽然真相只有一个，但佛只能根据众生根基的不同，给以不同层次的诱导让众生脱离苦海。

穷子喻

有一个很穷的孩子，从小就离开了父亲，四处漂泊，长大了还是很穷苦。孩子的父亲四处寻找孩子，都没有消息，他最后来到一座城市，成为了这个城市中非常富有的人，但他想念孩子的心从没停止过。一天孩子来到了父亲的城堡，他本来是想找个工作，但他看到高高台阶上坐着的衣饰华美的人，还有众多贵族富人环绕着他，便以为是国王。孩子心里自卑，认为这里绝不会聘用他这样低贱的人，于是转身就走。这时候父亲却一眼认出了孩子，他喜出望外，忙让人去带孩子回来。当孩子看到侍卫向他走来的时候，还以为他们是

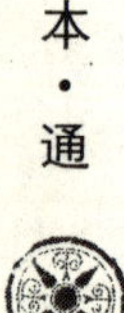

来抓他的，拔腿就跑，被抓住时，害怕得战抖。父亲看到孩子这模样，很是心疼，他让人放了孩子，却派了两个看起来没那么威严的人去找孩子。

◇《法华经》是佛晚年时期在王舍城东北的灵鹫山上讲说的大乘佛教经典

两个看上去十分憔悴的使者找到了孩子，并对他说刚才那个富人家里有个倒粪的工作，工资是其他地方的两倍，问他要不要跟他们一起去工作。孩子高兴地跟着两个使者回去了，做起了倒粪的工作。几个月后，父亲看到孩子勤奋而快乐的工作，便穿上破旧的衣服去看孩子，并对孩子说他表现得很好，对这样勤奋的人，自己会像照顾儿子一样地照顾他。父亲便常用这种方式与孩子接触。孩子满心欢喜，却没有骄傲，依然勤奋工作。

二十年后，孩子变得健康了，自信心增强了，连相貌也发生了变化，还掌握了财物的管理技能。这时父亲身染重病，便将所有的财物交给孩子打理。孩子虽然管理起父亲的所有财富，却没有过多的奢求，仍然住在简陋的工棚里，十分谦卑。经过一段时间后，父亲知道孩子已经心智通达安泰了，成就了大志，便请来了所有的亲戚、国王、大臣、贵族等，向他们宣布自己与孩子的父子关系，并把所有的财物交给孩子继承。

孩了高兴地接受了财物，他虽然从没祈求过能拥有如此庞大的财富，却自然地得到了。

故事中的父亲就是佛陀，孩子是小乘的声闻，他们没有大乘富有庄严，佛便想了很多办法来消除他们心中的烦恼，增加他们的心智，最终让他们得到大乘佛法。

药草喻

大千世界中生长着各种各样的花草树木，当一场雨水来临的时候，所有的植物都会根据自己的需要吸收适量的水分，不仅长得枝繁叶茂，还各自开花

结果。虽然他们是在一个世界中生长，由一场雨水滋润的，但却各有差别。

这就如同佛陀说法一样，众生因为根基的不同，受益的程度也有所差别。

化城喻

有一条长五百由旬（印度的长度单位，上等由旬四十公里，中等由旬三十公里，下等由旬二十公里）的险恶道路，沿途都是荒山旷野，没有人烟，异常恐怖，但它的尽头却是富藏珍宝的地方。这时候有一群人想要通过这条道路去寻宝，由一位智慧高超、经验丰富的导师带领着。但他们走到半途，又疲惫又恐惧，都想回去了。导师便在这险道上用自己的法力幻化出一座城市来，骗他们说前面就有一座大城了，很安全，可以去那里休息好了再走。大家都很高兴，便跟着导师进了城，还以为真的脱离险境了。等大家的体力恢复后，导师消除了幻境，对大家说我们是来寻宝的，藏宝地就在前方的不远处，刚才的城不过是我幻化来让大家休息的。

佛知道众生怯懦软弱，而成佛的道路漫长而艰辛，所以为了坚定众生的信心，便说成佛有两种涅槃，而阿罗汉不能执著于如同化城的小涅槃，要继续向最终的成佛道路前进。

衣珠喻

有个人某天去朋友家，因为醉酒睡着了，他的朋友恰好有事要急着出远门，为了帮助他，就把无价的宝珠放到了他的衣服里。等这个人酒醒了，他却完全不知道，开始了四处漂泊的艰难生活，只要能吃饱他就很满足了。一天他跟朋友偶遇了，朋友惊讶地说：我之前就把无价的宝珠放在你衣服里了，你不知道吗？你赶快拿去变卖了，就可以生活如意了。

这就好像小乘的声闻，他们在过去世中曾在大通智胜佛座下结下了大乘的缘分，但却被无明覆盖了而不自知，如今听到如来的讲述便知道了，从而能进入大乘。

髻珠喻

强大的转轮圣王为了让所有的国家都臣服于他，便发兵征讨。圣王看到自己的战士们英勇善战，便根据他们战功的大小，给了各种赏赐，唯独他自己发髻中的明珠没有作为赏赐之物。因为明珠是圣王独有的，他担心将明珠奖给将士，会引来臣属的惊异。

佛陀以他的智慧力量成为三界的法王，但其他的魔王不服，于是如来座下的圣贤们都奋勇地跟魔王交战，佛陀便根据他们的战功奖励他们禅定、解脱法门等。但他独独没有给他们说《法华经》，因为这部经就如同圣王头上的明珠。知道众生的根基成熟，佛才能为他们解说《法华经》。

医子喻

有一位良医，医术高明，有很多的孩子。有天良医出诊的时候，孩子们在家误吃了别人的毒药，导致心神错乱，痛苦不堪。良医回家时，孩子们远远看到父亲，纷纷求父亲救他们。父亲立即去找到了药草，配制出色香味美的药。有的孩子神智比较清醒，便喝了药，马上都痊愈了。但另有些孩子神智混乱，不愿意吃药。父亲没办法，只得骗他们说我快死了，能治你们病的药就放在家里，你们吃了病就会好的。说完就走了。不久以后良医派人传回消息说他已经死了，孩子们在悲痛中想起了父亲留下的药，去拿时发现色香味美，便拿来吃，很快就病毒消散，痊愈了。知道孩子们病好了后，良医也回到了家中。

众生虽然听了佛法，却没有得道，佛陀只得设了很多的方便法门，让众生服食大乘的法药，从而迅速地消除他们的苦恼。

佛教的世界观——《华严经》

《华严经》全称为《大方广佛华严经》，相传是龙树菩萨从龙宫请出来的。传说这部经十分地广大，有上中下三本，下本就有十万偈，而龙树菩萨请出的仅为下本。中国现在传译的版本为这下本中的四万五千偈的抄略本。

该经对十方成佛的强调，对大乘佛学的发展影响深远。隋唐时期《华严经》获得了广泛的流传，华严宗也在这个时期诞生。华严二祖的弟子义湘是新罗人，他成为了朝鲜华严宗的初祖；唐道东渡日本传播《华严经》，成为日本华严宗的初祖。

《华严经》

译者 — 实叉难陀

《华严经》的第一个译者是东晋佛陀跋陀罗。到了唐朝，武则天听说西域有梵文《华严经》全本，于是派人去于阗寻访，果然得到了，就请当时的高僧实叉难陀一同到了洛阳，于公元695年在洛阳大遍空寺开始翻译。武则天亲自到译场，首题品名。历时四年才翻译完成。其成为《华严经》译本中文义最通达、品目最完备的版本，流传最广。

时代 — 该经最初形成于公元二至四世纪间，汉译本最早的为东晋时期

内容 — 佛教的世界观

《华严经》讲的是三界唯心、深入法界、佛性缘起的佛理与普贤行愿的实践相一致的大乘瑜伽思想。全经八十卷，分三十九品，由九会组成。

第一会：佛在菩提场中初成正觉（一至六品）
第二会：佛在普光明殿莲花座上，显现神变，十万菩萨都来集会（七至十二品）
第三会：佛不离菩提树下，上升到须弥山帝释宫殿，帝释和诸天颂赞佛，法慧菩萨说十住法门（八至十八品）
第四会：佛升到夜摩天宫，天王跟功德林菩萨等十大菩萨都来赞佛，功德林菩萨说十行法门（十九至二十二品）
第五会：佛升到兜率天，天王及金刚幢等十大菩萨颂赞佛，金刚幢说十回向法门（二十三至二十五品）
第六会：佛在他化自在天宫摩尼宝殿，诸方世界诸大菩萨都来集会，金刚菩萨说十地法门（二十六品）
第七会：佛在普光明殿，普贤菩萨回答疑问并说法（二十七至三十七品）
第八会：佛在普光明殿，普贤演说二千法门（三十八品）
第九会：佛在逝多园林，和文殊普贤等五百大菩萨、大声闻并无量世主聚会，佛显神力，文殊等南行说法，普贤颂赞佛的功德（三十九品）

（1）华严世界

在佛教里有种说法，如果明白了《楞严经》，就明白了佛的顶；如果明

白了《法华经》，就明白了佛的身；但如果明白了《华严经》，就将佛的全身和慧命都明白了。

《华严经》是释迦牟尼佛成道后，在入定中对文殊菩萨、普贤菩萨等上品菩萨讲授法界的状况。所谓法界，就是在佛眼中的世界，所以《华严经》被认为介绍了佛教最完整的世界观。《华严经》的一切经义都包含在它的名字中：

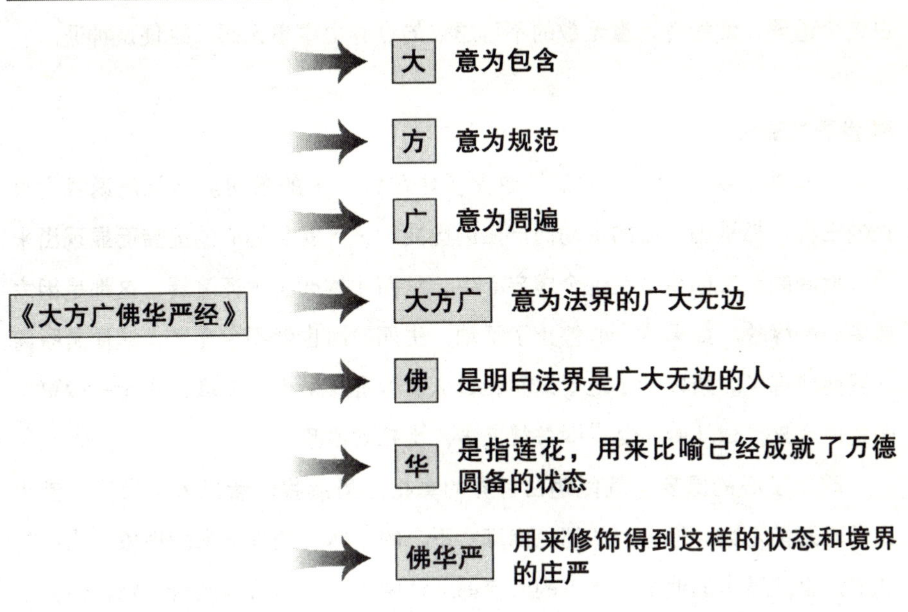

于是《华严经》讲述佛的世界观，并在此基础上讲菩萨怎样从对佛有信心，菩萨道的出发点在何处，怎样能坚持有一颗菩萨心，如何利他，将自己的功德给予众生，如此，菩萨之地也就是佛地。

■ 无量无数的奇异世界

《华严经》的世界是无量无数不可思议的，被称为世界海、众生海、法界业海、众生的欲乐诸根海、一切三世诸佛海等等。而这三世十方的一切时空，都是事事无碍的，因中有果，果不离因。

正如一个细小的微尘中，就藏有众多的宝刹，有的有佛，有的没有佛，

有的有杂质，有的清净，有的广大，有的狭小，有的有所成就，有的没有，有的正住，有的旁住，情况各有不同；这样的微尘不是只有一个，而是所有的微尘都是如此。在一切的十方世界中，遍布了每尊佛的佛身，他们充满了一切的虚空世界。这就如同帝释天宫殿中装饰的珠网，上面缀着无数的宝珠，它们每一颗不仅可以映现出其他的珠影，还能映现出其他宝珠内所呈现的无数珠影，于是整个珠网交相辉映，重叠无穷。

这个世界的奇妙就在于它虽然广大，却互相作用，但又不相互障碍。明白这个道理，便能在无量无数的不可思议的世界中事事无碍，这便是神通。

■ 世界的真相

“三界虚妄，但是心作。”这是《华严经》中的名句。这就是说我们身处的三界，都是因为心的活动而产生的虚妄。三界就是因心的虚妄而显现出来的，世间的十二因缘也在这个虚妄心中，从而才构成了生死流转，这都是因为虚妄心的缘故。如果这个心停止了活动，生死轮回也就不存在了，这便是脱离三界而成佛了。所以“了达于三界，但从贪心有，知十二因缘，在于一心中，如是则生死，但从心而起，心若得灭者，生死则亦尽。”

明白了心的虚妄，就能明白世界的真相。虽然我们看见大千世界，佛更说世界无量无数，但它们却都是佛真实不二的本体所表现出来的现象。佛性就如同是世间最大的池子，所有的河流都从池中流出，河流虽然有区别，但其中的水却是相同的。它又如同是泥土，由它造出来的瓦片虽然不同，但泥土却是一样的。因此，在这个世界中，一切即是一，一即是一切。

所以这个无量无数的世界，却是一致的，它们看似广大，却是一个真实映射出来的丰富多彩。

（2）信满成佛

■ 成佛的最好法门

基于华严世界不可思议的无量无数，《华严经》说菩萨修行也分阶段，一共有五十二个阶段，它们分别是十信、十住、十行、十回向、十地、等觉、妙觉。最开始就是要“信”，“信满成佛”。经文说：“菩萨于生死，最初发心时，一向求菩提，坚固不可动，彼一念功德，深广无边际。”“信为道元功德母，增长一切诸善法，除灭一切诸疑惑，示现开发无上道。”众生都是有佛性的，能不能成佛，关键就看有没有信心。信念可以让一切的疑惑消灭，也可以增长自己的智慧和勇气。一旦有了信念，便有了广大无边的功德，从而也就囊括了住、行、向、地四十位功德。

所以“信”是成佛的重要法门，它使众生对于佛教、佛法、佛理、佛陀深信不移，能够相信佛眼中的世界即为真实的世界，也能够明白“一即是一切，一切即是一”的圆融道理，从而能明白世界的真相，从而不用去进行其他的领悟，已经具有成佛所应具备的足够的慧根了。所以《华严经》说：“初发心时，便成正觉，知一切法，真实之性，具足慧身，不由他悟。”

■ 不二法门

既然在这个世界，一即是一切，一切即是一，那么要明白这个世界的真相，就需要懂得不二法门。所谓不二法门，就是心中不要有二的概念。

分别是制造不二的重要罪魁祸首，《华严经》通过十二因缘来讲述由于分别而产生的生死轮回，而要斩断轮回，就不能生分别心。这首先就要断绝观念中对事物的多的概念，从而明白万物皆一致的道理。然后要断绝对涅槃的沉迷，沉迷在涅槃中就是对出世与在世的区别，自然就陷入了新的执著。断绝了前面两种分别心，就自然接近了深邃通脱的般若智慧。

◇《华严经》是佛在入定的时候为菩萨、声闻等解说佛法世界

但般若的特性在于随说随扫，不断地否定，甚至对自己也毫不容情地予以扫除。由于不二法门是超越语言分别的对佛经的心灵直观体验，所以如果将“不二”作为一种观念，那么又产生了分别。所以这样的“不二”也是要抛弃的。

"菩萨心净不作二，亦复不作不二法。舍离二法不二法，觉悟众生语言道。"只有到了连不二的意念也彻底没有的时候，才是真正的不二法门。

禅宗宗经——《六祖坛经》

禅宗是佛教传入中国以来，最为重大的一次革命，它的出现，真正让来自西域的宗教具有了中国特色。禅宗一经问世，就迅速成为中国佛教的主流和代表，风靡朝野，形成了"妇人孺子抵掌嬉笑，争谈禅悦"的昌盛局面。直到今天，汉地佛教寺院十有八九都属于禅宗。

虽然《楞伽经》和《金刚经》都曾经是禅宗印证心法的重要经典，但真正算得上是禅宗宗经的，则是《六祖坛经》。它的问世，标志着禅宗的形成，让传统佛教趋于衰落。而《六祖坛经》也成为佛教史上唯一出自中国的经书。

《六祖坛经》

作者——惠能

惠能是中国禅宗的创始人，《六祖坛经》是由他的门人法海收录的惠能语录及后世禅宗语录，总的来说讲述了惠能的思想。惠能在世界上拥有极高的地位，他与孔子、老子并称为"东方三大圣人"，还被欧洲学界列为"世界十大思想家"之一。但惠能本人创立禅宗思想时，还是连字都不会写的教外之人。惠能少年时家境贫寒，以卖柴为生，一次听到别人念《金刚经》，在心中产生了极大的震动，便特地到达摩传下的五祖处的寺庙当了名杂役。在五祖挑选继承人的考试中，他以"菩提本无树，明镜亦非台；本来无一物，何处惹尘埃？"的偈子，获得了五祖的青睐，并获得密传衣钵，成为汉地佛教的六祖。为了逃避众多竞争者的加害，惠能遵照五祖的吩咐，到广东躲藏了十五年，最终被法性寺的印宗法师发现，才剃发受戒，成为开宗立派的禅宗祖师。

时代——唐代

内容——禅宗宗经

禅宗宗经

《六祖坛经》记载了惠能一生得法传宗的事迹和启导门徒的言教，以“见性成佛”为中心，给修禅者“无念为宗，无相为体，无住为本”的实践方法，并引导其发挥唯心净土的思想。本经以金陵刻经处本为最流行的版本，有自序、般若、决疑、定慧、妙行、忏悔、机缘、顿渐、护法、付嘱等十品。

（1）般若智慧

达摩传教到了四祖，《金刚经》就逐渐取代了《楞伽经》的地位。四祖道信开始劝人念《摩阿般若般若密》，五祖弘忍则普劝僧俗诵读《金刚般若波罗密经》，到了六祖惠能，他更是依据金刚般若思想，建立起了完整的禅宗修证体系。

惠能最初接触的佛法是《金刚经》，他当时就受到了极大的触动；之后他获得了五祖的认可，为他秘密传授衣钵时，讲的也是《金刚经》，从而使惠能大彻大悟；后来惠能在弘扬佛法时，总是极力称赞般若法门，说持诵《金刚经》功德无量无边，能入甚深法界，见性成佛。

六祖惠能依据《金刚经》所建立起的禅宗修证体系，就在《六祖坛经》中。

■ 传法的秘密

《六祖坛经》记载，五祖弘忍挑选继承人时，要求寺内的人都写一首偈子来表达自己对佛法的认识。当时最被看好的人弟子神秀，已经是教授级别了，时常代替五祖弘忍向弟子讲经说法。他当时在墙上留下了“身是菩提树，心如明镜台。时时勤拂拭，莫使惹尘埃”的偈子。传说五祖弘忍曾私下对神秀说：“你做的这个偈子，说明你并没有明白本性是什么，你还是个门外汉，还需要去寻觅无上菩提。”

神秀的偈子问题出在没有“离相”上。菩提树、明镜台都是相，《金刚经》说：“凡所有相，皆是虚妄。”既然是虚妄，那么心中还有菩提树、明镜

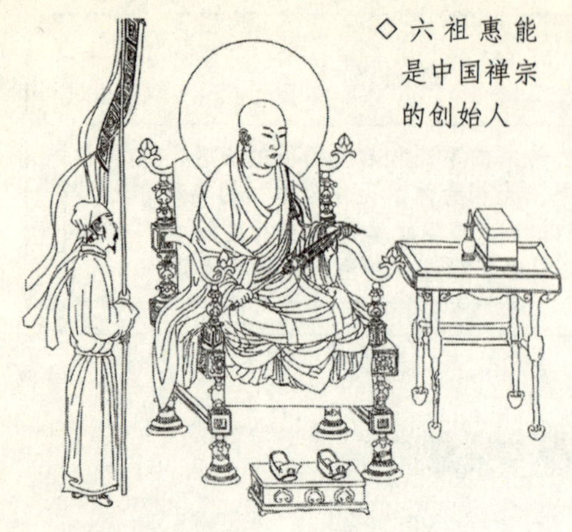

◇六祖惠能是中国禅宗的创始人

台的概念就是还执著于相。而“时时勤拂拭，勿使惹尘埃”，虽然是为了清净身心，但却也执著于清净了，这就是执著于净相了，从而使本身已经惹了尘埃。虽然五祖当众宣布说：“但留此偈，与人诵持。依此偈修，免堕恶道；依此偈修，有大利益。”认可用此方法进行修炼，但未明本性，使神秀最终没有得到五祖的青睐。

就在众僧人称赞神秀偈子的时候，惠能也过来看，他不识字，就让其他人念给他听，随后还央别人帮他在墙上写了一首反驳的偈子。这便是禅宗流传最广的著名偈子——《得法偈》：“菩提本无树，明镜亦非台，本来无一物，何处惹尘埃？”惠能的反驳，正表明他已经明白了性空、无所得的道理，从而有了进入佛法真实的慧根。虽然他的偈子也着了空相，但却已是“门内人”了。所以五祖在看到惠能的偈子时，说：“亦未见性”，让人擦去偈子，却私下密传《金刚经》给惠能。

惠能的真正悟道是在五祖传法的那个晚上。五祖为他讲《金刚经》，说到“应无所往而生其心”时，惠能恍然大悟，说：“一切万法，不离自性。”又说：“何期自性，本自清净；何期自性，本不生灭；何期自性，本自具足；何期自性，本不动摇；何期自性，能生万法。”这时惠能方明白佛法不是明白“性空”就好了，而是要明白人的本心，人的本心就拥有般若智慧的，它不需要向外界的其他地方去寻找，只用关照本心就可以找到。而人的这种自性，是人生来就具备的，它清净、不生不灭、不被动摇，只要人能明白自性，就能成佛。

拥有这样的般若智慧，才是学法的基础，所以五祖告诉惠能说：“不识本心，学法无益。”也就是说如果没有明白什么才是人真正的本心，即使努力学法，也很难悟道。如此的般若智慧，也非要有极具慧根的人方才能明白。由此，“明心见性”的顿悟法门，也不是人人都能真正明晓的，所以中国佛教界盛行禅净双修，即使在禅宗里面最终没能悟道，也能通过净土宗的佛法修持积累佛缘、功德。

（2）修炼法门

■ 修炼的方法

般若法门将“无相”“无住”“无念”作为修行的三大要领，《六祖坛经》也以此为修禅的修证要领，并说：“善知识！我此法门从上以来，先立无念为宗，无相为体，无住为本。”

所谓“无相”，就是离开了诸相的空。“外离一切相，名为无相，能离于相，则法体清净，此以无相为体。”离开了一切实在的或虚构的念想，没有或此或彼的分别心，这就是无相的境界。

所谓“无住”，就是不执著，心中保持着智慧来看世界，却不把心执著在世界中。“念念中不思前念，若前念今念后念，念念相续不断，名为系缚于诸法上，若念念不住即无缚，此是以无住为本。”就比如说坐禅，过去佛家打坐都很注重坐相，而且打坐的姿势和用心都有一定的规定，但惠能却反对坐相。他说住心观静是一种病，而不是禅，经常用坐来束缚身体，对理解有什么好处？为此他还作了首偈子：“生来坐不卧，死去卧不坐，一具臭骨头，何为立功过。”所以修禅不应该执著在打坐中，而应该在行住坐卧的生活中去体验。所以禅宗没有规定许多的仪式和规矩，而是注重如何在生活中修证。就如《金刚经》中的佛陀，过的是很平凡的生活：该吃饭的时候，他就穿上衣服拿着饭钵到舍卫城中乞食，乞到食物后回到住处吃饭，吃完饭便收拾衣服和饭钵，洗干净脚后，就铺座位坐下。这看似简单而平凡的生活，却是真正的修行。

所谓“无念”，并不是什么也不接触，什么都不想。“于诸境上心不染著曰无念，于自念上，常离诸境，不于境上生心，若只百物不思，念尽即绝，一念绝即死”这就是在接触外境的时候，心不执著于这些境界，如同明镜一般，有事物来的时候就显现，事物去了心中也就不留痕迹了。有个著名的故事，讲一个小和尚和他师父一起化缘，路过一条河的时候，他们看到一个姑娘

因为怕水站在河边，师父便背那姑娘过了河。小和尚对师父的行为感到十分惊讶，却不好发表意见，他看到师父放下姑娘后潇洒自若地走了，但自己却一直对此耿耿于怀。三个月后，小和尚终于忍不住了，便问师父为什么要背姑娘过河，那岂不是犯了色戒。师父听后哈哈大笑，说："我一过河就把姑娘放下了，你却背了整整三个月。"师父的"无念"，让他达到了事事无碍的境地，让他能保持智慧来普度众生，却不被世间的烦恼所牵引。

■ 人间佛教

无相、无住、无念，都是对人内心的修炼，可世人常常不知道佛法在何处，他们往往迷恋往生西方净土，执著于十万亿国土外的西方，却忽略了对内心的净化。由此《六祖坛经》提出了心净国土净的思想，认为愚昧的人看不到自己所拥有的清净之心，反而整天四处寻找哪里才是清净；有智慧的人，应该从自己的心灵入手，消除内心不清净的思想，当下世界就是西方净土。

这就是禅宗倡导的人间佛教，"佛法在世间，不离世间觉。离世觅菩提，恰如求兔角"，它主张修禅的人应该入世而非出世，并在与周遭的互助和谐的生活中去修行，并且"若欲修行，在家亦得，不由在寺。""心平何劳持戒，行直何用修禅。恩则孝养父母，义则上下相怜。让则尊卑和睦，忍则众恶无喧。若能钻木取火，淤泥定生红莲。"禅宗的人间佛教思想不仅极大的促进了社会的和谐，更革命性地改造了佛教。

在原始佛教中，僧人是只关注内心世界的思想者，他们常常远离尘世修行，生活全靠供养人的供养。但自惠能开创了中国禅宗，禅宗不仅使佛教更适合大众的理解和修行，更让僧人积极入世普度众生，后世的不少寺院更倡导僧人自食其力，开荒种地，在力所能及的劳作中体悟禅理。

中国佛教在众多思想流派中顽强生存并繁荣昌盛，不能不说禅宗和《六祖坛经》的人间佛教思想在其中起到了重要作用。

禅门公案——《碧岩录》

禅宗注重顿悟，常用当头棒喝或言语机锋等方式来帮助修行者悟道，而这些棒喝和机锋，就成为一个个有意思的故事，这种故事在禅门中又叫“公案”。《碧岩录》就收集了一百个禅门公案，不仅有故事，还有点评，并以独特的诗化方式，成为禅文学的典范，更有“禅门第一书”的美名，在禅门中与《六祖坛经》一起被称为合璧之作。但这些公案的禅机太浓，太专业了，所以不容易被人读懂。悟性好的可能就因这本书进入了禅悟之门，但更有很多人却因这本书堕入了野狐劫。所以有的人对这本书推崇备至，有的人却将它付之一炬。正所谓成也碧岩，败也碧岩。

《碧岩录》

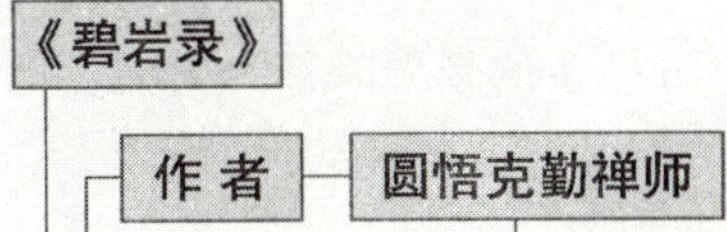

克勤禅师出身儒门世家，少年时十分聪慧，后来看到佛经，认为自己前世为佛门弟子，便出家为僧。他为了求得真法，遍访高僧大德，最后拜禅宗五祖为师，悟道后为成都昭觉寺主持。由于他悟门广阔，说法辩博，纵横无碍，常常让听的人感动流涕。在他奉皇命到镇江金山寺当主持的时候，宋高宗曾召见他，向他请问佛法，他便说：“陛下你用孝心治理天下，佛教是用一心来统御万种差别，真俗虽有差异，但这最初发的一心是没有差别的。”宋高宗听后非常高兴，就赐给他圆悟禅师的称号。

《碧岩录》是克勤禅师在澧州夹山灵泉院时对雪窦的《颂古百则》的评唱。夹山是唐朝善会禅师开辟的道场，善会禅师说夹山的境界是“猿抱子归青嶂里，鸟衔花落碧岩前”，浓郁的禅意诗情，在当时传诵一时，从此夹山又被称为是“碧岩”。夹山灵泉院方丈室的匾额上就题着“碧岩”二字，《碧岩录》的书名由此而来。

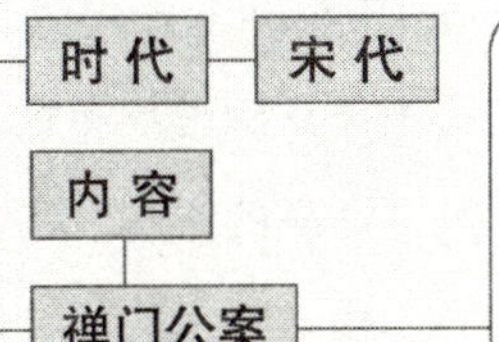

本书为根据雪窦重显的颂古百则，讲述禅门百则公案，共十卷，每节的结构一致：

一、垂示，对该则的案例提示纲要，加以引介。
二、列出公案案例，其中夹注注语或评语。
三、对该则案例加以评唱。
四、列出雪窦重显的颂古诗，其中亦夹注注语或评语。
五、对颂古诗作解说性评述。

碧岩传灯

禅宗自从开创以来，迅速得以发展，在汉地佛教众多宗派凋零的时候，禅宗却一花五叶，十分繁盛。这一花五叶，即是禅宗五家，它们分别是沩仰、临济、曹洞、云门和法眼宗。它们以不同的风格传承禅宗。但直到克勤禅师的《碧岩录》后，禅宗风格才开始有了一个统一的方向。

《碧岩录》是克勤禅师根据临济宗雪窦重显禅师的《颂古百则》加以评唱的，后经他的门人编辑才最终成书。雪窦的《颂古百则》所依据的掌故，绝大部分取自禅门各宗派的公案，克勤禅师的评唱无疑是对禅宗机锋演绎的传诵。

■ 继承云门禅风

《碧岩录》是以云门宗公案为重点的。云门宗的重要宗师为文偃，他的禅风被归纳为“函盖截流”，这也成为云门宗的特色。

“函盖”指的是“函盖乾坤”，文偃的门人缘密解释说：“乾坤并万象，地狱及天堂，物物皆真现，头头总不伤。”这就是说云门说禅所用的事物包罗万象，随手拈来，无处自在。“截流”指的是“截断众流”，缘密解释为“堆山积岳来，一一尽尘埃，更拟论玄妙，冰消瓦解摧。”就是说虽然用了很多事物来比喻，但那些都非本心清净的尘埃，不过是借用它们来进行玄妙的论述，让这些虚妄的尘埃都一一消失。

◇中国禅宗起源自印度一位在家的居士维摩诘

但由于云门喜欢用“代语”，就是当听禅的人不能正确理解禅意，禅师替他说出理解的话来的方法，而这些代语多简单率意，用法眼宗的标准来看，就未免“任情直吐，多类于野谈，率意便成，绝肖于俗语”了。所以文偃的法孙智门光祚对此进行了改进，他减少了简单率意的代语，取而代之的是清新文雅的语句。如他在赞颂文殊白椎的公案时说："文殊白椎报众知，法王法令合如斯。会中若有仙陀客，不待眉间毫相辉。"这首偈颂格律声韵都很工整，凸显了他在文辞上的造诣。

之后出现的雪窦重显更是一个有文学素养的人，他原本出自儒门世家，后来受到智门的熏陶，又受了当时的著名禅师汾阳善昭等人的影响，更因"频呼小玉元无事，只要檀郎认得声"的所谓小艳诗悟道，所以他所用语句，都很注意修辞，悟道后的偈语也就自然深有诗的韵味。他的《颂古百则》尤为如此，在对智门偈颂的继承的基础上进行发挥，从而更显轻灵。这也就是《颂古百则》受到禅门重视的原因。克勤禅师年纪比雪窦小，属于临济宗的杨岐派，而杨岐派的禅风跟云门很相似，所以克勤禅师根据云门宗的《颂古百则》来加以评唱，是十分自然的事。

自《碧岩录》问世后，各宗门派别的风格都从"禅机"逐渐融化于"诗境"中，逐渐倾向合流了。如此大的禅风变化，让当时不少保守的人士愤愤不平，甚至连克勤禅师的大弟子大慧宗杲也对此深表怀疑。这位大弟子担心后人不能明白这些诗意的根本，而只注重了语言表面的功夫，讨口舌之利，就愤然烧掉了《碧岩录》的木刻版。但他的用心并没有阻止《碧岩录》的流行，这把火反而把《碧岩录》给烧旺了，一时间《碧岩录》风行天下，仿《碧岩录》风格的禅门著作更层出不穷，宋元之后的禅风更没有跳出《碧岩录》的风格。这部不过十二万字左右的评唱之作，最终成为改变中国佛教禅风的重要著作。

唯识宗经——《唯识三十论》

《唯识三十论》是印度大乘佛教瑜伽行派的主要哲学著作之一，又称为《唯识三十论颂》《高建法幢论》。它集中而系统地阐述了"唯识无境"的理论，在印度拥有很大的影响力，曾先后有世称"十大论师"的德慧、安慧、难陀、护法、亲胜、火辩、净月、胜友、胜子和智月为它作注。《唯识三十论》

传到中国后，成为开创汉地佛教唯识宗的重要经典。

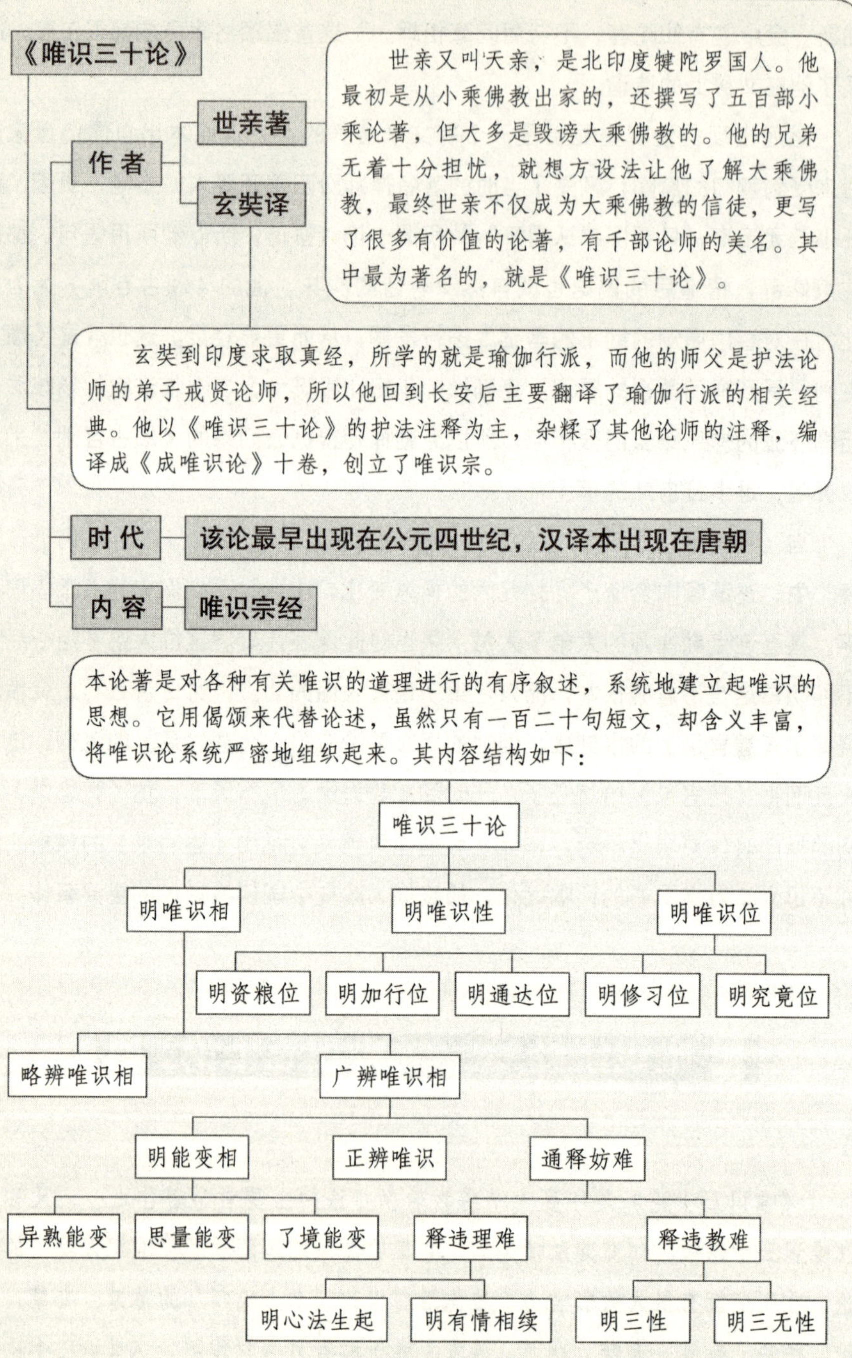

（1）唯识传承

唯识宗在印度的创始人是无着菩萨，但真正将唯识宗发扬光大的，还是世亲菩萨。他是唯识宗的集大成者，他著作的《唯识三十论》以极其简练的语言，将唯识宗繁复的理论进行了概括，将唯识宗的理论体系整理完善并趋于成熟。

按照惯例，世亲应当对他所写的三十首偈颂用论的方式再进行注释，但他还没来得及进行这一工作，就圆寂了。在世亲死后的两百年间，佛教界一直将《唯识三十论》作为研究的重点课题。据记载，当时研究它的总共有二十八家，其中最著名的就是我们之前提到的十大论师。

玄奘将《唯识三十论》带回国内后，原本打算是按照十大论师的观点，各自进行翻译的，但他门下的窥基论师则认为，中国人历来喜欢简洁的事物，如果理论太复杂的话，恐怕后人在学习的时候就不知道该学什么，遵从什么，所以就建议他将各家的言论糅合在一起，最终就有了今天的《成唯识论》。

唯识宗自玄奘创立后，只传了三四传后，就基本湮没了，到了明代虽有短暂的复兴，但并没形成气候，之后的几百年里，唯识宗几乎成了绝学。

唯识宗的现代复兴，起始于民国。当时杨仁山居士从日本请回了大量的唯识经典，并创办学院供有志者研究，终于让唯识学再度在中国兴起。今天学习唯识宗所使用的《唯识三十论讲话》，就是从日本请回的，成为学习唯识宗的重要书籍。

（2）唯识无境

世亲菩萨写《唯识三十论》的目的，是要破除我法二执，认识到世间万物都只是心识的显现而已，并没有我们通常所认为的实在的我或者实在的佛法。只有破除了我法二执后，才能明白我空、法空的真理，从而得到菩提涅槃的成就。所以虽然佛法有宗派之分，但总的来说都是教人如何破除二执为目的的。如中观讲一切法空，一切法无自性，这要空的就是我法二执；禅宗讲机锋棒喝，扫荡的也是我法二执。而唯识宗则通过对“识”的分析，来阐述这个宇

宙人生中一切现象是如何来的，从而以理性的角度来破除二执。

■ 对“识”的认识

八识是唯识的基本理论，其分别为眼识、耳识、鼻识、舌识、身识、意识、末那识、阿赖耶识。

<table>
<tr><td rowspan="2">眼识、耳识、鼻识、舌识、身识、意识</td><td>眼识、耳识、鼻识、舌识、身识</td><td>这五识为人体的五官对外部世界的感应，是我们处在当下的时间中所能感受到的世界，但它们作用的时间非常短暂。</td></tr>
<tr><td>意识</td><td>这是由前五识的作用而产生的思想，它非常活跃，是人对世界的认识和行动的依据。它不仅是大小乘共通的，也是其他的哲学和心理学研究的对象。</td></tr>
<tr><td>末那识</td><td>汉译为“意根”</td><td>第七识跟第六识有相通处，都是意的作用，不同的是第六识是由前五识所引起的，而第七识则是对第八识的执著。也就是说意识是因为身体的感官而建立起“我”与世界的感念，而末那识把第八识的阿赖耶识当做了“我”来执著。前者是物质的我，名利的我，而后者则是非意识所能感觉到的，它潜伏在人的生命中，即使熟睡、昏倒、入定等前六识都无法产生活动的特殊时刻，它仍然使人羁留在凡人的状态无法超越。与此同时，末那识还对意识产生作用，使人以自我为中心。</td></tr>
<tr><td>阿赖耶识</td><td>汉译为“藏识”，意为无所不含，无事不摄，是根本识</td><td>阿赖耶识是一切心理活动的基础，一切法生起的根本。它具有存储作用，就像一个超容量的仓库，收藏我们从诞生开始所有的生命经验。虽然这些都是过眼云烟，但却在心灵上投射成为种子，在其后持续不断地产生影响，为当前人的心理活动和行为提供信息。同时，阿赖耶识还是生命延续的载体。人在临终前，前面的六识就瓦解了，但阿赖耶识还存在着，它带着这个人所有的人生经验所形成的种子，进入到生命的未来。这也从而解释了佛教中“无我”与“轮回”的矛盾。</td></tr>
</table>

所谓的八识，其实就是佛教的心理学，它立足于修行及生命的自我完善，而不是为了增加相关的知识，它通过对八识的认识，来教导如何舍弃凡夫心，来成就菩萨的品质。

■ 对世界的认识

佛教的各个宗派都有不同的认识世界的方法，如声闻教法从五蕴、十二处、十八界着手，中观注重二谛，唯识则从三性透视世界。唯识的三性不仅对现象世界进行了归纳和分类，更用智慧审视这个世界，将复杂的世界变得简单明了。而这个三性理论，基本统摄了整个唯识学的理论体系，甚至统摄了整个大乘佛法。

三性论

遍计所执性	这是凡夫所认识的世界。“遍”是普遍，“计”是分别，人在虚妄颠倒产生分别之后，心行就随之陷入执著中。因为分别是错误的，由此产生的执著也就是荒谬的，它使凡人生活在错觉的影响中。	错觉的世界	应该被了解，因为它是虚妄的
依他起性	遍计所执性并非凭空而来的，它是有依据的，而这个依据就是依他起性。一张纸是客观的存在，这就是依他起性，但当我们意识到面前这个事物叫做“纸”，并联想起关于它的有关属性，这就是遍计所执性。但人们常把它们混淆起来，还以为自己看到的就是事实的真相。	缘起的现象世界	应该被断除，因为它是杂染的缘起
圆成实性	这是法的实质，是依他起性的本质，是世界最根本的真如、空性，只有通过没有分别的智慧才能明白。	世界的本质、真相	应该被验证，因为它是诸法的实相

由于唯识宗对世界的认识十分系统，没有其他宗派的偏颇，所以让不少高学历的人对此感兴趣，从而进入佛门。

禅门第一公案

禅门公案并非始于中国，它是伴随着禅宗的诞生而诞生的。《大梵天王问佛决疑经》就纪录了这禅门第一宗公案。

佛经说大梵天王为了让一切众生得到大的利益，就请佛到灵鹫山上说法，并把一朵金色的波罗花献给了佛。佛答应了大梵天王的请求，但当他坐到法座上时，却一言不发地拿着花看大家。所有人都纳闷地面面相觑，这时摩诃迦叶却破颜微笑了。佛欣喜地说："我有正法眼藏，涅盘妙心，实相无相，微妙法门，咐嘱摩诃迦叶。"说完便将他平时用的金缕袈裟和钵盂交给了摩诃迦叶。

这就是禅宗第一公案——"拈花微笑"，也是禅宗"衣钵真传"的来历。自此摩诃迦叶成为"禅宗西天第一代祖师"，衣钵传承二十八代后，传到了菩提达摩手中，再由达摩东渡到了中国，为禅宗找到了新的发展之地。而"拈花微笑"所传达的"不立文字，教外别传，直指人心，见性成佛"的禅宗法门，更被中国禅宗发扬到了极致。

第三节 探索未来——术数

术数的起源非常早，早在夏商周之前，就已经产生了数字卦。虽然中国数学的早期形象并没有引起太多学者的注意，但当我们来研究术数的时候，就会发现中国很早就走上了一条独特的数学应用之路。“术数”不同于“数术”，“术数”是按一定的规则和方法来使用数的玄学，它以简概全，而“数术”则是与自然一一对应的世界模型，是一门发展得愈加庞大的科学。

数字与客观物质的对应产生了原始的数学体系，显示了对客观事物的高度抽象。术数就利用了数学中普遍使用的“0、1、2、3、4、5、6、7、8、9”十个数字，来代表天地间的一切事物。中国先民根据术数创立的河图洛书，则显示出中国数字利用与西方迥异的思维方式。中国术数通过对自然的简化，寻找世界变幻的规律，成为生产力低下的先民认识世界、把握未来的重要工具。

作为预测学的术数，通过对数的变化运用，不断地推陈出新，在代表数的河洛之后，出现了表示世界组成的八卦，在八卦之后出现了表示时间的干支，进而更生出了阴阳五行的核心理论，变化出繁多的种类。

据资料显示，术数种类有八索、骨占、龟卜、易筮、星占、梦占、望气、相术、摸骨、八字、风角、太乙、六壬、奇门、风水、太玄、潜虚、皇极数、铁板数、紫微、梅花、测字、姓名、雀占、牌占、抽签、灵棋占等等，大致可以分为卜、筮、占、数四大种类。卜，是根据动物的骨和角，经过烧或凿，通过观察其裂纹来判断吉凶。筮（shì），是用竹子和蓍

（shī）草来进行算数，从其结果中推断吉凶。占，是将物体的形象转化为意象，从而判断吉凶。数，是直接通过数的推演判断吉凶。

这种对于术数研究的热衷，使中国术数在预测学领域中占据了无与伦比的地位，无论在理论还是在实践上，都是西方星座、塔罗之类无法相比的。

一个非常好的例子是关于光武帝刘秀与严子陵的故事。刘秀在年轻的时候结识了严子陵，两人十分要好，等刘秀打下江山，再把严子陵请到宫里的时候，两人都十分忘我，一聊就聊了个通宵。当天严子陵与刘秀同榻睡觉，可他睡相不好，竟在梦中把脚压到了刘秀的肚子上。第二天钦天监就有奏报说：“臣昨夜观天象，见客星犯帝座甚急。”这不外是术数实践中一则幽默的例子。

术数的兴盛使得中国上至朝廷，下至民间，都热衷于通过研究事物来预测未来。大到天气星相，小到面痣字迹，只要是可以观察的事物，都可以成为研究预测的工具。虽然这种关注天上人间气与象流转变化的研究，使中国缺乏上帝崇拜，却极大地契合了中国人的实用精神。

八字命理——《三命通会》

自唐代李虚中撰写命理书以来，命理书就层出不穷，但直到北宋的徐子平，才以“四柱”的方法来研究命理，所以后世的八字命理学将徐子平认为是宗师，算命的人也就喜欢叫自己为子平了。但命理书中最出名的还要数《三命通会》，它不仅阐述了子平遗法，更采纳各家的言论，十分精要，所以明代的时候，几乎家家都有这本书。后世研究命理的，也多把这本书看做是命理学总汇，而最终被《四库全书》收录，成为子平命理学历史上拥有的最高官方地位。

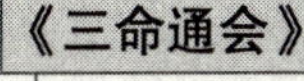

作者——万民英

《三命通会》原本是没有署撰写人的真实姓名的，卷首只题了“育吾山人”的名字。万民英是《星学大成》的编辑者，他正好字育吾，所以普遍认为撰写该书的是他无疑。万民英不仅对星相、命理有很深的研究，还是个很有学识的人，他是明嘉靖庚戌年间的进士，担任过河南道监察御史，出任过福建布政司，右参议。

时代——明朝

内容——八字命理

《三命通会》共有十二卷，是以五行生克为核心，以出生日期为参照物来判断一个人命运的八字命理法总汇。由于这是一本命理学的大杂烩，所以作者没有在书中阐述自己的新观点，而是较为全面地收集整理了以往的命理知识，内容涵盖非常广泛。其中前九卷主要讲述了以时间定人吉凶的理论知识，后三卷主要为实际操作指导。

（1）时间科学

中国古代术数认为世界是由“时、空、物、能”共同构成的。“时”为人从受胎到死亡所经历的年龄岁月（包括牛辰八字），“空”为人从受胎到死亡所经历的经纬区域（包括地理方位），“物”为有形肉身——手脚、肺腑、毛发等（包括其他外在物质），“能”为无形的精神——思想、智慧、灵魂等（包括其他外在能量）。它们共同操控着人复杂万端、旦夕无常的命运，影响人的吉凶祸福、寿夭穷通、得失顺逆等。

其中空代表的时间，对一个人的命运有四分之一的影响力量。而《三命通会》正是注重通过人的出生日期来推断命运的。

■ 天干地支

在中国古代，时间的排列方式和西方有很大的区别，中国人除了用帝号加年月日来表示时间外，更重要的是以干支来纪年。相传早在四千六百年前的黄帝时代，天干地支的纪年方式就已经被发明出来了：

天干：甲、乙、丙、丁、戊、己、庚、辛、壬、癸，共十位数

地支：子、丑、寅、卯、辰、巳、午、未、申、酉、戌、亥，共十二位数

天干是用来记年与日，地支是用来记月与时，如甲年子月丙日丑时，乙年申月丁日未时等。古人又将天干地支按“奇干配奇支，偶干配偶支”的方式组合成“干支”，即按甲子、乙丑、丙寅、丁卯、戊辰的顺序依次排列到癸亥，最终可得到六十组不重复的干支，古人将这六十组干支称为“六十甲子”或“花甲”。它们可以用来记年、月、日、时，如甲子年丙寅月戊戌日庚申时、乙丑年丁亥月辛酉日壬辰时等。六十甲子用完就又重新开始，周而复始，循环不绝。

中国古代历书都用这种方式来记载年月日时，这也就成为中国命理学者推算命运的最主要依据。

■ 四柱八字

徐子平创造的四柱算法，就是根据一个人出生时的天干地支去推算其命运的方法。每个人出生时都有年、月、日、时，把这些时间的干支各作为一柱，便是四柱，俗称“排四柱”。每柱中由于各有天干和地支两字，四柱干支就有八个字，所以又俗称“算八字”。

如中国是将黄帝出生作为甲子的最开始，那么黄帝的出生年月就是甲子年甲子月甲子日甲子时，四柱的年柱为甲子，月柱为甲子，日柱为甲子，时柱为甲子，八字则表示为“甲子，甲子，甲子，甲子”。

这四柱象征着宇宙万物所具有的本末、因果、终始、主从之分，就像植物的根干为“本”，苗枝为“末”，花蕊为“因”，果实为“果”一样，人的生命也有这样的本末因果。所以在四柱算法中，常把年柱看做是“根”、月柱是“苗”、日柱是“花”、时柱是“果”。对应人命时，年柱代表“祖先”，

月柱代表“父母”，日柱代表“本身及配偶”，时柱代表“后代”。再进行延伸，年柱亦可代表“童年”，月柱可代表“青年”，日柱可代表“中年”，时柱可代表“晚年”。

于是，只要通过八字干支所具有的不同层面的含射跟映射进行推演，就可以得出一个人的命运。

（2）命运推演

天干地支为四柱八字中最基本的组合符号，但要进行推演，还需要一系列的推演方式。

■ 阴阳五行

中国易学认为：宇宙万物无论大小都有阴阳两种属性，而阴阳合体就是世界本原的太极，太极又可化生为两仪（阴阳），两仪又可化生出四象（太阳、少阳、太阴、少阴）。于是古人根据这个理论，将阴阳太极比喻成地球本体的土，又将阴阳太极所化生的四象比喻成作为植物的木、作为液体的水、作为热能的火、作为矿物的金。太极加上四象，就成了土、木、水、火、金。

所谓“行”，是运转、流行、发展的意思，而构成世界基本要素的土、木、水、火、金的运转、流行、发展就叫做“五行”。所以五行不是静态的，而是一个动态，因为这五种物质各自的阴阳特性，使它们之间产生了生克的现象。如金属利器能克伐植物，水分液体能抑制火势，这就是相克；而水分液体能帮助植物生长，植物又能帮助火势的旺盛，这就是相生。这也就形成了五行生克的理论：

◇阴阳生克图

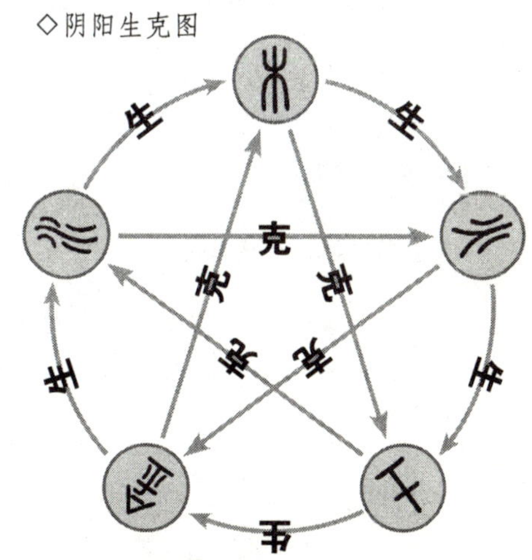

五行相生：金生水，水生木，木生火，火生土，土生金，循环相生

五行相克：金克木，木克土，土克水，水克火，火克金，间隔相克

但命运的演算不是一个简单的过程，阴阳五行的理论只是演算的一个基础，要为命运下一个明确的判断，还需要用到六神、命格、冲合会刑穿及十二生死历程、神煞等复杂的推演方式。

《三命通会》对这些推演方式的解说细致入微。但不足的是，它的立论多取正官、正印、正财，不重视偏官、偏印、偏财；只知道食神对人的帮助，却不知道伤神也有出奇的功效。所以《四库全书总目》认为《三命通会》虽然包含甚广，但却有点偏执，其中胎元等论述在实践中并没有得到验证，所以学命理的人看这本书主要看它的大意，从中学会变通就可以了。

相书大成——《麻衣神相》

相学对未来的测算，是通过观察分析人的形体外貌、精神气质、举止神态等来确定的。而《麻衣神相》则是相书史上一部具有总结性的划时代著作，它吸取了前代相术的精华，从理论上系统地阐述和发挥了相术，为相术学奠定了理论体系，从而成为流传最广的相术著作。

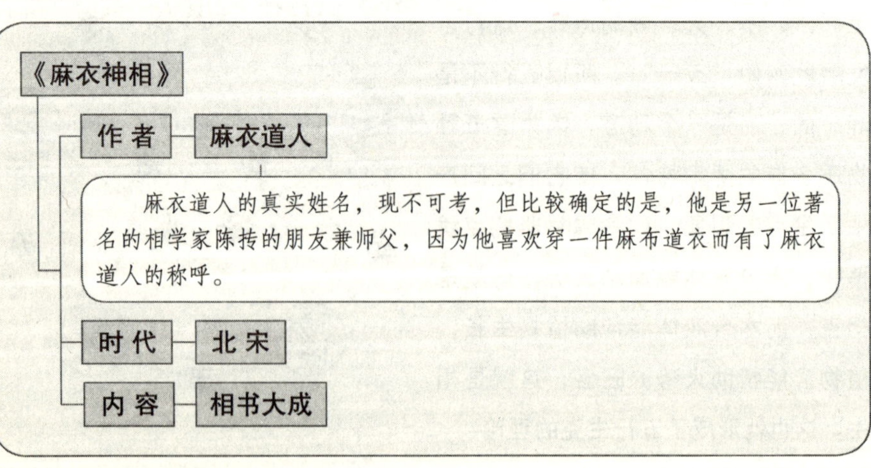

相书大成

《麻衣神相》是现存最早的从人体相貌来判断人未来吉凶的相术著作，共有五卷。

卷一：部位图，讲解一三部位、流年运气、六府三才、五星六曜、五行象说

卷二：局部图，讲解如何相肩、相目、相鼻、相口

卷三：手相图，分析各种手相及达摩祖师相诀秘传

卷四：《麻衣神相》的来历及各种相人之术

卷五：麻衣先生的金锁赋、银匙歌及论上中下三停吉气、凶气

（1）相人之学

人们经常把推算人命运的人叫做算命的，或看相的，看相是推算命运的一门重要手法。相士认为，相是命运的一种显现形式，人相必然体现着命运。生辰八字是人生下来就不会改变的，而相貌却会随着人的周遭际遇而发生变化，根据人的相貌就可以更为直观地分析，甚至可以据此改造命运。

相术的运用早在春秋时期就已经出现，《左传》曾记载说：公孙敖听说周天子派了会看相的叔服来参加葬礼，他就带自己的两个儿子来见叔服。叔服见过两个儿子后，对公孙敖说："你的儿子谷以后会祭祀供养你，他下颌丰满，这必定使他的后代在鲁国兴盛。而你的儿子难就可以安葬你。"

到了战国时期，看相开始流行，不仅《史记》记载了各种发迹显赫人士的命相传说，《后汉书》也记载有皇宫选嫔妃、采女都需要经过相士过目的说法。古代看相的流行，导致著名的相士声望不在达官显赫、文人学士之下，古代相学著作更是多不胜举，但流传最广并成系统的还是《麻衣神相》。

《麻衣神相》总结了千余年来的相术，取精华，弃糟粕，使相术理论达到了一个前人后者都难以企及的高峰。为了使它更容易被理解，书中更附有大量插图，翔实具体，通俗直观。《麻衣神相》成书之后，立即流行开来，当时几乎家家藏有这本相书，是至今影响最大的一本相书。

（2）麻衣相术

在麻衣相术中，看相先看上中下三停。这是将人的脸和身体都分成三部分，其中脸是从发际到眉间是上停，从眉间到鼻子下方为中停，从人中到下巴为下停。这上中下，就如同天地人，它可以定人的命主要属于哪一类：上停长而丰满隆起并且方而宽的，表示富贵；中停隆起并且鼻梁挺拔的，表示长寿；下停方而满并且端正而厚实的，表示富有；三停均等的，则是最好的面相。

看相的重点则是看面相、骨相及心相。其中心相是人内在的气质，所谓相由心生，即使相同的面孔，因为气质的不同也会有不同的命运，而其中最重要的就是观察眼睛，因为这对心灵的窗户，是无法伪装的。

面相主要看的是五官，最常看的是眼睛、鼻子。骨相是定格局，主要看头、额头、手肘等，例如后脑勺圆的人必定为人中之首，而后脑勺平的人则无法掌权，后脑勺凹下去的人则容易短寿。虽然相可以分开来看，但面相与骨相配合之后的分数才是生命之数。

十二宫是对面相的细分，它把面部分成十二个区域，分别反映这个区域代表的健康、智慧、个性等。这十二宫分别是命宫、官禄宫、迁移宫、兄弟宫、田宅宫、福德宫、妻妾宫、男女宫、财帛宫、疾厄宫、奴仆宫、父母宫，通过观察各宫位的气色变化，就可看出个人的运转，甚至与周围人相处的关系。

流年部位则是一种更细致的面部划分方式，它主要用来推算该流年的吉凶。它把面部划分为两边，左边为阳，右边为阴。通过运算，可以得出早年、中年、晚年的运程。

由于麻衣相术中宣称命是可以根据相貌而改变的，从而拥有了大批的信奉者。

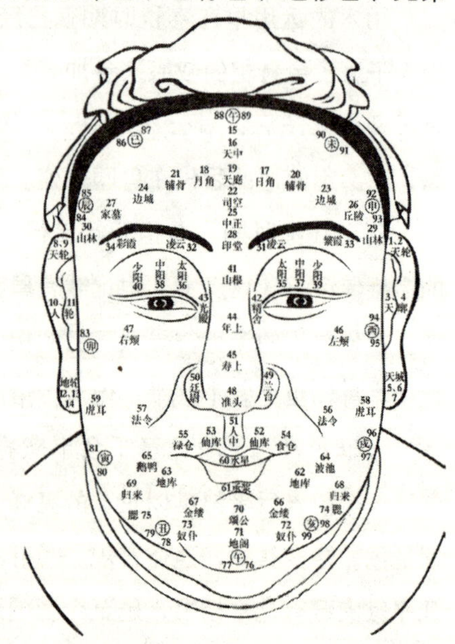

◇流年部位，是指从面上的部位，推算该流年之吉凶

阴阳风水——《葬经》

风水是中国独树一帜的文化现象，它通过地理环境对人的影响来改造命运。风水师认为，人的住宅所拥有的内外居住环境，会对住在这个屋里的人产生影响；而不同的埋葬地点会对埋葬者的后代起到不同的影响。这就是风水，是地理与术数的结合，是对于生的美好愿望。而更基于儒家对子孙延续的重视，让埋葬也成为了一门学问。

《葬经》不是一本单讲埋葬的书，它是一本指导阴阳选址的风水著作。在风水学中，将活人居住的房屋叫做阳宅，将死人安葬的坟墓叫做阴宅，这是中国传统的视死如生的思想。《葬经》就是一本指导人们对阳宅和阴宅进行选址的工具书，它作为现在所能见到的最早的风水书，已经成为风水学的重要著作。

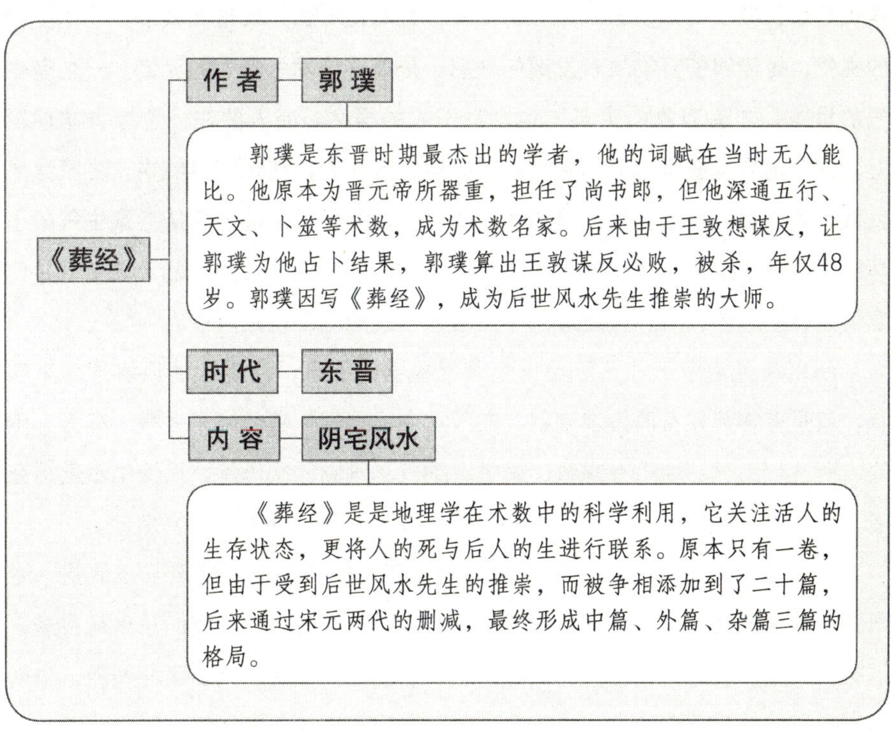

（1）环境命理

风水学是基于人们对生存状态的美好期望而产生的，如建造房屋讲究避风向阳，就是对生活品质的一种关注。正是基于这种关注和期望，古代人开始研究什么才是最好的建筑。这种研究是风水学的开端，也就是说对阳宅的研究，才是风水研究的基础。虽然《葬经》中用到了大量的“葬”字，但却是基于阳宅研究而发展的阴阳二宅风水，其中的绝大部分理论是阴阳宅通用的。作为阳宅的故宫跟作为阴宅的十三陵，都是按照《葬经》所阐述的风水理论修建的，而并不是按照《黄帝宅经》或《阳宅十书》修建的。可见《葬经》中记载的风水理论是中国古代传统建筑中是拥有相当大的权威的。

■ 什么是风水

《葬经》是最早给“风水”下定义的书，它说：“葬者，乘生气也。气乘风是散，界水则止。古人聚之使不散，行之使有止，故谓之风水。”这里说的生气，是能够使万物生长发育的气息，是能够焕发生命力的元素。一个有生气的地方，才有万物的生长，也才适于人的居住。而人要在一个地方居住得好，这个地方也要有足够的生气运转。但古人认为，在现实自然中，生气遇风就散，到水边就停止，而人建造居所的目的，就是要建造一个能汇聚生气的小环境，从而改造自然，让自己活得更为舒适。所以在建造中，能汇聚生气并使它们运转不息的建筑，才是好的、适合人居住的。这就是风水。

所以在风水中，“气”是一个非常重要的概念，用现代的风水理念来解释，就是万物都具备的微波辐射。在风水中，“气”被分成了生气、死气、阳气、阴气、土气、地气、乘气、聚气、纳气、气脉、气母等，无论生者还是死者，都要有气才是吉兆，而理气，也就是寻找生气，成为风水的宗旨。

气一旦流动，就形成了风，风也就象征着气的存在。但风一旦变强，生气就会变得散乱，所以避风也就成为建筑的第一要则。但和煦的东南风会送来温暖的气流，这是有利于人的气息，所以中国建筑也就讲究要坐北朝南，也就是窗户和门都要朝向南方，才能产生帮助和煦气流进入房屋的光线和微风。

有了让气流动的微风还不够，建筑内还应该有让气汇聚不散的事物，那就是水。用现代风水理念来解释，水具有最容易吸收微波的特质，“气遇水则界”的说法，就是说水收拢了宇宙气息的缘故。所以水在中国建筑中会以各种方式出现，或是蜿蜒怀抱的河流，或是藏风纳气的池塘，或是一个精致的鱼缸……它们都共同承担着将气收纳在建筑中的作用。

（2）选址点穴

■ 宅地风水

风水中将选择阳宅的地址叫做选址，将选择阴宅的地址叫做点穴，《葬经》对于阴阳宅的选址点穴及对其周围环境的处理的论述，完全凭借于客观存在的自然条件和社会条件。

风水中有“龙脉”的概念，这是在借龙的名称来代表山脉。龙是传说中善于变化的物种，它能大能小，能屈能伸，能隐能现，能飞能潜，而山势的走向、起伏、转折、变化也就如同龙一样变化多端。龙脉的好坏，关系到建筑地点是否适宜人的居住。而这好坏，就要从龙脉的形体和属性上去判断。

风水将中国的大山按四条大河划分为三大干龙。长江以南是南龙，长江黄河之间是中龙，黄河、鸭绿江之间是北龙。三大干龙都可以昆仑山为起点，从这起点到入海又按远近大小分为远祖、老祖、少祖，越老的就越靠近起点，越嫩的就越靠近海边。越嫩的山越有生气，所以寻地要到少祖山寻，而远祖、老祖山因为太老了，已经没有了生气。但龙的贵贱还要看龙祖山的远近，有祖的龙，就如有源的水，有根的木，源远才流长，根深才叶茂，所以山脉越是绵远悠长的，此地的福泽越绵长，否则就短促。

这是大的地址选择，而在平地中，由于地势不明显，所以选择用“高一寸为山，低一寸为水”的方式来观察微地形和水流，由此来帮助选址。

而对于更细致的选址，还需要一整套严密而科学的方法。如阳宅的选址需要注重一方面从地下吸收生气，另一方面从宅门召气，这就要根据五行中气的生克方向来选址，定房门朝向。最基本的原则就是要背山傍水，即以山为屏障避开可能的大风，而宅前的水帮助纳气。一般来说，最好的宅立于山脚偏上处，宅前有流水，周围是宽平的场地，视线开阔，周围有茂密的树木，有便利的道路，宅屋背北朝南，东西有如双手环抱向胸口的山。

科学的实践

中国风水的选址点穴不仅需要理论支撑，还需要实践的相地功夫。这就是要到现场去看山脉的走向，看穴地的环境，还要用嘴尝水和土的质地，并根据周围的复杂环境推算内在关系，预测此地的吉凶祸福。

相地过程中，会用到罗盘。罗盘的作用不是只用来指明方向，当用罗盘测量时发现指针正好对着子午线，才是好的，如发现有偏移或者指针抖动的现象，都不吉利。用现在的科学解释，就是该地附近可能存在有对人体产生不好作用的磁场，这就不适合人居住。相地的罗盘上还有很多的信息，少则三层，多则几十层，风水师根据其上的不同符号来判断吉凶。《葬经》说“土圭测其方位，玉尺度其遐迩”，这就是说用罗盘来测定方位，通过玉尺来测定远近的方法。

这种注重宅外的自然环境的方法，是为了帮助阴阳宅迎生接旺，而内部的结构质量、排水、阳光、通气设备等，是使宅内环境趋吉避凶的重要内容。

如阳宅需要宅与宅之间整齐，各自的大小、高低、进退不仅要适中，还要方正，大门与内门要错开，防止不利气体的长驱直入，宅内房间要与人口成正比，厕所、灶房必须位于下风口，天井、围墙要有一定规格，水井和池塘的位置既要方便又要不容易造成落水等等。这些对内气的帮助措施，正是现代建筑学中科学的布局观。

正是基于中国风水科学实践的作用，风水学渐渐地得到了许多科学的认证，也渐渐得到了国际上的认可，目前更作为中国建筑学思想的一种模式而得以展示。

占星大全——《开元占经》

《开元占经》是一本集天文学和占星术于一体的书籍，它将“究天人之际，通古今之变”的三才之道与占卜结合起来，成为一本非常有中国特色的古代天文学著作，从而也成为中国古代的占星学大全，更是中国最重要的一本天文学著作。

由于古代的天文学是皇家垄断的学问，所以《开元占经》也是专为皇家创作的，而且自问世以后，就被皇家垄断，严禁外传。皇家垄断的坏处是可能仅此一本，世间没有别的传本，很容易失传。《开元占经》也就这样几乎失传了，连皇宫里也没有了这本书。直到明万历四十四年，安徽歙县一个叫程明善的道士在为一尊古佛重装金身的时候，在佛像的腹中偶尔发现了《开元占经》的抄本，这才使得这本天文学巨著得以重见天日，得以流传。

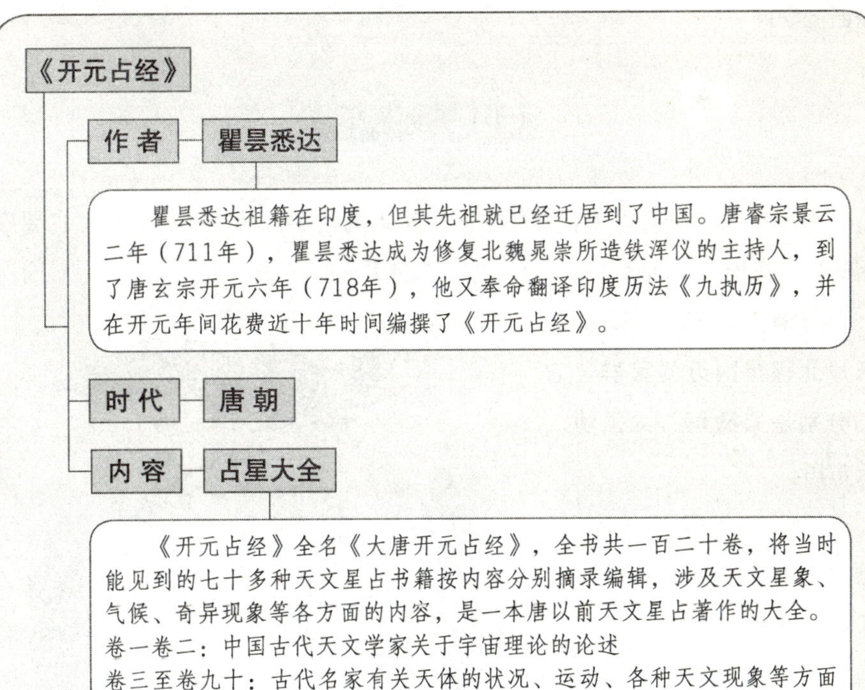

占星术作为东西方都有的预测学，有各自不同的占卜方式。西方是以五星月亮的行动为占卜方式，而中国是以星象的变化为占卜方式。西方的星占是为个人服务的，是民间的，而中国的星占则是为国家服务的，是官方的。

据记载，中国占星的内容大多是关于战争、水旱灾害与年成丰欠、王朝的盛衰治乱、帝王将相的安危、领土的得失、是否得天下、民是否安乐、是否亡国、是否可以举事、王者有否英明有道、天下改革以及为皇室服务的丧葬疾病、吉凶判断、生儿还是生女等问题的判断。由此可知中国星占是一门被皇室垄断的学问。

（1）天地占卜

为了有效地研究天象，古代中国人将天进行了划分，在星占学上主要应用的是“三垣二十八宿体系”和“十二次体系”。

所谓“三垣”，是指北天球北极星附近的星群，它们分别是紫微垣、太微垣、天市垣。

“二十八宿（xiù）”是沿着黄道至赤道带分布的星群，它们被分为东、南、西、北四方四群，并各有自己的象征神物。东方的神物是苍龙，分别有角、亢、氐、房、心、尾、箕七星宿；北方的神物为玄武，这是龟与蛇结合的象征，分别有斗、牛、女、虚、危、室、壁七星宿；西方的神物为白虎，分别有奎、娄、

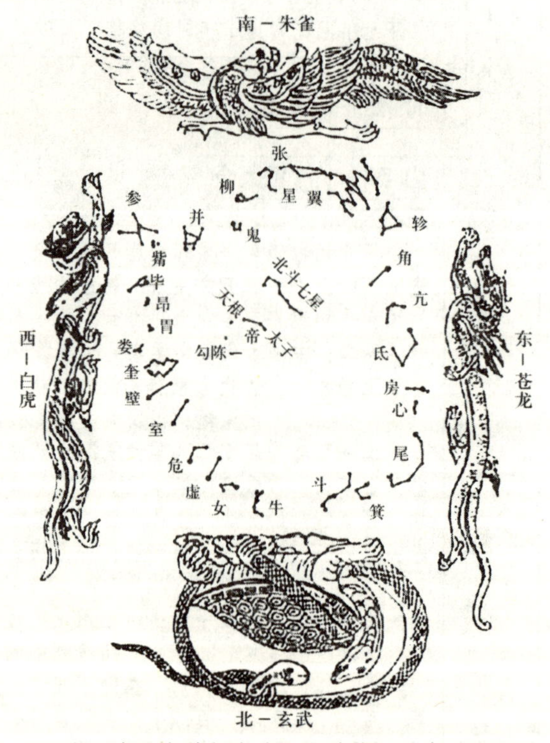

◇二十八宿及由其衍生的四大神物，是中国星占的重要研究内容

胃、昂、毕、觜、参七星宿；南方的神物为朱雀，分别有井、鬼、柳、星、张、翼、轸七星宿。

“十二次”则是古巴比伦十二宫在上古时期传入中国的产物，也就是现在我们知道的西方十二星座，有趣的是西方传教士进入中国之后，竟将中国的十二次名与十二星座的名称结合起来向中国人推广，可谓是歪打正着。

在对天进行了划分之后，为了对应天象，中国星占学又将地理进行了划分，以此来对应天体。如衮州对应角、亢、氐，豫州对应房、心，幽州对应尾、箕，江湖对应斗，扬州对应牛、女，青州对应虚、危，并州对应室、壁，徐州对应奎、娄、胃，冀州对应昂、毕，益州对应觜、参，雍州对应井、鬼，三河对应柳、星、张，荆州对应翼、轸。这是早期的天地区域对应，后来取消了江湖，将天下十二州，与十二次及二十八宿进行了固定的对应，并加入了星宿的度数，以求精准。

古人认为天上发生的事件必然反应在它对应的地理上，从而中国的占星术士可以从天象的变化来占卜人间的事态变幻。

（2）天文巨著

因为《开元占经》的国有属性，使它更具有特殊的权威性，今天我们再看它时，会发现与占星相比，它在天文学上的贡献其实更大：

保存了中国最古老的关于恒星位置的观测记录	书中共给出了一百二十一颗恒星的赤道坐标位置，虽然这些赤道坐标和现代所使用的赤道坐标形式不同，但本质上是一致的，它们共同构成了中国最古老的星表——石氏星表。
保存了世界最早的木星卫星肉眼观测记录	木星在古代称为岁星，书中纪录说：“单于之岁，岁星在子。与虚、危晨出夕入。其状甚大，有光，若有小赤星附于其侧，是谓同盟。”就是说在单于岁那年，木星到了这一天区，早、晚与虚、危两星宿共同升落，

	这时的木星又大又亮，它的旁边有一颗小的红色星相伴，这一现象就是“同盟”。书中记载这一星象发生在公元前364年，比伽利略用天文望远镜发现木星卫星早了近两千年。
保存了石氏、甘氏、王咸三家星官的本来面目	星官是中国古代对恒星命名的方式，一个星官就是一个恒星组合，如北斗有七颗星，牵牛有六颗星，天官有一颗星等等。中国古代的天文学家有许多流派，他们都有自己的星官体系。三国时期一位太史令将古代三个主要流派（石氏、甘氏、王咸）求同存异进行了整合，形成一个有二百八十三个星官共一千四百六十四颗星的完整体系，并为后世接受，成为中国传统的恒星命名体系，但这古代三家天文学派却不为人知了。本书却保存了这三家学派的星官原貌。
有很高科学水平的日蚀现象论述	书中记录了西汉天文学家刘向对日蚀的认识：“日蚀者，月往蔽之。”这是中国天文学史上第一次科学解释日蚀现象发生的原因。书中还记录了一位与刘向同时代的星占师京房对日蚀的观测方法，即用盆水中的影像来消除仰视刺目太阳的观测困难，从而大大提高了观测日蚀的能力和质量。此外，本书还记录了日全食时人们看到太阳外层的一些现象，如日珥和日冕。
记录了大量古代天文学家关于宇宙结构和运动的认识	后秦天文学家姜岌的《浑天论参难》，梁武帝在长春殿召集群臣讨论天文、星象的记载，以及祖恒对姜岌的批评等等除了本书有记载外，在其他书籍中都没有踪迹。而祖恒的《浑天论》、陆绩的《浑天象说》等虽然别的书也有记载，但都没有此书详细。
保存了《麟德历经》	《麟德历经》是初唐天文学家李淳风继承隋代刘焯《皇极历》的成就，在天文数据和一些数学计算方面有

	重大进步的著作，是中国历法史上的重要著作，对它的记载要数《开元占经》最为准确。
记录了印度的数码	书中提出了“0”的符号，是中印数学交流史的重要资料。
记载了《九执历》	《九执历》是印度的历法，其中九执指的是日、月、五星这七个天体加上罗睺、计都两颗隐星（由于罗睺、计都不是实际的星体，而是月亮轨道与太阳轨道交叉的两个交点，所以叫隐星）。虽然其中的基本天文数据不如中国的天文学，但却明确地分辨出中国古代历法中无法分辨的太阳运动的近地点和冬至点、远地点和夏至点的区别，解决了中国古代历法中日、月食计算中的局限，有比中国古代历法进步的推算月亮视直径大小变化的方法，并引进了三角学中的正弦函数算法和正弦函数表。这一中印科学的交流，只记录在《开元占经》上。
所记载的古代历法基本数据，可对《二十四史》中的有关记载进行补充	《二十四史》中都有对各朝代历法的记录，但由于种种原因，其中的一些记录不够翔实，而《开元占经》则较为详细的记录了各代历法的基本数据。如晋代北凉地方行用的《玄始历》是一部重要的历法，它首先改革了古代历法中19年里安排7个闰月的规律，创立了600年中安排221个闰月的新规律，促进了古代历法中朔望月和回归年时间长度数据的精确性。可是这个历法在古书中鲜有记载，只是在《开元占经》中找到的关于这个历法的一些基本天文数据，才使得我们对它有所了解。
保存了大量已经失传的古代文献资料	据统计，《开元占经》保存了已经失传的古代天文学和星占学著作约有77种之多，依托儒家经义宣扬符箓瑞应占验的纬书82种，还摘录了若干现在已经散佚的经学、史学、兵家著作。

第四节 樊篱之外——新论

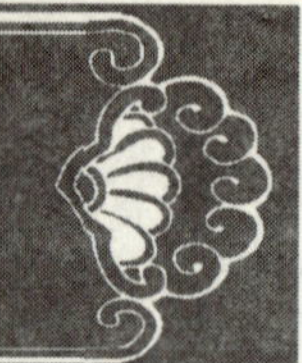

中国哲学的奠基时期是在春秋战国，之后中国哲学的发展总的来说是以研究和完善这些理论为目的的。所以后世的中国哲学中能够有创新精神的，实在是凤毛麟角。但凤毛麟角不等于没有，对原有哲学的批判，对西方哲学的继承，都显示着在传统之外的突破。这些突破，无疑是后世沉闷的文化体系中，一抹亮丽的色彩。

针砭时弊——《论衡》

《论衡》

作者　王充

王充从小就好学，长大后进太学拜了著名的儒学大家班彪为师。虽说王充祖上因军功封了侯，可到他那辈已经没落了。没钱买书，他就跑到街上去看书，竟凭他的博闻强记，成了通晓百家的大学问家。但他不喜仕途，回老家专心著书立说，穷到无所供养的地步，仍不放弃。

时代　东汉

自董仲舒提倡独尊儒术后，儒家思想在东汉便占据了支配地位，可惜的是，此时的儒家学说已经掺进了神秘主义的色彩，讲“天人感应”，变成了为统治阶层服务的工具，儒家变成了“儒术”，歪曲儒家学说的《白虎通义》甚至成了皇帝钦定的“国宪”。

《论衡》—内容—针砭时弊的唯物主义哲学奇书

《论衡》今存八十四篇，全书包含了东汉及东汉以前的哲学、历史、文学、民俗、文献、语言等内容，拥有极高的价值。

特别是在哲学上，王充认为当时那些歪曲儒家学说的“天人感应”论都是“虚妄”的言论，《论衡》便是给世人的一个评定言论价值的天平。孔子也不言怪力乱神，王充更相信天地自然，没有神灵鬼怪，他的唯物主义宇宙观成为他针砭时弊的利器。

（1）蔡邕传书

话说王充作《论衡》，针砭时弊却也得罪了权贵，加上书中有《刺孟》《问孔》两篇文章，便注定了《论衡》不被主流社会接受的命运。

据说王充在世时，《论衡》没有在中原地区流传，反而是一些江南的士大夫十分喜欢，相互传阅。直到著名的文学家蔡邕到了吴地才发现了《论衡》，蔡邕如获至宝，密藏而归，友人发现他自吴地回来后，谈吐不同凡响，学问突有大长，猜想他得到了奇书，果然在他房间隐蔽处发现了《论衡》一书，他抢了几卷就走，蔡邕只得叮嘱朋友：“只准我俩晓得这书，不准流传出去！”此后《论衡》辗转流传，影响了许多后世的思想家。

◇王充的《论衡》既得罪了权贵，也得罪了儒家学者，注定其不能被主流社会接受

（2）哲学家也玩科技

东汉时期科学不发达，“天人感应”论可谓市场广阔。

《论衡》收集了天文、数学、农学、生物、地理、医学、物理、化学等诸多学科，中国古代的不少重要发明要不是《论衡》，早已不为人知了。像司南，如果不是《论衡》，现代人都不晓得那是世界上最早的指南针；其中人工冶炼珠玉的记录，很可能就是最早的玻璃制造技术；当时的人还发现只要是有曲度的表面光滑有反光能力的物体，都可以对着太阳生火，取火并不是传说中那么神秘的事。

此外，《论衡》还对钱塘江大潮形成的原因、云雨形成的自然机制、声音的波动、雷电的成因、日出和日中时日轮大小的差异、天雨谷的现象，乃至昆虫生长条件和生活史进行了解释和考察，极有独创性，在科技史上占有一席之地。

反儒檄文——《焚书》

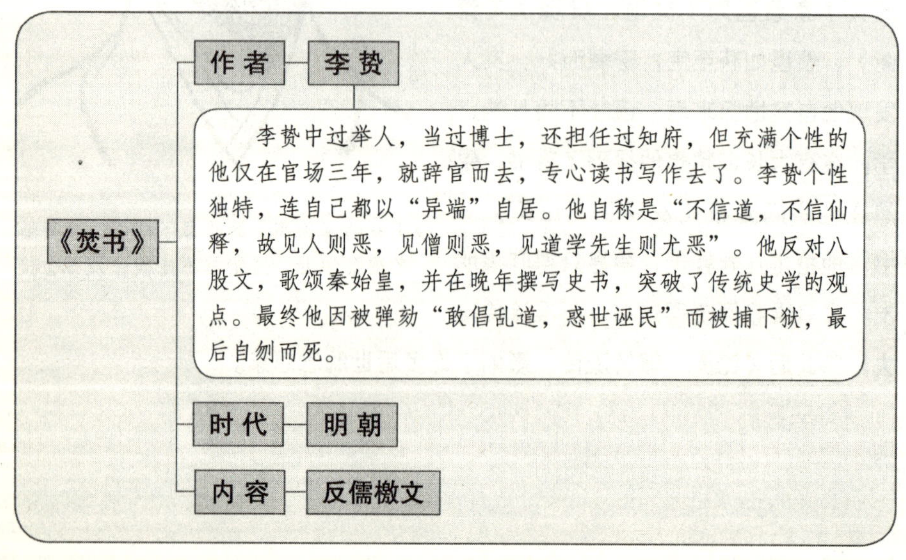

反儒檄文

《焚书》共6卷，为书信、杂述、史论、诗歌等。该书是将锋芒直指中国数千年一直占统治地位的儒家的战斗檄文。此书一经问世，即触怒了统治阶级，李贽被陷害致死，书也遭到了禁毁。

《焚书》的写作是在明知这本书会被禁毁的情况下撰写的。由于明晚期社会动荡不安，新生的资本主义在政治的腐败和摧残下艰难地萌芽，阶级矛盾日益尖锐。在这样的社会环境下，改革派和保守派发生了激烈的较量，被认为是"狂人"的李贽，就是当时抨击时局、揭露假道学的斗士。他的书被禁毁也成为必然。

李贽在64岁高龄时写《焚书》，他在书中极力抨击了那些满口仁义道德的卫道士、伪君子。他认为那些口是心非，言行不一的伪君子，不如市井、农民来得实在，而把道学作为敲门砖来谋取高官利禄的更是程朱理学和卫道士们的真面目。

由这些言必孔孟的假道学出发，李贽对孔孟之学也大表怀疑。他用戏谑嘲讽的笔调来贬低孔子，认为孔子不过也是一个凡人，没有必要唯他是尊。这无疑把孔子从至高无上的圣人地位拉下来，这在尊孔子为至圣先师的古代，就是一个大胆的举动。

作为对传统礼教的反叛，李贽对于被礼教压迫的女子，给予了很深的同情。他为这些女子鸣不平，鼓励自由婚姻，还大力褒扬《西厢记》。他更对压榨百姓的统治表示不满，从而推崇《水浒传》。

正是李贽这些站在百姓的角度着想的思想，使他拥有自己的拥护者，即使《焚书》遭到明清两代的禁毁，却一直在流行，甚至在"五四"时期发挥了它的启蒙作用。

民主启蒙——《明夷待访录》

《明夷待访录》

作者 黄宗羲

黄宗羲是浙江人，他的父亲黄尊素是当时有名的东林党人。黄宗羲从小聪慧，14岁就考中了秀才，他天文、地理、算术、音乐、历史、哲学无一不通，并撰写了相当数量的著作。1645年清兵南下时，黄宗羲毅然投入了抗清运动，还组织了一支有三千多人的“世忠营”，并联合了太湖一带的豪杰，抗拒清兵达半年之久。在山寨被破后，黄宗羲渡海到舟山，直到1664年才改名换姓回乡教学著书。

时代 清朝

内容 民主启蒙

《明夷待访录》是黄宗羲在54岁时写下的划时代的反帝制著作，有《原君》《原臣》《原法》《置相》《学校》《取士上》《取士下》《建都》《方镇》《田制一》《田制二》《田制三》《兵制一》《兵制二》《兵制三》《财计一》《财计二》《财计三》《胥吏》《奄宦上》《奄宦下》，共21篇。

“明夷”是《周易》中的一卦，是指有智慧的人处在患难的地位。这就是说黄宗羲作为一位对当时时代有着极强忧患意识的哲学家，发现在这个时代思想者所处的窘迫地位，他写下这部作品求的是未来的有识之士能够明白并采纳。

《明夷待访录》作为中国民主启蒙的先驱，影响了清朝末期的梁启超、康有为，革命党的孙文、陈天华，以及现代的国家领导人。而这部著作，比卢梭的《民约论》还要早100年。

文渊游龙——文学

文学，是一种以语言为材料或媒介的艺术。从先民口中吟唱的歌谣，到脱离了曲调的文字形式，中国文学从诗经，到楚辞，到汉赋，到唐诗，到宋词，到元曲，到明清小说，矗立起一座座独具魅力的高峰。

文学是人类脱离单纯娱乐后的精神追求方式之一。中国文学从最初的歌谣中脱胎而来，并在之后的发展演化中不断从歌曲中吸取养料，从原始自由的《诗经》开始，不断创新，而有了楚辞、汉赋、唐诗、宋词、元曲。散文记叙则在对现实和思想的记录及对未知世界的想象中不断的发展进步，小说由此应运而生，直到清朝日臻成熟而形成了一个巅峰。

上古至战国	文学在文字发明之前，就以口头的形式出现了。从西周开始，文学的影像开始变得清晰起来，当时产生的各种颂歌和民歌，被收录在了《诗经》中，成为先秦文学的重要代表。到了战国时期，虽然楚国地处偏远，却也受到了北方文学的影响，《楚辞》也是在学习赋诗基础上的地方文学代表。
秦汉	汉代文学的成就是散文和词赋。由于文士们积极参与政治，就促进了政论散文，文士们把文章写得极有感情。
魏晋南北朝	建安时期是中国文学发展的重要时期，由于曹氏父子热爱文学，招揽了大批的文士，并掀起了一个诗歌的高潮，为五言诗的发展奠定了坚实的基础。文学批评的风气也开始出现，文学从自发向自觉的方向发展。小说在这一时期开始发展，《搜神记》和《世说新语》都是这一时期的典范之作。
隋唐五代	这是古代文学的全面繁荣期，并出现了自战国以后就未出现过的百花齐放的局面。首先诗歌发展到了黄金时代；散文的古文运动胜利，创造出了传记、游记、寓言、杂说等新型短篇散文；小说也打破了六朝志怪小说的格局，出现了更有文采和更富有想象力的传奇作品。通俗讲唱文体开始在民间流行，词开始从民间进入文人的创作，这都为后代文学的发展开辟了道路。
宋元	印刷术极大的促进了文学的发展。宋词就在此时发展到了高峰，而元曲的崛起则使一批专业从事文学创作的文人得以出现。
明清	这是中国文学的总结继承期，最为突出的成就是小说。小说在此时期才真正的趋于成熟。四大名著的出现就是明证，无论是语言、结构、叙事方式以及立意角度，它们都优于先前的作品。

第一节 曼妙辞章——诗词文章

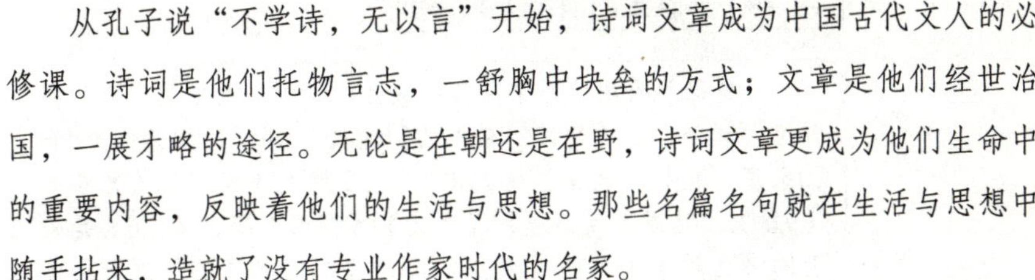

从孔子说“不学诗，无以言”开始，诗词文章成为中国古代文人的必修课。诗词是他们托物言志，一舒胸中块垒的方式；文章是他们经世治国，一展才略的途径。无论是在朝还是在野，诗词文章更成为他们生命中的重要内容，反映着他们的生活与思想。那些名篇名句就在生活与思想中随手拈来，造就了没有专业作家时代的名家。

浪漫楚歌——《楚辞》

楚辞是战国时代楚国的辞章，是屈原继《诗经》的国风之后，开创的一种新诗体。《诗经》开创了中国文学的现实主义先河，而《楚辞》则开创了中国文学的浪漫主义先河，后世的汉赋，就是在楚辞的基础上发展起来的。

◇屈原是中国最早的爱国诗人

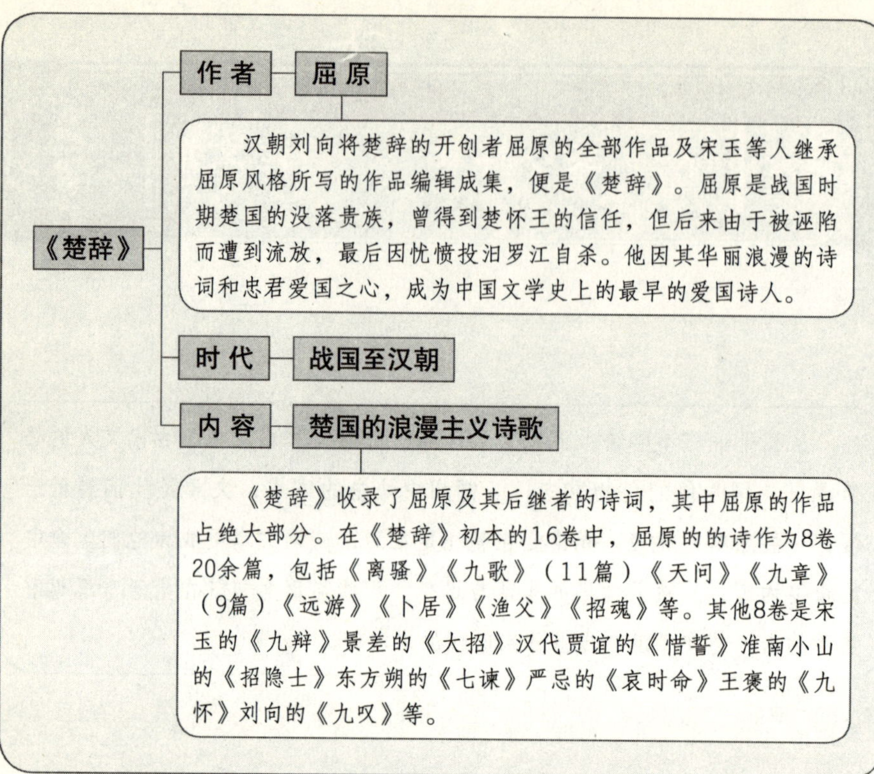

《楚辞》是继《诗经》之后，对中国文学具有深远影响的一部诗歌总集。这种由屈原创造的新文学式样，其实是按照楚地方言声韵的民歌发展起来的。所谓楚地，就是今天的湖南湖北地区，由于多水泽，楚地有一种天然的浪漫气息。

电影《夜宴》就在青翠的竹林间古朴而幽怨的唱出“山有木兮木有枝，心悦君兮君不知”的古曲，这首《越人歌》就是一首典型的楚辞。这首歌是鄂君子在越国游玩的时候听见为他划船的人所唱的歌，鄂君子听不懂越语，却喜欢那略带幽怨的唱腔，就请来人帮他把歌词翻译成楚国话：“今夕何夕兮？搴舟中流；今日何日兮？得与王子同舟。蒙羞被好兮，不訾诟耻。心几烦而不绝兮，知得王子。山有木兮木有枝，心悦君兮君不知。”这翻译的人可谓是个高手，将那人与鄂君子同舟的喜悦及她想取悦鄂君子却无法表达的细腻情感表达得淋漓尽致。

楚辞就是这样可以信手拈来咏人咏事，发千古感叹的曼妙诗句，它幽怨婉转的曲调更将浪漫的水乡之情发挥到了极致。

（1）楚音兮

楚辞中最鲜明的特点，就是句中常用到“兮”字。“兮”是楚国的方言，楚辞中的“兮”字没有实意，加在句中却极具韵味。

《诗经》中通常采用了四言诗的格局，而楚辞打破了四言诗的格局，在楚歌的基础上创造出一种句法参差灵活的新体裁，成为诗歌形式的第一次解放。正是楚辞本身具有的这种革命性，使它也最终成为屈原手中的利器。屈原用它来指天问地。汉赋虽然是由其发展而来，但其铺张词藻的方式，却最终使它走向了楚辞的反面。

楚辞还在诗经的基础上，发展了比兴手法。在诗经中那些用来烘托环境、表达心境的花草树木、鸟兽鱼虫、风雨雷电等，都在楚辞中被赋予了生命，它们活动了起来，有了人的意志。而花草冠佩成为品德的象征，屈原更用各种美好事物叠加的优美想象，来夸张地突出事物的特征。这是楚辞在借这些物说话，这种寄情于物的表达方式，极大地影响了后世诗歌。

《诗经》中的比兴不过是诗中的片断，而楚辞中，则成为了架构内容的一种方式。在《离骚》中，屈原就用了一个接一个的比兴来系统的表现自己。如屈原把自己比作女子，用男女关系来比喻君臣关系，用众女子妒美来比喻小人们妒忌贤能，用求媒的方式来求取能与楚王沟通的人，用婚约来比喻君臣之间的遇合，用驾驶车马来比喻治理国家，用规矩绳墨来比喻国家法度……这些比兴手法，让楚辞生动形象，丰富多彩。

◇九歌中的东君，为代表光明与胜利的太阳神

《离骚》《招魂》等篇更大胆的进行幻想和夸张，它们尽情的驰骋想象，将神话传说、历史人物和自然现象编织成一

个幻想的世界。如在《离骚》的神游中，屈原早上从苍梧出发，傍晚就可以达到县圃，他将望舒、飞廉、鸾皇、凤鸟、飘风、云霓当作自己的侍从仪仗，上天叩天门，下地寻佚女，极尽宏伟壮丽之能事。这些都成为后世文学的另一座高峰——唐诗的浪漫主义派系所吸纳，李白则是其中的集大成者。

（2）屈辞离歌

楚辞为屈原新创，《楚辞》中也以屈原作品为主，屈原的富丽歌词，成为了《楚辞》的灵魂。

《离骚》	这是《楚辞》中最重要的篇章，也是中国古典文学中最长的抒情诗。屈原写《离骚》时，已经度过了人生的大半。屈原为了实现自己的政治理想不断努力，却不断遭到排挤和打击，并遭到放逐。楚国也由一个颇有希望的国家，破败到濒临灭亡的地步。屈原在抱负无法得以施展，国家即将破灭的绝境中，将自己的期望与激愤哀痛化为诗句。但面对挫折，屈原也迷茫了，“路漫漫其修远兮，吾将上下而求索”。诗中屈原写到有人劝他明哲保身，但他在分析了古代中国兴亡的历史后，否定了这种消极逃避的道路。追求理想的愿望，让他幻想自己升腾到了天上去叩天帝的门，可守门人却闭门不理，他不得不去求侍女帮他，却又没有遇到。这哪里是天上，明明就是人间的象征，屈原感到要再度取得楚王的信任已经是不可能的了。屈原在诗中去找灵氛为他占卜，又找巫咸为他降神，给他指示出路。灵氛占卜的结果是劝他到别的地方施展抱负，而巫咸则劝他留在楚国等待时机，屈原在楚国看不到希望，怀着对国家爱恨交加的心情，决定出走。但当他升腾到空中即将远离的时候，他看到了楚国的山水，对国家的眷念，最终使他留了下来，并决定以死殉国。

《九章》	《九章》包括了九篇诗歌，同《离骚》一样讲述了屈原两次放逐中的经历、处境以及苦闷悲愤的心情，其情感有时比《离骚》更激烈。但《九章》中幻想夸张的手法较少，更喜欢采用直接倾泻和反复吟咏的方式来表达屈原奔放的激情，比《离骚》更具现实性。
《天问》	这是屈原对自然社会现象和事物所发的疑问，屈原在诗中表现出来的博大的思想和探索真理的精神，使它成为中国文学史上的一篇奇文。屈原在诗中提出的一百七十多个关于天地万物、古往今来的问题中，保存了大量的神话传说和古代史料。
《招魂》	这也是一篇奇文，是屈原被放逐江南时根据民间招魂词的写法创作的。招魂辞中最突出的莫过于每隔一句用一个“些”字做语尾，这些“些”字是楚国巫师所用咒语的习惯。而屈原正是用招魂的方式，来表现他虽处于因为对国家爱恨交加后决定离开而“魂魄放逸”的状态，但即使身处艰难的环境中，也坚定不离弃国家的意志。诗中更用大量的铺陈叙述来表现曾经奢华的游宴生活，成为后世汉赋的范本。
《九歌》	《九歌》原本是古代乐曲，传说是夏启从天上偷来的。《楚辞》中的《九歌》则是屈原在民间祭神乐曲的基础上，为朝廷举行大规模祭祀典礼所用的祭歌。《九歌》共有十一篇，除了最后一篇《礼魂》是送神的曲子，其它曲子各自祭祀一个神。在庄严富丽的诗句中，神与神、人与神之间充满了爱与情，神在这里也不再只是高高在上的符号，而有了更为贴近人的真实情感。其中的《国殇》是一首追悼为国牺牲的将士的挽歌，全诗通过生动的战斗描述，来刻画保卫国家的战士勇猛不屈、视死如归的气概。

“风骚”的来历

屈原的楚辞是脱离了民歌的一种创新，而《离骚》作为他的代表作品，使楚辞也有了一个新的名称：“骚体”。由于后世的人认为《楚辞》的骚体与《诗经》的“国风”代表了中国文学风格的两大开端，于是常把它们并称，便有了“风骚”一词。这个“风骚”不是指人的行为不端，而是指文人雅士的文学造诣。毛泽东的《沁园春·雪》中的“唐宗宋祖，稍逊风骚”，就是指文学，而非人品。

盛唐诗韵——《全唐诗》

唐朝时期中国诗歌发展到了最高峰，无论形式、风格还是语言，都有后世无法超越的高度。关于唐诗的著作很多，但后世对唐诗的学习，却不是以一个或几个人的诗集为对象的，集中整个唐诗高度的《全唐诗》就在清代应运而生，它对唐诗的全面收集，使它成为在唐、宋、元、明、清五个大统一朝代中，我们能看到的唯一一部断代诗歌总集。

《全唐诗》

编者　季振宜、胡震亨撰，曹寅等编

季振宜是清初著名的藏书家，他藏书之多，在江南名列第一。季振宜从康熙三年开始整理唐诗，经历十年，编辑出《唐诗》一书。但成书后的第二年，他就去世了，书稿当时并没有被印刷出版。

胡震亨是朝廷的兵部职方司员外郎，但他的毕生精力却是用来编撰唐诗总集《唐音统签》。这本书有一千零三十三卷，按时代的先后辑录了唐、五代时期的诗、词、歌谣、酒令、占辞等，但书同样没有得以出版。

现在的《全唐诗》是曹寅、彭定求等奉旨编辑而成的，仅用了短短的一年时间，其实就是将《唐诗》和《唐音统签》整合在一起。

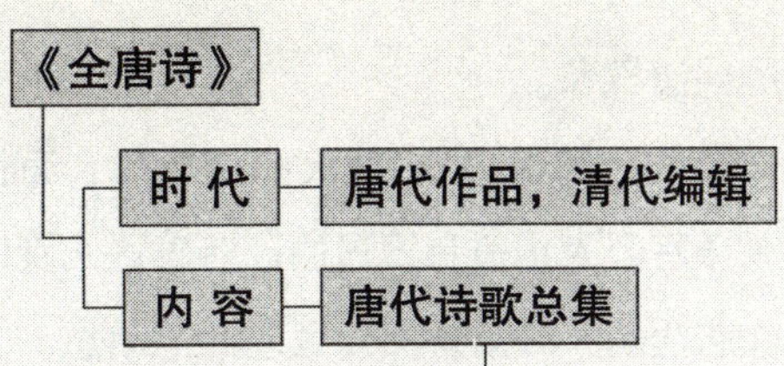

《全唐诗》包括了唐、五代三百五十余年间的诗、词、谣、谚，收录了唐代二千二百余人的四万八千九百余首诗。全书除了目录之外，有九百卷。

第一卷至第九卷：帝王后妃、皇室诸王及公主宫嫔的作品

第十卷至二十九卷：乐府诗（不包括新乐府诗）

第三十卷至七百八十七卷：历朝诗人的作品，基本按时代先后顺序排列。

最后一百一十三卷：按作品的特殊形式、内容、性质或作者身份分类，如联句、逸句、名媛、僧、道、仙、神、鬼、怪、梦、谐谑、谶证、谣、谚、酒令、补遗、词等。

（1）诗歌高峰

■ 前所未有的诗歌盛况

虽然《全唐诗》收录了四万八千九百余首唐朝诗歌，即使经过后来的增补，增加到了今天的五万四千余首，但这并不是唐诗的全部。事实上，由于唐朝国力的兴盛，使得有更多的人能从事诗歌的创作，将诗歌当做了日常生活中的一种消遣娱乐方式。所以在唐朝，上自帝王后妃、宰相将军，下至士卒小吏、平头百姓，甚至渔夫樵子、村妇小儿、僧道乞丐、宫女娼妓，大多会作诗吟词。孟郊就曾在《教坊歌儿》中感叹说："十岁小小儿，能歌得朝天。六十孤老人，能诗独临川。"刘禹锡也在《竹枝词九首并序》中讲述了他在奉节任刺史时在巫山看到的情形："里中儿联歌《竹枝》，吹短笛击鼓以赴节……含思宛转，有《淇澳》之艳音。"白居易在被贬到九江的时候，也在给元稹的书信中写道："自长安抵江西，三四千里，凡乡校、佛寺、逆旅行舟之中，往往有题仆诗者，士庶、僧徒、孀妇、处女之口每往有咏仆诗者。"到了白居易死后，唐宣宗写诗赞扬他也说："童子解吟《长恨曲》，胡儿能唱《琵琶曲》。"而类似于"旗亭画壁"、歌妓唱诗、宫女以红叶题诗、军衣藏诗等故

事在唐朝更是极为寻常的事情。

《全唐诗》所展现的，正是这样的盛唐气象。

唐诗的题材十分广泛，有从侧面来反映当时社会的状况和矛盾的，有抒发爱国思想的，有描绘河山秀丽的，有抒写个人抱负和遭遇的，有表达儿女爱慕情怀的，有诉说友情的，有感叹人生悲欢的……从自然现象、政治动态、劳动生活、社会风气直到个人感受，都逃不过诗人的笔墨。所以现实主义诗歌和浪漫主义诗歌在这个时期都同时创作出一系列伟大的作品。

■ 将唐诗推向高峰的技术性革命

唐诗不仅取材广泛，在形式上也生出更多的变化来。在唐朝以前的诗歌，被称为“古体诗”，这种诗主要为五言和七言，在句式和韵律上没有太严格的规定，但从唐开始，出现了“近体诗”——绝句、律诗，对诗歌的形式开始有了比较严格的规定。比如一首诗的句数有限定，绝句就是指只有四句的诗歌，律诗就是指一首有八句的诗歌，并且每句诗用字的平仄声有一定的规律，韵脚也不能转换，律诗还要求其中的中间四句要对仗工整。

就拿王之涣的《登黄鹤楼》来做例子：

白日依山尽，黄河入海流。
欲穷千里目，更上一层楼。

这就是一首典型的五言绝句。首先，它有四句二十个字；其次，它每两句都有相同的韵脚，“流”和“楼”在用韵上都属于一个韵；再有呢，它每两句都必须平仄对仗，这样读起来才能抑扬顿挫，和谐动听。

这首诗前两句的平仄是“平仄平平仄，平平仄仄平”，后两句是“仄平平仄仄，仄仄仄平平”。所谓的平仄是指字的音调，当代中国汉字除去轻声外，有四种音调，第一声被叫做“阴平”，第二声被叫做“阳平”，第三声被叫做“上声”，第四声叫做“去声”，第一、二声就是平声，第三、四声就是仄声。在古代还有一种声调叫“入声”，这种声调也属于仄声，但现在除了少数地方方言保留了这种声调外，已经不在标准语音里了。将每句诗用字的声调用这样的方式一一相对，就可以让诗歌即使脱离了乐曲，也能读起来扬挫有致，有音律感。

再来看柳宗元的《别舍弟宗一》：

零落残魂倍黯然，双垂别泪越江边。
一身去国六千里，万死投荒十二年。
桂岭瘴来云似墨，洞庭春尽水如天。
欲知此后相思梦，长在荆门郢树烟。

这就是典型的七言律诗，全诗八句，五十六个字，“边”“年”“天”“烟”都是同一韵，平仄也合乎规范。另外作为颔联的“一身去国六千里，万死投荒十二年”中，“一身”与“万死”相对，“去国”与“投荒”相对，“六千里”与“十二年”相对，对仗十分工整。作为颈联的“桂岭瘴来云似墨，洞庭春尽水如天”也同样如此。

有如此严格的格律，近体诗又被称为“格律诗”了。唐代近体诗的创造和成熟，是最终将唐诗推向高潮的重要原因，它把中国古曲诗歌音节和谐、文字精炼的艺术特色，推到了一个前所未有的高度，不仅为古代抒情诗找到了一个最典型的形式，还因为它所创造的优美韵律，深受百姓的喜爱，成为继《诗经》的“国风”以来，最深入民心的诗歌艺术。

（2）唐诗胜景

■ 唐诗的发展

唐诗的盛况并非一蹴而就的。初唐时期的诗歌还是沿着南朝诗歌的惯性在发展，柔弱而没有生气，直到被誉为“初唐四杰”的王勃、杨炯、卢照邻、骆宾王的出现，才开始转变了这样的风气。这四个人才华横溢，年轻激越，他们将自己的不平和壮烈的情怀投注在了诗歌上，从而拓宽了诗歌的题材，如同

一阵清风，吹进了唐初的诗坛。继他们之后的陈子昂则从理论上批判了只懂得玩弄华丽词藻却内容空虚的诗风，认为那是抛弃了《诗经》注重思想性的传统，而他在诗歌上的实践，影响了后来诗歌的内容。他在《登幽州台歌》中"前不见古人，后不见来者；念天地之悠悠，独怆然而涕下"的诗句，在苍凉辽阔的意境中哀而不伤，成为怀古诗的绝唱。而唐初的沈佺期、宋之问，则总结了诗人们探索诗歌格律的成果，并通过他们的诗，最终为"近体诗"定型。由此经过初唐时期在内容和形式上的准备，唐诗与唐朝国力共同上升到高潮的时机已经来临。

公元八世纪初，唐朝出现了"开元盛世"，经济文化都发展到了鼎盛，唐诗也在这个时候发生了井喷，涌现了大批的优秀诗人。

田园山水诗是这个时候占有相当大比例的一个类型，其中最有名的诗人当数王维。这个深受佛教思想影响的尚书右丞，极为喜爱自然，田园山水在他的诗中恬静闲适。《渭川田家》中的田园是"斜光照墟落，穷巷牛羊归。野老念牧童，倚杖候荆扉。雉雊麦苗秀，蚕眠桑叶稀。田夫荷锄至，相见语依依。即此羡闲逸，怅然吟《式微》。"这样的娴静自如，直可让人忘却官场，是田园诗的代表之作。此外的孟浩然、储光羲也是田园诗的代表人物。

此时由于唐代的对外战争有许多文人参与，这让边塞诗也得到了发展。它们或描写边塞苍凉的风景，或赞颂将士们的英勇，或诅咒战争带来的灾难。岑参的《走马川行奉送出师西征》就代表了边塞诗的成就："君不见：走马川行雪海边，平沙莽莽黄入天。轮台九月风夜吼，一川碎石大如斗，随风满地石乱走。匈奴草黄马正肥，金山西见烟尘飞。汉家大将西出师，将军金甲夜不脱，夜半行军戈相拨，风头如刀面如割。马毛带雪汗气蒸，五花连钱旋作冰。幕中草檄砚水凝，虏骑闻之应胆慑。料知短兵不敢接，车师西门伫献捷！"这是艰苦行军的军队，却也是吃苦耐劳的军队，这样的军队定然是令敌人闻风丧胆的，留守的人只须在车师的西门等待胜利凯旋的捷报就好了！这样的乐观豪迈，正是整个盛唐时期时代精神的体现。

唐代中后期，虽然鼎盛繁华已过，但诗歌的创作仍未衰竭，韩愈、柳宗元、张籍、李贺、白居易、元稹、刘禹锡、杜牧、李商隐、温庭筠、杜荀鹤等一批风格不一的杰出诗人的作品，从不同角度反映了唐帝国衰落过程中的危机和民间苦难，也同样达到了很高的艺术成就。

■ 诗中仙圣

◇李白是中国诗歌史上不能逾越的高峰

诗仙、诗圣也是在唐朝的盛世气象中脱颖而出的。

李白虽然官场失意，却成就了他天纵的诗才。他的诗歌多数是对社会不平的揭露和抨击，如《古风五十九首》中他写道："大车扬飞尘，亭午暗阡陌。中贵多黄金，连云开甲宅。路逢斗鸡者，冠盖何辉赫。鼻息干虹蜺（ní），行人皆怵惕。世无洗耳翁，谁知尧与跖。"那些皇帝身边得到宠信的奸佞小人在街市上招摇过市，而世上再没有像许由这样厌弃名利的洗耳翁了，谁还能分辨得出好人还是坏人呢？李白在盛唐的歌舞中，已经敏锐地察觉到了唐王朝即将经历的下坡路。正是由于他站在与众不同的高度来看这个时代，也使得他的诗有一种与众不同的大气磅礴。如他在描绘风景的时候，并不注重一草一木的细致刻画，却喜欢恣意描绘宏观自然的神韵，如同大写意般将山水壮阔一揽笔下，供他驱使，制造出一个与造化同在的神话般的世界。所以《蜀道难》才成为了惊世典范，李白的奇思异想、豪壮奔放才成为了无法逾越的诗歌高度。

与代表浪漫主义的诗仙李白不同，年纪小于李白的杜甫身处唐朝国力渐衰的时期，国家的危难使他形成了老成稳健的现实主义风格。他一方面叙述他作为一个诚实的知识分子一生的际遇，同时也纪录了唐帝国由盛而衰的变迁，从而有了"诗史"之名。安史之乱是杜甫一生中最痛苦的经历，这就成为他诗歌的重要内容，他在此间不但记录自己的感慨，更着眼于百姓的苦难。756年，宰相房琯率数万军队在陈淘同安史叛军激战，由于指挥失当，几乎全军覆没，杜甫为此写了《悲陈淘》一诗："孟冬十郡良家子，血作陈陶泽中水。野旷天清无战声，四万义军同日死。群胡归来血洗箭，仍唱胡歌饮都市。都人回面向北啼，日夜更望官军至。"数万男儿就这样死在了沙场，百姓的悲愤在这

里呼号。同样描绘安史之乱给百姓带来深重苦难的“三吏”、“三别”，更将给百姓带来灾难的罪责指向了以唐玄宗为首的王朝统治集团，正是他们将自己的奢靡淫乐建筑在百姓的痛苦之上。杜甫不仅忧国忧民，还治学严谨，他无论古体诗还是近体诗都几乎进入了化境，他的律诗更成为典范而被后世学习。杜甫以一个圣人的态度来对待生活中的一切，最终赢得了“诗圣”的尊号。

唐诗中的酒文化

唐朝的酿酒技术已经较为先进了，酒类品种的繁多和酒质的提升，使酒为更多人接受。帝王将相、贩夫走卒、文人学士、农夫渔子，甚至妇人和尚道士，都有饮酒的习惯，饮酒之风十分浓烈，甚至很多皇帝也曾亲自参与过酒的酿造。

什么样的酒配什么样的杯子，什么时候喝，怎样喝等，成为文人雅士们研究的对象。以酒助诗，以酒邀诗，成为诗人们喜欢的作诗形式，甚至成为不少人创作的基本条件。王绩是“夜夜遣人沽”，李白是“日日醉如泥”，杜甫是“得醉即为家”，白居易是“但遇诗与酒，便忘寝与食”。酒更能激发他们的诗情，于是李白“斗酒诗百篇”，杜甫“醉里从为客，诗成觉有神”，寒山“此时吸两瓯，吟诗五百首”，白居易“酒狂又引诗魔发”。李白的《将进酒》、杜甫的《饮中八仙歌》、王翰的《凉州词》、李贺的《致酒行》等更成为了饮酒名篇而传世。

《全唐诗》中直接与酒相关的诗就约有一万两千余首，约占《全唐诗》的22%。酒对唐诗的兴盛可谓是功不可没。

宋词精选——《宋词三百首》

宋词是继唐诗之后的又一大文学创举，更为自由的形式使宋词脱离了诗歌刻板的框架，而使文人有了更广阔的驾驭空间。所以当诗成为政治思想的载

体时，词就以更能合曲的优雅成为文人娱乐思维的全新放纵方式。虽然宋词成为与唐诗并擎的文学高峰，但却一直缺乏对宋词全面精当的整理。直到《宋词三百首》的出现，才为宋词呈现上了一个全面的姿态。

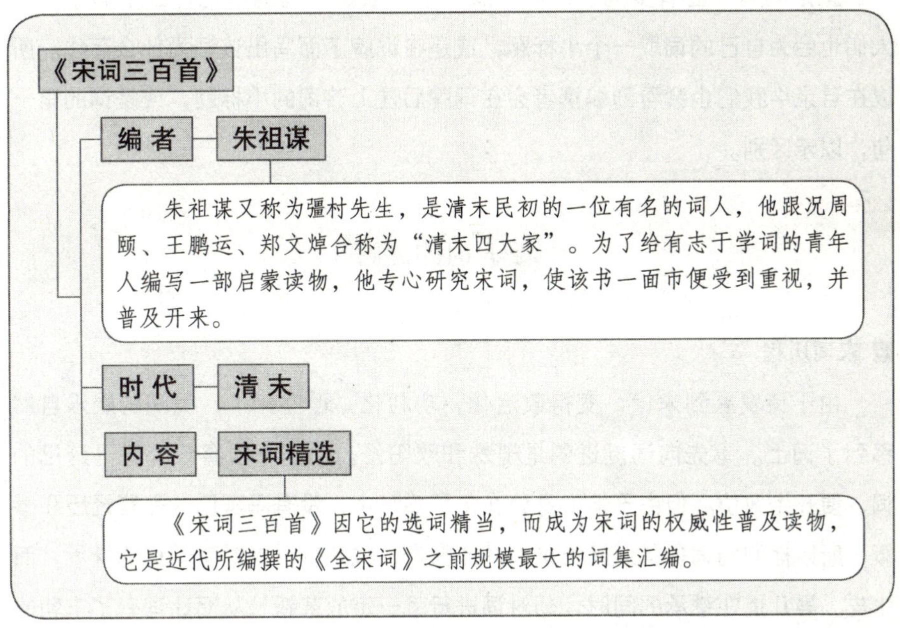

（1）诗后新词

诗歌发展到了唐代末期，无论在形式和内容上，都已经非常成熟了。但由于唐代发明的近体诗，为诗歌规范了固定的格律，虽然将诗歌臻于完美，却同时限制了诗歌的自由。当某一种文学形式一旦僵化之后，必然需要一种新的文学方式来补充，这就为宋词的诞生创造了条件。

■ 词牌

翻开《宋词三百首》，我们会发现很多重名的词。这不是宋人不会命名，宋词本来就脱胎于歌曲，而古代并非一首歌就有一首词，通常一个曲调如果很受欢迎，就自然会有不同的词填进去供大家唱，这也就有了一曲多词的现象。而这些曲子的名字，移植到作为文字的词上，就成了词牌。

其实针对词，真正的词牌含义应该是对词的格式的一种规范。清代万树专门写了一本《词规》，就收录了词牌一千一百八十多个，但实际上词牌比这个数字要多得多。比较常见的也有几十种。

正是因为一曲有多词，所以词牌只能代表这首词的规范，到了后来，词人们也会为自己的词取一个小标题，或是在词牌下面写出该词为什么而作。所以在目录中我们也会看到编撰者会在词牌后注上该词的小标题，或是词的第一句，以示区别。

（2）词的高峰

■ 宋词历程

由于诗发展到宋代，变得政治化，功利化，理性化了，民间的娱乐自然移到了词上。率先向词挺进的是晏殊和欧阳修，他们都很喜欢南唐冯延巳的词，便开始效仿。但由于他们身处在太平盛世中，没有冯延巳的那些经历和感慨，所以他们的词多是温润秀洁的，或富贵，或婉转，是对花间词的继承。而张先、晏几道在继承的同时，却对词进行了一定的革新，从而让词有了宋朝的特色。

温润而比诗更灵活的词，正适合生活开始富足起来的初宋。继唐朝的全面诗歌的惯性，词也风靡普及开来，尤其是市井酒肆之间，都是词作泛滥的地方。而宋代艳妓之多，作词水平之高，在其它朝代十分罕有，她们与宋词的文人们一起构造出了新的文化氛围。

词在这样的环境下诞生，也就自然多了艳丽浮华之气。所以当时很多人都看不起填词，认为那是一件低俗的事，甚至不愿承认自己写过词。因写“且把浮名换了浅斟低唱”而得罪了皇帝，一生流连在歌坊青楼为艳妓们写词的柳永，成为了让词崛起的重要人物。

柳永的词虽然艳丽，却是众多词人中最接近下层社会的。柳永的词不仅吟唱男女恋情，还反映了都市的生活。他不仅拓宽了词的题材范围，更吸取了民歌中的养分，将民间曲调入词，扩大了词的体制，为词的发展奠定了一个坚实的基础。

苏轼的出现，却是一场词的革命。虽然苏轼只是将词当作诗的子嗣看待，并没有认为它会有多大的发展，但他“孤馆灯青”的《沁园春》、“老夫聊发少年狂”的《江城子》、“明月几时有”的《水调歌头》以及“大江东去”的《念奴娇》，都给词坛带来了异彩。词到了苏轼的手中，可以说是“无意不可入，无事不可言”，豪放直率而不拘一格，使词成为一种独立的抒情工具，而非单纯的应歌之作。词从此光芒大盛，应和的人也多起来，秦观、赵令畤、贺铸、周邦彦等人也推动了宋词的发展。

◇苏东坡对词的革新带来了宋词的繁荣

在宋朝被迫南迁之后，词的发展也发生了转变，李清照便是最能体现这种变迁的词人。这位极具才情的女子，南迁前词风明丽清新，南迁后却变为低徊惆怅。虽然词的内容、情调、色彩、音律都发生了变化，但词的本色未变，这就为南渡的词人如何以旧瓶装新酒，树立了一个榜样。陆游、辛弃疾、陈亮、刘过、刘克庄、刘辰翁以及姜夔、史达祖、吴文英、张炎等人在此基础上，共同推进了词的发展，加速了词的蜕变。

■ 婉约与豪放

宋词的词风在总体上分为婉约和豪放两种，《宋词三百首》在选词的时候，注意到了在词风上的包容并蓄。

婉约是婉转含蓄之意。由于词本来是和乐而歌，用来助兴的，所以很多人都将内容局限在离愁别绪、闺怨情愁上，所以宋词多继承了南唐后主李煜的香软词风，晏殊、欧阳修、柳永、秦观、周邦彦、李清照等虽然在内容上有所开拓，用笔也更为精妙，但都在内容上侧重儿女风情，结构深细缜密，音律婉转和谐，语言上也圆润清丽有一种柔婉之美，这些也正是婉约派的特点。

如秦观的《鹊桥仙》就把爱情描绘到了极致：“纤云弄巧，飞星传恨，银

汉迢迢暗度。金风玉露一相逢，便胜却人间无数。柔情似水，佳期如梦，忍顾鹊桥归路！两情若是长久时，又岂在朝朝暮暮。”这里的词句，几乎成了爱情语言的经典。李清照的《一剪梅》却又把离愁别绪描绘得淋漓尽致：“红藕香残玉簟秋，轻解罗裳，独上兰舟。云中谁寄锦书来？雁字回时，月满西楼。花自飘零水自流，一种相思，两处闲愁。此情无计可消除，才下眉头，却上心头。”

豪放派则截然相反，有人曾说：“柳郎中词，只合十七八女孩儿执红牙拍板，唱杨柳岸晓风残月。学士词，须关西大汉，执铁板，唱大江东去。”虽然这是一句玩笑话，却道尽了婉约派与豪放派的差别。而在婉约派被视为正宗的宋朝，豪放派自然沦为异军。但苏轼、辛弃疾等人的豪迈之作，却使得宋词打破了音律的窠臼，在时局动荡的宋朝，震撼了整个朝代，乃至后世。

如苏轼在《念奴娇》中就吟出“大江东去，浪淘尽，千古风流人物”的怀古绝唱，而辛弃疾则在《破阵子》中挥笔写下“醉里挑灯看剑，梦回吹角连营。八百里分麾下炙，五十弦翻塞外声，沙场秋点兵”的豪迈军旅之情，突破了花间月下，男欢女爱。豪放派用宏大的境界、恢弘的气势、不拘的格律，汪洋恣意，率直而行，酣畅淋漓，激荡出一个时代的高峰。

古文精选——《古文观止》

“文”在古代通常指的是散文。所谓散文，是针对诗歌等来说的，包括了除诗歌在外的几乎所有的文章类型。在古代，“文以载道”是讲文章是用来承载道理的，所以一切诗词歌赋都是业余的娱乐，而能写一手好文章才是一个文人的根本大事。学习如何写好文章，便是历来的文人要学习的内容。《古文观止》就是这样的一本启蒙书，它精选了古代各种最优秀的文章类型，成为最为著名的古文选本。

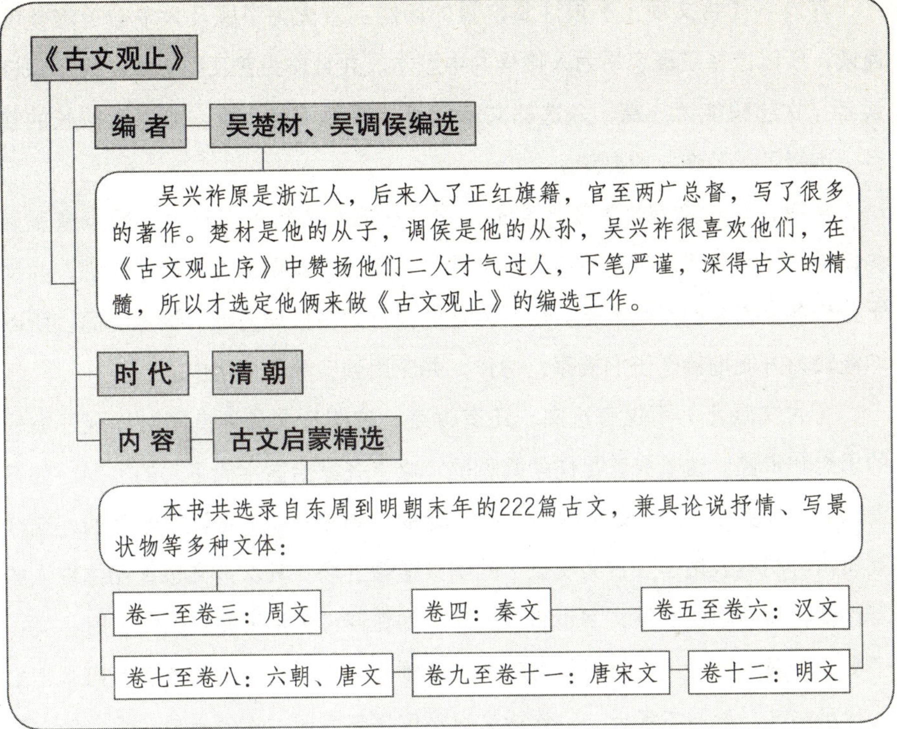

（1）精心之作

《古文观止》这部精选仅选用了两百多篇文章，就称“观止”了，因为《左传》中曾说吴国的公子季札在鲁国观赏周乐，看到韶舞的时候，觉得美得不行，便说“观止矣”。“观止”就是说这本书在编选上已经达到了尽善尽美，无以超越了，学古文看这么多就可以了。《古文观止》中选的古文，人部分都具有较强的思想性和艺术性，而且也是千百年来一直脍炙人口的。正是因为《古文观止》的选择简洁而精当，批注详细却又不繁琐，所以才从众多的选本中脱颖而出，成为流传最广的中国古文选文。

《古文观止》的编选非常讲究，它首先选取的是经受了时间检验的名篇，这些名篇通常都经历了宋、元、明、清几百年的众多知识分子、读者、编选者以及书坊的出版者的共同筛选认可，不是以个人的喜好来选定，所以具有很强的社会认同基础。

其次，《古文观止》很注重容量的问题。首先为了顾及大多数读者能够通读，所以选择了最容易为人接受的中型本。并且作为普及型选本，为了保证读者一次起码能读一篇，入选的文章每篇分量都不能太重，所以有些长的篇目，选择了“节选”的办法。

再有，《古文观止》在选文上注意了样式和内容的多样性，很少有派别的偏见，按照时代来推荐重点作家作品，也使古文发展的源流得以体现，并利于分析各位作家的不同风格。由于入选的篇目大多条理清晰、词藻华丽，所以均能较为方便地供学子们揣摩、仿作，并应用到实际的使用中。

《古文观止》不仅有选文，还有评点，这些选文和评点同时体现了编辑的思想和审美。这首先就是儒学强调的“修身齐家治国平天下”的准则，如开篇的《郑伯克段于鄢》是讲孝的，第二篇的《周郑交质》是讲信与礼的，这样就旗帜鲜明地表达了《古文观止》的儒家道德立场。其次选文也重在体现人的真性情，而所附的点评文字也感人至深。如在评《史记·屈原列传》时，说："史公作屈原传，其文便似《离骚》，婉雅凄怆……史公与屈子实有同心，宜其忧思唱叹，低回不置云。”这段文字不仅将与传记主人公心灵共鸣之处一笔点透，也道出了作品感人的魅力所在。这样的点评文字不仅有助于阅读理解，它的文字本身的清丽优美、流畅婉转也给人以美的享受。《古文观止》的选文通常都婉转奇妙、意韵深厚，如韩愈的《祭鳄鱼文》、苏轼的《方山子传》、刘基的《卖柑者言》，都是出奇的文字，在为王安石的《读孟尝君传》点评的时候，就说该文是“文不满百字，而抑扬吞吐，曲尽其妙”。

但是他在选文的时候，不选先秦的诸子文，也不选《汉书》，辽、金、元时期的文章也不选，未免是一种遗憾。20世纪20年代初，又有《续古文观止》面市，这本仅有170多篇文章的选本，扩大了《古文观止》原不重视的论、说、序、跋、记、赞和墓志、碑祭文等文体，还为入选文章的作者增加了生平介绍，并大胆的加入了在世作家的作品。它的编者王文濡认为，凡读《古文观止》的人，要进一步再读《续古文观止》才能算是看到了中国古文的全貌。

（2）佳文面貌

■ 散骈文

《古文观止》选取的文章包括了古代散文、骈文。这是中国古代主要的文章类型。

古代散文有很多种文体。魏文帝曹丕在他的《典论·论文》中把文章分为包括奏议、书论、铭诔、诗赋的四科八体。这之后，文体的分类更为繁多，到了中唐以后，骈文跟散文分道，又增加了文体。到了宋代，应用类型的散文文体已达到几十种，明代的《文体明辨》中记载的正统文体就近八十种。古代人写文章很重视文体的规范，不同的文体通常在标题上就能看出。如“记”，就是类似于今天的记叙文，它要求文章要记叙何时、何地、何人、何事、经过、作记的缘由等，而它的标题通常也写明为“记”。如元结的《右溪记》、欧阳修的《醉翁亭记》、曾巩的《墨池记》等等。

骈文是专指常用四字、六字句子的文章，所以又叫“四六文”，它以双句为主，需要对应的句子对仗工整，声律铿锵。这与不讲究句式统一的散文形成鲜明的对比。骈文主要兴盛于六朝以前，但中唐以后，因为骈文的实用性较差，而逐渐走向衰落。

《古文观止》骈散兼收，也就较为全面的展现了古代文章的整体面貌。

第二节 曲中戏韵——元曲

中国戏曲和印度梵剧、希腊悲喜剧一起并称为三大古老的戏剧，中国戏曲已有800多年历史，拥有剧种300多个，其中的剧目更是难以数计。戏曲发展到了元代，不仅在艺术上，更在文学上有所突破，成就了与唐诗宋词并举的元曲。

■取代唐诗宋词的元曲

元曲原本是“蕃曲”、“胡乐”，首先在民间流传，被称为“街市小令小调”。随着蒙古灭宋入主中原，这些小令小调也就从大都（今天的北京）和临安（今天的杭州）流传开来。它继承了诗词的清丽婉转，又将民歌和方言俗语揉为一体，使风格变得诙谐、洒脱、率真，这就为词体的创新和发展带来了极为重要的影响。由于元代将读书人置于“九儒”的社会底层，无法施展抱负的读书人，便将义愤与反抗投注在戏曲上。而元曲中那些锋芒夺目的对社会的批判，使得元曲拥有了比历代诗词都来得泼辣、大胆的风格，即使描写爱情，也多了开放的气息。

但跟唐诗宋词不同的是，元曲并非是在闲暇时间用来写作消遣的。因为读书人地位的降低，一部分读书人迫于生计担任了元代戏曲的编剧工作，文学创作第一次有了职业性。

元曲虽然也是有严密的格律，对每一曲牌的句式、字数、平仄等都有固定的格式要求，但和唐诗宋词的格律不同的是，它还允许在固定的格律中加衬字，部分曲牌还可以增句子，所以元曲比起唐诗宋词有更多的灵活性。

■ 元曲的组成

中国古代的曲调是以琵琶的四弦定声的，分为宫、商、角、羽四声，每根弦上有七调，宫声的七调就叫“宫”，加上其他的调，共有二十八宫调。每种宫调都有自己的音律风格，所以写曲的时候，作者会根据调子的不同风格来配合不同情感的唱词。

元曲在宫调下又有许多不同的曲牌，如正宫宫调，下面就有曲牌《鹦鹉曲》《甘草子》《醉太平》《塞鸿秋》《端正好》《滚绣球》等，将一个宫调下不同的曲牌填好的曲连缀在一起，就有了一套曲了。而一个宫调的一套曲，就算一折，相当于今天戏剧中的一幕的意思。所谓的折子戏，也就是说这部戏曲有多折，而一部戏剧通常有四折。

在一部戏剧中，通常还有楔子。这是在剧前加入的一两支曲子，用来引出正文的，或是在折与折之间，用来衔接剧情的。在剧本中，为了指导演出，并增加戏剧的表现力，还会在曲与曲中间加上“科”和“白”。科，是舞台上表演的动作；白，是表演时说的口语和对话。角色也会注上“末”“旦”“净”“丑”“杂”，末指男角，旦指女角，净指“花面”，丑指丑角，杂是指除上述角色之外剧本中需要出现的任何人物，如行人、随从、杂役等。

悲剧之最——《窦娥冤》

常听人说“我比窦娥还冤”，如果不是“感天地、泣鬼神”的冤假错案，怎么会六月飞雪、血飞白练、三年大旱？《窦娥冤》是元杂剧中最著名的悲剧，并成为中国十大悲剧之一。

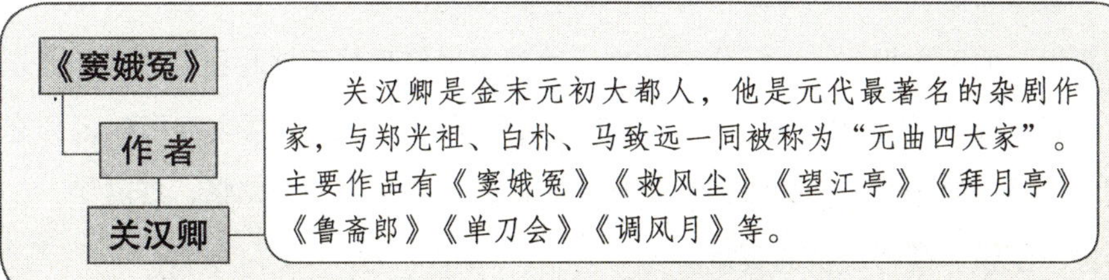

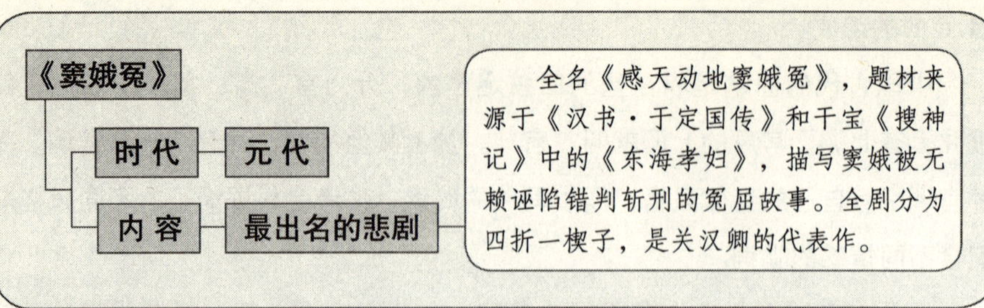

虽然元朝在马可波罗的游记中，极度繁荣，但事实上当时贪污横行，冤案数不胜数。据记载，元成宗时代，贪赃枉法的情况十分严重。在一次审查中，就查出有贪污行为的官吏一万八千多人，冤案五千多件。

原本属于金朝和南宋的百姓，因没有地位而备受压迫。他们面对冤案，只有忍气吞声，几乎没有讨回公道的机会。于是得不到昭雪的冤情，只有借戏剧得以展示，得以平反，得以大快人心。

楚州的流氓张驴儿就是一个行贿造冤案的高手，当他想娶寡妇窦娥不成后，便给知府使了银子，以窦娥的婆婆为要挟，迫使窦娥承认杀了他的父亲。被屈打成招的窦娥，只能悲愤的唱道："没来由犯王法，不提防遭刑宪，叫声屈动地惊天！顷刻间游魂赴森罗殿，怎不将天地也生埋怨。""有日月朝暮悬，有鬼神掌著生死权。天地也只合把清浊分辨，可怎生糊突了盗跖颜渊。为善的受贫穷更命短，造恶的享富贵又寿延。天地也做得个怕硬欺软，却原来也这般顺水推舟。地也，你不分好歹难为地；天也，你错勘贤愚枉做天！哎，只落得两泪涟涟。"两曲唱来，落得两泪涟涟的岂止是窦娥，更有备受压迫的元朝百姓。

在现实中不能得以伸张的冤情，只有让天地来展现。于是窦娥在刑场上发下三桩誓愿：六月飞雪、血飞白练、三年大旱。当誓愿实现时，是天地泣泪的悲壮，更是作者关汉卿用夸张的艺术手法凸显的悲剧力量。最后窦娥的父亲在京城作官后，女儿的冤案才得以昭雪，让恶人得到了报应，"善有善报，恶有恶报"的因果报应，让社会底层被压得喘不过气来的百姓看到了希望。

这则感天动地的悲剧，原是出自《东海孝妇》，故事原本突出的是为东海孝妇平反的于公。但关汉卿却用朴实生动的语言和真切的感情，成就了一个善良、坚强、懂得反抗的窦娥。

《窦娥冤》打动的不仅仅是一个朝代的民众，它最终成为中国十大悲剧之一的传统剧目，被大约八十六个剧种深情演绎。

古典浪漫之最——《西厢记》

“愿天下有情人终成眷属”，这是我们对恋人最美好的祝福。这句来自《西厢记》的唱词，借着一段冲破封建礼教禁锢的爱情故事而为千古名句，也让《西厢记》成为家喻户晓的古典戏剧名著。

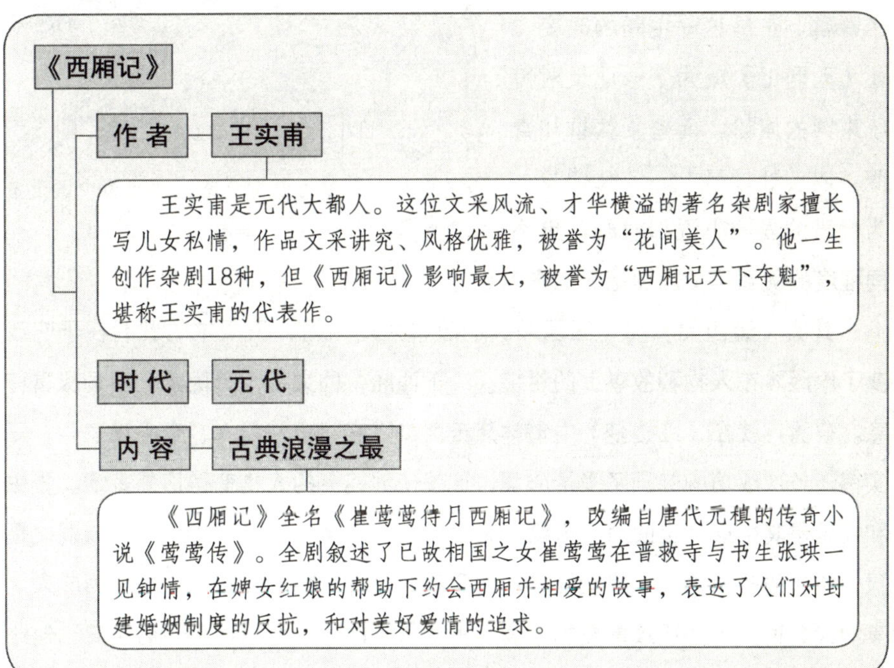

唐代的《莺莺传》原本是一出陈世美式的悲剧，相国之女崔莺莺与书生张珙一见钟情，他们在婢女的帮助下约会西厢，私定终生，但张珙却在赴京应试得了高官后，抛弃莺莺，酿成悲剧。对莺莺悲惨命运的同情，让以《莺莺传》为题材的说唱和戏剧层出不穷。可这样的爱情，是人们不愿看到的，《莺莺传》的结局便在流传中开始改变。

◇张生与崔莺莺的爱情故事，已成为中国爱情的经典。

宋代之后，北方游牧文化的入侵，让传统的礼教观念渐渐淡化，对爱情自由的向往凸显出来。于是在金代，出现了张生和莺莺不顾老夫人之命，双双出走投奔白马将军府完婚的美好结局，这就是被称为《董西厢》的版本。王实甫在这个版本的基础上写成了《西厢记》，戏中的老夫人也最终妥协，让有情人终成了眷属。正是这一主题的改变，让《西厢记》成为了一面反对传统束缚的旗帜，而备受赞誉和青睐。以《牡丹亭》、《红楼梦》为代表的爱情小说和戏剧，更不同程度的受到了《西厢记》的影响。

其实《董西厢》和《王西厢》的故事大略相同，王版本的胜利在于它改变了原版本在人物和故事上的粗糙。《王西厢》的文字十分优美，曲词极富诗意。曹雪芹就在《红楼梦》中借林黛玉之口赞它“曲词警人，余香满口”。王实甫还首次成功的刻画了爱情心理，这就使他笔下的人物变得格外多情。张生和红娘是其中最突出的两个人物：张生痴情、风魔，极具才华，但却软弱，是极为典型的多情才子；婢女红娘却是聪明、伶俐、热心、正直，终成为成人之美的代名词。为了让故事更加丰满，王实甫还创造性的设计了矛盾冲突，他让年轻人和家长间的矛盾成为主要冲突，又让年轻人之间的矛盾成为次要冲突，用人物的性格冲突来推进剧情，刻画人物。这都使《西厢记》成为中国古典戏剧中的典范作品。

宏伟的规模、严密的结构、曲折的情节、富有情趣的点缀、生动细腻的人物刻画，《西厢记》不仅前无古人，还超越了元代的其他剧作，致使元代贾仲明在《凌波仙》称：“新杂剧，旧传奇，《西厢记》天下夺魁。”

情义大戏——《桃花扇》

女性形象一直是中国古典戏曲不可或缺的部分，西厢记里的崔莺莺被描绘成追逐爱情的本色女人。可是，《桃花扇》中的李香君却大不相同，她美丽聪颖中又有着女中豪杰的大义节气，敢于将爱情融入鲜明的政治是非之中，使得《桃花扇》在思想和艺术上都取得了重大的突破。

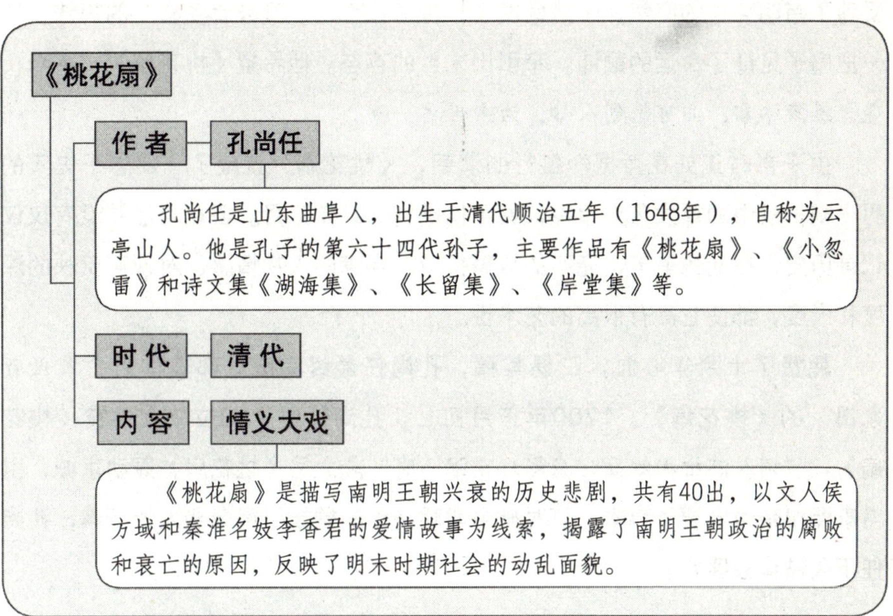

从今天的琉璃厂西街的西口往北，有一条通往宣武门的胡同叫“海柏胡同”，二百多年前，孔尚任就在这条不起眼的胡同里居住，他在这里写下了《桃花扇》，并让“伶人”在此首演，创造了中国戏剧史的一个辉煌。

“李香君血溅诗扇”的故事孔尚任很早就听说过。故事发生在南明王朝，自吴三桂引清兵入关攻陷北京令北方大乱后，凤阳总督马士英就在南京拥立福王为皇帝，即南明王朝。当时清军只有十多万人，如果南明王朝励精图治，就可能如南宋一样自保。而南明皇帝却沉醉在声色之中，朝臣只顾搜刮钱财，武将则拥兵内讧，只有史可法带领三千残兵坚守扬州。结果不到一年，扬州就陷落了，南明王朝也跟着土崩瓦解。侯方域和李香君就在这样一个动乱的年代相爱了，侯方域跟随史可法抗清后，李香君为了不屈服权贵有负侯方域而欲撞头自尽，鲜血滴在了侯方域送她的定情信物——一把提诗扇上，扇上的点点鲜血，被侯方域的朋友画成了一树桃花。南明灭亡之后，侯方域找到了李香君。可当时国已破，何为家？李香君拒绝了情感，他们撕碎了桃花扇，各自出家。

这样一段动荡年代的真实爱情故事，因李香君的重情重义而荡气回肠，让孔尚任唏嘘不已。当时孔尚任为国子监博士，他在奉命寻访江淮的时候，感受到了南明灭亡的必然，于是萌发了“借离合之情，写兴亡之感”的想法，让一把扇子见证了命运的颠沛，牵引出末世的百态。他希望《桃花扇》“不独使观者感慨涕零，亦可惩创人心，为末世之一救。”

由于当时正处在考据学盛行的清朝，《桃花扇》就成了一部忠于史实的历史剧，戏中的重大历史事件，甚至精确到了某年某月。但孔尚任并没有仅仅记录历史，在他的笔下，充实的故事情节、丰满的人物情感、对现实反映的深度和广度，都使它具有很高的艺术性。

耗费了十余年心血，三易其稿，孔尚任最终完成这部被称为“末世百象图”的《桃花扇》。1700年正月初七，孔尚任邀了18位挚友共赏《桃花扇》，“词人满把抛红豆，扇影灯花闹一宵”。之后《桃花扇》轰动京城，引得康熙皇帝也索要了稿本。可对剧中明朝将士的赞扬引得康熙大为不满，孔尚任不久被借故罢官。

第三节 古今传奇——小说

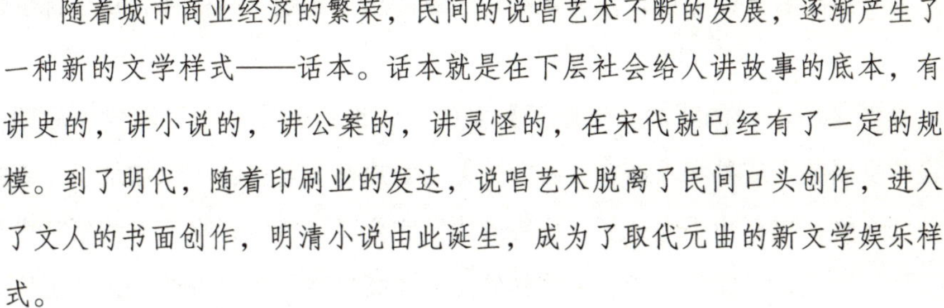

随着城市商业经济的繁荣，民间的说唱艺术不断的发展，逐渐产生了一种新的文学样式——话本。话本就是在下层社会给人讲故事的底本，有讲史的，讲小说的，讲公案的，讲灵怪的，在宋代就已经有了一定的规模。到了明代，随着印刷业的发达，说唱艺术脱离了民间口头创作，进入了文人的书面创作，明清小说由此诞生，成为了取代元曲的新文学娱乐样式。

■ 白话章回小说的诞生

由于儒家的尚古之风，在明代以前，所有的文学作品，无论诗歌还是文章，几乎都是使用文言来书写的。所谓文言，原本是指书面语言，但由于古人用的这些书面语言并没有随着时代的发展有大的改进，到了后来，没有学过文化的人，就看不懂诗文的意思。这也就是文学进入到后期，不再像唐诗宋词般拥有广泛的群众基础的原因。

小说虽然在明清之前就已经出现，但也都是文言的形式。随着市井文化的兴盛，文学创作的关键就是要让普通百姓都能明白。而明清小说本身就诞生自说唱艺术的话本，这就使小说有了方便转变的基础。于是以明清时代的口头语言为基础的小说诞生了。因为它的通俗易懂，这些小说也就得以方便地推广，进而促进了小说的发展。

在白话小说诞生的同时，也出现了章回小说。过去的小说大多简短，而随着讲书的盛行，长篇小说也就应运而生。小说的发展使故事变得越来越精细，当时讲史的在说历代兴亡和战争故事时，已经不可能用很短的文字把一个故事讲完，这就需要讲书的人把故事分成若干次来讲。形成书面时，每讲一次的内容，就是一个章回。

经过宋元两代长期的孕育，元末明初就开始出现了一批优秀的章回小说。《三国志通俗演义》《隋唐五代史演义》《平妖传》《水浒传》等都是经过民间长期流传，经过说书艺人的补充丰富，最后由作家加工改写而成的。这些故事比起讲书人的讲史有很大的进步，那些人物和故事的核心虽然是历史的，但其中的很多细节故事都是后人的创造，所以比起讲史来，篇幅长了很多。为了让读者方便阅读，作者便给每个章回加了标题，有的还为每个标题作诗。

这些章回小说的成功，激励了更多的文人进行创作。到了明代中后期，小说的发展趋于成熟和发达。《西游记》《金瓶梅》等作品不仅增加了作者的主动创造性，描写也更为细腻，已经成为了完全脱离传统说唱艺术的新艺术类型。到了清代，《聊斋志异》《儒林外史》《红楼梦》等小说的诞生，更标志着明清小说的全盛。

从宋代到清代，共诞生了长篇小说三百多部，短篇小说数万计。这些作品不仅以前所未有的广度和深度反映了当时社会的方方面面，成为当时民众娱乐的主要文学样式，它们更对中国后世文学、戏剧、电影产生了巨大的影响。

四大名著

清代著名的文学评判家金圣叹，裁定了六部才子书，分别是《庄子》、《离骚》、《史记》、《杜诗》、《水浒传》和《西厢记》。到了清康熙年间，毛宗岗父子假托金圣叹的名，将修订的“三国”名为《第一才子书——三国演义》。后来书商们为了推销书的方便，就用“明代四大奇书”来进行宣传，当时这四大奇书，指的是《三国演义》、《水浒传》、《西游记》、《金瓶梅》。等到《红楼梦》成书以后，它接替了《金瓶梅》的奇书位置，从此“明清四大奇书”定型。而“四大名著”作为“四大奇书”的现代提法，应该在《红楼梦》成书之后。

最好的历史小说——《三国演义》

《三国演义》取材自陈寿的《三国志》和裴松之注的正史资料，罗贯中在此基础上，还融会了民间传说、说唱话本以及戏曲资料，并结合了自己丰富的生活经验，最终才写成了这部影响深远的《三国志通俗演义》。这不仅是中国章回小说的开山之作，还是中国最有成就的长篇历史小说。

作者 — **罗贯中**

罗贯中是明代的通俗小说家，他曾担任过元末的农民起义军张士诚的幕僚，他除了写《三国志通俗演义》外，还写有《隋唐志传》《隋唐五代史演义传》和《三遂平妖传》。据说，他还是《水浒传》后三十回的编写者。

时代 — **明代**

内容 — **最好的长篇历史小说**

《三国演义》的故事从刘备、关羽、张飞桃园三结义开始，于王濬平吴结束，讲述了东汉末年和三国时期魏、蜀、吴三国之间的军事、政治斗争。它以陈寿的《三国志》、范晔的《后汉书》、元代的《三国志平话》为基础，融合了民间传说写成，文字浅显、人物形象刻画深刻、情节曲折、结构宏大。原书为24卷，240则，经过清初毛宗岗的修改，成为现在的通行本120回。

滚滚长江东逝水，

浪花淘尽英雄。

是非成败转头空。

青山依旧在，几度夕阳红。

白发渔樵江渚上，

惯看秋月春风。

一壶浊酒喜相逢。

古今多少事，都付笑谈中。

三国故事在中国古代十分流行，单金、元演出的三国剧目就达到30多种，加上许多零星的片段在民间流传已久，所以元代至治年间就出现了《全相三国志平话》的书籍。宋代的说书人喜欢拿古代人物的故事作为题材来敷衍听众，而《三国志》中由于人物众多，事件纷繁复杂，正是用来做敷衍的最好素材。三国的故事就在民间的流行中，得以丰富饱满起来。

虽然罗贯中是《三国演义》的署名作者，但它事实上是民间千年的积累结果。《三国演义》是中国第一部章回小说。这种小说的创作形式，影响了后来的明清小说，《水浒传》《西游记》同样也是这种模式下的成功作品。

（1）真实与虚构

演义与正史的最大区别就在于演义是小说，并非全部真实，所以我们看到的《三国演义》是七分史实，三分虚构。

虽然刘备并非三国中强势的一方，但由于刘备是汉朝的刘姓后裔，在民间历来被认为是正宗。在这样的民间舆论基础上，《三国演义》也就自然有了很强的偏向性，把刘备一方树立为正面角色，而曹操一方则是绝对的反面角色，孙权一方相对中性，可一旦与刘备方接触，也就自然落为反面了。

所以《三国演义》中的不少故事都是虚构的，这些虚构都是为了来表现已经定好了正反及性格的人物。如关公温酒斩华雄就在史书上无迹可寻，关羽单刀赴会见鲁肃事实上是鲁肃单刀赴会见关羽，类似的例子可谓数不胜数。

不过小说在虚构的同时，非常注意情节的合理性和连贯性，绝不是在生硬地编造。它成功的虚构，造成很多人将历史的真实与小说的虚构混为一谈，以至于将《三国演义》当做了三国的历史。

◇诸葛亮在小说中被神化成了半人半神的神人

■ 被夸张了的人物

由于《三国演义》毕竟是由历史演义而来的小说，所以对人物进行了修饰、夸张，因而小说中的人物跟原本的历史人物有了很大的区别：

诸葛亮	历史中的诸葛亮是治国治军的能人，特别是在国家经济上做出了很大的贡献。由于他济世爱民、谦虚谨慎，而为人民爱戴。	小说中的诸葛亮变成了智慧的化身、忠贞的代表。他战无不胜，攻无不克，已经被神化成了半人半神的超人了。
刘　备	陈寿曾评价刘备是："弘毅宽厚，知人待士，盖有高祖之风，英雄之器焉。及其举国托孤于诸葛亮，而心神无二，诚君臣之至公，古今之盛轨也。机权干略，不逮魏武，是以基宇亦狭。"但他"折而不挠，终不为下"。	历史中刘备就是一个仁君，小说自然将其夸张成"仁"的代表。但有些地方太过夸张，以致让刘备经常以泪洗面，最终给人留下了"无能""虚伪"的感觉，扭曲了刘备的人杰形象。
关　羽	历史上的关羽是万人难敌的一员猛将，他恩怨分明、信义卓著，但为人刚愎自用，勇猛有余，才智不足，是有勇少谋的典型武将。	小说中的关羽被塑造成了"义"的化身，给极度完美化，而最终使关羽上升为神，受人膜拜。小说中关羽下邳投降时相约三事、曹操以三日一小宴、五日一大宴的厚礼待他等故事也都是子虚乌有的。

曹　操	历史上的曹操性格非常复杂，他带兵三十余年，擅长诗文、草书、围棋，生活节俭，好与人议论，奖罚分明，算是一流的政治家、军事家、文学家。	小说中的曹操完全变成了一个反面人物，他奸诈、残忍、任性、多疑，几乎没有了好的方面。
周　瑜	历史上周瑜是个有雄才且为人谦和的人，备受刘备、孙权的称赞，赤壁之战的计策也为他的杰作。	小说中周瑜完全成了诸葛亮的垫底人物，变得气量狭小，而智谋也总逊一筹，成为《三国演义》中蒙受了最大冤屈的人物
鲁　肃	真实的鲁肃是好学、深思、有过人之明的一员干将，他初见孙权就提出了类似诸葛亮《隆中对》的建国方针，在曹操南征时唯有他力主抗曹，在赤壁之战后又是他力主扶刘抗曹，吴国的建立和发展，基本上是按照他的政略方针进行的，是三国时期真正的诸葛亮式的人物。	小说中的鲁肃，仅仅是诸葛亮和周瑜两人斗智的牺牲品，是被愚弄、受欺辱的典型。可以说鲁肃在小说中，除了名字之外，就几乎全部是杜撰的了。

（2）文学三国

《三国演义》代表着历史小说的最高成就。它的语言浅显明快，雅俗共赏。富于变化的笔法，在对比映衬、旁冗侧出中，展示波澜曲折的历史。三国在百年间事件头绪纷繁错综，人物众多，《三国演义》却巧妙的将蜀汉政权的建立直至灭亡到之后三分归晋作为主要的线索，其中分别穿插吴国、魏国的线索，这三条线索互相联系交织，从而使所有的事件和人物被组织得井井有条，叙述有条不紊，前呼后应。这种游刃有余的叙述方式，不仅让《三国演义》读起来连贯顺畅，还不会感到冗长乏味，算是《三国演义》成功的重要原因。

■ 三国战争

《三国演义》非常善于描写战争，全书共有大小战争四十多次，场场惊心动魄。尤其以官渡之战、赤壁之战、彝陵之战等几场决定三国兴亡的关键战役最为出色。

小说总能突出每场战争的特点。它注重描写在具体条件下不同战略战术的运用，强调指导作战的主观能动性的发挥，而不是把笔墨都花在了单纯的实力和武艺较量上，成为古代战争描写的一大突破。比如在写战争的同时，会兼写战争的前奏、余波，也会写战争的辅助手段，使紧张激烈、惊心动魄的战争表现得有张有弛。

描写赤壁之战时，由于是孙权、刘备两家的合作，小说就突出了代表孙刘两家的周瑜跟诸葛亮之间的矛盾，描写了曹操的试探以及孙刘联军诱敌深入的准备等。

■ 三国人物

《三国演义》写了四百多个人物，其中有两百多个人物都有鲜明的性格、生动的形象，这在一部作品中相当难得。

人物的成功在于小说注重各类人物各有共性，同时同类人物又各有个性，只要抓住了一个人物的某一特点，就加以夸张，并用对比、衬托的方法让人物的个性生动起来。这一原则，造就了三国人物的“三绝”：曹操奸诈过人的奸绝，关羽义重如山的义绝，诸葛亮机智过人的智绝。

小说还注重将人物放到惊心动魄的故事中去，通过尖锐复杂的矛盾冲突来塑造人物，使人物从单一的性格中脱离出来。如曹操虽然残暴奸诈，却有雄才大略；关羽虽然忠义过人，却非国家大义；张飞勇猛直率，却鲁莽无智等。而那些令人物鲜明活跃的故事，如关羽的“温酒斩华雄”“过五关斩六将”，张飞的“威震长坂桥”，赵云的“单骑救幼主”，以及诸葛亮的“七擒孟获”“空城计吓退司马懿”等，已经成为小说中最广为流传的篇章。

■ 三国文学

《三国演义》中引入了大量的诗词歌赋，虽然在数量上比《红楼梦》要

少，却不乏精品，这也成为《三国演义》成功的要素。

篇头词《临江仙》中“滚滚长江东逝水，浪花淘尽英雄”，短短几句，就气势磅礴地将读者引入到了一个充满争斗的英雄时代。篇尾诗《古风》，则把三国的兴衰成败浓缩成300多字的长篇叙事诗，虽然没有华丽的词藻，却像一篇押韵的后记，带领读者重温三国风云。“纷纷世事无穷尽，天数茫茫不可逃。鼎足三分已成梦，后人凭吊空牢骚”的结尾，留给读者无限遐想。

替天行道——《水浒传》

《水浒传》是一部讲北宋末年农民起义的长篇巨著，是中国历史上第一部描写农民起义的长篇章回体小说。这些草莽英雄们的造反故事，不仅是历史的展示，更是民心所向，所以备受推崇。而其中曲折的故事情节、鲜明的人物性格、生动有力的语言，都使小说具备了高度的艺术感染力，成为中国文学史上的一座里程碑。

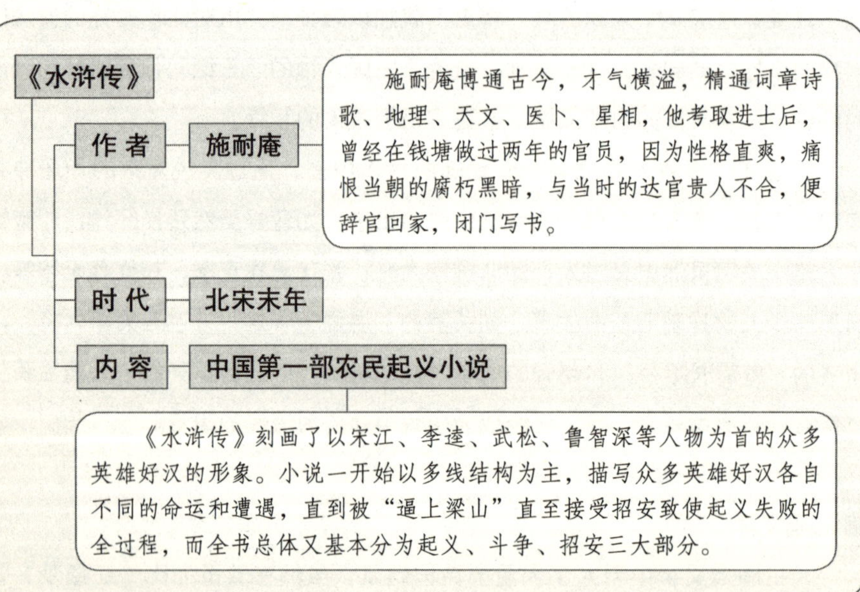

试看书林隐处，几多俊逸儒流。
虚名薄利不关愁，裁冰及剪雪，谈笑看吴钩。
七雄绕绕乱春秋。
见成名无数，图形无数，更有那逃名无数。
刹时新月下长川，江湖桑田变古路。
讶求鱼椽木，拟穷猿择木，恐伤，弓远之曲木，
不如且覆掌中杯，再听取新声曲度。

《水浒传》取材于北宋末年宋江起义的故事。历史上宋江等三十六人在梁山水泊发动了农民起义，这桩历史原本在史书中只有零星的记载，但由于女真、蒙古族先后南下，民众纷纷揭竿起义、聚山反抗，于是宋江等人的事迹就成了歌颂的对象。民众对于起义的美好想象，都寄托到了这些草莽英雄的身上，于是三十六人变成了一百零八位好汉，个个身手非凡、忠义勇猛。最终《水浒传》塑造出了小说世界里最多的人物形象，且人物性格复杂多样，情节生动曲折。

（1）忠义传奇

《水浒传》是一曲“忠义”的悲歌，这一方面是施耐庵对这些“忠义”之士的歌颂和敬慕，但同时也是他对“忠义”观念的迷惘。《水浒传》最早的名称叫作《忠义水浒传》，甚至就叫《忠义传》。小说写了一大批“大力大贤有忠有义之人”，“把一百零八人中的大多数都塑造成了忠孝义节的典型”。可以说“《水浒传》中的英雄都是‘忠义’之士，而‘忠义’之士却不为世所容”，他们被奸臣贪官逼上梁山，沦为“盗寇”，接受“招安”后，这批忠义之士仍被误国之臣、无道之君一个个逼上了绝路。施耐庵把这样的“忠义”贯穿了全书，把《水浒传》变为“忠义”的再现。

■ 宋江

宋江作为小说中的第一主角和起义军的领袖，就是“忠义”的化身，也

是整部小说中最能体现“忠义悲歌”的人物。他的性格在既矛盾又统一的“忠”和“义”的主导下曲折地发展。

宋江原本是一个县衙小吏，能“仗义疏财，济困扶危”，结交天下豪杰，但又有忠君孝亲、安于现状的习性。从“义”字出发，他“担着血海也似干系”救晁盖等人，也同情他们被逼上梁山，但又认为“于法度上却饶不得”。“杀惜”后，他辗转避难，就是不肯去水泊梁山投奔晁盖，认为那样做是“上逆天理，下违父教，做了不忠不孝的人”。他劝别人落草时，也希望他们“得朝廷招安，…… 博得个封妻荫子，久后青史上留一个好名，也不枉了为人一世”。但与此同时，贪官污吏对他的迫害，逼着他向梁山一步步靠近。当众梁山好汉将他从江州法场的屠刀下解救出来后，他一面感激众豪杰不避凶险、极力相救的“义”，另一方面也深感到“如此犯了大罪”，再难在常规情况下尽“忠”，于是被逼上了梁山。上梁山后，他“权借水泊暂时避难”，牢记着九天玄女“汝可替天行道，为主全忠仗义，为臣辅国安民”的法旨。他坐上第一把交椅后，即把“聚义厅”改成“忠义堂”，进一步明确了梁山泊“替天行道”的基本路线和行动纲领。在“替天行道”“忠义双全”的旗帜下，他带领众兄弟惩恶除暴，救国扶危；创造条件，接受招安；征破辽国，平定方腊；直到饮了朝廷药酒，死在旦夕，还表白：“我为人一世，只主张‘忠义’二字，…… 宁可朝廷负我，我忠心不负朝廷!”而且为了“忠义”，还在临死前亲手把可能再去聚众造反的好兄弟李逵毒死。

◇梁山泊的一场聚义，成也宋江，败也宋江

在宋江“忠义双全”的思想下，梁山泊的一场聚义，成也宋江，败也宋江。

■ 忠义难

梁山英雄们在“全仗忠义”,但与此同时上自朝廷官吏下至地方豪绅却“不忠不义"，这些贪官污吏、恶霸豪绅贪图私利，上下勾结，狼狈为奸，无恶不作，把整个宋朝搞得暗无天日，民不聊生，逼迫得一批"忠义"之士不得不"撞破天罗归水浒，掀开地网上梁山"。而且还在"替天行道""忠义双全"的英雄好汉们接受招安后，将他们惨不忍睹地一个个全都逼上绝境。

在施耐庵眼里，有这样一个悲剧现实："忠义双全"的英雄不能"在朝廷""在君侧"，"在水浒""全仗忠义""替天行道"的好汉最终被 "不忠不义"的社会吞噬；"忠义双全""替天行道"的梁山英雄们，最终摆脱不了"忠义"的悲剧结局。施耐庵在用"忠义"来批判这个无道的天下时，却发现传统的道德无力扭转这个颠倒的乾坤。他在极大的痛苦和悲哀中，对"忠义"这一批判武器自身也表现出了深沉的迷惘。

(2)巾帼不让须眉

在中国古典文学中，有无数栩栩如生的女性形象，她们大多才貌双全，温柔顺从。然而这些优秀的女性却由男性所支配，缺乏独立的人格和意识。虽然《诗经》中许穆夫人为恢复故国到处奔走，《木兰辞》中花木兰敢与须眉争高下，女扮男装杀敌报国，使女性形象有走出家庭爱情走向社会的意义，但是相比较而言，《水浒传》中的女英雄在实现她们自身价值的范围上，有了更为广阔和自由的空间。施耐庵用他的生花妙笔告诉我们：女性可以不依附男人，而拥有独特的魅力。

■ 独立的精神意识

施耐庵笔下的三位女性，很难看到她们在精神上对他人的依附。

母大虫顾大嫂一身好武艺，丈夫孙新也打不过她，在救解珍解宝劫狱的过程中，顾大嫂更是一马当先。"顾大嫂贴肉藏着尖刀，扮做个送饭的妇人先去"，在手起刀落之间，牢房里的三五个狱卒就被她戳翻在地了。母夜叉孙二娘也是一个冲锋陷阵，有自主意识的女性。虽然丈夫张青再三吩咐，"三等人不可坏他"，"第一等，是云游僧道"，"第二等是江湖上行院妓女之人"，"第三等是各处犯罪流配的人，中间多有好汉在里头，切不可坏他"，但孙二

娘我行我素，鲁智深、武松都差点成了她的馒头馅。一丈青扈三娘武艺高强，勇猛决绝，她一出场就令人刮目相看：先生擒王英，再力战欧鹏、马麟，紧追宋江，后来又活捉彭玘、郝思文，而且这些被她活捉的人都名列一百零八将中。

作为梁山一百零八位首领中仅有的三位女首领，尽管她们所占的比例不大，但却担任着重要职务。扈三娘专掌三军内探事马军头领，顾大嫂和孙二娘任梁山泊打听声息邀接来宾头领。在迎战童贯排列的九宫八卦阵中，她们三位担任后阵的主将，而“押阵后的是三个丈夫：中间矮脚虎王英，左是小尉迟孙新，右是菜园子张青”，这些都表明：三位女英雄在梁山领导集团中有着自己独立的地位，可以参与领导工作，参加军事行动，有着相对广泛的社会活动，而且起着举足轻重的作用，社会地位还高于丈夫。

从水浒的顾大嫂、孙二娘、扈三娘这三位女英雄身上，女性的形象开始改变，女性的主体意识开始了初步觉醒和转型。

酒

在读《水浒传》时，人们会有这样的一种感觉——浓烈的酒香扑面而来。仅就七十一回本《水浒传》作粗略统计，文章中写到酒的地方约有三百余处。一部《水浒传》可以说是一曲酒的咏叹调。但是，施耐庵并没有为写酒而写酒，而是将酒做为小说中一个重要的组成部分，成为民族心理和生命情调的一种延续。所以《水浒传》的英雄人物，人人豪饮，个个海量。“酒”成了“力”和“勇”“侠”和“义” 的象征，这些原本是施耐庵借以寄托理想和愿望的工具，是丰富故事情节、丰满人物形象、深化主题、增加艺术感染力的手段，但这一具有独特个性的审美意象，对后世产生了深远的影响，之后的文学作品大凡写豪爽之士、草莽英雄，那一定是要大碗喝酒，大块吃肉的。即使是现代社会，在酒桌上也常常看到“饮酒不醉真好汉”的场面。

神魔小说——《西游记》

《西游记》的出现打破了历史演义和英雄传奇的一统天下，为古典长篇小说增添了新的内容。从《三国演义》、《水浒传》到《西游记》，中国古典长篇小说走过了一百多年，当《三国演义》、《水浒传》确立起历史演义和英雄传奇的文学传统时，《西游记》在艺术风格、审美情趣等方面迥异于前两者成为中国古典长篇小说的另一个高峰。

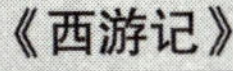

作者 —— **吴承恩**

吴承恩是一位笔下流畅，善于幽默诙谐，喜欢写神怪故事的通俗文学家。他从小勤奋好学，一目十行，过目成诵，但他在青年时代狂放不羁、轻世傲物，一生不愿与人同流合污，厌恶腐败的官场。所以他把扫荡社会丑恶现象和丑恶势力的强烈愿望都发泄在了《西游记》一书当中。

时代 —— **明朝中后期**

内容 —— **最成功的神魔小说**

《西游记》叙述了唐三藏与徒弟孙悟空、猪八戒、沙僧、白龙马经过九九八十一次磨难，到西天取经的历程。全书共一百回，六十余万言，分三个部分：

第一部分是一到七回：孙悟空的神通广大；

第二部分是八到十二回：唐三藏取经的原因；

第三部分是十三到一百回：孙悟空、猪八戒、沙僧等降伏妖魔，最后安全达到西天取回真经。是全书故事的主体。

混沌未分天地乱，茫茫渺渺无人见。
自从盘古破鸿蒙，开辟从兹清浊辨。
覆载群生仰至仁，发明万物皆成善。
欲知道化会元功，须看《西游释厄传》。

（1）改造取经

《西游记》的原型是唐代僧人玄奘的取经故事，但它却以更为浪漫的形式，打破了原有的故事框架，并赋予了更深刻的思想，从而成为中国历史上最成功的神魔小说。

■ 异域的想象

唐太宗年间，僧人玄奘不顾禁令偷越国境，到当时的印度即天竺取经。他从长安出发，沿丝绸之路西行至西亚往南，最后到达印度，往返历时17年，行程万里，九死一生。取回佛经六百五十七部，成为中印文化交流史上的一大壮举。在玄奘的口述下，门人辩机奉唐太宗之敕令辑录出了《大唐西域记》。介绍了西域诸国历史人情、宗教信仰、地理资源。

在此基础上玄奘的一些弟子开始神化玄奘，慧立、彦琮撰写的《大唐大慈恩寺三藏法师传》在描写玄奘突破艰险一路西行的同时，还穿插了一些神化传说。这一大胆的举动启发了更多人的创造思维，南宋时的《大唐三藏取经诗话》开始把各种神话与取经故事串联起来。到了元代，取经的故事得以定型，玄奘不再是独自西行，他有了孙悟空、猪八戒、沙僧三个徒弟，之后一些戏曲故事也开始了对西游记的创作。这些都成为《西游记》成书的基础。

（2）西游价值

《西游记》是四大名著中虚构程度最大的一部作品，因为其中充满了各种奇异的想象，《西游记》也被看作是一部奇书，是自先秦《山海经》以来，中国人奇幻浪漫想象的集大成者。《西游记》的魔幻色彩，使更多的人关注的是神魔之战中的酣畅淋漓，研究者很容易将其定性为尊佛抑道的作品。对《西游记》定义的简单化，使很多人将其视为儿童读物而不加重视，却忽略了这部虚幻的故事中所具有的中国人的精神及基本性格。

《西游记》的主角并非西行取经的唐僧，而是那个保唐僧一路平安的不安定分子孙悟空。这个从石头中蹦出来的猴子，因为非人生人养，而拥有最自

◇孙悟空的反叛源自于对自由和尊严的追求

然的天地灵气，他所代表的正是人不受世俗污染的纯净之心。从不知世事的野猴子到成为斗战圣佛，孙悟空所代表的是一个修行人的心路历程。但这个修行人却即非佛亦非道。

孙悟空最早拜师于道教，后来因大闹天宫被如来收服，被迫加入佛教，最终修炼成佛。在这个过程中，孙悟空始终没有成为一个合格的道人或佛徒。他从来不是一个规矩的守道之人，他会为了自由而反抗，会为了正义与权威抗争，他的性格是要将他认为的正义坚持到底。可道教并不关心正义是否被伸张，它关注的是长生不老的成仙话题；而佛教则并不提倡在现世伸张正义，它提出“善有善报，恶有恶报”的观念，主张的是在现世修行，以在来世有更好的福报，或在轮回中得以超脱。孙悟空的思想更接近于要在现实中实现正义的儒家思想，吴承恩正是用儒释道三教合流的方式来构筑《西游记》的思想体系。小说中所抑制的“道”，并非真正的道家，而是现实中的恶；小说中所尊崇的“佛”，并非现实的佛教，而是对世界有掌控力的权力主体；孙悟空就是在权力善恶中只关注是否正义的儒家化身。

孙悟空的性格正直、不畏强权邪恶，但却又极端自大、无法无天。孙悟空性格的优点正是儒家提倡的入世去改变不合理的社会的思想，所以面对邪恶，他可以大胆的向当权的制度申述，而当权的制度是不正义的时候，他就敢“大闹天宫”，革当权的命。这样的思想本来是根植在中国人的思想之中，但为了配合统治而异化的儒教，却高度强调伦常秩序，这就在伦常和正义之间制造了诸多的矛盾和冲突。在这样的背景下写成的《西游记》，实际是吴承恩在提出回归人性、重建社会秩序的主张。这样的反叛思想，最终在孙中山开始的现代革命中得以体现。虽然在这个革命的过程中，问题和孙悟空的缺点一样多，但孙悟空的最终成佛也昭示着经历艰难的过程必有所成的结果。

“金猴奋起千钧棒，玉宇澄清万里埃”，孙悟空的形象无疑在中国人的心目中再度强化了正义的概念，《西游记》的意义也在此中得以体现。

小说经典——《红楼梦》

《红楼梦》是中国古今第一奇书，据记载，《红楼梦》问世后，曾经以手抄本的形式流传了三十年，并被得到的人视为珍品。在程刻版《红楼梦》的序中，程伟元写道："当时好事者每传抄一部，置庙市中，昂其价，得金数十，可谓不胫而走者矣！"所以《红楼梦》一经印刷出版后，立即风行南北，成为当时人们谈论的中心。当时京城里流传的竹枝词就说："开谈不说《红楼梦》，纵读诗书也枉然！"虽然它被朝廷视为禁书，却屡禁不止，更有不少文人争相为它写了大量的续书，虽然它们有违《红楼梦》的主旨，却也展现了《红楼梦》无法抵抗的魅力。所以《红楼梦》虽是四大名著中最晚诞生的一部，但却以它独特的魅力，登上了至高经典的宝座，从而成为中国小说史的最高峰。自清代以来，对《红楼梦》的研究更发展出一门显学——"红学"，并至今不衰。

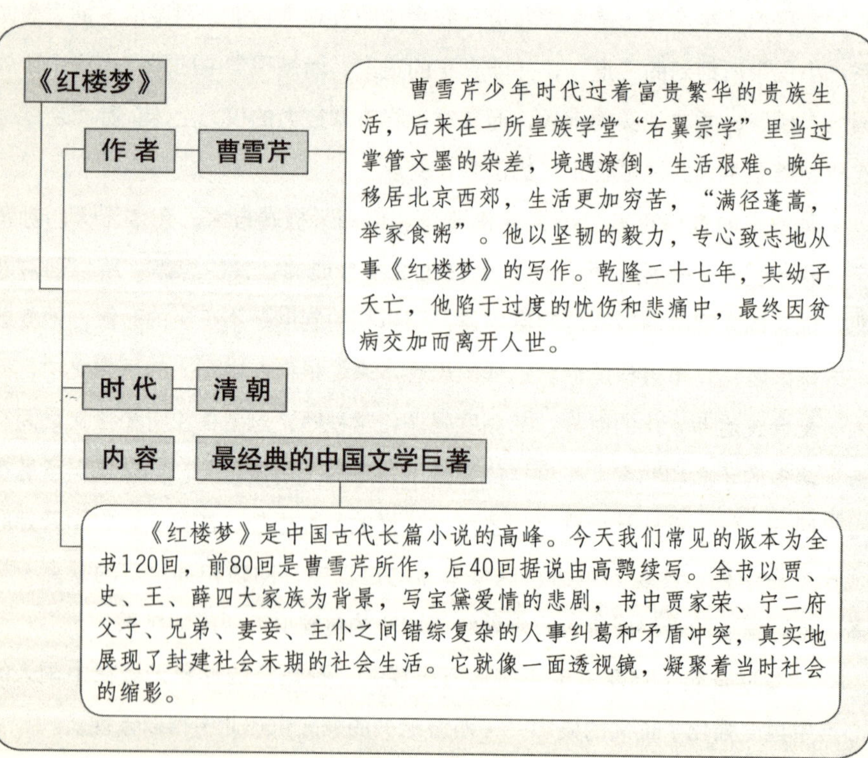

满纸荒唐言，
一把辛酸泪。
都云作者痴，
谁解其中味？

（1）反叛禁书

虽然《红楼梦》红得成就了一门显学，但在当时它的流行并没有为曹雪芹带来丰厚的回报。这部耗尽曹雪芹心血的作品，甚至被列为禁书。

《红楼梦》原名《石头记》，最初以手抄本的形式出现，但因其“偶有香艳处”而被列入禁书。当时市面上也能看到少量的刻本，但都是少数商人为了牟利而冒险刊印的。虽然《石头记》是因“淫”被禁，但一直流传着它被禁的根源来自触及政治的说法：书中的贾史王薛四大家族的由盛而衰，并非时运不济，那是一场政治斗争的结果，其过程更处处隐射了王室内政。

曹雪芹的祖上本是汉人，但很早就入了满族正白旗的内务府，从他的曾祖父到他的父亲都在朝廷担任要职，更有康熙皇帝五次南巡就有四次住在他家的显赫经历。曹家这个百年望族不仅跟清朝王室有着密切的关系，更比普通人有机会知晓王室斗争的秘密，甚至参与到其中。不过曹雪芹在过了富贵豪华的少年生活后，父亲就因事被削职，曹家被抄后，曹雪芹流落到北京西郊，过着穷困的生活。

“字字看来皆是血，十年辛苦不寻常。”现在的红学家大都认为，曹雪芹写的《石头记》其实是他个人经历的自叙。《石头记》从小处讲，是写一段有缘无份的爱情悲剧，从大处讲，是写四大家族由盛而衰的时代悲剧，这些都是曹雪芹自己及家族由喜而悲的血泪历史。可是那些涉及王室秘密的历史在文字狱严酷的清朝，并不能公开明白的来讲述，也就只能用情爱小说的形式把真实的血泪隐藏起来。故而小说中出现了很多的隐语。

作为曹雪芹的助手，脂砚斋在对《石头记》的批文中多次指出所写之事为真，并指出书中的很多人名，都用谐音来表示了特殊的含义。如“甄士隐”就指的是“真事隐”，“贾雨村”即为“假语存”，“霍启”暗指“祸起”，

“秦可卿”实为“情可轻”，“元春、迎春、探春、惜春”表示的是“原应叹息”，“贾史王薛”四大姓氏则是在说“假史枉雪”。从这些隐语看来，曹雪芹要隐藏的绝非小事。他痛恨给他带来不幸生活的世道，但他却没有力量与之抗衡，于是他只能将满腔的愤慨投诸笔墨，用文字来宣泄他的反抗。当普通人看到了木石、金玉缘，读到了人间悲欢离合、喜怒哀乐，能读懂其隐事的王室成员却知道这其中的反叛，必定不会允许这样的书籍流传于世。

但文学的力量是无穷的，对《石头记》的毁禁并没有阻止它的传播，虽然只剩下了前八十回内容，但它仍被私下传抄。然而一个重要的拐点在乾隆四十五年出现了，当时和珅出任四库全书的最后一位正总裁，从此开始，江南各地随处可看到《红楼梦》的刻本。据传，和珅在私底下看过了《石头记》，觉得这是天下第一好书，但由于缺少了后四十回，就找来当时著名的文人高鄂续写，并把前八十回中厌世的文字也作了修改，最后定名为《红楼梦》，献给乾隆御览，结果乾隆赞不绝口，从而使该书得以解禁。但著名的红学家周汝昌认为，这不过是和珅的阴谋，是他通过对《石头记》的修改，让被隐的真事完全掩盖起来，更让原本厌世反叛的邪书变成教人功名为要的教育范本。

不管怎么说，我们今天看到的一百二十回版本的《红楼梦》，是一个有断裂感的版本。今天的《红楼梦》一般都会注明前八十回作者为曹雪芹，后四十回作者为高鄂。前八十回，贾家极度富庶，可显赫富足的表面下，却是肮脏虚伪的人与事，不屑与肮脏虚伪为伍的贾宝玉认为只有不理世事的女子才是这个世界上最洁净的，他厌恶功名，只喜与女子们厮混。可到了后四十回，随着与一心劝他考取功名的薛宝钗成婚、黛玉的去世、贾家的没落，贾宝玉一反常态的为了家族的再度繁荣而考取功名，虽然中了举人，最后还是看破红尘，出家为僧了。从反叛到妥协，很难想象是用满腔的愤慨和血泪写就《石头记》的曹雪芹所拥有的心境。虽然有后四十回的不足，但贾宝玉的独特却是不能磨灭的。这个不务正事的纨绔子弟，虽然是一颗不能补天的顽石，却有着向往自由和真性情的心，他用他的纯真来反抗伪善的世道。曹雪芹作为贾宝玉的原型，面对已经失败的反抗，却并没有放弃对自由美好的向往。他在十年中保持着坚定的信念，经历煎熬，写下字字血泪。这使《红楼梦》虽然笼罩着一种宿命的伤感和悲凉，却又始终充满了对理想的追求。

（2）品味红楼

■ 细腻笔法

《红楼梦》取得的辉煌成就也体现在艺术上。故事本身由生活中提炼，于是它的叙述描写就显得丰富、底蕴、逼真、亲切。对书中贵族家庭生活细节深入精致的描述中，无论是园林建筑、家具器皿，还是服饰摆设、车轿排场，都具有很强的真实性。它更在继承《金瓶梅》的基础上，大胆的进行人物的心理刻画，从而突破了传统小说不重视人物心理的状况，使人物和事件得以极大的丰富。它还展示了曹雪芹对诗词、小说、烹调、医药、绘画、建筑、戏曲等各种文化艺术的丰富知识和独到见解。正是《红楼梦》中包容的多样性，使得“经学家看见义，道学家看见淫，才子看见缠绵，革命家看的是排满，流言家看的是宫闱秘事”，这也就使《红楼梦》的内容，有了更多层面的延展。

■ 红楼文学

虽然《红楼梦》是根据曹雪芹自己及其家族所经历的一些事写成的，但并不等于是在依样画葫芦。曹雪芹也曾借了宝钗的口说：“你若照样儿往纸上一画，是必不能讨好的。这要看纸的地步远近，该多该少，分主分宾，该添的要添，该藏该减的要藏要减，该露的要露。”这一部《红楼梦》事实上是曹雪芹对自己一生观察和体验的加工和提炼，这种在生活真实基础上的艺术真实，使得小说即能典型集中的反映现实生活，同时又拥有艺术的高度。

◇大观园中的一切美好事物，不过是现实中的一场梦

《红楼梦》中的人物无疑是一群相当突出的形象，据统计，书中共出现了九百多个人物，其中尤为生动的就有几十人。在曹雪芹的笔下，每个人物都有其鲜明的性格特征。如宝玉的纯真、善良与多情，黛玉的孤高与多愁善感，宝钗的心机

与城府，王熙凤的干练泼辣与奸诈狠毒，都表现得尤其的突出。但即使是次要人物，曹雪芹也能抓住一些典型的事件来突出他们的特点。如探春的形象在最初并不引人注意，但在“理家”和“抄检大观园”中，她刚毅的性格一下子就鲜明的突出来了。

曹雪芹还善于利用环境的描写来衬托人物的性格。比如写大观园，就并非只写一座华丽的园林。曹雪芹在栊翠庵中种梅花，其主要的目的是用梅花来衬托妙玉的性格，更是用梅花来象征妙玉。相同的，无论是林黛玉的潇湘馆、宝玉的怡红院、薛宝钗的蘅芜院，或是探春的秋爽斋、李纨的稻香村，其室外的环境和室内的布置，都无一不在衬托人物的性格。更妙的是，连天气也与主角们的情感产生了联系。当宝玉黛玉的爱情开始萌芽发展的时候，正是小说中大观园的第一个春天；当宝黛的爱情出现了矛盾和痛苦的时候，气候也变得令人烦躁；当他们的感情在诸多压力中不能得以圆满的时候，气候就不可避免的进入了萧瑟、悲凉之中。曹雪芹继承和发扬了中国古典诗词和戏曲中情景交融的描写，这些用气氛烘托人物内心的出色描写，无疑大大加强了小说的感染力。

在继承发扬传统的同时，曹雪芹还改变了传统小说中不注重人物内心的弊病，十分注重描写人物的内心世界。如林黛玉在看牡丹亭时，就被故事所感动，她起初是“十分感概缠绵”，继而是“心动神摇”，“如醉如痴”，最终掉下泪来。戏曲中萌动的少女情怀，打动了这个在恋爱中的少女，可这样的细腻描写，在以前的传统小说中并不曾见。

《红楼梦》中细腻逼真的生活描写显然是受到了《金瓶梅》的影响，但《红楼梦》突破了《金瓶梅》中琐碎的刻画，为每一个刻画都赋予意义，使它们典型而更具倾向性。比如写贾府的宴会，这一在贾府频繁的活动，极有可能写得平凡而重复，但曹雪芹的笔下却次次不同，各有特色，他更在这些宴会中体现各个人物的性格，更在不同宴会的区别中反映贾府由盛而衰的变化。在七十五回中的中秋赏月，人还是过去的那些人，桌上依旧是山珍海味，但却人人强作欢笑，早没有了先前的热闹，最终以酒阑人散收场。在这一悲凉的气氛中，贾府的没落与衰败跃然纸上。

《红楼梦》更以成熟优美的语言而闻名，那些简洁纯净、准确传神、朴素多采的语言已经达到了炉火纯青的境界。曹雪芹更在《红楼梦》中传他的诗才，那些诗词不仅本身拥有很高的价值，更与人物和故事有机的融合，在人物的塑造和故事的推动中起到了重要的作用。

《红楼梦》还在文学结构上取得了巨大的成就，它比之前的任何一部小说都来得宏伟、严密、完整。小说中复杂的社会生活、错综的矛盾斗争、众多的人物，都在曹雪芹的笔下有条不紊。它们纵横交错，却又主次分明，将文学的红楼完美的展示在世人面前，从而达到古典文学的艺术巅峰。

■ 红楼诗意

中国的古典小说历来有夹杂诗词曲赋的章法，但曹雪芹在《红楼梦》中所写下的诗词曲赋却十分罕见。《红楼梦》中可以说诗、词、曲、赋、诔、谜、小令等体裁应有尽有，这是任何其他古典小说所不能比拟的。不仅体裁齐备，《红楼梦》诗歌的数量更为惊人，据不完全统计，其中诗词曲赋就有一百多首，这还没有计算其中的谜语、偈语、酒令等小玩艺。其中数量最多、质量最高的，要数那些塑造形象、隐喻人物命运的诗词了，这些诗词极富华章，佳作连连。

《红楼梦》中的这些诗词都是曹雪芹所作。虽然曹雪芹以《红楼梦》而成为著名的小说家，但在他朋友眼中，他却是一位诗人。曹雪芹写诗颇有成就，脂砚斋在点评《红楼梦》时就提到“此等才情自是雪芹平生所长”。曹雪芹的朋友也时常与他对诗，其友人敦诚就在他的《佩刀质酒歌》小序说，一个秋天他在槐园遇到曹雪芹，当时风雨交加，寒意逼人，槐园的主人当时还没出来，曹雪芹却已经渴酒如狂了，于是他就解下自己的佩刀去换酒，曹雪芹大为高兴，作了首长诗来谢他，他则作了这首诗来应答。敦诚是清宗师中小有名气的文人，是满洲八旗中的著名诗人了，他回忆说曹雪芹的诗“新奇可诵”，从对曹雪芹诗的推崇可知曹雪芹的诗写得相当的好。

但可惜的是，曹雪芹的诗词并没有流传下来，今天可以知道的曹诗仅有两句。曹雪芹的诗情只有从《红楼梦》中的大量诗词中去窥探了。

曹雪芹的《红楼梦》诗词最难能可贵之处，在于曹雪芹能针对不同人物的身份、地位、性格、学识，来为他们代写不同体裁和风格的诗词。如贾宝玉

的诗就在清新飘逸中带有富家公子的纨绔之气，而同为贵族子弟的呆霸王薛蟠由于不学无术，只能唱出“一个蚊子哼哼哼，两个苍蝇嗡嗡嗡”的诗来；薛宝钗诗词的温雅沉着，是林黛玉无法写出的诗境，她只适合“一声杜宇春归尽，寂寞帘栊空月痕”的哀怨悱恻。曹雪芹的同一支笔却能写出风格迥异的诗作，这也成为红诗最难能可贵的地方。

除了诗词曲赋，整部《红楼梦》亦纵横着诗意。曹雪芹取法诗赋的方式来描写环境、故事和人物，这就使《红楼梦》如一部诗化的小说，在行云流水间处处浸透着诗意的芬芳。

■ 红楼生活

曹雪芹不仅富有文才，他在生活艺术多方面拥有广博的见识。《红楼梦》中对建筑、烹饪、医药、绘画等方面的描写，不仅准确且富于见解。由此红学中分化出专门研究红楼美食、红楼医药的分科来。

据分析，《红楼梦》是四大名著中包含中医药和医学保健知识最多的小说，其中涉及疾病及医药卫生知识的描写共291处，使用了161条医学术语，描述了114种疾病，提及方剂45个，药物127种，描述中医病案13个。这些医药内容几乎涉及到了中医体系的各个方面，书中提及的内、外、妇、儿、五官、精神、皮肤和杵作（法医）等各科病症达百余种，主要涉及临床医学，而其描写的症状表现和诊治过程同现代医学的临床表现相对照，竟完全一致。《红楼梦》中的这些医药描述共约5万余字，占全书的1/8。一部小说包含有如此多的医药知识，在中外小说史上都可以说是独一无二的。

除了医药和疾病，《红楼梦》中的美食和饮食保健更是琳琅满目。其中最出名的无外乎那道让刘姥姥啧啧称奇的“茄鲞”了，王熙凤说这道菜要“把才下来的茄子把皮削了，只要净肉，切成碎丁子，用鸡油炸了，再用鸡脯子肉合香菌、蘑菇、鲜笋、五香豆腐干子、各色干果子，都切成丁子，用鸡汤煨干了，用香油一收，再用糟油一拌，盛在磁罐子里，封严了，要吃的时候儿，拿出来，用现炒的鸡瓜子肉一拌，就是了”。《红楼梦》对菜肴的精细和讲究，从这道菜中已经可以窥见一斑了。

在《红楼梦》的日常饮食中还包含了大量的保健养生。如在贾府吃饭，有“丫环执着拂尘漱盂巾帕”，“饭毕，各有小丫环用小茶盘捧上茶来”，第一道茶用来漱口，第二道才是吃的茶。这些看似讲究的程度却是不仅利于口腔卫生，更有去油腻、帮助消食的功效。

在保健方面，贾母更是自有一套。贾母爱喝的杏仁茶就是一种很好的美容保健品，她喜欢吃的鸡髓笋则具有清凉、疏肝、通滞、消食的功效。另外贾母平时爱说笑，爱听戏，还爱走动，还喜欢与年轻的儿孙们一起作诗听乐，这些都是很好的养生保健之法。就连府中下人也知道用蒿子杆来清肠胃、开食欲，从而养颜亮肤。

《红楼梦》细致准确的生活知识描写，使《红楼梦》已经不仅局限为一部文学名著，更是一部清朝的生活百科全书。

传奇小说

所谓传奇，就是指传录奇闻，通常是作者将所见、所闻给纪录下来形成的故事，类似于轶事掌故。但这些故事多内容精彩，故事动人，文辞华丽，所以倍受欢迎。

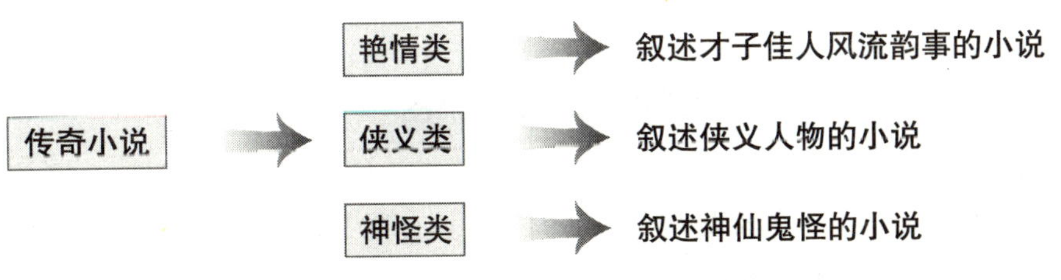

“志人”典范——《世说新语》

“志人”这个名称是鲁迅先生从“志怪”借鉴过来的。所谓志人小说，就是指记述人物的轶闻琐事、言谈举止的小说，尽管仍然以记录史实为写作目的，但是增强了娱乐性和可读性，在魏晋六朝时期颇为流行。《世说新语》可以算得上是志人小说中的代表作品。

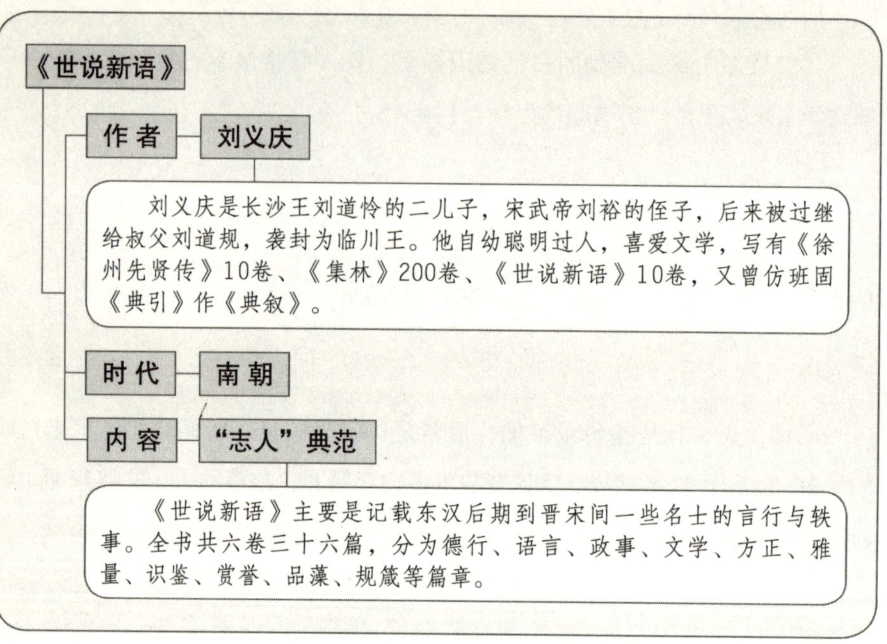

（1）魏晋风貌图

《世说新语》讲的都是魏晋时期的故事。在那个时期，由于科举制度还没有出现，出身贫寒的人要想晋升到上流社会非常困难，而当时的士大夫阶级却拥有世袭官位利禄的权利。不用努力就可以得到丰厚衣食生活的士大夫一族，通常不愿做实事，喜欢清谈，也就是喜欢在一起讨论一些玄之又玄的问题，非常注重生活的质量和思想的高度。这也就使整个魏晋文坛充满了一种闲适的玄妙气氛。

《世说新语》所讲述的几乎都是士大夫阶层的生活方式，其中也有很多我们熟悉的故事，比如曹植的七步成诗、曹操的望梅止渴等。但书中更多的部分是在描写官僚名士的风流生活，在《言语》《赏誉》《品藻》《任诞》《排调》等篇中，他们奢侈和糜烂的生活方式被直观而清晰地展现出来。

◇魏晋时期的士大夫过着丰衣足食只好清谈的日子

《世说新语》在展示士大夫阶级生活状态的同时，更暴露了他们凶残贪婪的本性。《汰侈篇》中记载，石崇每次宴请宾客，都会让美人行酒，如果客人没有喝，就会斩杀美人。一次大将军王敦去做客，“固不饮以观其变，已斩三人，颜色如故，尚不肯饮”，丞相王导出面阻拦时，他还反驳说：“自杀伊家人，何预卿事!”

由于受身份的影响，刘义庆虽然没有完全站在批判的角度，但是却勾勒出一个时代的众生世态，被后世称为“魏晋风流的故事集”和“名士‘教科书’”。

（2）漫画众生相

《世说新语》涉及上百个人物，上至帝王将相，下至僧侣隐士，记载的都是经过精心挑选的片段，因此比一般野史更注意语言的提炼，相当富于文学性。许多故事虽然只有寥寥几笔，却勾画出一个个栩栩如生的人物形象。

《俭啬》写了一个极其贪婪吝啬的人：“王戎有好李，卖之恐人得其种，恒钻其核。”短短16个字，王戎的贪婪吝啬就跃然纸上。《雅量》中当顾雍围观下棋时得到了丧子噩耗，他“虽神气不变，而心了其故。以爪掐掌，血流沾褥”，一个细节就把顾雍的心理和个性生动地表现了出来。

由于受到魏晋时期流行的老庄哲学的影响，《世说新语》善于用对比的手法来突出人物的性格。在写谢安、孙绰出海遇到风浪时，一边是“貌闲意说，犹去不止”的谢安，另一边则是“色并遽”“喧动不坐”的孙绰，这样一对比，更显出谢安面临危险时的“雅量”。如《忿狷篇》描写王蓝田性急，吃鸡蛋时“以筋刺之，不得，便大怒，举以掷地。鸡子于地圆转未止，仍下地以屐齿蹍之，又不得。瞋甚，复于地取内口中，啮破即吐之”。几个小动作，王蓝田的性急就被描写得绘声绘色了。

漫画式的夸张和有趣，使《世说新语》成为记录轶闻趣事的笔记小说的先驱，也对文学的发展产生了深远的影响。

春秋历史演义——《东周列国志》

受《三国演义》的影响，连年争战的春秋战国五百年，成为极具有故事性的小说题材，于是《东周列国志》在民间传说和史书的基础上应运而生，由于它大量保留了真实的历史资料，也成为了解春秋历史的一条途径。

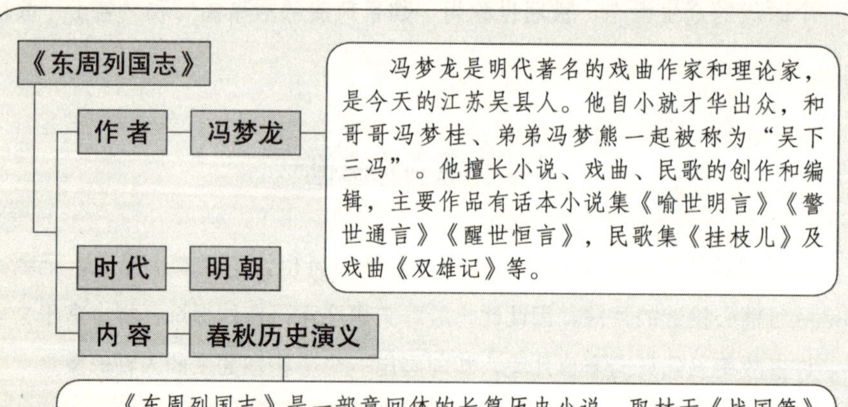

《东周列国志》是一幅波澜壮阔的历史画卷。整部小说对复杂的历史做了清晰的梳理。

最值得一提的就是它在明朝新思潮的影响下，有了反对愚忠的认识，它认为为昏君而死“不得为忠臣之大节”，这一进步实在值得称道。

《东周列国志》所记录的重大战役已成为古今兵家研究的经典战例，如长勺之战、城濮之战、泓水之战、长平之战等。这些故事不仅记录了历史，还做了精彩的描写，每个故事既独立又彼此关联，还包含着深刻的寓意。其中不少故事更成为了后世广为流传的经典，如周幽王烽火戏诸侯、越王勾践卧薪尝胆、荆轲刺秦王图穷匕首见、伍子胥微服过昭关等等。就连常用的“退避三舍”“大义灭亲”“奇货可居”“欲加之罪，何患无辞”等等，都可以在书中找到相应的典故。

《东周列国志》是一部不可多得的佳作，在历史小说中算得上品之作。

“鬼话”连篇——《聊斋志异》

文言文小说曾在中国文学史上风靡一时，从唐代开始却随着白话小说的兴起而逐渐衰败。就是在这样的境地之下，文言文短篇小说集《聊斋志异》却用它独特的思想和艺术，征服了读者。

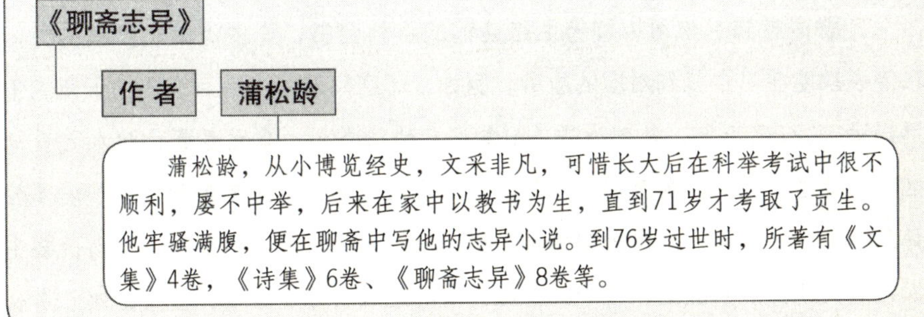

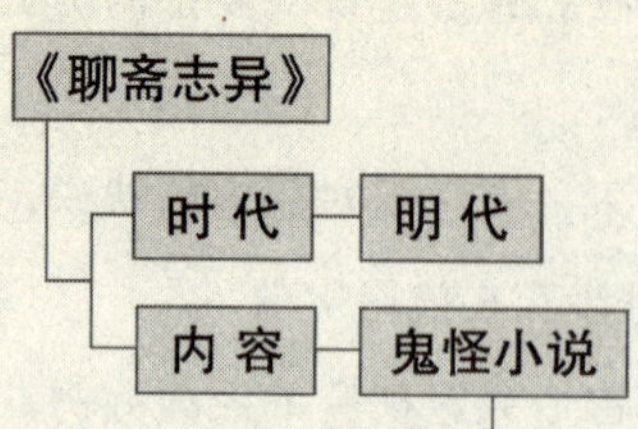

《聊斋志异》是一本讲鬼怪奇事的文言小说，它是在广泛搜集民间故事、传说的基础上创作而成的。全书共491篇，其中包括大部分短篇小说和少量笔记。

内容大致分为四种类型：

1. 对科举制度的控诉，如《叶生》《司文郎》等；
2. 对真挚爱情的颂歌，如《连城》《香玉》等；
3. 揭露现实政治的腐败和对贪官污吏的严厉批判，如《促织》、《席方平》等；
4. 对世俗民风的劝戒讽刺，如《张诚》《镜听》《骂鸭》等；

（1）迷信百科

《聊斋志异》是志怪传奇小说中的奇书，故事奇、人物奇、现象奇、见解奇、文笔奇，那些人格化了的鬼狐妖媚和社会化了的幽冥世界，却是真实世界矛盾的写照。这些历来人们惧怕的生灵，到了蒲松龄的笔下，却有了许多可爱之处。在不满现实社会的蒲松龄眼中，虚伪的现实世界，哪里有真性情的幽冥世界来得纯粹。所以那些充满奇特想象的故事和出人意料的情节，是蒲松龄用浓重民间色彩的传奇来寄寓对生活的美好向往。

《聊斋志异》也可以称得上是迷信的百科全书，许多流传于民间的民俗和传说都能在书中找到对应的故事。例如，《章阿瑞》中就有许多关于鬼的生活描写，“人死为鬼，鬼死为聻（nǐ鬼死后的状态）。鬼之畏聻，犹人之畏鬼也。”“鬼不见地，犹鱼不见水”；“上有生人居，则鬼不安于夜室”。《公孙九娘》中说鬼和人一样渴望落叶归根，虽然客死异乡，但还是千方百计要生人为他们迁葬以回故土，“千里柔魂，蓬游无底，母子零孤，言之怆恻。幸念一夕恩义，收儿骨归葬墓侧，使百年得所依栖，死且不朽”。

这些看似荒诞的故事来源于民间，有着悠久的历史和深厚的民间基础，能使读者产生亲切感。

（2）“鬼话”典范

《聊斋志异》中的主角，多是那些由鬼狐妖魅所化身的人物。但蒲松龄没有把这些传统中的妖魅固定为邪恶的象征，他把他们写得“多具人情，和易可亲，而偶见鹘突，知复非人”。

所以《聊斋》中的女子多有异于常人的可爱之处，但她们也是各具性格。《林四娘》中的林四娘爱诗善歌，“谈词风雅”，却心境凄苦，《连琐》中的连琐“瘦怯凝寒”，《绿衣女》中写绿衣女是“绿衣长裙”，“腰细殆不盈掬”。尤其是在《婴宁》一篇中，更是将婴宁天真烂漫的性格描绘得活灵活现：“良久，闻户外隐有笑声。媪又唤曰：‘婴宁，汝姨兄在此。’户外嗤嗤笑不已。婢推之以入，犹掩其口，笑不可遏。媪瞋目曰：‘有客在，咤咤叱叱，是何景象?’女忍笑而立。……生无语，目注婴宁，不遑他瞬。婢向女小语云：‘目灼灼，贼腔未改!’女又大笑，顾婢曰：‘视碧桃开未?’遽起，以袖掩口，细碎连步而出。至门外，笑声始纵。”不受传统约束的婴宁，在被所谓的礼仪束缚了的世人面前，显得是那么地活色生香。

蒲松龄用简练的文笔和细腻的描写，再加上对古代文学语言创造性的使用，使《聊斋志异》生动而典雅，堪称“志怪小说”的典范之作。

讽刺杰作——《儒林外史》

《儒林外史》将笔触伸向了那些渴望通过封建科举获得一官半职的读书人，它不仅揭露了古代官场的黑暗，也成为了中国讽刺小说的代表作。

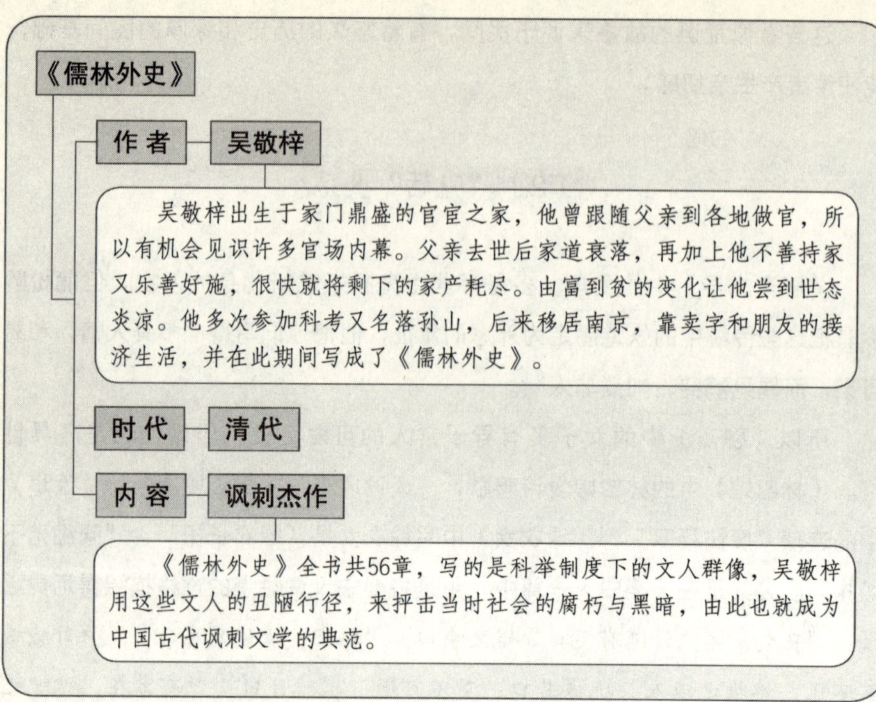

（1）社会的照妖镜

《儒林外史》是一面社会的照妖镜，它不仅让当时的社会显露出了腐朽的原形，更照出了那些打着仁义道德旗帜的文人们丑恶的形象。

第四十八回《徽州府烈妇殉夫 泰伯祠遗贤感旧》中对王玉辉的描写就是一个例子。他做了三十年的老秀才，立志“要纂三部书嘉惠来学”，要“劝醒愚民”，一心扑在这件事情上。女儿受了他的影响，丈夫死了就要以身相殉，王玉辉在得知消息后说：“这是青史上留名的事，我难道反拦阻你？你竟是这样做罢。我今日就回家去，叫你母亲来和你作别。”得到父亲鼓励后的女儿果然绝食而死。看着哭得死去活来的妻子，王玉辉还责骂她“真正是个呆子，只怕我将来不能像他这一个好题目死哩”，还仰天大笑道：“死的好！死的好!”

除了对礼教制度的揭露之外，《儒林外史》中也有对下层人民的同情，但这种同情也带着对科举制度的讽刺。

周进和范进连续参加了数十年的科考，一心想要沿着童生、秀才、举人、进士的阶梯往上爬，但是周进六十多岁了还没考上秀才，范进也只是个五十四岁的老童生，他们面黄肌瘦、破衣烂衫，成为被科举等级制度把身心都压垮了的悲剧典型。

（2）儒林士族的百态图

《儒林外史》被评价为古典现实主义巨著，书中的很多故事和人物都来源于生活，再通过细小的情节来表现丰富的思想。虽然故事中主角在不断地变换，但是却总能抓住人物最具特色的性格，给人留下深刻的印象。

第十九回“匡超人幸得良朋潘自业横遭祸事”中写潘三虽然只是个小差役，但是却把景兰江等一帮假名士看得清清楚楚，他看到匡超人和这帮人鬼混就点化他：“你到省里来，和这些人相与做甚么?”“这一班人是有名的呆子。这姓景的开头巾店，本来有两千银子的本钱，一顿诗做得精光。他每日在店里，手里拿着一个刷子刷头巾，口里还哼的是‘清明时节雨纷纷’，把那买头巾的和店邻看了都笑。而今折了本钱，只借这作诗为由，遇着人就借银子，人听见他都怕。那一个姓支的是盐务里一个巡商，我来家在衙门里听见说，不多几日，他吃醉了，在街上吟诗，被府里二大爷一条链子锁去，把巡商都革了，将来只好穷得淌屎！二相公，你在客边要做些有想头的事，这样人同他混缠做甚么？”匡超人这才如梦初醒，踏踏实实跟着潘三“做些有想头的事”。

这些看似带着喜剧色彩的描写，其实渗透着吴敬梓对儒林众生的深思。这些形形色色的儒林人士，就好像一幅科举制度下的士族百态图，发人深省。

第四节 集字为典——辞典

辞典，就是我们现在叫的词典。它是汇集语言里的词语，按某种次序排列，并一一加以解释，供人查阅的工具书。中国古代是没有辞典或词典这个名称的，通常只叫字书。但是，中国古代的字书却起源很早，“字典”之名，唐代以前就已经有了，从慧琳的《一切经音义》所引凡九见，就是证明。

萌芽期  **公元前十世纪左右**

当时印度、中国的难词表以及中国先秦典籍中普通语词的古训是萌芽的代表。

开创期  **西周至两汉**

代表作有《说文解字》《尔雅》《方言》《释名》等。其中《尔雅》是中国第一部以训释字、词为主要内容的训诂学专书，开创了中国词义分类和比较研究的训诂学的新阶段。这段时期是中国语言文字学研究的重要里程碑。

探索期  **魏晋至唐朝**

此时，类书、韵书和双语辞典开始萌芽。代表作有《广韵》《切韵》《集韵》《韵略汇通》等，其中最具代表性的是《广韵》，它是中国第一部官修及现存最完整的韵书。

成型期  宋至清

汉语语文辞典成型，其他类型的辞典开始发展。这一时期最有代表性的辞典是由陈廷敬奉命为康熙皇帝编撰而成的《康熙字典》，《康熙字典》是现代意义上字典的第一步。

成熟期 → 五四运动至今

辞典类型呈现多样化，并以崭新的面目发展。辞典编纂技艺日臻完善，辞典学理论体系逐步健全，辞典学学科发展渐趋成熟。

最早的字典——《说文解字》

《说文解字》

作者——许慎

许慎曾担任太尉府的祭酒一职，是汉代著名经学大师贾逵的弟子，最终成为汉代著名的经学家、文字学家、语言学家。他经历21年编写成《说文解字》，是中国文字学的开创者。他还另外有《五经异义》《淮南鸿烈解诂》等书，但都散佚了。

时代——东汉

内容——中国最早的一部文字学专著

《说文解字》第一次对汉字的字形、字义和字音作了全面的分析和描写、第一次按照汉字形体的构造来分类，第一次把汉字按偏旁归纳为五百四十个部首。首创了部首分类法，按部首来编排汉字，是第一部真正意义上的字典。它彻底摆脱了过去字书的那种只是把汉字凑在一起而不管其间有无关系的局面，彻底地把字书从儿童识字课本阶段提升到了字典的阶段，为文字学的建立立下了丰功伟绩。

《说文解字》是中国字典的开山之作，被誉为“中国字典之先河”，是中国古代语言学中最重要的一部文字学专著。它首创了从字形分析入手，审音辨义，考究字源，采用“六书”理论的字典体系；创立了汉民族风格的语言文字学，为中国文字学的创建和发展奠定了坚实的基础。由此它被人们称作是“语言文字学的经典”和“小学之宗”。它极强的实用价值，更在中国文化史上产生了深远的影响。

（1）“六书”理论

古人分析过去的汉字，归纳出了六种造字方法，即象形、指事、形声、会意、转注、假借，总称“六书”。“六书”理论的萌芽在春秋战国时期，成熟在汉代。不过，在许慎以前，只有“六书”和“象形”“指事”等名目，却没有具体的解说。

许慎是第一个给“六书”的每一种书下了定义的人，他在书中给“六书”定义说：“一曰指事。指事者，视而可识，察而见意，上下是也。二曰象形。象形者，画成其物，随体诘诎，日月是也。三曰形声。形声者，事为名，取譬相成，江河是也。四曰会意。会意者，比类合谊，以见指㧑，武信是也。五曰转注。转注者，建类一首，同意相受，考老是也。六曰假借。假借者，本无其字。依声托事，令长是也。”他不仅一一对六书进行了解释，还用这个理论具体地分析了当时所能见到的所有汉字，在书中对每一个汉字都注明了或“象形”，或“指事”，或“从某形”，或“从某声”。

可以这样说，直到许慎撰写《说文解字》，“六书”理论才算成熟，自此中国文字学才正式创立。

中古音系——《广韵》

《广韵》

作者——陈彭年、丘雍等人

《广韵》是由陈彭年、丘雍等奉旨花费五年时间，在前代韵书的基础上编修而成的。陈彭年是一个博闻强记，熟谙典故的人，他虽然官至兵部侍郎、参知政事，却居室简陋，他把所有的俸禄都拿去买书，是个著作等身的人。他所撰写的《江南别录》，就是记载南唐义祖、烈祖、玄宗、后主四代历史的原始资料。

时代——北宋时代

内容——中国历史上第一部官修韵书

《广韵》共五卷，收字26914个。平声字多，分上、下两卷，上平二十八韵，下平二十九韵，上，去，入声各一卷。上声五十五韵，去声六十韵，入声三十四韵，共二百零六韵。每个韵部中将声韵相同的同音字排列在一起，形成同音字组。字音有异读的，个别注明；字形有异体的，则附于本字之下。

《广韵》是中国第一部官修及现存最完整的韵书，是历代韵书的集大成著作。《广韵》的书名，是增广《切韵》的意思，它的全名为《大宋重修广韵》。在这本书中可以上推古音，下连今音，是研究音韵学的经典文献，它同时又是一部以韵编排的字书，在文字学、训诂学、词典学等方面同样也具有重要地位。

《广韵》最为功不可没的，是它完整而又详细地记录了从南北朝到宋末的语言系统，它保存了唐宋时代就已经散佚的古代文字训诂资料，让今天的人可以通过《广韵》了解到中古语音的声母、韵母及声调情况，《广韵》成为了研究那个时代语音的可靠依据。

最全的字典——《康熙字典》

《康熙字典》

作者 — 陈廷敬

陈廷敬原来的名字叫陈敬，中间一个“廷”乃是康熙皇帝的父亲顺治皇帝所赐。陈廷敬才华横溢，为官正直，入仕之后便步步高升。康熙四十二年（1703年）进拜文渊阁大学士兼吏部尚书，官位相当于副宰相。1710年，陈廷敬奉命开始主持编纂《康熙字典》。

时代 — 清朝康熙年间

内容 — 最全的字典

《康熙字典》收四万七千多字。用子丑寅卯辰巳午未申酉戌亥分为十二集，每集又分上中下三卷，按214个部首把字编辑在十二集内。同部首的字，均依笔画多少先后排列。每字先音后义，音韵有唐韵、广韵、集韵、韵会、正韵等，又分别注明出处，并引证古书，引用的资料十分丰富，是中国一部重要的工具书。

《康熙字典》是中国第一部集文字最多的大字典。其地位在中国字典发展史上是不可取代的，是现代意义上字典的第一步。

《康熙字典》对于旧部首的处理主要是删并，对于汉字的归部，也作了相应的调整，不再注意其结构的学理性，可以以偏旁归部，也可以以笔画组织甚至起笔的笔画归部。《康熙字典》的归部并不特别考量文字的学理性，而是以检索便捷为重，这在中国辞书学发展史上是一个重大变革。

如《说文》革部的“勒”字归入力部、鬲部的“融”字归入虫部、立部的“靖”字归入青部、采部的“番”字归入田部、至部的“到”字归入刀部、支部的“殷”字归入日部、聿部的“书”字归入日部等等。

《康熙字典》重新规划了214个部首，这就简化了查询难度，更具实用性。这种不以含义，而以字形的归部方式，影响了我们今天的字典编排。

除了归部的特别以外，《康熙字典》还在注释方面显示了它的优点。除了一些生僻的字义，《康熙字典》为差不多每个字都注有反切注音，使这种用两个字为一个字注音的方式，得到了最大的利用；同时它对一字多音的情况，也分别进行了注音和解释。《康熙字典》还在解释不同字义的同时，进行了一一举例，并为它们引用了最早出现该含义的古书文字，以作为理解和训诂的重要参考。

《康熙字典》可以查找到清康熙以前所有字书所失收的字，成为一部经典传世之作。

第五节 文学理论——评论

文学评论是文学在进入了发展成熟的阶段，一些有识之士对之前的文学进行的总结或批评。这些评论，对文学的发展起到了极大的推动作用。

在中国历史上，第一个最有力的文艺批判者就是《论衡》的作者王充。王充所处的东汉时期经学和谶纬之学十分流行，而占据文坛的仍旧是西汉以来的那种歌功颂德的辞赋，这就使整个文化领域都充满着愚昧。于是王充在他的《论衡》中写了《艺增》《超奇》《佚文》《案书》《对作》《自纪》等文，尖锐地批判当时“华而不实，伪而不真”的文风。他注重文章的实用性，反对复古提倡创新，还倡导用口语写作以方便教育。这些思想都对魏晋以后的文学产生了推动作用。

但王充并没有将自己的思想系统化的意识，中国的文学批判专著是诞生在建安时期的曹丕手里。原本东汉桓灵之世就出现了清议的风气，到了建安时期，文

◇从建安时期开始，品评文章的风气开始形成

学创作变得异常地活跃，品评文章的风气也就逐渐形成。曹丕的《典论·论文》就是在这种风气下产生的比较系统的文学批评专著，它开创了中国古代文学批评的新天地，之后陆机的《文赋》、刘勰的《文心雕龙》、锺嵘的《诗品》以及王国维的《人间词话》都是在它的基础上越走越好的文学评论佳作。

文学评论权威——《文心雕龙》

《文心雕龙》

- 作者 — 刘勰

  刘勰是山东莒县东莞镇人，从小家境贫寒，立志要通过学业踏入仕途，立身扬名。后来虽然得到了官职，但由于当时实行的是等级森严的门阀制度，一心向学的他见升迁无望，就到钟山南定寺拜高僧为师，潜心研读佛家经典以及诸子百家、史传和各家的论文集。他在32岁开始动笔，历时五年写成《文心雕龙》。

- 时代 — 南北朝
- 内容 — 文学评论权威

  《文心雕龙》是一部文学评论专著，对中国文学进行了理论上的总结。全书共10卷50篇，分为上、下两部，内容包括五个部分：

  第一部分：从《原道》到《辨骚》等5篇，讲文学的性质；

  第二部分：从《明诗》到《书记》等20篇，分述各种文体的源流、特点和写作的基本准则；

  第三部分：从《神思》到《物色》等20篇，讨论文章写作中的各种问题；

  第四部分：从《时序》到《程器》等4篇，文学史论和批评鉴赏论；

  第五部分：《志序》，全书总序，说明写作动机和宗旨。

《文心雕龙》以儒家思想为核心，对文学创作、文学批评、文学的特点和规律等提出了一系列精辟独到的见解，不仅是中国古代文学理论和文学批评方面最重要、最系统的一部著作，也是中国文学理论批评史上第一部有着严密体系的文学理论专著。

在论述文学的发展时，《时序》一篇阐述了文学与社会的关系，认为“时运交移，质文代变”，“歌谣文理，与世推移”，“文变染乎世情，兴废系乎时序”。书中关于文学批评的论述更是精辟，《程器》中的“修短殊用”“难以求备”，《知音》中的“各执一隅之解”“操千曲而后晓声，观千剑而后识器”，这些观点至今仍然值得借鉴。

刘勰所处的南北朝，是中国古代文艺理论发展的重要时期。但是，当时很多文人一味地追求词藻的华丽，忽略了思想内容的重要性，《文心雕龙》的问世打破了这种文风的流行，刘勰用平实的语言造就了这本中国文学批评最权威的典范论著。

批评史里程碑——《人间词话》

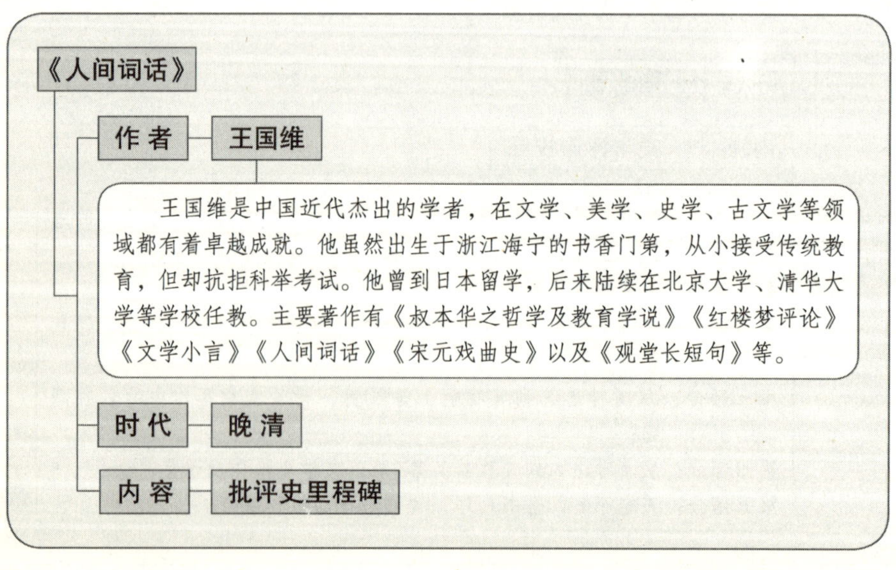

批评史里程碑

《人间词话》采用传统评点式的词话形式，针对一些文学词句和个别词人进行分析，研究他们的创作方法、写作技巧以及作家修养等，是中国近代文学批评史上里程碑式的著作。

这部中国近代极富盛名的文学理论批评作品，将中国古典文学理论和西方哲学、美学有机地结合在一起，这一创举为中国美学以及文艺理论研究开创了一条新路，是王国维关于文学批评的著述中最受重视的一部作品。

虽然每篇文章都很短，《人间词话》却字字切中要害，留下了许多独到的见解，尤其是提出了以“境界”为核心思想的词学理论，“词以境界为上”，“无我之境，人惟于静中得之。有我之境，于由动之静时得之。故一优美，一宏壮也”。

另外，“三种境界”观点更是被很多人奉为名言：“古今之成大事业、大学问者，必经过三种境界：‘昨夜西风凋碧树。独上高楼，望尽天涯路。’此第一境也。‘衣带渐宽终不悔，为伊消得人憔悴。’此第二境也。‘众里寻他千百度，蓦然回首，那人却在，灯火阑珊处。’此第三境也。”这些精辟的论述奠定了《人间词话》在中国文学批评史上举足轻重的地位。

以史为鉴——史书

史书，是对历史的记载。在儒家思想的倡导下，中国文人都有对历史重视的倾向，而史书，更成为帝王治理国家的参考和借鉴。由此，中国自有文字以来，就注重对历史的记载，并形成了一个庞大的史书体系。

中国史书卷帙浩繁，种类繁多，这在世界上都较为罕见，这与中国重视历史、推崇传统的风气密不可分。

在中国史学的童年时期，史书的体裁有记事、记言二种，相传有左史记言、右史记事的说法。当时的史书非常简洁，有时候只是只言片语。后来史书逐渐发展有编年体、纪传体、典制体和纪事本末体等体裁，能全面反映事件的起因始末，清晰构架当时的社会状况。史书的内容不断扩大，经济、政治、社会、风俗、天文、地理、哲学思想、教育、刑法和典章制度等都在史书中有所反映。

史书的种类

正史	以纪传体、编年体的体例，记载帝王政绩、王朝历史、人物传纪和经济、军事、文化、地理等诸方面情况的史书叫正史。如，通常所说的二十四史。除少数是个人著述（如司马迁的《史记》）外，大部分正史是由官修的。
杂史	只记载一事之始末、一时之见闻或一家之私记，是带有掌故性的史书。
别史	主要指编年体、纪传体之外，杂记历代或一代史实的史书；有时与杂史难以区分。
野史	有别于官撰正史的私家编写的史书。
稗史	通常指记载闾巷风俗、民间琐事及旧闻之类的史籍，如清代人潘永因的《宋稗类钞》，近代人徐珂的《清稗类钞》。有时也用来泛指“野史”。

史书的体例

编年体	编年体史书按年、月、日顺序编写，以年月为经，以事实为纬，如《左传》《资治通鉴》等都属于这一类。
纪传体	纪传体史书创始于西汉司马迁的《史记》，它以人物传记为中心，用“本纪”叙述帝王；用“世家”记叙王侯封国和特殊人物；用“表”统系年代、世系及人物；用“书”或“志”记载典章制度；用“列传”记人物、民族及外国。历代修正史都以此为典范，又如《汉书》。
纪事本末体	创始于南宋袁枢的《通鉴纪事本末》。这种体裁的特点是以历史事件为纲，重要史事分别列目，独立成篇，各篇又按年、月、日顺序编写。
国别体	以国家为单位分别记叙的历史。如《战国策》《三国志》。
通　史	连贯地记叙各个时代史实的史书称为通史，如西汉司马迁的《史记》，可称为通史。因为他记载了上自传说中的黄帝，下至汉武帝时代，历时三千多年的史实。
断代史	记载一朝一代历史的史书称为断代史，创始于东汉班固的《汉书》。《二十四史》中除《史记》外，其余都属断代史。

以上六种体例是按照不同标准分的，实际上同一史书按照不同标准可分别归入不同体例。如《三国志》属纪传体、国别体、断代史。

除上述这些以人物事件历史为主的主体史书外，还有记载各种专门学科历史的史书，它们被称为专史，如经济史、思想史、文学史等。

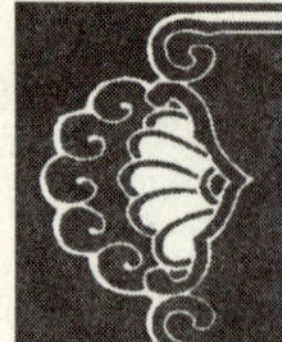

第一节 中国正史——二十四史

二十四史，是从汉武帝时起，到清朝乾隆年间止，历代史学家们编著积累而成的二十四部史书的总称。在古代，“二十四史”也被称为“正史”，这与修史者有关。从隋文帝杨坚禁止私人修史以后，史书的编写完全由官府掌握，史官为修史者，其书当然拥有官方的最高认可。当乾隆皇帝钦定“二十四史”以后，“正史”一称干脆就被“二十四史”专有，确立了它们“正统”史书的地位。

三国时已经出现了“三史”，即《史记》《汉书》和东汉刘珍等写的《东观汉记》。《后汉书》出现后，取代了《东观汉记》的地位，列为“三史”之一。这“三史”再加上《三国志》，在当时被称为“前四史”。

之后又出现了“十史”之称，它是三国、晋朝、宋、齐、梁、陈、北魏、北齐、北周、隋朝十个王朝史书的合称。之后的“十三代史”则为“三史”加“十史”。

宋代在“十三史”的基础上，又加入了《南史》《北史》《新唐书》、《新五代史》，形成了“十七史”。明代又新增了《宋史》《辽史》《金史》《元史》，为“二十一史”。清朝乾隆初年，先加入《明史》，形成“二十二史”；后来又增加《旧唐书》，形成“二十三史”；最后从《永乐大典》中辑录的《旧五代史》经乾隆皇帝钦定，也被列入正史，合称“钦定二十四史”。自此，“二十四史”正式确立。

二十四史总共3249卷，约有4000万字，统一用纪传体编写。从第一部《史记》到最后一部《明史》，前后共记载了4000多年中华民族的历史进程。这样庞大的编年体系，在世界上都是极为罕见的。

◇历史总是在争战中开始新的篇章

“二十四史”的内容非常丰富，它不仅记载了历代政治、文化艺术和科学技术等各方面的事迹，而且还曲折地反映了社会中的阶级斗争和人民的一部分真实生活情况，有关统治阶级内部矛盾的材料，更是触目皆是。尤其值得一提的是，它的经济史料极为可观。除了志中的专门记述外，本纪里的一些皇帝诏令，列传中的大臣奏议和言行事迹，都不同程度地反映了历代王朝的田亩制度、赋役政策、钱币规定等情况。是了解中国历史的重要文本。

史家之绝唱——《史记》

《史记》是中国历史上第一部纪传体通史，其规模巨大，体系完备，对后世影响很深，后来历朝正史基本都用这种体裁撰写。作为《二十四史》

之首，《史记》不只是在中国史学史上拥有无法撼动的地位，在中国文学史上，也堪称是一座伟大的丰碑，它开创了中国传记文学的先河。它的文采历来为中国文学界所称颂，鲁迅先生称赞《史记》为“史家之绝唱，无韵之《离骚》”，梁启超称赞这部巨著是“千古之绝作”。

《史记》

作者——司马迁

司马迁出生于史学世家。他的先世是周朝的史官，他的父亲司马谈在汉武帝前期官为太史令，有志于著述汉史，临终嘱咐司马迁记汉事、修史书。司马迁牢记父亲遗愿，担任太史令后，他有了阅读外面看不到的书籍和重要资料的机会，由此开始收集整理史料撰写《太史公书》，这书后人通称为《史记》。司马迁个性禀直，著书期间因直言进谏而遭宫刑，却置屈辱、生死于脑后，更加发愤著书，历时十六年终于完成“究天人之际，通古今之变，成一家之言”的巨著——《史记》。他的生死观“人固有一死，有重于泰山，或轻于鸿毛”成为脍炙人口的名言。

时代——西汉

内容——贯通古今、网罗百代的通史

《史记》从传说中的黄帝开始，一直写到汉武帝元狩元年，是一部贯穿古今的通史，叙述了中国三千年左右的政治、经济、文化多方面的历史发展。全书共一百三十篇，有十二本纪、十表、八书、三十世家、七十列传，共五十二万六千五百一十五字。其中以本纪和列传为主体。通过五种不同的体例和它们之间的相互配合和补充构成完整的体系。

“本纪”：全书提纲，按年月记述帝王的言行政绩。

“表”：用表格来简列世系、人物和史事。

“书”：记述制度发展，涉及礼乐制度、天文兵律、社会经济、河渠地理等诸方面内容。

“世家”：记述子孙世袭的王侯封国史迹。

“列传”：重要人物传记。

（1）创新史书

《史记》以它独特的创新精神，开创了一个全新的史书天地。

■ 一家之言

在《史记》之前，中国的历史书只有两类，一类是编年体，按年代来记述历史，其中最有名的，像《春秋》《左传》；另一类是国别体，按国家来记载历史，其中有名的，有《国语》《战国策》。《史记》开创了一种新的记述历史的角度——纪传体，即以人物为中心来记述历史。纪传体形式灵活，可以把政治、经济、文化各个方面的情况都囊括入内，又能反映出封建的等级关系，因而这种撰史方法，被历代史家采用，影响十分深远。从《史记》之后，中国所有的正史，也就是我们所说的"二十四史"都是纪传体。

《史记》的目标是"究天人之际，通古今之变，成一家之言"，由此让它成为中国第一部规模宏大、贯通古今、内容广博的百科全书式的通史，前后跨越三千年。在《史记》中，司马迁第一个为经济史作传：《平准书》《货殖列传》；司马迁又第一个为少数民族立传：《匈奴列传》《朝鲜列传》《大宛列传》等，为研究中国古代少数民族的历史，提供了重要的史料来源；他还第一个为卑微者列传：《刺客列传》《游侠列传》等，推动了中国历史学的发展。

《史记》坚持并发扬了秉笔直书的史学传统，忠于历史史实，既不溢美，也不苛求。在司马迁的《史记》之前，所谓的历史仅仅是王侯的发家史、光荣史、太平史。在司马迁的《史记》里，历史还原为本来面貌：自以为功高盖世的帝王们同样有无耻、暴戾、虚假和懦弱的一面；虽然有着种种的过失和缺点并最终兵败垓下、自刎乌江的楚霸王项羽不失为顶天立地的英雄，尤其令人注目的是，他还将项羽列入"本纪"，用帝王的规格对待，即使是对开国皇帝刘邦，司马迁也是客观记录。他写刘邦广招贤才，最终成就大业；更写他心胸狭隘、杀戮功臣、语言粗俗等诸多不良行为。由于司马迁在历史编纂学上的伟大创造精神，他进步的史学思想和严谨的治史方法，使《史记》成为中国史学史上一座巍峨的丰碑，司马迁也赢得了"中国史学之父"的美名。

■ 平民入史

◇司马迁的平民立场，让“鸡鸣狗盗”之徒也在史书中有了一席之地

《史记》最为耀眼的闪光点还在于它的平民立场。在《史记》之前，有平民不入史的规定，即“刑不上大夫，礼不下庶民”。但到了司马迁这里，“鸡鸣狗盗”之徒也有了自己的一席之地。《刺客列传》《游侠列传》《滑稽列传》《货殖列传》就都是写社会底层人物的，他们或忠义，或智慧，各具特色，妙趣横生。有学者甚至将这些篇目认为是中国通俗文学的鼻祖。

《史记》的不拘一格，填补了中国古代人物史上的许多空白。司马迁在填补这些空白时，更善于去寻找一般史家忽略了的、却极受百姓喜爱的传主。如屈原这样一个伟大的诗人，在《史记》之前的先秦的典籍中，居然都没有关于他的记载，由此有些人竟否认屈原的存在，幸而《史记》中有《屈原贾生列传》。

再比如司马迁在《史记》里专门写了一个《孔子世家》，第一次完整地勾画了孔子的一生，这是迄今为止有关孔子第一篇人物传记。中国人历来讲究“知人论世”，所以，今天要读《论语》，首先要读《孔子世家》，了解孔子的生平，才能正确地解读《论语》。

但“世家”是记载诸侯王国之事的，司马迁把孔子和陈涉列入“世家”，堪称创举。孔子虽非王侯，但却是传承三代文化的宗主，更何况汉武帝时儒学独尊，孔子是儒学的创始人，将之列入“世家”也反映了思想领域的现实情况。至于陈胜，不但是首先起义亡秦的领导者，且是三代以来以平民起兵反抗残暴统治的第一人，而亡秦的侯王又多是他建置的。司马迁将他列入“世家”，把他写成为震撼暴秦帝国统治、叱咤风云的历史英雄，使《史记》拥有了超越时代的历史观。

（2）文采斐然

在《史记》的人物画廊里，不仅可以看到历史上那些有作为的王侯将相的英姿，也可以看到妙计藏身的士人食客、百家争鸣的先秦诸子、“为知己者死”的刺客、已诺必诚的游侠、富比王侯的商人大贾，以及医卜、俳优等各种人物的风采。对这些人物的刻画，成为《史记》为历代文学家称颂的一大缘由。

《史记》善于用人物语言来表现人物性格。如刘邦、项羽见秦始皇巡游的威仪，各说了一句不甘于自己地位的表白。刘邦说：“嗟乎！大丈夫当如是也！”多有羡慕；项羽说：“彼可取而代也！”则更多仇恨与野心，人物性格跃然纸上。

《史记》笔力洗炼，信手写来，寥寥数语，清晰明了。如《李将军列传》中的一个场景：（李广）尝夜从一骑出，从人田间饮。还至霸陵亭，霸陵尉醉，呵止广。广骑曰：“故李将军。”尉曰：“今将军尚不得夜行，何乃故也！”止广宿亭下。这一幕字数不多，却将李广和霸陵尉结怨的经过交代清楚，也为后面李广报复埋下伏笔。

《史记》片段之一的《鸿门宴》，是最为文学界津津乐道的篇目。全篇高潮迭起、扣人心弦，人物的出场、退场，神情、动作、对话，乃至坐位的朝向，都交代得一清二楚，纤毫毕现、栩栩如生，俨然一部小说，竟令很多人怀疑它的历史真实性。其实，《鸿门宴》在历史上确有其事。

纵观《史记》洋洋洒洒五十三万言，此类描述，比比皆是。对于人物的刻画、场景的描写、事件的记述，司马迁都显示出高超、多样的文学技艺。《史记》中的很多传记，都是用一系列栩栩如生的故事构成的，这些故事流传至今，成为后世传奇小说、戏剧的原料。如窃符救赵、完璧归赵、负荆请罪、田忌赌马、乌江自刎等，不胜枚举。

首部纪传断代史——《汉书》

以人物故事和言行为主的史书，称为纪传体史书；只记录某一时期或者某一朝代历史的史书，称为断代史。《汉书》是中国的第一部纪传体断代史，它的出现成为后来历代史书效仿的对象，也是在《史记》之后中国史传文学的第二个高峰之作。

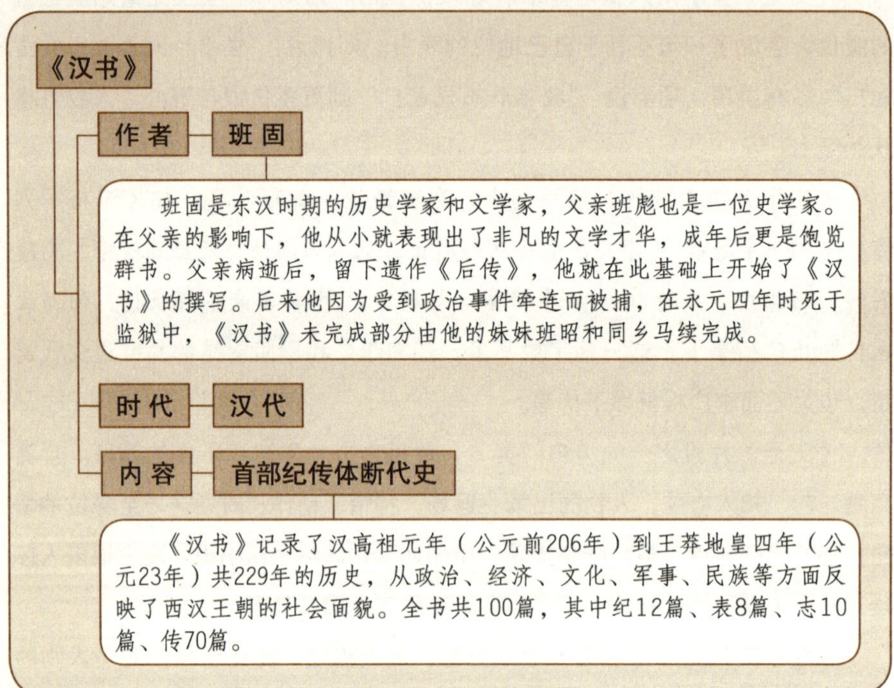

（1）精细叙事

《汉书》的内容十分严谨，所有史实都经过了广泛的史料搜集和认真的考查订正，这使得它的叙事也很精细。许多史实的来龙去脉在《汉书》中都有清晰的记录，在叙述某些关键性的事件时还加入了详细的标注，尤其是与汉代制度演变有关的事件。

按照西汉的惯例，官员必须先封侯，然后才有资格拜相。卷五十八《公孙弘卜式兒宽传第二十八》中讲公孙弘没有爵位却先拜相，所以后来武帝就封他为“平津侯”，为了告诉人们先拜相后封侯的做法是绝无仅有的先例，《汉书》就在整个故事的最后加上“其后以为故事，至丞相封，自弘始也”。《汉书》中还有很多这样的提示语，如卷七十《傅常郑甘陈段传第四十》中的“汉之号令班西域矣，始自张骞而成于郑吉”、卷五十六《董仲舒传第二十六》中的“立学校之官，州郡举茂材孝廉，皆自仲舒发之”等。

◇《汉书》对人物的刻画极为传神

除了历史事件之外，《汉书》还记载了很多与之相关的小故事，这些故事被统一放在文章的末尾，既是对事件人物的总结，也避免了文字的平铺直叙。

卷七十一《隽疏于薛平彭传第四十》写于定国曾任丞相，被封为西平侯，后来他的儿子于永在他死后继承了他的爵位，以列侯的身份直至御史大夫。故事的最后有这样的一段话：“始，定国父于公，其闾门坏，父老方共治之。于公谓曰：‘少高大闾门，令容驷马高盖车。我治狱多阴德，未尝有所冤，子孙必有兴者。’至定国为丞相，永为御史大夫，封侯传世云。”这段文字虽然也可以放在前面“于公治狱”的部分，但是放在篇尾却更能凸显出寓意，增加故事的可读性。

（2）简洁记人

《汉书》作为史传文学，语言工整典雅，虽然只是单纯地记录人物的言行和评述事实，却能够深刻地描绘出人物的性格特征。

卷五十四《李广苏建传第二十四》在描写苏武拒绝匈奴诱降时写到："乃幽武，置大窖中，绝不饮食。天雨雪，武卧啮雪与旃毛并咽之，数日不死，匈奴以为神。乃徙武北海上无人处，使牧羝，羝乳，乃得归。别其官属常惠等，各置他所。武既至海上，廪食不至，掘野鼠去中实而食之。杖汉节牧羊，卧起操持，节旄尽落。"苏武的视死如归和他坚持民族气节的品格，给人留下深刻的印象。

写投降匈奴的李陵送苏武返汉时的复杂心情也很出色："于是李陵置酒贺武曰：'今足下还归，扬名于匈奴，功显于汉室，虽古帛所载，丹青所画，何以过子卿？陵虽驽怯，今汉且贳陵罪，全其老母，使得奋大辱之积志，庶几乎曹柯之盟，此陵宿昔之所不忘也！收族陵家，为世大戮，陵尚复何顾乎？已矣！令子卿知吾心耳！异域之人，一别长绝！'陵起舞，歌曰：……陵泣下数行，因与武绝。"

简短精炼的语言，典型情节的描写，《汉书》呈现出了一个个有着独特性格和思想的人物，这样的描写手法让《汉书》成为人物传记的范例。书中的《东方朔传》《王莽传》《张禹传》《外戚传》《盖宽饶传》《朱买臣传》《霍光传》等，都是后世公认的名篇。

第二节 国家之基——政经史

政治与经济是统治者需要考虑的两大重要元素，这也使它们自然成为史书中两个重要的内容。当统治者要以史为鉴来为自己的统治作参考的时候，历代的政经史成为他们必须研究的内容。

编年通史——《资治通鉴》

《资治通鉴》

作者——司马光等编

司马光是著名的历史学家、政治家，他在政治上属于保守派代表，竭力反对以王安石为代表的革新党，双方就此进行了长期的辩驳。就在保守党一度失势期间，司马光和他的助手刘攽、刘恕、范祖禹、司马康等人历时十九年完成了《资治通鉴》。这部书名是宋神宗认为该书“鉴于往事，有资于治道”而钦赐的。

时代——北宋

内容——中国第一部编年体通史

中国第一部编年体通史

《资治通鉴》记载了上起战国时期周威烈王二十三年（公元前403年），下迄后周士宗显德六年（959年）五代灭亡，前后长达1362年的历史。选取的资料除了当时的十七史外，还包括了200多种野史和文集。全书分为294卷，共计300余万字。司马光编撰《资治通鉴》时，注重“删削冗长，举撮机要，专取关国家盛衰、系生民休戚，善可为法，恶可为戒”，这就决定了《资治通鉴》侧重于政治和军事方面的史事。

有人说，不细读《资治通鉴》，要想了解中国，了解中国人，了解中国政治，以及展望中国前途，根本不可能。司马光当年编《资治通鉴》，就是抱着借鉴历史来达到帮助帝王治国安邦的目的，所以他在取材的时候，选取了很多正史以外的内容，并考察众多史书的异同，以期能达到最接近真实历史。正是司马光的严谨态度，使这部规模空前的编年体通史巨著享有无数的荣誉，可与《史记》媲美。

（1）从政参考

司马光采取了编年体通史形式编写《资治通鉴》，编年体以年为经，以事为纬，就方便读者了解到史实的发生时间，但由于史实有连续性，一件事的发生发展或者是几年或者是几十年、上百年，所以用编年体来记述，有时候会显得纷繁杂糅。但司马光却在编撰的过程中，凭借他的才智，在一批知识渊博的史学专家助手的帮助下，极力发扬了编年体的优势而避免了不足，使1362年紊乱如麻的史实，得以条理分明地呈现。连同编年史的始祖《春秋》在内，中国还没有出现比它更明晰、更精确的史书。

《资治通鉴》受到了帝王将相、文人骚客、各界要人的争读，成为为官从政者必备的教科书，被奉为无上宝典。

客观的史笔

◇司马光虽然保守，却为后世留下了拥有广阔视角的通史

有人因司马光在政治上的保守思想而对《资治通鉴》有所非议，其实司马光在主编《资治通鉴》时一直秉持客观、公正的思想。他在对君主歌功颂德的同时，没有隐讳君主的过失，也披露社会中的黑暗和腐朽，这一点让人肃然起敬。

在司马光的笔下，有“习于宴安，乐于怠惰，人之忠邪，混而不分，事之得失，置而不察，苟取目前之佚，不思永远之患”的昏君，也有将“心不入德义，性不受法则，舍道以趋恶，弃礼以纵欲，谗谄者用，正直者诛，荒淫无厌，刑杀无度，神怒不顾，民怨不知”的残忍暴君和贪婪的亡国之君。

即使是能君明主，司马光也会依据他们对国家的贡献或祸害来裁定善恶，分清功过。如司马光对汉武帝就一边肯定他的功绩，一边指责他“穷奢极欲，繁刑重敛，内侈宫室，外事四夷，信惑神怪，巡游无度，使百姓疲敝，起为盗贼”。司马光对曹操的评价，更是脱离了传统史学观点的窠臼，这个一代奸雄，在司马光的笔下成为时势所造就的英雄，尤其是他在汉末的战乱中，将国家统一，无疑是救民于灾难，避免了分裂的危难，从而具有积极的意义。

善于讲故事的史书

《资治通鉴》注重选取那些能为后世借鉴的史料，所以不少史料往往富含深意。

书中有个故事，很有趣。当赵襄子决定逃亡的时候，他的谋士给他指出了两个方案：一是去长子，原因是“长子近，且城厚完”。襄子否决了这个方案，“民罢力以完之，又毙死以守之，其谁与我！”百姓筋疲力尽地修完城墙，又要他们舍身入死地为我守城，谁能和我同心？第二个方案是去邯郸，原因是“邯郸之仓库实”。襄子也否决了这个方案，原因是“浚民之膏泽以实之，又因而杀之，其谁与我！”搜刮民脂民膏才使仓库充实，现在又因战争让

他们送命，谁会和我同心？最后，襄子选择了晋阳，因为尹铎待百姓宽厚，那里可能没有高厚的城墙，没有殷实的国库，但却有人心。

得民心者得天下，这种认识可谓富有启发意义。这种饱含深意的故事在书中比比皆是，吸引着读者去思索、去领悟。

（2）司马文采

《资治通鉴》不仅有经世济时的功用，它的文采也同样出众。民国初年，梁启超盛赞司马光编撰《资治通鉴》是“简繁得宜，很有分寸，文章技术，不在司马迁之下”，可并称为中国史学界的前后“两司马”。

■ 司马光的战争电影

书中最出彩的是对战争的描写，司马光善于从不同的角度去叙述战争。像赤壁之战、淝水之战这些以少胜多、以弱胜强的经典战役，就极为精彩。战争并非是战场上的对决时间，决定战争胜负的因素，恰恰取决于战场下主将们的计谋，有关方的利益关系。所以在写赤壁之战时，司马光并没有像描写传统战争那样只单纯地从正面描写，他注重决定这场战役的关键人物，把鲁肃与孙权合谋定计、吴蜀同盟以及诸葛亮激将孙权的故事一一道来。这场决定魏、蜀、吴三足鼎立的关键战役，在司马光独特的视角下，变得丰满起来。正是这些描写的成功，也使得文中“草木皆兵”“风声鹤唳”等词，成为了现今人们耳熟能详的成语典故。

战争是动态的，只有具有动态性质的词汇才能较好地体现动感。《资治通鉴》语言生动活泼，富有形象性，极好地表现了战争的场面。在《赤壁之战》中有“时东南风急”“火烈风猛”的描写。风有大小之分，但这是一般描述风的词汇。但在这里，一个“急”字，既说明风大，更表明当时情势紧急，风随人事的变化而具有了人的情感。虽没有亲身经历，却也能令人真切地感受到当时扣人心弦的形势。司马光的笔墨不可谓不妙。接下来，“烈”“猛”两字点明火攻成功，火随着风的吹刮愈加猛烈。这时，风与火似乎已经不是文字，它们仿佛就在身边。此外，“船往如箭”用了比喻的手法，富有形象性，充分显示了船的主动急速前进。正是这些生动活泼、富有形象性的语言的运用，使得《资治通鉴》中战争篇章里的战争仿佛就在身边发生一样。难怪梁启超用“飞动”一词来形容《资治通鉴》的文采。

司马光用他的生花妙笔，让战争活了起来，使它们不再是记录在纸上的历史，让那些风云变幻，成为留在读者脑海中一场场精彩的战争电影。

第三节 疆域历史——地理史

由于对政治的重视，作为政治区域的地理就自然成为统治者需要了解的资料，地理也就成为各类史书中不可或缺的篇章。虽然后来也发展出以地理为主的地理类专著，但地理与历史不可分割的关系，也发展出了在介绍地理的同时，介绍历史的书籍。这些地理史书籍，更能方便人了解到一个地方的整体状况，特别适合于方志类书籍。

最早的地方志——《华阳国志》

《华阳国志》

- 作者 — 常璩

  常璩是两晋时期著名的史学家。他出生在常家大族，青少年时期广读典籍，掌握了极其渊博的知识。东晋朝廷重中原故族，轻蜀人。此时的常璩年龄大了，又受到歧视，只能怀抱愤慨整理蜀国的旧书，并最终改写成《华阳国志》，以此来赞誉巴蜀文化悠远，人才济济，从而反抗建康士流对蜀人的轻藐。

- 时代 — 东晋
- 内容 — 最早的地方志专著

最早的地方志专著

《华阳国志》记述了古代巴蜀及西南地区的历史、地理、人物等，是现今考察当地历史地理的重要资料，全书总共十二卷。

一至四卷：梁、益、宁三州的历史、地理，而以地理为主，类似正史中的地理志。

五至九卷：以编年体的形式叙述公孙述、刘焉刘璋父子、蜀汉、成汉四个割据政权至西晋统一时期的历史，类似于“正史”中的本纪，但记述更详细。

十至十二卷：记载三州自西汉至东晋初年的“贤士列女”，相当于“正史”中的列传。

《华阳国志》是一部专门记述古代巴蜀故地及西南地区历史、地理、人物等的地方志著作。它不仅规模宏大、内容广博、体例简括、取材精审，更开了地方志历史、地理、人物相结合的编纂先河，在方志史上创造了地方志的不朽之功。

（1）方志之始

中国的地方志最早应该追溯到先秦时期，那时候更注重图像表达的地理，而非地理上发生的历史事件。但到了汉魏六朝之后，因对历史的注重，使图文并重的地方志开始出现。但现在，那些先于《华阳国志》的方志都早已散佚，其中单在文献上有记载的，就多达百种。这就使《华阳国志》成为现今传世最早、最完整的一部方志。

■ 无与伦比的史料价值

常璩对史料全面而细致的收集，让《华阳国志》成为西南地理历史的重要资料，从而在地理史上拥有自己独特的地位。

《华阳国志》记载了各州的历史，包括了各郡县的沿革和治城的所在地；对著名山川、地方物产、各地风俗、主要民族及各县大姓等都有所记录。它跨越了晋以前的千年历史，更记录了包括云、贵、川及陕、化、鄂等部分地区的广阔疆域，成为中国方志史上空前绝后的著作，更是研究中国古代西南边疆的重要史料。

其中特别值得一提的是，《华阳国志》在西南地理方面，弥补了《汉书·地理志》《后汉书·郡园志》《晋书·地理志》的不足；在政治史方面，弥补了《三国志》的遗漏；在经济史方面，对《史记·河渠书》《汉书·沟砌志》，以及《史记·平准书》《汉书·食货志》《史记·货殖列传》和《汉书·货殖传》等书进行了补充；在民族史方面，它更注重记载了各少数民族的历史，及其与汉民族的交流，这比其他任何一本史书都来得详细。

《华阳国志》在撰写中将历史、地理、人物结合起来，创造了一种新的体例，与以往方志将它们分离叙述的方式比，更为全面地反映一个地方的状况。这种全新的方志体裁，其实正是撰写正史的基本要求，这就使《华阳国志》达到了不亚于正史的史料价值。

正是因为《华阳国志》拥有如此庞大的史料体系，才最终使它鹤立鸡群，成为令后世方志仰望的范本。

（2）独特的思想

“大一统”

“大一统”思想，就是重视和推崇国家统一，反对民族分裂的思想。中华民族自古以来就有维护统一、反对分裂的传统，这也成了中国历代史家评史的标准和写史的基调。

常璩不仅在《华阳国志》中宣扬“大一统”思想，更身体力行。由于他对成汉政权的分裂割据和当时天怒人怨、分崩离析的局面十分痛恨，因此当东晋大军兵临成都城下时，他便力劝李势降晋，以结束长期分裂割据的局面。这实为常璩顺应统一潮流的壮举。

普通妇女入传

在传统的男权文化统治下，古代妇女对历史所付出的一切，几乎被男性史所淹没。有关妇女的言行事迹大多散载于各类典籍之中，并且是作为男子的陪衬和附属物出现的。虽然《史记》《汉书》等开始注意将妇女的言行整理记载入史书，但自常璩开始，地方志才有了妇女的身影。在他的《华阳国志·先贤士女总赞》三卷的篇幅中，常璩写了蜀郡、巴郡、广汉、犍为、汉中、梓潼等地区或有才干、或有贤德的妇女53人。

常璩认为“烈士贤女，高劭足以振玄风，贞淑可以方蕤蘩者，奕世载美”。他摈弃了此前正史及其他典籍主要为女主、后妃、公主等拥有特殊身份、地位的妇女立传的标准，选择了以普通劳动妇女为入传对象，记载她们平凡的生活，真实地反映她们对家庭、社会的贡献。这种不以地位、身份为标准的选材识见，可谓独到。

常璩开创了地方史志为妇女立传的体例，完善了地方志从内容到结构的编撰体例。《华阳国志·先贤士女赞注》更是后世方志中《列女传》泛滥的始祖，对后世方志之书设立“列女传”产生了深远的影响。

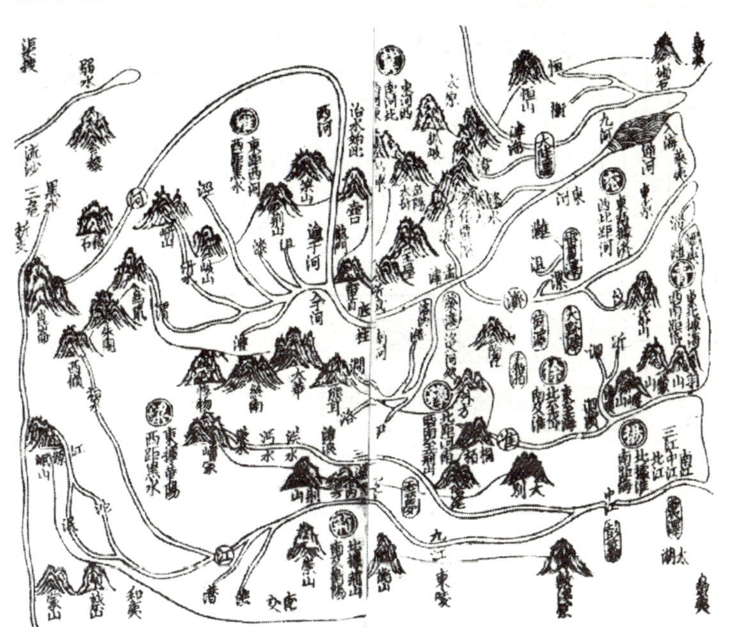
◇《华阳国志》开了地方志的先河

看世界第一书——《海国图志》

魏源是中国近代思想启蒙的伟大先驱，他的《海国图志》以划时代的姿态，让中国开始真正地观察整个世界，成为近代中国文化思想史上一个伟大的里程碑。魏源从而被誉为近代中国“睁眼看世界”的首批知识分子的优秀代表。

《海国图志》

作者 — 魏源

魏源出生在官僚地主家庭，他早年专心儒学，后又提倡经世致用，曾探讨并试图解决一些社会经济问题。鸦片战争中，他亲自参与筹划浙江前线的抗英斗争；战后，他有感于战争的失利，在好友林则徐所编的《四洲志》基础上，编写成著名的《海国图志》这一世界地理专著，意在总结经验教训，探求御侮之道。

时代 — 清朝末期

内容 — 看世界第一书

《海国图志》在介绍世界地理的基础上，也介绍了西方先进的科技，它的内容非常丰富，大致可以分为六个部分。

第一部分：《筹海》四篇。

第二部分：世界地图及各国分地图。

第三部分：针对世界各国的地理位置、历史沿革、政治制度、物产矿藏、宗教信仰、风土人情进行介绍，还收录了中西历法、中西纪年对照通表。

第四部分：鸦片战争的有关档案材料及林则徐组织翻译的国外情报资料。

第五部分：介绍船、炮、枪、水雷等武器的制造图样，以及西洋技艺、望远镜的做法资料、用炮测量方法及测量工具等。

第六部分：《地球天文台论》。

《海国图志》在地理的基础上还注重介绍各地的风土民情，更注重介绍先进的科技，并针对中国现状提出了一系列的主张，从而成为那个时代的先驱。

魏源在《海国图志·筹海篇》中的思想是极有创见的。它提出的“师夷长技以制夷”的口号，使鸦片战争后的知识界有了更为明确的奋斗目标；文中对敌我斗争形势的分析论述全面、细致而深刻，所阐述的斗争策略更是不拘一格，攻守兼备。

（1）“以夷款夷”

魏源在《筹海篇·议款》中，用中外贸易特别是中英贸易为例，来分析了“以夷款夷”对外战略的重要性。

所谓“以夷款夷”就是指正确处理中国和外国在外交上、贸易上的关系。长期以来，中国在对外贸易和交往中养痈为患，对外政策“四误于事后”，形成“外夷以鸦片耗中国”以致于“鸦片之外禁（即断绝其来源）不可行矣”的恶局。他认为随着列强侵华程度的步步加深，他们在政治、经济利益上的分歧也日益明显。因此，不仅应该在战略上“以夷攻夷”，而且在外交上应当“以夷款夷”。“故款夷之事，能致其死命使俯首求哀者上；否则联其所忌之国，居间折服者次之。”

（2）“以夷攻夷”

魏源虽主张以守为战，而且强调内守，但并不认为守是唯一的御敌方法。相反，他认为“内守既固，乃御外攻”，即在巩固防御的基础上，大力主张武装抗击外来侵略，而且很注意斗争策略。

他强烈要求禁止鸦片贸易，发展正常的对外贸易，以此打破英夷“兵贾相资”的贸易垄断，扭转在中英贸易中累年“入超”的尴尬局面。他还认为外夷“惟利是图，惟威是畏”，因此“必使有可畏怀。而后俯首从命”，主张在“严修武备”的前提下合诸国以制一国。

魏源认为“未款（议和）之前，则宜以夷攻夷”。这实际上是一种比较实际的进攻战略，是抵御外侮的有效手段。魏源认为英国是鸦片战争的罪魁祸首，因之将它视为中国的首要敌人。以此为出发点，魏源提出调（英）夷之仇国以攻夷的主张，指出英国的“仇敌”有三：俄国、法国和美国。另外，当时毗邻中国的缅甸、暹罗等国，亦受英迫害，这些国家的势力，均可为我所用，作为反抗英国侵略的有力武器。

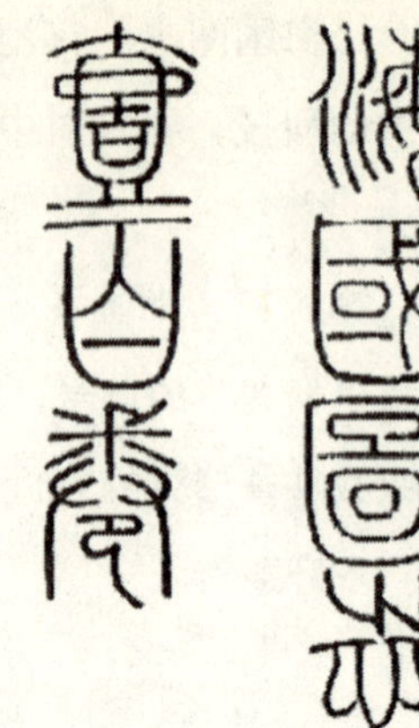

◇《海国图志》书影

其中，魏源对英法、英美、英俄等国利害关系的分析较为客观，但他过多地看重了英、美、法、俄等国之间的分歧，而忽视了它们的侵略性，没有考虑到它们在共同的经济、政治利益驱使下更容易走向联合的事实。两次鸦片战争的事实已经证明了这一点。

但魏源毕竟提出了利用资本主义列强之间的矛盾，以全力对付最主要敌人的思想，这比之当时的顽固派不屑去利用列强之间的矛盾，或者认为利用这些矛盾就是对夷人的示弱，有失天朝大国的“体面”和“尊严”等论调是不可同日而语的。

第五章

善假于物——科技

中国古代科技在世界史上的造诣首屈一指，它从远古时代积累，春秋战国奠定基础，两汉、宋元达到高潮，经过魏晋南北朝的充实提高和隋唐五代的持续发展，至明万历以后仍有缓慢进展。这些传统的科学思想和科学技术的突出成就闪耀着中华民族智慧的光辉，对世界文明作出了巨大贡献。

奠基时期	春秋战国时期是中国古代科学技术的第一次大发展时代。冶铁技术的发明，是一个突出的标志，它促进了以精耕细作为主的传统农业的形成。战国末年《吕氏春秋》中的《上农》《任地》《审时》等篇称得上是农业科技论文的开端。而兴建都江堰、郑国渠两个大型灌溉工程，则标志着水利工程设施的史无前例发展。《考工记》中生产工具、皮革制造、染色等实用工艺技术，说明了当时分工的细密化及技术的标准化已达到世界先进水平。十进位制和筹算制度不断完善，为后世的计算数学体系的形成奠定了基础。医学方面，以《黄帝内经》为代表，提出了中医学中人体器官整体观、阴阳五行论的基础，还突出了人体解剖、生理、病理、病因诊断等研究实践。在地学方面，《山海经》《禹贡》等著作的出现，标志着地理知识上升到综合论述与区域对比的高度。
高潮时期	两汉时期是中国古代科技发展的一个高峰期，科技人才辈出，科技著作大批问世。《九章算术》及《周髀算经》两书显示了数学形成主要以算盘为计算工具的体系。《汉书·地理志》开拓了地理研究的新领域。《神农本草经》为后世本草学奠定了基础；《伤寒杂病论》充实了中医药体系的内容。《汜胜之书》可以说是对农业知识的总结。《论衡》《淮南子》《周易参同契》等书中包含了丰富的物理、化学或生物学知识。生产技术如冶铁、纺织机械、造纸工艺、船舶制造都达到了较高水平。造纸术更是汉代一项最重大的发明。 宋元时期是中国古代科技发展的又一高潮时期。指南针、火药和印刷术三大发明的出现均始于北宋。以沈括、苏颂、郭守敬、曾公亮等为代表的科技名家辈出，以《梦溪笔谈》《营造法式》《王祯农书》《革象新书》为代表的科技著作纷纷面世。宋元数学四大家使中国古代的传统数学发展达到炉火纯青的境界。地学方面，元代朱思本的《舆地图》为制图做出了贡献。杜绾的《云林石谱》反映了矿物学在宋代已取得很大进步。

持续时期	明清时期科技的发展势头明显下降，但一些著作，像李时珍的《本草纲目》、徐光启的《农政全书》与徐霞客的《徐霞客游记》都分别显示了它们集医药、农业及地理学大成的特点。宋应星的《天工开物》更是一部百科全书，它不仅是中国科技史上的一颗耀眼明珠，也是世界科技史上绚丽的瑰宝。

中国古代科技中的世界之最

“四大发明”是中国历史的骄傲，但能够使中国古代科技傲然于世的并不仅限于此：

《诗经·小雅》	最早记录了月食
甲骨文	最早记录了日珥
《汉书·天文志》	最早记载新星
《春秋》	最早记载哈雷彗星
《左传》	最早记载天琴座流星雨
《后汉书·天文志》	最早记录超新星爆发
战国时期	最早发现了木星卫星
商代	最早发明了瓷器
东汉时期	最早发明飞机、航船用的定向仪器
汉朝初年	最早发明了测湿仪
北宋时期	最早发明了热气走马灯
北周时期	最早发明了火柴

第一节 巧工记录——百工考

中国古代工艺是中华民族造型艺术不可或缺的部分，它讲究内涵和形式的实用性与审美性的统一，这就造就了一批批横空出世的能工巧匠，将中国古代工艺演绎得淋漓尽致。

■ 古代的工艺

能够展示出将“实用和审美相结合”都有所发展的中国工艺，在新石器时代已有了雏形：石玉、编织、缝纫、制陶工艺。到了商、西周时期，青瓷和漆器取得初步发展，而青铜器、玉器的精品也美不胜收。春秋战国至秦汉时代，陶瓷、漆器、丝织品变得轻盈活泼。三国两晋南北朝时期，吸取了西方文化的青瓷、建筑物和宗教工艺，得到了极大的提升和突破。

中国工艺在初唐和盛唐获得全面发展，织锦、印染、陶瓷、金银器、漆器和木工等技艺水平超越了前代。宋代的工艺开始趋于完美，并集中表现在陶瓷上，染织工艺的织金锦、陶瓷工艺的青花和釉里红就在这一时期横空出世。受到尚武的游牧文化影响，元代工艺趋向粗犷、豪放和刚劲。明代资本主义萌芽，于是工艺跨入新阶段，织锦、棉纺、陶瓷、金工、建筑装饰等方面都得到突破性的发展。清代工艺以技艺取胜，在生产中进一步强化，风格渐趋精心雕琢。

■ 古代工匠的地位

商周到春秋这段时期，官府几乎垄断了手工业。直到战国时期，私人的手工业作坊才开始萌芽，自给自足的小手工业者渐渐活跃，日趋增多。到了秦汉时期，手工业工匠的地位明显提高，他们和商人一样，被编入了户籍，这无疑是给了手工业者信心。明朝政府也放松了对手工业者的控制，于是工匠有了更多的自由空间：自由生产、自由生活。明朝中后期“计日受值”的雇佣关系开始问世，并开始被广泛采用。

古代工艺代表作

《考工记》 齐稷下学宫的学者 编纂于春秋末至战国初 部分内容补于战国中晚期	本书在一定程度上反映了当时中国在科技和工艺上所达到的水平。《考工记》用“金有六齐”来归纳商周以来积累的冶金知识。这是已知世界上最早的青铜合金配置法则，它揭示了青铜机械性能随锡含量变化的规律。
《天工开物》 明代宋应星 初版于崇祯十年	本书很大部分是写农业技术，其次是金属冶铸技术。该书的目的在于：一是要向人们系统性地介绍农业、手工业生产知识。二是批判轻视生产劳动的人，以此来强调生产知识的重要性。
《梦溪笔谈》 北宋沈括	这是一本有关历史、文艺、科学等各学科的综合笔记文学。它在数学方面，开创了“隙积术”和“会圆术”。在天文方面，指出极星不在天极，并得出冬至的一天最长、夏至的一天最短等经典结论。历法方面，它创新地提出《十二气历》。地理方面，它用流水侵蚀作用来解释奇异地貌的成因。物理方面，它记录了凹面镜成像实验、磁偏角和声音共振的实验。书中还记录了一些重大科技成就，如指南针、活字印刷术、石油等发明，而“石油”一词更是沿用至今。

工艺百科全书——《天工开物》

《天工开物》是世界上第一部关于农业和手工业生产的综合性著作，是中国历史上伟大的科技著作，它的内容包罗万象，被欧洲学者称为“17世纪的工艺百科全书”。

《天工开物》

作者 — 宋应星

宋应星出生在官宦之家，自幼在书香中成长，天资聪颖，爱好广泛。他在遭遇“六上公车而不第”的科举挫折之后恍然大悟，于是转向实学，尤其以研究农业和手工业生产技术为主。他历尽艰辛，虽然未得到任何功名，却获得了非常珍贵的科技知识和社会经验见闻。他也因此思想激进，成为批判旧学术的代表人物。他著书立说，成为一代科学巨人。后人称他“才大学博，勤于著述”。

时代 — 明朝

内容 — 中国17世纪的工艺百科全书

《天工开物》一书中记载了明朝中叶以前中国古代的各项技术。全书共描绘了130多项生产技术和工具的名称、形状、工序。它在向人们系统性地介绍了农业、手工业生产知识的同时，还着重强调了生产知识的重要性。原著分上、中、下三篇，共18卷，依次为：乃粒（五谷）、乃服（纺织）、彰施（染色）、粹精（粮食加工）、作咸（制盐）、甘嗜（制糖）、陶埏（陶瓷）、冶铸（铸造）、舟车（车船）、锤锻（锻造）、燔石（烧造）、膏液（油脂）、杀青（造纸）、五金（冶金）、佳兵（兵器）、丹青（朱墨）、曲蘖（制曲）、珠玉。

《天工开物》一书在崇祯十年初版发行后，很快就引起了学术界和刻书界的关注。大约17世纪末，它就传到日本，19世纪30年代后，各种版本的翻译本在世界各国流行起来，截至1989止，该书在全世界发行了16个版本，而且法文、德文、俄文等摘译本尚未统计入内。但是在国内却由于满清的文字狱

而长期失传。直到民国初年，才有人在法国的国家图书馆里找到《天工开物》的明朝的最初的原刻本，按照这个原刻本，这本书才在中国又广为印行。

（1）夺天地造化

宋应星说“物生自天，工开于人”，天工开物，以人之力，夺天地造化，造开物之器具，改人之力，创造出以往人力所不能及的成果，这就是《天工开物》的来历。

◇《天工开物》记载了明朝中叶以前中国古代的各项技术

在《天工开物》之前，中国虽然在农业、手工业方面的发明和创造有突出贡献，但在众多文化典籍中，却没有能够全面反映农业、手工业生产技术的著作。因此，《天工开物》成为一部承上启下的科技著作，有着不可忽视的地位。

《天工开物》涉及的领域很广泛，且在每个领域的研究都颇为深入。它的内容既气势磅礴，又富于严肃的科学钻研精神，是当之无愧的百科全书。

（2）务实与创新

《天工开物》不仅有全面系统的描述，也有深入细致的细节描写。书中既有基础内容的一般介绍，又重点突出某些方面。从广度与深度上来说，它都有其独特的地方。更重要的一点是它注重实践。书中主要描述了生产过程，对技术要点进行了详解，而议论部分则简明扼要。《天工开物》同时也注重寻找事物变化的客观规律，依据研究调查，做出正确的推断。这也就使得它尊崇科学，批判各种荒诞神怪，其中以对炼丹术的批判尤为典型。因此旧的科技领域被注入了一种新的务实、明理的科学精神，这也是《天工开物》的最大特色。

《天工开物》在总结前人优秀成就的同时，也做出了许多创新。书中记述的许多生产技术，一直延用至今，其重要性、历史地位，从中可窥一斑。

作物分类学	《天工开物》在作物分类学上提出了一些新的方法和标准，跟今天的分类法十分接近。它把古代农业归纳成了乃粒、乃服、彰施、粹精、甘嗜、膏液、曲蘖7个大类，这在先世或者同时代的其他农书以及本草类书中是不曾见过的。它还把稻排到了五谷之首，稻下又分出了水稻、旱稻，麦下又分出了大麦、小麦，并指出了荞麦非麦，纠正了以往的一些误区。更可贵的是，将以往纷杂的知识整理成了一个系统性的科学门类，使人豁然开朗。
水稻栽培技术	较早地阐明了秧龄和早穗的关系。它首次记述了再生秧技术，以及冷浆田中以骨灰、石灰包秧根的技术，这对于提高粮食作物的产量具有十分重要的意义。它还最先记述了早稻在干旱条件下变异为旱稻的问题，从而在世界生物变异理论上写下了光辉的一页。
麦类栽培管理技术	最先指出了用砒霜拌豆麦种子的方法来防虫杀虫，以及介绍了荞麦的吸肥性。是为《天工开物》在农业栽培技术上的创新。

养蚕技术	最先记述了利用“早雄配晚雌”的杂交优势来培育新品种的方法，并指出了家蚕“软化病”的传染性，指出“需急择而去之，勿使败群”的处理方法。
金属冶炼	空前绝后地记述了串联式炒炼法，较好地记述了明代灌钢工艺的发展，首次记述了今俗称为“焖钢”的箱式渗碳制钢工艺，最早记述了火法炼锌的操作方法。
金属加工	最早明确地记述了响铜的合金成分以及有关响器的成型工艺，最先记述了铁锚锻造工艺、钢铁拉拔工艺以及一种叫做生铁淋口的特殊化学热处理工艺，较早地详述了金属复合材料技术的基本操作。
铸造技术	最早以图文并茂的方式记述了大型器物的铸造工艺，较早图示了活塞式鼓风箱的使用情况。
纺织技术	较早记述了山羊绒可用于织造。
化工技术	最早记述了银朱生产过程中的质量互变关系，这可认为是“化合物”观念和“质量守恒”观念的萌芽。
煤炭技术	较早对煤进行了分类，较早记述了煤井排除瓦斯的方法。

第二节 中国医学——医药

中国传统的中医药学是一座宝库。在漫长的岁月里，一代代有名和无名的中医们在为无数病人解除了痛苦的同时，摸索出了实用性很强的医术验方。

春秋战国时期

代表著作

《黄帝内经》

著名的医学理论著作。

其他医药书籍

长沙马王堆3号汉墓出土的帛书中，有春秋时期的关于经脉、医方的专门著作《足臂十一脉灸经》《阴阳十一脉灸经》《五十二病方》和《导引图》等。生活在春秋战国之交的名医扁鹊，曾写过《扁鹊内经》和《扁鹊外经》，可惜已失传。

秦汉魏晋南北朝时期

代表著作

《神农本草经》

中国现存最早的药物学专著。

其他医药书籍

这个时期出现了一批著名的中医专家，如张仲景、华佗、王叔和等。据《汉书·艺文志》记载，西汉成帝和平三年(公元前26年)整理全国所藏医学书籍，就已有“医经七家、二百一十六卷”。东汉时大医学家张仲景著成《伤寒杂病论》，该书是一部医学理论与实际治疗密切结合的临床医书。晋代名医王叔和除整理《伤寒杂病论》外，还对脉学著作进行了系统研究，撰成了一部现存最早的脉学专著《脉经》10卷，其中列举了24种脉象，对每种脉象都进行了简明扼要的概述。晋代的皇甫谧著有《针灸甲乙经》12卷，集中叙述了针灸治疗技术，共记述了单穴49个，双穴300个，一一指明了针刺深度、留针时间和艾针时间，是中国现存最早的针灸学经典著作。此外，西晋葛洪著有《肘后方》，南齐陶弘景著有《神农本草经集注》，刘宋时雷敩著有《炮炙论》等医学名著，前两者流传至今，后一种已佚。

隋唐宋元时期

代表著作

《千金方》

“药王”孙思邈著。书中含有5300多个药方，介绍了800多种药物，并首次提出设立专门的妇科和儿科。该书在一般病症的治疗方面也有很多独到之处，如用昆虫、海藻、羊的甲状腺等配方治疗碘缺乏造成的甲状腺肿大，用杏仁、谷皮、蜀椒等治疗脚气病，都很有疗效。

其他医药书籍

隋唐两代的重要中医典籍有隋朝巢元方的《诸病源候论》，杨上善的《黄帝内经太素》，唐朝王冰著的《黄帝内经素问释义》等。

唐至五代十国时期的医药学专著有苏敬的《唐新本草》53卷，王焘的《外台秘要》40卷，蔺道人的《仙授理伤续断秘方》1卷，昝殷的《经效产宝》等。此外，李亮、李修父子的《药方》，李密的《药录》，许澄的《备急单药方》，崔元亮的《海上集验方》，崔行功的《纂要方》等也很有名，但都因年代久远而失传了。

宋元时期由于印刷术的进步，医学药典的种类和数量大为增加。专录药方的有官修的《太平圣惠方》《圣济

总录》《太平惠民和剂局方》，私修的《苏沈良方》《史载之方》近百种；诊断方面的专书有崔嘉彦的《脉诀》、朱震亨的《脉诀指掌病式图》；妇科方面有陈自明的《妇人大全良方》；儿科方面有钱乙的《小儿药症直诀》、陈文中的《小儿病源方论》、许希的《神应针经要诀》；专门研究伤寒病的有庞安时的《伤寒病总论》等。与从前相比，不仅分科细致完善了，并且形成了具有不同理论特色的学派，著名的的“四大家”，即：“寒凉派”的刘完素著的《素问玄机问病式》，“攻下派”的张从亚著的《儒门亲事》，“温补派”的李杲著的《脾胃论》，“养阴派”的朱震亨著的《格致余论》《局方发挥》等。

明清时期

代表著作

明代李时珍的《本草纲目》

中国传统医学的经典著作。

其他医药书籍

明清两代中医学有集大成的趋势。明代朱棣等编的《普济方》，清代吴谦等人编的《医宗金鉴》，都是部头很大的医学典籍。徐春甫的《古今医统》、王肯堂的《证治准绳》、楼英的《医学纲目》、孙一奎的《赤水玄珠》、张璐的《医通》等，也是较大规模的医学专著。同时还有一些医学丛书，如明代王肯堂的《医经正脉全书》，清代周学海的《周代医学丛书》等。并且有了记述临床病例的“医案”，如《薛己医案》《汪万山医案》《叶天士临证指南医案》以及《名医类案》正续编等。名医王清任著《医林改错》一书，通过尸体内脏的解剖研究，对人体内脏构造提出新见解，纠正了一些错误认识，绘成《亲见改正脏腑图》25种，为传统的解剖学补充了新内容。

最早的医学典籍——《黄帝内经》

《黄帝内经》是现存最早的一部医学经典著作，是中医药学形成和发展的奠基之作。《黄帝内经》积累了丰富的防病治病的经验和方法，其中广博精深的史学、哲学、伦理学、社会学等人文科学知识，更形成了中国独具特色的医学人文，从而成为学习中医的必修书目。

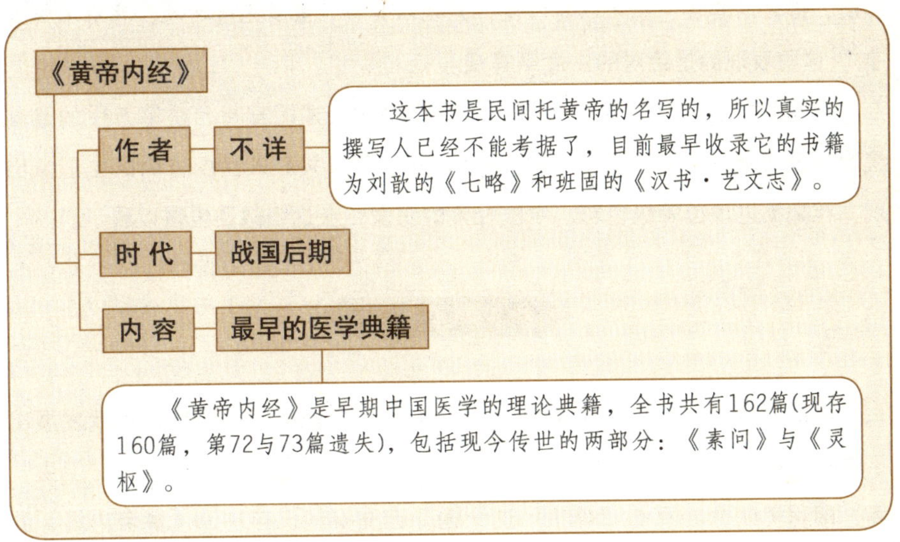

《黄帝内经》是中医学的经典著作，两千多年来，它一直有效地规范和指导着中医学的发展方向，因此，它在中医学领域享有崇高的地位，有着广泛的影响。

（1）生命为本

《黄帝内经》提出了以生命为本的医学本质观。“天覆地载，万物悉备，莫贵于人”的思想贯穿了《黄帝内经》的全书。病人的生命高于一切，对生命的至高尊重使得医家当以病人的生命为本。而其生命的观念，则是自然的生命，是不受任何社会关系制约的生命。

人的观念在《黄帝内经》里是不带任何社会属性的全体，是普遍意义上的人的总体。全书对人使用的是“民”“万民”“百姓”“众子”这样的概念。书中问贵贱贫富，“诊有三常，必问贵贱”，那也是为了诊断疾病的准确。所以即使是骄奢淫逸、不听从养生劝告的“无能禁之”的人和“无道”之人，《内经》也要求医生要苦口婆心地晓之以利害关系。如《灵枢·师传》里问：“且夫王公大人，血食之君，骄恣从欲轻人，而无能禁之，禁之则逆其志，顺之则加其病，便之奈何?”岐伯曰：“人之情，莫不恶死而乐生，告之以其败，语之以其善，导之以其所便，开之以其苦，虽有无道之人，恶有不听者乎?”这里表现的是绝对的生命平等观。

有意思的是，在《黄帝内经》中，原本作为建国安邦、统率万民的最高统治者及民族始祖的黄帝，却以一个心怀慈悲、关心人民疾苦的医生形象出现，丝毫不见地位等级色彩。中医朴素的博爱，在这细微处也得以展示。

（2）养生之道

中医讲究“不治已病治未病”，追求“不老延年”的理想，这就发展出了中医独特的养生学。养生在古代又称为“道生”“摄生”“养性”“卫生”等，即保养生命之意。“养生”这个词，在先秦就已存在，《黄帝内经》的《灵枢·本神》篇中就有“智者之养生也”的句子。

■四季养生

《黄帝内经》认为人是“以天地之气生，四时之法成”的，所以人与自然界是一个统一的整体，即“天人相应”。人要健康长寿就应“法于阴阳”，顺应自然变化的规律，正如《素问·四气调神大论》中所说：“夫四时阴阳者，万物之根本也。所以圣人春夏养阳，秋冬养阴，以从其根，故与万物浮沉于生长之门。……故阴阳四时者，万物之终始也，死生之本也逆之则灾害生，从之则苛疾不起。”《灵枢·本神》也有：“智者之养生也，必顺四时而适寒暑……”强调人体必须顺应四时的自然变化，其目的就是为了加强人体适应自然的能力，保证人体健康长寿。

《黄帝内经》在四季养生的理论中，对于春季养生尤为重视。因为春季养生是四时养生之首，开端一定要搞好，否则会影响全年的生命活动。

◇《黄帝内经》时代已广泛的使用酒疗之法

■ 运动养生

运动养生是采用运动的方式，达到养生防病目的的理论与方法。《黄帝内经》中虽未见到运动养生的词汇，但它记载了散步、导引、按跷、吐纳、冥想等运动方法，而它的理论核心——整体恒动观更是运动养生的鼻祖。

运动变化是宇宙万物遵循的一条基本规律。《黄帝内经》认为：包括人类在内的整个物质世界始终处在不停顿的运动之中，并且将这种运动规律概括为“升降出入”。《素问·六微旨大论》中就说：“夫物之生从于化，物之极由乎变，变化之相薄，成败之所由也。……成败倚伏生乎动，动而不已则变作矣。”又说“出入废则神机化灭，升降息则气立孤危。故非出入，则无以生长壮老已；非升降。则无以生长化收藏。是以升降出入，无器不有。故器者，生化之宇。器散则分之，生化息矣。故无不出入，无不升降。”它首先肯定了物质世界具有不断运动变化的本领和特性，运动的方式是“升降出入”。凡是存在于这个物质世界中的事物，无一不在“升降出入”的运动之中生生化化。无论是动物界的“生长壮老已”，还是植物界的“生长化收藏”，都存在着“升降出入”运动，“升降出入”运动是生命存在的基本方式。

整体恒动观是《黄帝内经》认识自然宇宙、人体生命的基本思想，它提出生命的本质就是运动，这种运动是在与自然界保持统一的前提下进行的。由此，《黄帝内经》的所有论述都是在这种认识基础上展开的。

酒疗

“酒疗”之法由来已久并非是医学发达后的产物，早在《黄帝内经》时代就已开始广泛应用“酒疗”之法了。

酒在古代又有“醪（láo）”(浊酒)、“醴（lǐ）”(甜酒)、“鬯（chàng）”(香酒)等的区分，并对它们各自的特性也逐渐有了较深刻的认识。《黄帝内经》中有多处对酒性的论述。《素问·汤液醪醴论》记载醪醴乃以五谷醯（xī）酿而成。《灵枢·营卫生会篇》指出“酒者，熟谷之液也，其气悍以清”；《灵枢·论勇》篇指出“酒者，水谷之精，熟谷之液也，其气慓悍”；《素问·腹中论》记载“酒气盛而慓悍”。

在《素问·汤液醪醴论》中有“自古圣人之作汤液醪醴者，以为备耳，夫上古作汤液，故为而弗服也”的句子，原来古人酿造醪酒本是专为祭祀和药用的，一般情况下并不用于日常饮用。所以《黄帝内经》提到了酒的医用价值。《灵枢·经脉》就说：“饮酒者，卫气先行皮肤，先充络脉，络脉先盛，故卫气已平，营气乃满，而经脉大盛。”《内经》已认识到适量饮酒可以行气活血，调和营卫，充盛经脉。

现代医学研究也认为，适量饮酒可以有助于人们的身心健康和延年益寿。

药物百科全书——《本草纲目》

从神农尝百草开始，中国人对自然药物就有了深刻的认识。但之前的无数本草著作，无论是分类的科学严密性，还是包含药物的数目，以及文笔，都不能跟《本草纲目》相比。但是这样一本对中国几千年药物知识进行总结的书，却在成书时没有得到重视。当时的皇帝为了充实国家书库，下令全国向朝廷献书，李时珍的儿子就将《本草纲目》献了上去。哪知朝廷就批了“书留览，礼部知道”七个字后，就把它搁置一边不理睬了。由于当时的皇帝大臣都相信道士们的水银炼丹术，而《本草纲目》又对水银无毒久服可长生成仙的说法大为批判，使书商也不敢出版。直到李时珍死后三年，这部巨著才得以印刷，甫一面市就引起了巨大的反响，广为传播，不断翻刻，最终成为医生们的必备书籍。

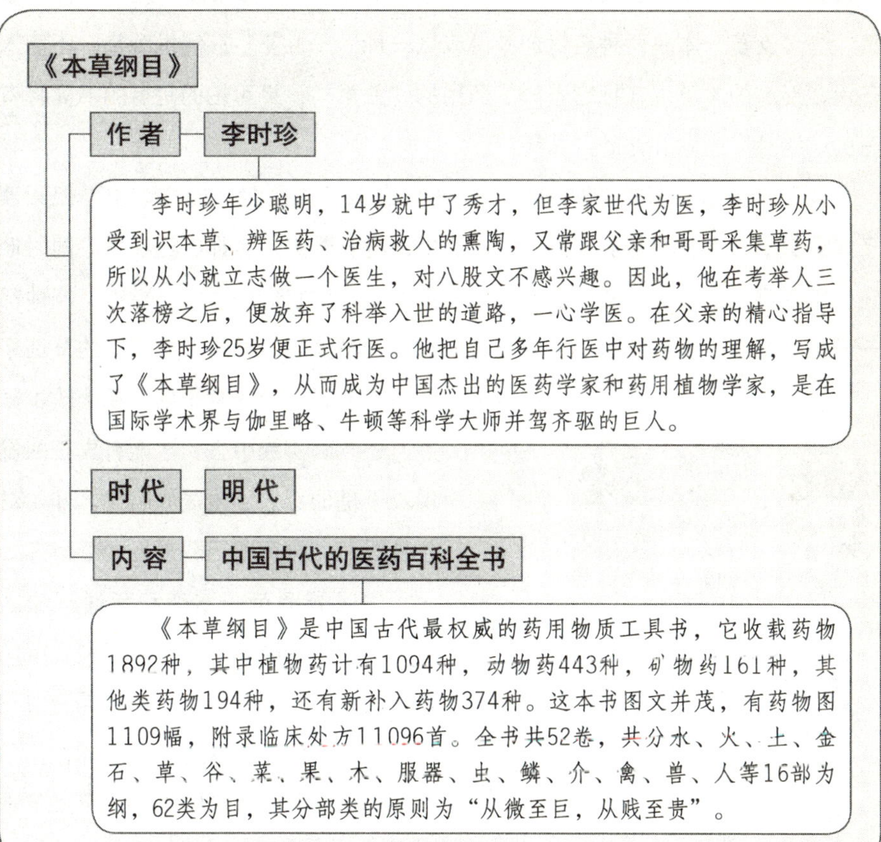

（1）务实求证

《本草纲目》的成功，源自于李时珍的认真刻苦。李时珍用神农尝百草的方法，几乎对每种药物进行了考察。他纠正了许多错误的药物药用常识，还对药物的产生和获得都进行了研究。

■ 对传统本草书的修改

《本草纲目》的编写是异常辛苦的。李时珍在当了名医生之后发现，一个医生不仅要懂得医理，也要懂药理，否则就可能闹出人命来。但他发现古代的本草书存在不少问题，如在药物分类上是“草木不分，虫鱼互混”，对药性的解释也多有错误。比如“生姜”和“薯蓣”应列菜部却被列入草部；“萎蕤”与“女萎”本是两种药材却被说成是一种；“兰花”只能供观赏，不能入药用，而有的本草书却把它当做了药用的“兰草”；更可怕的是有的书竟将有毒的“钩藤”当做补益的“黄精”。

为了能查找更多准确的资料，李时珍进入了太医院。他在这里不但阅读了大量医书，而且对经史百家、方志类书、稗官野史，也都广泛参考。同时他还仔细观察了国外进口的以及国内的贵重药材，对它们的形态、特性、产地都一一加以记录。直到李时珍发现给官府赶车的马夫用一种叫“旋花”的草药来舒筋活血时，他才意识到，要修改本草书，还要到实践中去，才能有真正的发现。于是他辞去了太医的职位，开始对各种医书上的不同记载进行调查研究。

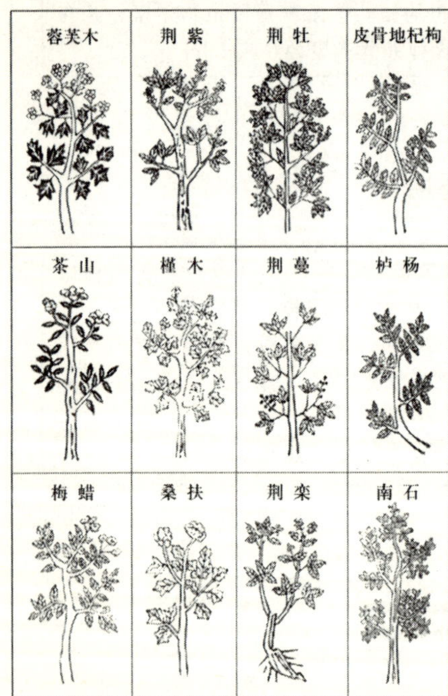

◇《本草纲目》是中国古代最权威的药用物质工具书

为了弄清苹、水萍和萍逢草的区别，他到不同的湖区进行采集和观察比较，结束了长期的混乱；为了弄清白花蛇的形态，他跟着捕蛇人一起捕蛇，不仅分辨出白花蛇的独特处，还记录了难得的捕蛇经历；为了证明穿山甲用甲片诱捕蚂蚁的记载，他跟着猎人进山，发现了穿山甲用舌头捕食的真相，还收集了民间对穿山甲的药物使用方法；为了寻找传说中能让人手舞足蹈的曼陀罗花，他专程到北方，还亲自尝试，最后证实了曼陀罗具有的兴奋和麻痹作用，同时还破除了大豆可以解百药毒的错误记载，指出大豆需加甘草才有解毒的作用；李时珍在通过对铜矿、铅矿、石灰窑的调查研究，发现了铅具有毒性，水银更会致人残废的事实，破除了铅和水银无毒，还会令人长生的错误。

为了完成修改本草书的艰巨任务，李时珍几乎走遍了湖北、湖南、江西、安徽、江苏等地的名川大山，行程不下万里。同时，他参阅了800多部书籍，经过3次修改，经历近三十年实践，终于在61岁的时候完成了《本草纲目》，之后又经过他的学生、儿子、孙子的努力，终于让《本草纲目》变得完整而精美。

（2）学术权威

《本草纲目》是中国医药学宝库中极为珍贵的科学遗产，它不仅在药物学方面做出了突出贡献，还在中医学、矿物学、生物学、化学、动植物学等方面有所成就。

对药物学的贡献

全面总结和阐发药物学知识	《本草纲目》总结了药物的七方、十剂、气味阴阳、五味宜忌、五味偏胜、标本阴阳、升降浮沉、四时用药例、五运六淫用药式、六腑六畦用药气味补泻、五脏五味补钨、脏腑虚实标本用药式及药名异同、七情配伍、服药食忌、妊娠禁忌等基本知识。对每味药物的出处、产地、形态、生态环境、药用部位、采收时间、性味、相似鉴别、质量评定、功能主治及配伍应用等方面论述甚详，尤其“发明”一项，集中阐发了李时珍对药物的观察、研究及诸多新发现、新经验。这些都超过了李时珍以前的任何一位本草学家。
扩充本草内容，增加药物品种	据统计，《本草纲目》引用医藉及经史百家书籍共952家，与旧本草相比，新增补医籍277家，经史百家书籍440家。它还增补了李氏家族临床用药经验，增加了李氏采访和实地考察的资料，还增加了药物品种374个，大大丰富了药物学知识宝库。

纠正历代本草偏误	书中除载“正误”70余款外，在“释名”“气味”“发明”等项下也有正误的内容，具有很高的学术价值。
创立本草新体系	《本草纲目》放弃了传统的三品分类法，首创了“振纲分目”的科学分类方法。按从无机到有机，“从微至巨”“从贱至贵”的原则，将药物以种属分为水(二类)、火(一类)、土(一类)、金石(四类)、鳞(四类)、介(二类)、禽(四类)、兽(五类)、人(一类)等十六部，六十类。每个药标正名为纲，附释名为目；品名为纲，而错列其目，如标龙为纲，而齿、角、骨脑、胎、涎皆为目。这种分类法已经过渡到了按自然演进的系统来进行了，是中国古代药物学上最完善、最系统和最科学的分类法，尤其是对植物的分类，要比瑞典的分类科学家林奈早两百年。

对医学的贡献

阴阳五行	阐发明阳五行理论，并运用于药物学理论之中，强调用药须应四时阴阳。
脏腑	他首先提出“脑为元神之府”“鼻为命门之窍”的论断(见《卷三十四・辛夷》)；对命门和三焦的形态、部位、功能和相互关系做出了具体描述和深入的论述(见《卷三十胡桃》)，对脏腑学说的发展是一大贡献。
病因病机	在肯定刘完素的“六气皆从火化”观点的基础上，提出“火为百病”“痰病火病十居八七”的观点，并对火的性质、发病机理作了专门的论述，特别是对阴火的论述对后世颇有启发；其对湿病引起证候的分析，以及提出的治法，都有很高的理论性和临床价值。
疾病防治	书中列有“百病主治药”二卷，内容涉及内、外、妇、儿、五官、皮肤各科，113种疾病的病因病机、诊治、用

	药等方面，其中不乏独到之处。每一药物设有“附方”一项，介绍历代医家对相关病症的治疗方法和经验。李时珍十分强调脾土为本，强调对疾病的防治要注重调补脾胃。他在《卷十二·黄精》中指出：“土者万物之母，母得其养，则水火既济，金木交合，而诸邪自去，百病不生。”
养身保健	书中介绍了美容养颜、明目聪耳、乌发生发、强身健体、抗衰防老等方面的多种保健方法，其中抗衰防老药方近400个。

对自然科学的贡献

植物学	记载植物1097种，占药物品种总数的58%；实行了新的分类方法，将植物分为草、答、菜、果、术五部，每一部分为若干类，如草部类、木部类又作了细致分类。这种根据植物的形态和生态特点的分类法已接近现代科学分类。为植物命门时，每种植物先确定正名，下附“释名”中列有别名，每一名称均标有出处，并解释其含义和由来。这种命名法与现代植物学所使用的双名和三名命名法十分接近。此外对植物的形态特征、生态环境、生长过程、地理分布、栽培技术、品种鉴别、药物价值等都有细致的研究。
动物学	记载动物 462种，占药物品种总数的24.4%；对动物的名称、形态、生活习性和药用价值都有相当详细的记载。
矿物学	记载矿物共265种，占药物品种总数的14%。对矿物的名称、分布、品种、形态、性质、作用、鉴别方法乃至找矿、采矿和冶炼等方法进行探讨，内容十分丰富，是重要的矿物学资料。
人文科学	《本草纲目》在人文科学方面也有辉煌成就，如对哲学、历史学、地理学、文字学、语言学、音韵学、训诂学、文献学的研究也达到一定的水平。

中药启蒙书——《药性赋》

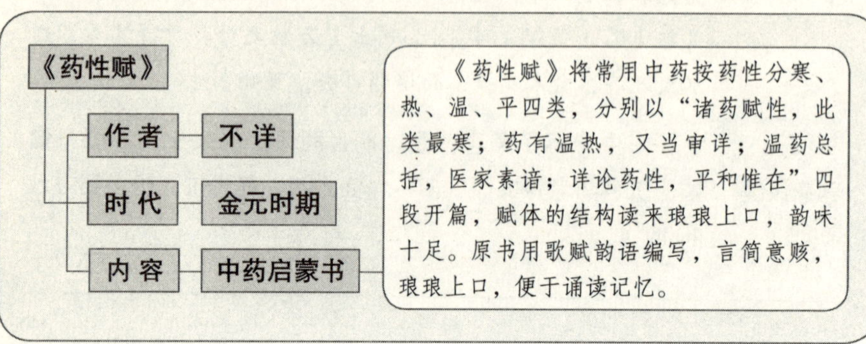

中国医学的独到之处除了有独特的理论系统外，更在用药上有一套长期积累下来的认知系统。自神农尝百草来解救百姓于病痛之中开始，中国人便习惯在自然界中寻找能够治疗疾病的物质。经过长期的实践和积累，这些物质就被定性为中医药物。

药物之所以能够针对具体病情，发挥基本治疗作用，就是因为药物各自具有若干特性和作用。中药把药物治病的多种多样的性质和作用加以概括，总结出了性、味、归经、升降沉浮及有毒、无毒等方面，它们被统称为药物的性能。中药的药性可以被大略分为寒、热、温、凉四种，古时也称四气。其中温热与寒平属于两类不同的性质。而温与热、寒与凉则分别具有共同性；温次于热，凉次于寒，就是在共同性质中又有程度上的差异。除此之外，那些寒、热之性不很显著的药物，称为平性药。还有一些微寒、微温的药物，但都没有超出药物四性的范围。

《药性赋》作为学习中药的启蒙书，把248种常用中药按寒、热、温、平分成了四类，并把各自的药性编成了上口容易的韵文。虽然我们今天不知道编写者是谁，但编写者对于药性的概括之精辟，令人一旦记住了，就终生受用无穷，故此深受读者的喜爱，长盛不衰。

临床医学之祖——《伤寒杂病论》

追溯中国临床医学的发展，《伤寒杂病论》可谓是一部奠基之作。它对中医学治疗急慢性传染病、流行病以及内科杂病等理论和技术的发展，曾产生过极其深远的影响。由此张仲景被宋以后的医学家尊为医圣，明清时人们为推崇纪念他的成就，在他的家乡河南南阳修建了医圣祠。

《伤寒杂病论》

作者——张仲景

张仲景又被叫做张机，据传他当过长沙太守，所以有张长沙之称。张仲景自小好学深思，“博通群书，潜乐道术”，他十岁时，就已读了许多书，特别是有关医学的书。后来，他在东汉兵荒马乱、疫病流行的时候帮助了不少无望的病人，成为良医，之后更总结了自己的从医经验，写成《伤寒杂病论》，从而被人称为“医中之圣，方中之祖”。

时代——东汉末期

内容——中国临床医学之祖

《伤寒杂病论》是以论述传染病与内科杂病为主的典籍，原16卷，但到魏晋时已有散失，经晋太医王叔和收集整理才得以保存，后在流传过程中被分为《伤寒论》和《金匮要略》二书。北宋时，为了对医学古籍进行校勘整理，政府成立了校正医书局，《伤寒论》便是校正作品之一。我们今天看到的就是宋代校订本。除重复的药方外，两本书共载药方269个，使用药物214味，基本概括了临床各科的常用方剂。这两本书与《黄帝内经》《神农本草经》并称为“中医四大经典”（另说：中医四大经典为《黄帝内经》《难经》《伤寒杂病论》《神农本草经》）

《伤寒杂病论》被公认为中国医学方书的鼻祖，被学术界誉为讲究辩证论治而又自成一家的最有影响的临床经典著作。历史上曾有四五百位学者对它的理论方药进行探索，留下了近千种专著、专论，从而形成了中医学术史上辉煌独特的伤寒学派。它作为后世学医的必修书目，至今仍被中国中医院校设置为主要基础课程。

在这部著作中，张仲景首次记载了人工呼吸、药物灌肠和胆道蛔虫治疗方法，这比西方要早了远不止数百年。《伤寒杂病论》传到海外，影响了东亚诸国的医学。特别在日本，历史上曾有专宗张仲景的古方派。直到今天，日本中医界还喜欢用张仲景的药方，日本一些著名的中药制药工厂中，伤寒方一般占到半数以上。

2003年非典肆虐期间，张仲景的《伤寒杂病论》成为关注的焦点，其中的理论及药方，对非典的治疗具有很强的指导性。但我们很难想象哪本20世纪以前的解剖学著作可以作为今天西医的教科书，现在西医的治疗也不可能到几百年前的先辈那里去找根据。

◇《伤寒杂病论》是以系统论述传染病与内科杂病为主的典籍

（1）《伤寒论》

伤寒，是中医理论的提法，狭义的伤寒指的是因为吹风受寒而引发的病症，广义的伤寒则是指一切由于外部原因引发的热病。在《难经·五十八难》中有写道："伤寒有五，有中风，有伤寒，有湿温，有热病，有温病。"这五种伤寒，就是广义的伤寒，而其中单独提出的伤寒，则是指狭义的伤寒。它不同于西方医学中的伤寒病，那是由一种叫做伤寒杆菌的细菌造成的疾病。

伤寒是在现实生活中非常容易患的疾病，《伤寒论》就是《伤寒杂病论》中论述广义上的伤寒病证的部分。张仲景在这里全面地总结了东汉以前诊治外感热病的经验。他在《素问·热论》的理论基础上，广泛地查找古代的治疗理论和众家采用的药方，并结合自己的临床实践经验，把伤寒的发生、发展、预后、治疗等过程进行了精辟的阐述。他还创造性地把伤寒具有的各种有规律性的表现，归纳成太阳、阳明、少阳、太阴、少阴、厥阴六经病证，再结合阴阳、表里、寒热、虚实进行辨证论治。

所谓辩证，就是用四诊（望、闻、问、切）收集的资料辨别病人的症状和体征，再通过分析来辨清疾病的原因、性质、部位以及正邪之间的关系，从而给疾病定性的方法。而论治，就是治疗的意思，就是根据辩证分析的结果来确定相应的治疗原则和治疗方法。张仲景的这一治疗理论，不仅适用于伤寒病的治疗，也同样适合于其他疾病，这就为中医治疗确定了严谨的规范，成为中医辩证论治的奠基。

张仲景在《伤寒论》中运用到的汗、吐、下、和、温、清、补、消等基本治法，也被后世广泛应用。

（2）《金匮要略》

《金匮要略》是《伤寒杂病论》的一部分，它用脏腑经络学作为理论的基础，论述了20多种内科杂病，其中也兼顾了外科和妇科的内容，是中国现存最早的一部专门研究杂病的医学专著。所谓“金匮”是重要和珍贵的意思，“要略”是简明扼要的意思，这就是说这本书内容精要，价值珍贵，应该慎重地保藏和应用它。而它的问世，为后世医学理论的发展和方书的涌现开创了先河。

这本《金匮要略》是以脏腑经络学说为依据的，它认为“夫人禀五常（即五行），因风气而生长”。张仲景这种“天人相应，整体观念”的医学理论，正是中国传统医学的特点。由此，张仲景在书中阐述了各种疾病的发生变化都与脏腑经络有关系，他还把病因分为三类:“千般疢难，不越三条：一者，经络受邪入脏腑为内所因也；二者，四肢九窍，血脉相传，壅塞不通，为外皮肤所中也；三者，房室、金刃、虫兽所伤。以此详之，病由都尽。”这些都对后世病因学说有直接的启示。

在写作方法上，《金匮要略》的每篇篇名都标明“病脉证治”，这是张仲景将病和症状或脉相和症状相结合的诊治原则。《金匮要略》在病理的论述上，主要侧重在提示、举例、比较，从内因入手，这跟《伤寒论》论述从外因入手，注重六经分证的方法完全不同。

针灸之祖——《针灸甲乙经》

针灸是中国特有的一种疾病治疗的手段，通过腧穴、经络的作用和其他辅助的手法疏通经脉、调节气血，使人体阴阳归于平衡，脏腑功能得到调和，从而达到防治疾病的目的。《针灸甲乙经》是针灸学发展中的一部重要典籍，它收集整理了许多古代有关针灸的重要文献，在中国独具特色的针灸疗法的发展中发挥了承前启后的重大作用

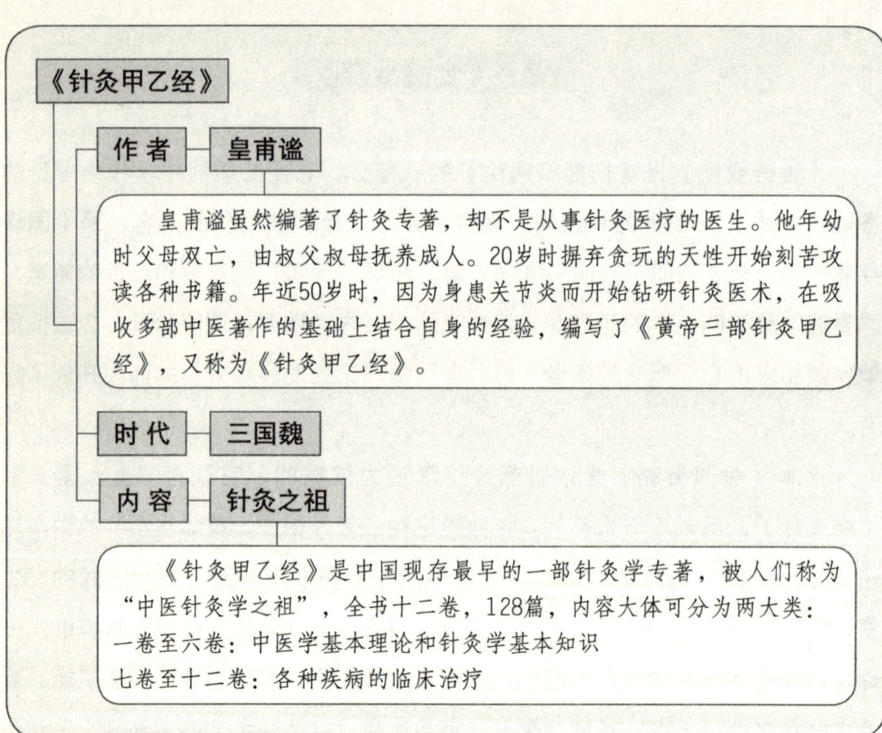

（1）针灸之术

针灸是一门神奇又古老的科学，病人不需要吃药，只要用针刺入身体的特定部位，或用火的温热刺激烧灼局部，就可以达到治病的目的。前者称为针法，后者称为灸法，统称为针灸疗法。

针灸术的起源可以追溯到石器时代，当时人们就开始有意识地用尖利的石块刺破身体，流血后就可以减轻疼痛，到新石器时代更是有了专门治疗疾病的石器——砭石。学会火的使用后，人们又开始用兽皮或树皮包裹烧热的石块、砂土进行病痛部位的热敷。这些就是针灸疗法的前身。

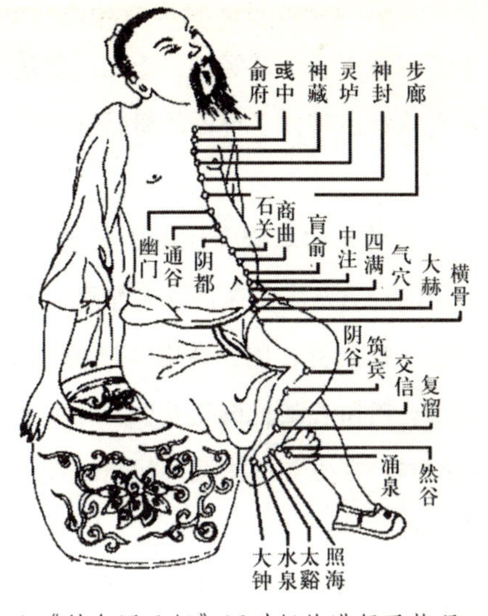

◇《针灸甲乙经》还对经络进行了整理

针灸法是中国独特的治疗和养生方法之一。在《黄帝内经》中把懂得针灸技术的优秀医生叫做“上工”。到了唐代，针灸疗法已占有了相当的位置，在《千金要方》中就论述了许多用于针灸的保健材料。宋代的王执中写的《针灸资生经》里，记载了用针灸预防多种疾病，清代的潘伟如在《卫生要求》一书中还阐发了针刺的保健作用，他说：“人之脏腑经络血气肌肉，日有不慎，外邪干之则病。古之人以针灸为本……所以利关节和气血，使速去邪，邪去而正自复，正复而病自愈。”

《针灸甲乙经》是中国迄今为止发现的最早的一部理论联系实际的针灸学专著，它记述了各部穴位的适应症和禁忌，并且说明了具体的操作方法。这本书诞生之后成为医生的必修教材，晋代以后的针灸学著作也基本上都是在它的基础上编纂而成的。直到现在，书中的内容仍然还是能够为针灸在临床上的治疗应用提供指导。

（2）针灸宝典

《针灸甲乙经》对针灸穴位的名称、部位、取穴方法等进行了系统的考查订正，并且增补了从前的典籍没有收录的新穴，其中包括双穴300个、单穴49个，并采用了分区记述的方法记录了穴位的分布，这种方法被历代中外学者沿用至今。

《针灸甲乙经》还对经络进行了整理，对人体的十二经脉、奇经八脉、十五络脉以及十二经别、十二经筋的内容、生理功能、循行路线、走行规律以及发病特点等作了理论的概括和系统的论述，这也成为后世对针灸学说研究的依据。

在前人的基础上，书中还提出了八百多种适合针灸治疗的疾病，并且说明了治疗方法和临床的注意禁忌。在诊断方面，主张要察脉观色，询问病史，然后对症用针，因此在书中还特别强调："用针之理，必知形气之所在、左右上下、阴阳表里、血气多少、行之逆顺、出入之合。"在治疗方面，书中认为针刺时，医生要严格按照操作规程治疗，不容许有半点马虎，要"如临深渊，手如握虎"。

《针灸甲乙经》对后世医学的发展有着很大的影响，在国外医学界也是声名远扬。直到目前，它还是国际针灸经络穴位委员会确定的"穴位必读参考书之一"。

最早的临床百科——《千金要方》

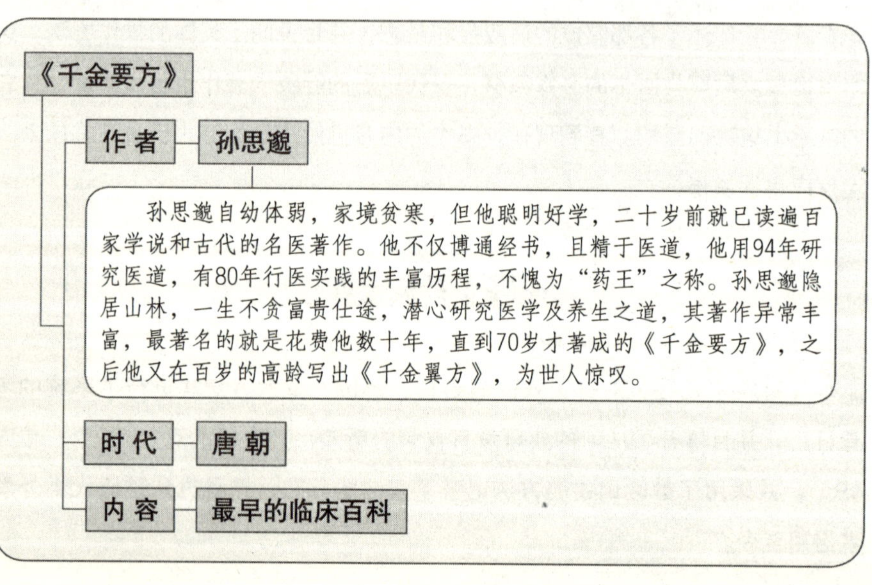

最早的临床百科

《千金要方》总结了唐代以前的医学成就，全书内容包括医德、本草、制药等，再后则以临床各科辨症施治为主。书中开篇所出现的《大医精诚》《大医习业》，主要阐述对医德与医术的严格要求，并且成为历代临床医生修养的标准；妇、儿科专卷的详述，将妇、儿科从众多医学科目中独立出来。全书共记载疾病233门，方论5300首，其中妇科2卷，儿科1卷，五官科1卷，内科15卷（其中10卷按脏腑分述），外科3卷；另有解毒急救2卷，食治养生2卷，脉学1卷及针灸2卷。

《备急千金要方》被誉为中国最早的临床百科全书，简称为《千金要方》《千金方》。《千金要方》的内容相当广泛，涉及了预防、针灸、临床各科，营养学、饮食卫生及养生等各个方面，既吸取了众多医学家和民间的经验和成就，也吸收了部分外来医学方法，当然不乏孙思邈自创的方剂。

孙思邈曾在书的自序里说："人命至重，贵于千金，一方济之，德逾于此"。在他看来，人的生命重于千两黄金，而一个处方能救人于危殆，价值更当胜于此，于是他把自己的药方集称为《千金要方》。

（1）医方大成

隋以前的医方书有256部，但由于战乱等种种原因使得一些著作流失，而遗留下来的就寥寥无几了，有些甚至残缺不全，记载的药方更是少之又少。孙思邈的《千金要方》与《千金翼方》却记载了不少前人已经散失了的内容，若没有他这两部要著的记载，这些散失了的内容便是无法再找到了。所以他这两部巨著，被称为中国医史的遗宝不为言过。

孙思邈收集的这些医方，不仅限于"经文古方"，还有"俗说单方"，加上他自己的行医经验药方，不仅丰富了药方本身，更对医学进行了总结和发展。

传染病诊疗技术与学说的发展	孙思邈结合自己诊疗传染病、流行病的实践经验和理论认识，创造性地提出其治疗方法“不过三种，一则桂枝，二则麻黄，三则青龙。此之三方，凡疗伤寒不出之也”。孙氏大胆革新，从医疗实践中总结新的理论经验，提高了医疗水平，减少了学习掌握的难度，他不拘泥于张仲景繁难的六经辨症体系，自创了这个三纲论治传染病的新学说，从而发展了张仲景学说。
内科杂病与外科疾病诊疗水平的提高	孙思邈对内、外、妇、儿科疾病的认识，突破了前人在病因、症候等方面的僵化思想，使许多疾病的认识水平和诊疗效果均获得明显的提高，有的认识达到比较科学的境界，甚至产生出若干富有病因治疗的成就。
奠定妇、儿科分立学术基础	孙思邈专论了妇人病、婴幼儿病及体质发展的特点，比较正确地论述了妇女妊娠及胎儿在母体逐月发展的形态等发育过程，并出色地强调了初生儿的护理、喂养、乳母、保育员的选择条件等，很符合科学要求。有的方法和要求甚至在现今对产科医生、乳母、母亲等，仍有着参考和学习的价值。
总结对病因有治疗效果的药物	针对疾病病因而进行的治疗是最富有成效的治疗方法。虽然孙思邈所处的时代对于若干病的真正病因尚不具备确切认识的条件，但他在治疗这些疾病的方药中所用的药物却十分符合现代科学所证实的病因认识。
针灸疗法理论与技术的丰富	孙思邈强调“非图莫可”的针灸规范。他在前人绘图的基础上，经过考订、修改，创造性地以青、黄、赤、白、黑五色彩绘以区别其十二经各条经络的走行方向和孔穴的部位，并以绿色绘制奇经八脉。使中国针灸经络腧穴的绘图达到相当高的水平。此外，关于针灸临床，他正确指出，选穴要少而精，提倡针灸辨症，主张综合治疗。

提高疾病诊疗技术水平	孙思邈创造的“验透膈法”是确诊胸背部化脓性感染是否穿透胸膜引致脓胸的科学方法，这在当时应该说是人类医学发展高水平的诊断技术，在决定有效治疗方法上是极为重要的。
卫生保健学说的发展	两部《千金方》集中体现了孙思邈这位百岁医学家关于延年益寿的思想与实践经验。这些思想和具体技术方法要求，把中国卫生保健、延年益寿的学说推到了时代的高水平。
发展药物、方剂以提高临床防治疾病的效果	《千金方》在中药规范方面作出了突出的贡献，同时，关于药用植物的野生变种，以及植物药的采收时节、加工保管和炝制等，也都做出了重要的贡献，其理论和方法要求大都为现代所遵循，成为临床运用的依据。

法医学专著——《洗冤集录》

很多人都感觉古人断案，常只注重逻辑推导，注重证人证物，而缺乏科学的考证，所以很多表面化的现象，就可能造成冤狱。然而实际上，与司法断案密切相关的法医学在古代中国却有着很悠久的历史。汉代蔡邕解释《礼记·月令》时就提到了尸身关于伤、创、折的概念。在距今700多年前，中国诞生了专门的法医学著作，而且还是世界上现存第一部系统的法医学专著，它就是《洗冤集录》。《洗冤集录》简称《洗冤录》，是宋慈撰写的一部集前代外表尸体检验经验之大成的著作，是中国古代一部比较系统地总结尸体检查经验的法医学名著。自南宋起，它成为历代官府尸伤检验的蓝本，曾定为宋、元、明、清各代刑事检验的准则，在中国古代司法实践中，起过重大作用。《洗冤集录》比欧洲第一部系统的法医学著作《医生的报告》（意大利人费德罗著，刊于1598年）要早350余年，在世界法医学史上也占有十分重要的地位。

《洗冤集录》

作者 — 宋慈

宋慈是南宋的法医学家。他进士出身，历任主簿、县令、通判兼摄郡事等职务，后又升江西提点刑狱、湖南刑狱并兼大使行府参议官。宋慈清廉刚正，体恤民情，他20余年的官宦生涯，大部分与刑狱有关。宋慈在处理狱讼中，特别重视现场勘验。他审理案件谨慎细致，从不怠慢。在工作中他一点也没有“非礼勿视”的儒家礼法观念，一反当时的伦理观念和具体做法，彻底打破尸体检验的禁区。他从认真审慎的实践中，得出一条重要经验，即“狱情之失，多起于发端之差；定验之误，皆原于历试之浅”。宋慈要求检官必须亲临现场，进行尸检工作并分析死者的死因，不能因为尸体腐烂就避而远之，这是宋慈专门制定的一整套验尸条文的总纲。《洗冤录》是他对当时传世的尸伤检验著作加以综合、核定和提炼，参考近世书籍如《内恕录》《折狱龟鉴》等，并结合自己的实际经验编成的。为表彰他的功绩，宋理宗曾为他御书墓门。

时代 — 南宋

内容 — 法医学专著

《洗冤集录》是对尸体进行检验的法医学专著，共有五卷五十三条，约七万字：

自序

卷1：条令、检覆总说、疑难杂说等。

卷2—卷5：分列了各种尸伤的检验区别等项。其中，《条令》部分罗列了宋代历年公布的条令29则，都是对检验官员规定的纪律和注意事项。其余条目则是关于检验尸伤的法令、验尸的方法和注意事项、尸体现象、各种机械性窒息死、各种钝器损伤、锐器损伤、交通事故损伤、高温致死、中毒、病死和急死、尸体发掘等。

（1）让尸体说话

《洗冤集录》认为在案件中尸体才是最能反映真相的证据，要想让这个证据开口说话，就需要检验官员对此加以重视。所以书中明确地指出了检验官员应有的态度和原则。

宋慈在开篇就提出不能轻信口供，他认为“告状切不可信，须是详细检验，务要从实”，对疑难案件尤其“须是多方体访，务令参会归一，切不可凭一、二人口说，便以为信”。他还提出检验官员必须亲临现场、尸格必须由其亲自填写的尸体检验原则。

为了从尸体上得出最真实的情况，宋慈对尸体现象、窒息、损伤、现场检查、尸体检查等方面都做出了较科学的观察和归纳，有的达到相当精细的程度并取得了很多的科学成就：

对于主要的尸体现象，产生了明确的认识。	书中说：“凡死人，项后、背上、两肋后、腰腿内、两臂上、两腿后、两腿肚子上下有微赤色，验是本人身死后，一向仰卧停泊，血脉坠下致有此微赤色，即不是别致他故身死。”这里所称“血坠”，即是现代法医学中的“尸斑”。宋慈论述了尸斑的发生与分布，还明确提出了动物对尸体的破坏以及生前伤的鉴别方法，并在此基础上说明了腐败的表现和影响条件、尸体现象与死后经过时间的关系。
提出了自缢、勒死、溺死、外物压塞口鼻死四种机械性窒息。	书中对缢死的绳套分类，缢沟的特征及影响的条件，自缢、勒死与死后假作自缢的鉴别，溺死与外物压塞口鼻而死的尸体所见，窒息性玫瑰齿的发现等都作了说明。
对机械性损伤做了专门的论述。	书中提出各种刃伤的损伤特征，是生前还是死后导致，及对自杀、他杀的鉴别，致命伤的确定，焚死与焚尸的区别等。

此外，宋慈还收集了自缢、水溺、暍（yē）死、冻死、杀伤及胎动等抢救办法及单方数十则，他还对现场尸体检查的注意事项、各种死亡情况下的现场勘验方法作了系统的归纳，这些都是通过检验证明是行之有效的。

（2）尸检的刑侦

《洗冤集录》里记载了一些非常精彩的刑侦案例，案例中的检验官采用的一些检验手段在当时来说是非常有效的。

书中记载了一个晒镰刀的故事。内容说的是一位男子被人杀死，浑身有伤十余处，都是镰刀砍伤的。检验官发现财物没有丢失，就断定这是一桩仇杀案。经过调查探访，检官锁定了嫌疑犯。他让附近居民交出家中所有的镰刀，总共有七八十把镰刀，分别排列在地上。当时正值盛夏，很快就有一群苍蝇聚集在其中一把镰刀上，停留不去，检验官揪出了这把镰刀的主人，指出他就是凶手。检验官说，苍蝇嗜血，这把镰刀杀人后血腥气仍在，导致苍蝇聚集，而其他镰刀就没有这个状况，由此可以推断这把镰刀的主人曾经杀了人。在证据面前，杀人者低头认罪。这只是书中记载的案例之一，从中不难得见一些刑事侦测的科学方法。

但是，由于时代条件的限制，《洗冤集录》对某些事物的认识也有局限的地方，虽然它已经对一些死伤征象有了认识，却不能正确地说明原因。如对于脑震荡、脑溢血等急死，对于器物击打造成的尸表完好而内脏器官破裂而死的原因就缺乏认识；也不知道血迹、精斑、毛发、毒物的化验对尸体检验所起的重要作用。但基于当时的生产及科技水平，我们显然不能再加苛刻了。

藏医秘笈——《四部医典》

《四部医典》是藏医中最著名的经典著作，它集古代藏医学的大成，它的重要性不亚于中医的《黄帝内经》。《四部医典》内容丰富，创立了较完整的藏医学体系，直到今天，仍有效地指导藏医的临床实践，是藏医、蒙医药人必读的经典著作，有“不读《四部医典》，不可为人医”之说。

《四部医典》

作者 —— 玉妥宁玛·云旦贡布

玉妥宁玛·云旦贡布（老玉妥）是著名的藏医学家，他出身在藏医世家，他的前辈是藏王的保健医生。少年时，他就对医学表现出极大的兴趣，青年时曾多次周游中国内地及邻近国家，学习医学，并带回一些医学著作。他深入实践总结藏医药临床经验，吸收了《医学大全》（藏名《门杰钦木》）、《无畏的武器》（藏名《敏吉村恰》）、《月王药诊》（藏名《索玛拉扎》）等著作的精髓，并参考了中医药学、天竺和大食医药学的理论，经过几十年的努力，编著了这部著作。除《四部医典》外，他还著有《实践明灯》《脉学师承论》等20余种书。

时代 —— 公元8世纪

内容 —— 藏医临床百科全书

《四部医典》是系统介绍藏医学知识的专著，它的写法和《黄帝内经》很相似，都是以问答的形式进行的，不同的是《四部医典》是药王与他的五个化身间的问答，而这些问答都是以诗歌的形式进行的。全书分为四个部分：

第一部分：名为《总则本集》，总结藏医在生理、病理、诊断、治法等方面的基础理论。

第二部分：名为《论述本集》，用分类比喻的方法详细解释藏医理论

第三部分：名为《秘诀本集》，针对临床各科疾病进行诊治。

第四部分：名为《后读本集》，介绍药物知识和炮炙法及内外治法。

《四部医典》又叫《医方四续》（藏名《居悉》），虽然它是藏医中的《黄帝内经》，但为了躲避灭佛运动，它不得不在书成之后不久被长时间地秘藏起来，直到古格王朝时期它才被发现并流传于世。之后历代藏医名家从不同角度对它进行了校注、阐释和补充。17世纪末，第司·桑吉卉措更召集全藏著名书画家，以原著内容为基础，绘制了80幅彩色系列医学挂图（藏名唐卡），展示了人体的解剖形态和胚胎发育过程等，图画形象逼真，色彩艳丽，在古代医学史上十分罕见。16世纪这本书随喇嘛教传入蒙古，约在18世纪被全部译成蒙文，从而影响了蒙古医学，成为蒙医的医学指导书。之后它还以独特的医学观，在全世界范围内引起了巨大的轰动。

（1）藏医系统

西藏雪域高原是一片神秘的土地，面对雄壮而又严酷的大自然，藏民族探索和积累了丰富的生存经验，形成了独特而又完整的传统医学体系。同时，独一无二的高原地理环境，也孕育了神奇而多样的藏药资源。在这样的背景下《四部医典》充满了神秘色彩，有人甚至将其称为“天书”。

《四部医典》的重要成就在于确立了隆赤培三类为藏医学的理论核心。书中指出，人体内存在着三大因素——“隆”“赤巴”“培根”，七大物质基础——饮食精微、血、肉、脂肪、骨、骨髓、精，三种排泄物——大、小便及汗。三大因素又支配着七大物质基础及三种排泄物的运动变化。在一定条件下，上述三者保持着相互协调，维持着人体的正常生理机能的活动。

在这一核心理论下，藏医就形成了跟中医类似的人体观。它指出，人体的五脏六腑，不是孤立的存在物，通过经络与其他器官联系在一起，构成了人体有机的整体，人与自然界有密切的关系，各项生理功能随着自然界的变化而受到影响。这充分体现了西藏先民整体发展的哲学观、宇宙观以及生命观。这种和中医类似的整体观，使以《四部医典》为基础形成的藏医学也被看作是中医的重要组成部分。

（2）惊人成就

■ 超越时代的胚胎学

《四部医典》最让人惊叹的是在胚胎学上的成就。书中详细地记述了胚胎发育的整个过程。提出在38周期胚胎发育过程中，胚胎要经历鱼期（相当于水生脊椎动物）、龟期（相当于爬行动物）及猪期（相当于哺乳类动物）等体现动物进化过程的几个阶段。关于胎儿之所以能发育成熟，则是全靠母亲的营养物质通过脐带供养胎儿的结果。用比喻来说，母亲、脐带与胎儿的关系就如水塘、水渠与庄稼的关系。母亲好比水塘，脐带好比水渠，胎儿好比庄稼，水塘中的水通过水渠，滋润着庄稼，使之发育生长。这些描述与现代医学惊人的一致。

要想深入了解其超前性，只要对比一下古代欧洲“先成论”就可以明了。直到17世纪欧洲仍有人主张“先成论”，即在精子或卵子中早已包含着一个完整的小人，胚胎发育只不过是小人的逐渐增大而已。相比之下，《四部医典》的这种逐周发育、由简至繁的渐进胚胎论十分科学，可谓世界领先。胚胎发育的鱼期和龟期、猪期，正好是进化论的一个进化过程，在进化论中揭示出来的整个生物进化三个阶段，若干年前，《四部医典》已经精确地通过胚胎发育把它揭示出来，难怪美国一个专门研究胚胎的教授，看到《四部医典》时惊呆了。西藏先民在原始生态的环境中，能够创造那么灿烂的文明实在很神奇。

■ 精确的解剖

和中医不同的是，《四部医典》在生理解剖学方面有着深入的研究。书中准确指出人体有脊椎骨28块、肋骨24条、牙齿32颗、四肢大关节12个、小关节210个、五脏（心、肝、脾、肺、肾）、六腑（大肠、小肠、胃、胆、膀胱）、“三木休”等。书中对每一脏器的结构及功能，都有十分形象的比喻。如把心脏比喻成国王，肺则是大臣，胃就像一口炒锅，精囊卵巢是珍宝之库，大、小肠像王后的奴仆，胆像悬挂的鼓风皮袋，五官孔窍犹如窗户等。这都非常准确而形象。

特别值得一提的是，17世纪的名画家兼藏医洛札·丹增诺布，依据《四部医典》所画的一张解剖图，准确地将心脏画在胸腔正中偏左的位置，心尖朝左下。但在这之前，藏医由于宗教的统治和影响，一直按照宗教的观点，把心脏的位置画在胸腔正中外，将心尖朝上。洛札·丹增诺布亲自看了一些尸体之后，一反正统的宗教观念，画出了新的解剖图。另外，器官与肺、腹腔内各脏器解剖的位置和形状，也画得更加符合实际情况。这一重大成就，不仅在藏医，即使在中国医学解剖学史上也是一大贡献。

第三节 数字运用——数学

中国数学的历史悠久，并且成就卓著。考古发现，早在殷商时期，中国就已经有了纪录数字的文字，包括从一至十，以及百、千、万，最大的数字为三万。而大禹治水也使用了规、矩、准、绳等作图和测量工具，而且有了“勾三股四弦五”之说。《易经》也包含了组合数学与二进制思想。九九乘法表也出现在2200多年以前，与现代小学生使用的乘法口诀“小九九”十分类似。

在几千年的发展中，中国古代数学屡屡出现领导世界数学领域的成就。虽然明朝以后，数学退出了科举制度的领域，从而导致了古代数学的没落，但中国人却在数千年的积累中拥有了独特的数学天分。今天中国人在数学领域的成就也是璀璨夺目的。

中国古代数学历程

萌芽  先秦

萌芽时期的数学主流是实用，从十进位制记数法，到发展各种实用的计算方法、测绘方法及工具，都体现了这一精神。春秋战国，手工业、土木工程等发展，使几何知识得到较多积累。百家争鸣，推动了逻辑学的发展。春秋末年，人们已普遍使用算筹这个计算工具。当时的数学知识包括“方田、粟米、

衰分、少广、商功、均输、盈不足、方程、旁要”九部分，称为“九数”，也就是《九章算术》的基本框架。

体系形成 

汉

西汉末年编纂的《周髀算经》是一部以数学方法阐述的天文著作，用对话的形式提出勾股定理的特例和测太阳高、远的方法。另一本著作《九章算术》用问题集的形式编写，全书集秦汉以来数学之大成，对中国传统数学发展有着深远影响。以算筹为重要计算工具，以十进位制的记数系统进行运算的数学体系在其自身的发展历程中，逐步走向高峰，呈现久盛不衰的局势。

发展 

三国

三国时代赵爽的《周髀算经注》是中国古代对数学定理和公式进行证明的最早著作之一，刘徽在《九章算术注》论述过程中多有创新，更撰写了《海岛算经》，应用重差术解决测量问题。

南北朝

南北朝时期的数学依然蓬勃发展，《孙子算经》《夏侯阳算经》就是这个时期的作品。祖冲之在这一时期推算出圆周率的值介于3.1415926和3.1415927之间，他是世界上第一位把圆周率的值计算至七位小数的人。

隋唐

隋唐数学的主要特色是算法的进步和数学教育制度的确立，最突出的成就是三次方程。唐中期天文学家一行编制了大衍历，创立了不等间距二次内插法，并且编制了世界上最早的正切表。

宋元

宋元是中国数学史上的黄金时代，这一时期的数学著作有刘益的《让古根源》、秦九韶的《数书九章》、李冶的《测圆海镜》、杨辉的《详解九章算法》、朱世杰的《算学启蒙》。

明代

明代是中国数学史上的一个特殊时期，出现了一批有关珠算的著作，珠算理论已成系统，最著名的是程大位的《算法统宗》，这就促使珠算理论系统化。明代末年的历法改革改变了中国古代数学的发展方向。

清代

清代前期是中国数学的复兴时期。由于雍正时的闭关锁国，政府实行高压政策迫使知识分子研究古籍考据经典。清后期，数学家们在研究传统数学时吸收西方的数学营养，于是中西数学开始结合，从而奠定了近代数学在中国发展的基础。

最早的数学书——《九章算术》

《九章算术》是中国古代数学体系形成的标志，它承接先秦数学发展时期的源流，在汉朝后又有许多学者对其进行删补，最后成书于大约公元一世纪下半叶。后世的数学家，大都是从《九章算术》开始学习和研究数学知识的，唐宋两代国家则明令规定它为教科书。1084年由当时的北宋朝廷进行刊刻，成为世界上最早的印刷本数学书。作为一部世界科学名著，《九章算术》在隋唐时期就已传入朝鲜、日本，之后又传入西方，对世界数学的发展有着不可估量的贡献。

◇中国数学是在对田亩的计算中发展起来的

《九章算术》

作者 — 不详

《九章算术》是流传至今的中国最古老的数学专著之一，书中所记录的各种数学问题，有些是秦以前的问题。长期以来，它们经过多人删补、修订，最后由西汉时期的数学家整理编纂完成。现今流传的定本在东汉之前已经形成。

时代 — 西汉末至东汉初

内容 — 最古老的中国数学书

《九章算术》是最重要的一部中国经典数学著作，它奠定了中国古代数学发展的基础，在中国数学史上占有举足轻重的地位。全书采用问题集的形式，收有246个与生产、生活实践有联系的应用问题，其中每道题有问（题目）、答（答案）、术（解题的步骤，但没有证明）。有的是一题一解，有的是多题一解或一题多解。它包含九个章节：

第一章“方田”：田亩面积计算；

第二章“粟米”：谷物粮食的按比例折换；

第三章“衰分”：比例分配问题；

第四章“少广”：已知面积、体积、求其一边长和径长等；

第五章“商功”：土石工程、体积计算；

第六章“均输”：合理摊派赋税；

第七章“盈不足”：即双设法问题；

第八章“方程”：一次方程组问题；

第九章“勾股”：利用勾股定理求解各种问题。

《九章算术》汇集了各个时期数学家的成果，它的产生是社会发展和数学知识长期累积的结果。三国时的数学家刘徽认为：“周公制礼有九数，九数之流，则《九章》是矣。汉北平侯张苍、大司农中丞耿寿昌皆以善算命世。苍等因旧文之遗残，各称删补。故校其目则与古或异，而所论多近语也。”根据刘徽的考证结果，《九章算术》源自周公时代的“九数”，而他见到的《九章算术》已经是西汉时的张苍、耿寿昌等人删补而成的内容了。

（1）数学成就

■ 劳动中产生的学问

随着春秋战国时期社会生产力的逐渐提高，数学知识和计算技能也进一步发展。当时的统治阶级要开始实行按亩收税，就必须有测量土地、计算面积的方法；要储备粮食，就需要有计算仓库容积的方法；要修建灌溉渠道、治河堤防，就必须有计算工程人工的方法；要修订适合农业生产的历法，必须能应用天文数据。那时的百姓掌握了相当丰富的数学知识和计算技能，而这些知识和技能则是从日常生活中提炼出来的。

虽然目前没有一本先秦的数学书流传到后世，但毋庸置疑的是《九章算术》中“方田”“粟米”“衰分”“少广”“商功”等章节中的题解方法，绝大部分是产生于秦以前的。汉书《艺文志术数类着录》里面的“许商算术”二十六卷，“杜忠算术”十六卷应该就是《九章算术》的前身。

■ 古代数学体系的形成

《九章算术》既涉及了已经解决的数学问题，又有新发现的数学成就，它系统地总结了自周朝以来的中国古代数学。它标志着中国古代数学体系的形成，是数学史上的一座丰碑，也是中国古代数学体系的初期代表作，而且其中有许多数学问题都是世界上记录最早的：

算术方面	主要成就有分数运算、比例问题和“盈不足”算法。《九章算术》是世界上最早系统地叙述了分数运算的著作，在第二、三、六章中有许多比例问题，在世界上也是比较早的。“盈不足”算法需要给出两次假设，是一项创造，中世纪欧洲称它为“双设法”，有人认为它是由中国经中世纪阿拉伯国家传去的。
几何方面	主要成就是面积、体积计算。《九章算术》总结了生产、生活实践中大量的几何知识，在“方田”“商功”和“勾股”章中提出了很多面积、体积的计算公式，以及勾股定理的应用。

代数方面	主要成就为一次方程组解法、开平方、开立方、一般二次方程解法等。《九章算术》还在世界数学史上首次引入了负数及其加减法运算法则。

东西方的数学名著对垒

把《九章算术》与西方最早的一本数学名著欧几里得的《几何原本》相对照，我们不难发现从形式到内容，两著作都各有所长，形成东西方数学的不同风格。《几何原本》注重用形式逻辑将全文贯穿，而《九章算术》则关注问题的性质和解法，并由此把全部内容分类编排；《几何原本》中几乎不提及应用问题，而《九章算术》则是解应用问题为主；《几何原本》以几何为主，略带一点算术内容，而《九章算术》则包含了算术、代数、几何等内容，其中代数不置可否地是由中国所创。

不管怎么样，这两本相互辉映的数学传世名著，已经成为了现代数学的两大主要源泉，有着不可估量的价值。

第四节 华宇高楼——建筑

中国古代建筑有自己特有的传统，是延续几千年的独特体系。从园林规划到空间结构乃至建筑观念，都有自己的理论及方法。

在中国古代，不同的朝代其建筑风格都有一定程度的不同，并各具特点，加上中国幅员辽阔，自然条件差别大，文化背景各异，因而形成各具特色的建筑风格。南方炎热潮湿的山区有架空竹木建筑，北方游牧民族有毡包式建筑，新疆干旱少雨地区有土墙建筑，东北大森林中有井干式建筑，还有散布于全国各地的木构架建筑……这就形成了中国古代建筑的多样性。

秦朝 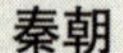  **代表性建筑**

阿房宫、骊山墓、万里长城。阿房宫是模仿六国宫室而修建的；秦朝修筑的万里长城西起临洮，东至辽东，工程大，举世瞩目。

隋朝  **代表性建筑**

大兴城和洛阳城。著名建筑师宇文恺主持修建了大兴城和洛阳城，他采用图纸和模型结合的设计方法，是中国建筑技术上的一大突破。

工匠李春设计建造的赵州石拱桥，在世界桥梁史上占有重要地位。

唐朝 → **代表性建筑**

长安城。长安城是一座规模宏大、布局严整的城市，城内有坊、有市，坊是住宅区，市是商业区，坊市分开。长安不仅是全国的商业大都会，也是当时世界上最大的城市。

北宋 → **主要成就**

李诫编写《营造法式》。李诫编写的《营造法式》，对建筑材料、结构、式样等都有详细的说明和精致的图样，是中国建筑史上的杰出著作。

辽代 → **代表性建筑**

独乐寺、木塔。河北蓟县独乐寺、山西应县木塔，是中国著名的古代木结构建筑。

金代 → **代表性建筑**

卢沟桥。卢沟桥以坚固实用、美丽壮观而闻名中外。

元朝 → **代表性建筑**

元朝大都。大都建筑宏伟，城内有完整的排水系统。

明朝 → **代表性建筑**

皇城建筑。著名的木工蒯祥主持了北京城宫殿、园林、寺庙、陵寝等的设计营造工作。北京城在布局上为突出皇权，有三重，即宫城(紫禁城)、皇城、京城。北京城高大的主体建筑都布置在轴线上，中央官署集中在城南，鼓楼、钟楼位于城中，并且城内建筑都严格保持对称。皇城中黄色琉璃瓦屋顶和红墙相配，成为中国古代城市建筑的杰作。

在原长城基础上修筑的西起嘉峪关东至鸭绿江边的明长城，是世界上伟大的工程之一。

建筑宝典——《营造法式》

《营造法式》

作者　李诚

李诚出生于官宦家庭，自小受到良好教育，官至承务郎。李诫一生勤奋好学，博览群书，在他短暂的一生中除巨著《营造法式》外，还著有《续山海经》十卷、《续同姓名录》二卷、《琵琶录》三卷、《马经》三卷、《六博经》三卷、《古篆说文》十卷。李诫在将作监（古代管理宫室营建的官署）供职期间，曾亲自主持修建过不少宫廷殿宇、府邸、寺庙等大型营造工程，积累了丰富的建筑设计、施工及工程管理方面的经验。他既忠于职守、勤政敬业，又能深入工地与工匠仔细考究，细心观察，虚心学习，不耻下问，为其编著《营造法式》打下了良好的基础。李诫还擅长图绘书画、音乐，又深于天文算法、佛法，可以说是位完美的古代文人。

时代　北宋

内容　中国古代建筑的百科全书

《营造法式》是圣旨颁行的营造学专著，是官方建筑设计、结构、用料和施工的国家标准。它体系严谨，营造内容丰富，几乎没有遗漏的内容。全书总共36卷，有篇目357篇，共3555条。其中总释跟总例2卷，制度15卷，功限10卷，料例跟工作等3卷，图样6卷，目录1卷，将它们按内容可分为名例、制度、功限、料例和图样共五个部分。

《营造法式》是中国古代最为全面、最为详尽的营造学专著，也是世界上流传至今的唯一一部超过800年历史的建筑学著作，是中国官方颁布最早的营造法典，是研究中国古代建筑的经典著作。

北宋建国以后，开始大兴土木，虽然这些建筑的造型豪华精美，却极为铺张，贪污之风更是此起彼伏，导致国库无法应付建筑所带来的庞大的开支。因而，建筑的各种设计和规范都急待制定。哲宗元佑六年（1091年），将作监第一次写成了《营造法式》。但由于这本书缺乏用材制度，工料太宽，不能防止各种弊端，所以皇帝又诏李诫重新编修。李诫以他个人丰富的经验为基础，参阅了大量的文献和规章制度，收集各工种的操作规程、技术要领及建筑物构件的形制和加工方法，终于于崇宁二年（1103年）编成了这本流传至今的《营造法式》。

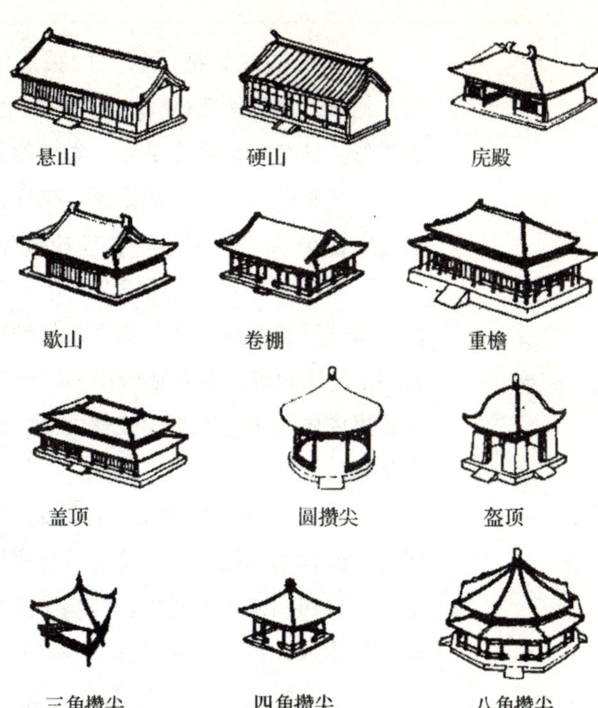

◇《营造法式》是中国古代最为全面、最为详尽的营造学专著

建筑创举

模数制的制订与优化设计	《营造法式》对建筑与结构设计规定了用材制度——“材份制”，即为古代优化设计的“模数制”。凡建造房屋都要以“材”为根据，“材”是一个高15份，厚10份，高宽比为3:2的截面，“份”为基本模数。材有八个等级。为补充“材”的不足，又以高为 6份，厚为4份的矩形截面——称为“契”，作为补充模数。这样，就可以按建筑物的种类和规模，选定适当的材等，再按建筑物的形式和结构构件的规定份数，把材料一一建造出来。 这种“材份”模数制可使全部设计、构件制作标准化，施工预算等工作都能快速完成，这既能保证质量、又能提高工效。“材份”模数制还可控制建筑群体中，主体建筑与辅助建筑的体量差别，主次有别，比例恰当。

建筑力学成就	《营造法式》把“材”的截面定为高宽比为3:2的矩形，把梁、枋等承重(受弯)构件的截面都规定为高宽比为3:2的矩形。这个重要规定是以力学性能为根据的，现代材料力学证实了它的科学性。据推算，构件抗弯强度最佳理论截面的高宽比为 $\sqrt{2}$:1；刚性最佳理论截面的高宽比为 $\sqrt{3}$:1。而“材”及梁、枋的截面取3:2，介于二者之间，说明它既考虑了最佳理论强度，也考虑了最佳理论刚度。同时，高宽比为 3:2是整数倍，非常适合民间工匠记忆，便于推广应用。这足见中国北宋时期力学成就之高，远远早于世界同类学说500多年。 体现在力学方面的重要设计还有柱的“侧脚”，即外围柱列向内侧微微倾斜。这样可使房屋上部荷载重心内移，产生一种四周向内的压力，提高了房屋抵抗侧向力的能力，有利于抗风、抗震。即提高了房屋的整体稳定性。
营造系统工程的经验总结	《营造法式》全书共357篇，3555条，其中308篇3272条来自工匠相传，是经久可以利用之法。其中有李诫搜集到的各种技术处理方法的条文，如柱侧脚、柱升起、举折、铺作设置位置等；更有书中许许多多精确、肯定的“数据”，令后人叫绝。这些数据有结构中的“份”值，具体的尺寸长度；又有砖瓦、石料的规格尺寸；甚至到颜料配比中各原料的具体重量，粘结木材缝长与耗胶几两几钱，都对应有准确的数字。这种种数据，必须来自生产第一线，才能这么详细具体，这其中的工作量之大可想而知。
最早的营造管理科学文献	《营造法式》用大量文字规定工时定额和材料定额，并把影响定额的诸多因素都考虑进去。它对每一工种的构件按等级、大小和质量要求都规定了明确的工值，即直接定额。另有类比的间接定额，“如斗拱等功限，以六等材为法，若材增减一等，功限各有加减法之类”。这种规定，为编制工程预算和实施组织管理订出了严格标准，打下了良好的基础，既便于生产，也便于检查。

设计、施工与管理中的灵活性	《营造法式》中对于多种制度虽有明确的规定，但基于制度条文而未明示的有关内容，还有“随便之大小，有增减之法”的总原则。定而不死，活而不乱，充分体现了营造过程中的灵活性。如很多条文下“随宜加减”“约此加减”“随意取曲”等脚注随处可见。尤其是彩绘中的用色之制，李诫认为应“随意所写，或深或浅，或轻或重，千变万化，任其自然”。这些注释条文，就给了设计人员和营造巧匠们以很大余地，在多种制度总原则指导下，可以充分发挥他们自己的创造性，使建筑物锦上添花。这是《营造法式》的重要特点之一，非常符合营造工程的实际需要，也推动了中国古代建筑向更新、更高层次的发展转化。
功能与艺术的完美结合	宋代经济、科学技术、文化艺术的发达，推进了建筑艺术的发展。《营造法式》对石作、砖作、小木作、彩画作都有详细的条文和图样，明显地反映出宋代建筑的艺术水平远远高出前代，如门窗格子和彩画的多种多样，就是最好的例证。再如枋、梁、斗拱等构件，在满足它们结构功能需要的同时，还规定了它们艺术加工的方法。如“月梁”与“梭柱”的外轮廓曲线，就比等经的圆柱视觉效果好，艺术感染力强。《营造法式》中规定，用“卷杀”的方法制作的诸如梁、柱、拱及飞椽头等构件的轮廓曲线，就是利用结构构件，加以适当的艺术加工，使之发挥强烈的装饰效果。

第五节 古代生态——动植物

在长期的农、林、牧、副、渔和医、药等实践中，中国人积累了丰富的动植物知识。据不完全统计，中国古代农医文献，包括现存和已经散失的，有八千多种，这其中就包含各种各样的记载动植物类的书籍。

古代生物学历程

萌芽与积累

春秋中叶之前

在这一时期，相关的动植物类书籍比较零散，还没有形成专门的著述。比如《尚书·尧典》记载尧时人们已观察到鸟兽在不同季节中的交尾、繁殖、脱羽、换毛等生理变化。春秋时期的《夏时》以动植物的生长、繁殖、行为、习性等为基础，结合天文历法对农业活动进行指导，书中还记载了鸟类的迁徙、鱼类的洄游、鹿角脱换、熊类冬眠等周期性生理现象。西周时期，人们在从事动、植物资源调查、辨名物、察地形、别土宜以及农田管理等事项中积累了不少有关动植物的知识，这在《周礼·地官·司徒》中有所反映。大约成书于春秋中叶的《诗经》，记有黄河流域中、下游和长江以北地区的植物约130种，动物约90种。《周礼》中也载有一些动植物形态和生态环境以及动、植物的分布等知识。

形成

春秋中叶至南北朝

形成较系统的生物学知识

这一时期出现了不少农学、医学、药物学和有关动、植物的著作。在非专著方面，秦汉之交的《尔雅》，记述植物200余种，动物100余种；《礼记·月令》和《淮南子》则记载了生物习性以及生物与其生活条件的关系。专门的动植物类的专著，最具代表的就是《南方草木状》和《齐民要术》。《南方草木状》是中国第一部记述南方植物的著作，也是世界上现存最早的地方植物志。记述了当时岭南地区即今广东、广西和越南北部等地的植物80种，并依据植物的生物学特性，描述了它们的形态、生活环境、用途和产地等，还首次记载了利用益虫防除害虫的生物防除法。这部书对中国古代植物学的发展有比较大的影响。北魏贾思勰所著《齐民要术》，是一部综合性农书，是中国现存的最早最完整的农书，也是世界农学史上最早的专著之一。书中内容包括各种农作物的栽培，各种经济林木的生产，以及各种野生植物的利用等；同时，书中还详细地介绍了各种家禽、家畜、鱼、蚕等的饲养和疾病防治。

发展

隋唐时期至清代中叶

这一时期生物学因为科技水平进步和一些相关学科的发展扩大了视野，人们的动植物知识更加丰富，开始出现大量的动植物专著。其中有宋代欧阳修的《洛阳牡丹记》、蔡襄的《荔枝谱》、韩彦直的《橘录》、陈仁玉的《菌谱》以及专门研究鸟类的《禽经》。唐代段公路的《北户录》和刘恂的《岭表录异》记述了不少岭南地区的动植物；宋代范成大《桂海虞衡志》记述了广东、广西、云南、贵州的一些动植物；宋初《益部方物略记》则是一部描述四川动植物的专书；明、清时期，以朱橚(sù)的《救荒本草》和屠本畯(jùn)的《闽中海错疏》为代表的地区性的动植物志相继出现，前者记载了不少河南的植物，后者则记述了福建沿海的水产动物。在它们的影响下，先后出现清代鲍山《野菜博录》、王磐《野菜谱》、郝懿行的《记海错》、郭柏苍《闽产录异》等。医药学家李时珍的《本草纲目》也是一部动植物著作；宋应星所著的《天工开物》中也有不少动植物学知识。清代吴其浚的《植物名实图考》是一部科学性较强的植物学专著，记述了大量的植物学知识，它在植物学史上的地位，早已为古今中外学者所公认。稍后，方旭的《虫荟》则是一部动物学专著。

鸟类著作——《禽经》

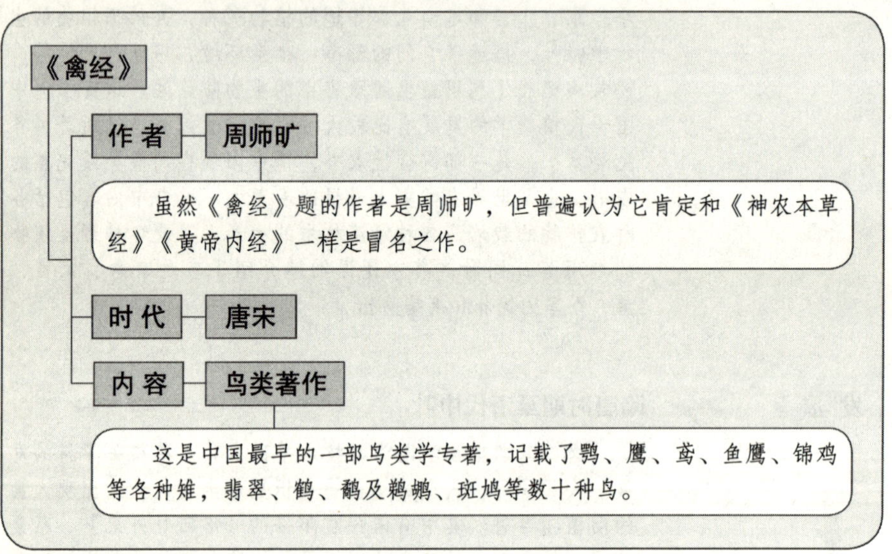

宋代是中国历史上科学文化异常繁荣的时期，在生物学上取得了令人惊叹的成就。凭借生物学知识的广泛积累，关于生物的学问逐渐从广泛的门类中剥离，形成一门关于“鸟兽草木”的专门学问。

在农业社会中，“草木鸟兽虫鱼”这些生物资源，是人们不可或缺的生活源泉。伴随各种生物学知识尤其是动植物知识的大量积累，一些学者为扩大影响而编写的一些大类别的动植物著作，包括张宗诲的《名花木录》《木谱》，以及一些学者造的“经”。“经”有《草经》《花经》《鹰经》《禽经》等。这些所谓“经”的编著，其实就是自诩为经典，我们不难看出当时人们试图“经营”一门新学问所作的努力。《草经》《鹰经》在郑樵的《通志·昆虫草木略》中多处提及，但这两本书并未流传至今，流传下来的只有《花经》和《禽经》。这类著作的特征是记录某一专门领域的生物学知识，《禽经》尤为典型。

《禽经》的编写风格带有普及知识的特点，如书中记“王雎、雎鸠，鱼鹰也。《毛诗》曰：‘王雎，鸷而有别。’多子。江表人呼为鱼鹰。雌雄相爱，不同居处。”这种旁征博引的风格，已经非常接近今天的科普性读物了。书中关于鸟的内容非常丰富：如名称辨异、形态特征、生活习性、行为特点，对环境的适应以及鸟类的器官形态与功能的一致性等都有记述。

花王宝典——《洛阳牡丹记》

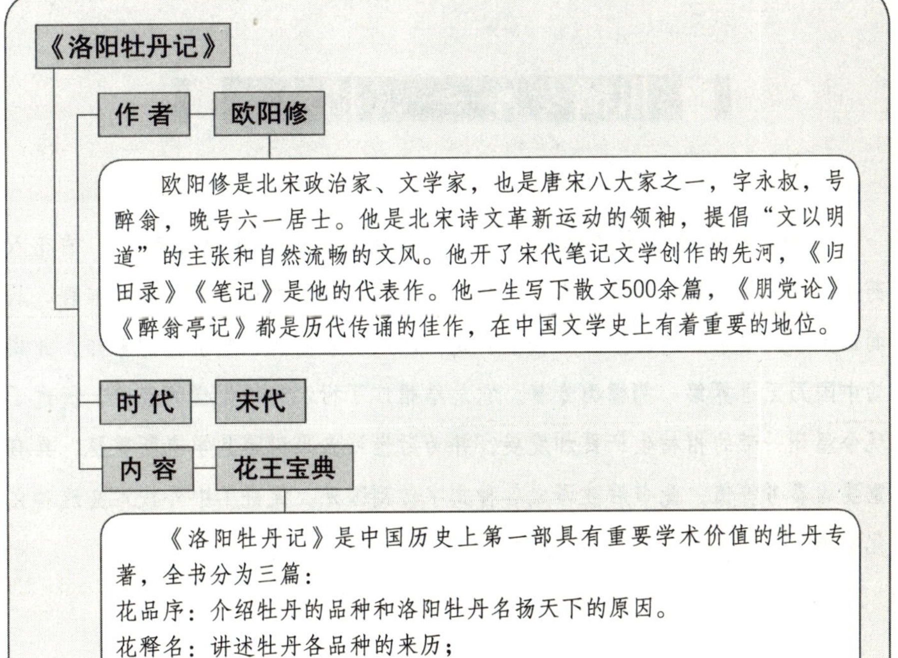

牡丹被称为“花中之王”，传说武则天当年在寒冬时节心血来潮地想要赏花，竟令百花“花须连夜发，莫待晓风吹”。一夜之间，除了牡丹恪守时节之外，百花居然全部绽放。武则天一怒之下下令把牡丹全部烧掉，并连根铲除扔到洛阳。第二年春天，重新长出新根的牡丹开得更加美丽，也赢得了“焦骨牡丹”的美誉。《洛阳牡丹记》就是中国第一部总结牡丹栽培的专著。

《洛阳牡丹记》详尽地记载了牡丹的栽培历史、种植技术、品种、花期以及赏花习俗等，书中写到了洛阳当时牡丹花开时赏花的风俗：“洛阳之俗，大抵好花，春时城中无贵贱皆插花，虽负贩者亦然。花开时，士庶竟为游遨，往往于古寺废宅有池台处为市，并张幄帟(yì)，笙歌之声相闻。最盛于月坡堤、张家园、棠棣坊、长寿寺东街与郭令宅，至花落乃罢。”尤其生动。

《洛阳牡丹记》还记录了花农的生活、花农的技术、花价以及牡丹花进贡时的种种情形，这些记录对于今天牡丹的种植、养护仍然具有很重要的参考价值。

柑橘专著——《橘录》

《橘录》又名《永嘉橘录》，是中国南宋时期的柑橘专著。“橘花入药，十分罕见，物不贵重，来之不易。”柑橘，由于种植普遍，药效显著，从而催生了《橘录》的诞生。《橘录》是一本具有较高园艺学价值的著作，并成为中国乃至世界第一部橘类专著。它总结推广了柑农种植柑橘的经验，促进了现今温州一带的柑桔生产更加发展，并为后世许多果树园艺学者所重视，具有重要的参考价值。此书后被译成各种文字传到国外，促进了中外技术交流和文化交流。

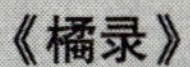

作者 — 韩彦直

韩彦直又名韩子温，是南宋抗金名将韩世忠的长子。受家庭影响，他少年时就具有强烈的忠君报国思想，后来在中央和地方担任官职，做官为人正直，出任金使也显示出民族气节。《橘录》是他在科学方面的主要成就，写于他担任温州知府任内。

时代 — 南宋

内容 — 柑橘专著

《橘录》详细记述了一套柑橘果树的栽培管理和果实收藏方法，可称为历代有关这方面经验的总结。韩彦直将27个柑橘类果树品种分为柑、橘、橙三类，其中柑8种、橘14种，橙子、朱栾等5种。全书共三卷，卷上、卷中叙述柑橘的分类、品种名称和性状，卷下介绍柑橘的栽培技术。

《橘录》是韩彦直花了两年工夫亲自作调查研究，搜集资料，终于写成的。他首先根据果实的差异包括大小、形状，果皮的色泽、香气、厚薄，果瓣的数目、味道和种子的多寡等原则来对柑橘进行详细的分类，这也是一种比较科学的方法。从他对果实的描述中可见韩彦直已经注意到柑橘类果实的品质与生长环境有着密切的关系。

韩彦直还在《橘录》中总结了橘农育、嫁接、栽培、治虫、采集、贮载等各方面的生产经验。书中说："种植宜斥之地，四邑皆距海不下十里。凡圃之近涂泥者，实大而禁，味尤珍，耐久而不损，名曰涂柑。"这都符合柑橘生产的科学规律。

韩彦直不仅写下了《橘录》，还对发现和推广温州柑橘良种，做出了种种努力。如温州有名的无核蜜橘，在当时就已被韩彦直发现，这就是现在遍及整个日本，还远传到美洲的"温州蜜橘"。美国植物学家里德在他的《植物学简史》一书中就认为韩彦直记述的果树整枝、虫害和真菌寄生的控制以及果实的收获、储藏技术非常先进。

第六节 大地纹理——地理

汉语中的“地理”一词最早见于《易经》，古代的地理学主要探索关于地球形状、大小有关的测量方法，或对已知的地区和国家进行描述。从大禹治水三过家门而不入的传说，到郦道元行万里路，不畏艰苦实地考察的严谨，从《禹贡》和《山海经》到《水经注》的产生，中国古代的先辈们，从来没有停止过对于地理知识的探索，从来也不缺乏科学的成果，产生了大量的关于地理的文字著述和书籍。

古代地理成果

先秦两汉

最主要的地理学成就是《禹贡》和《汉书·地理志》。《禹贡》是《尚书》中的一篇，内容以大禹治水贯穿，体裁属于地志。它利用了战国时期发达的地理学知识，超脱了在它之前《山海经》极原始的地理概念，提出“九州”的区划，是先秦最富于科学性的地理记载。《汉书·地理志》是汉班固的作品，他首先叙述汉以前的地理沿革，在描述西汉时的地理概况时，以郡国为条目并用文本加注，将其下属县、道、侯国情况一一道来，从而大大地拓展了史学研究的范围，对后世产生了深远的影响。

魏晋南北朝

这一时期，中国地理学的发展迎来了一个辉煌点，其标志就是郦道元和他的《水经注》。郦道元以给《水经》做注的形式，通过实地考察和对地理书籍的研究完成了《水经

注》，这是中国第一部以记载河道水系为主的综合性地理著作，自明清以后不少学者从各方面对它进行了深入细致的专门研究，形成了一门内容广泛的“郦学”。此外，东晋高僧法显的外国地理认识在《佛国记》中有所记述；《洛阳伽蓝记》则是南北朝时记载北魏首都洛阳佛寺兴衰的地方志。

唐宋

这一时期，首先就得提到《大唐西域记》，这是唐代关于西域的一部历史地理著作，对于研究周围国家风土人情等概况具有重要意义。此外，唐代樊绰的《蛮书》是关于云南地区政治、民族、经济、山川、交通城镇及境外诸国的专著；唐代莫休符的《桂林风土记》是现存较早的桂林地情专著和地方志；北宋沈括的《梦溪笔谈》中，地理学是其中的一个重要篇章；北宋《淳熙三山志》是福州志资料，周去非《岭外代答》是研究广西社会历史的重要文献，它记载的是宋代岭南（两广地区）的人文、自然资源和各民族的经济、生活状况等。宋太宗时还有一本《太平寰宇记》，是官修的地理总志。

元明

汪大渊的《岛夷志略》是元代中外海上交通地理名著。元代周密的《武林旧事》详述了南宋时的朝廷典礼、城市面貌及地理山川、民间风俗等，是当时经济文化生活和都市市民生活的真实写照。明朝郑和七下西洋，航海至南洋、印度、波斯、非洲东岸等处，开辟了中外交通最远的航路，堪称中国的“地理大发现”壮举。稍后，徐霞客进行了30年长期的地理考察，写成《徐霞客游记》，这是日记体为主的中国地理名著，它对地理、水文、地质、植物等现象，均作了详细的记录，在地理学和文学上卓有成就。明代成书的《大明一统志》和《寰宇通志》则是官修地理总志。

清代

这一时期从地理著作的校勘到地理教科书的编写都有了长足的发展，地理著作也层出不穷。其中，清初顾祖禹独自撰写的《读史方舆纪要》颇受后世称道，它以军事地理为主，集自然与人文地理于一身，内容丰富、地名齐全、考订精详、结构严密。清代中后期的魏源写就了划时代的著作《海国图志》，他提出了“师夷之长技以治夷”的观点，在中国近代史学史上，这是第一部较为详尽、较为系统的世界史地著作。另外，连横的《台湾通史》，仿照《史记》的体例，记述有关台湾的政治、军事、经济、物产、风俗、人物等，包罗万象，内含千年历史。清代还诞生了内容最丰富、最完善的官修地理总志，即《大清一统志》。

地理百科奇书——《山海经》

东汉时期，汉明帝派王景去治理黄河，临行前赐给他几本治水专著，其中就有《山海经》。《山海经》是一部奇书，它在对自然地理和人文地理进行记载的基础上，还记载了许多神话故事和一些离奇事物。

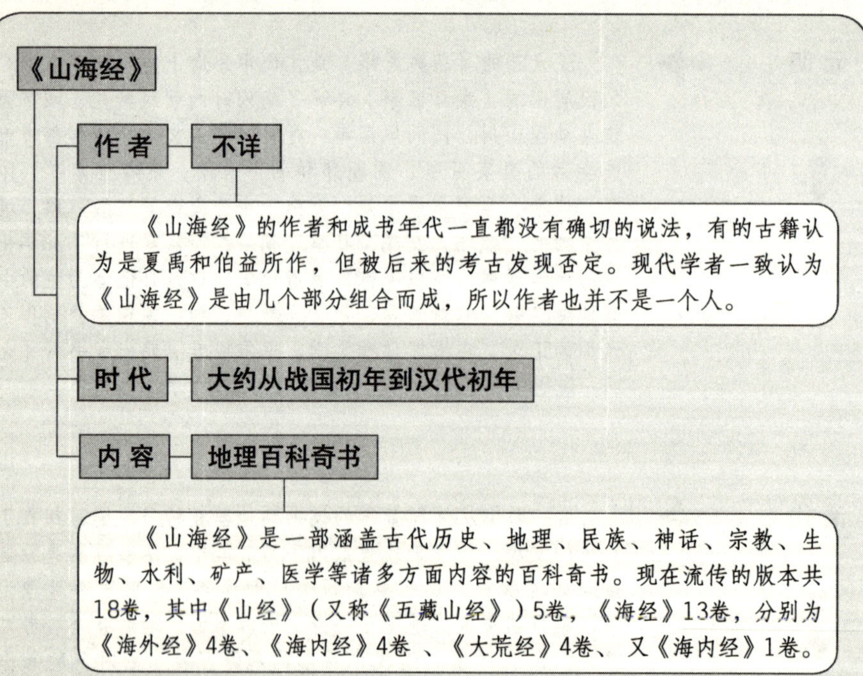

（1）早期地理书

《山海经》中最具有地理价值的是《山经》，它就像一本早期的地理书，以一定的交通路线经过的山地为线索，记录了各地的山河、动植物、矿产以及祭祀民俗等内容。

《山经》中一共记录了447座山，分别划为东、南、西、北、中五个山系。在叙述这些山川时，不仅详细地记录了它们的位置、高度、形状、走向、面积、陡峭程度，还附带介绍了山上的植被情况、覆盖密度以及雨雪情况等，比如《西山经》中在介绍华山时就说“太华之山，削成而四方，其高五千仞，其广十里，鸟兽莫居”。

除了对山脉的记录之外，《山海经》还介绍了约300条河流的情况，包括这些河流的发源地、流向、支流等，甚至还包括某些河流的伏流和潜流的介绍，以及一些盐池、湖泊等。这些记录的详细程度，简直可以和今天的地理教科书媲美。

《山海经》在矿产方面也有着详细的记录，包括300多个矿物产地和近80种有用的矿物，并根据当时的认知水平和它们的颜色、质地等，将金属矿物分为金、石、玉、垩四类。另外《山海经》还总结出了一些寻找矿石的经验，尤其是指出了不同矿产分布的“阴阳”关系，如《西山经》中就说“符禺之山，其阳多铜，其阴多铁”，“泰冒之山，其阳多金，其阴多铁”。

另外，《山海经》对非金属矿物的认识也有较高的水平。比如《中次九经》中就有大理石资源的记载，它称大理石为“白珉”，如“岷山其下多白珉”；也有对煤的记载，称煤为“石涅”，在《西山经》中有“女床之山，其阳多赤铜，其阴多石涅”，在《中山经》中有“岷山之首，曰女几之山，其上多石涅”，“又东一百五十里，曰风雨之山，其上多白金，其下多石涅”等。经过后来的专家考证，这些记载基本上都是正确的。

《海经》部分虽然记录着很多不可思议的神话传说，但是仍然有许多跟地理相关的内容。比如《海内经》在一开始就用一句“东海之内，北海之隅，有国名曰朝鲜”就准确地描述出了现在朝鲜半岛的位置；《海内东经》中也有关于沙漠的记录，称其为流沙之地，“国在流沙外者，大夏、竖沙、居繇、月

支之国”，汉代张骞出使西域的时候，就曾经过上述的大夏国和月支国。

这本早期的地理书，虽然充满了神怪奇事，但却较为真实地记录了中国古代的地理状况，从而在地理学史上拥有很重要的位置。

（2）神奇之书

■ 民俗科技史

《山海经》是一部充满神奇色彩的作品，但这些无奇不有的内容却对古代民俗学、科学史、医学等学科有重要的科学价值。

《山海经》所记录的神话传说中有许多神奇的动物，比如鸟、兽、龙、蛇等，从它们身上不仅可以看到很多不可思议的神奇力量，也可以看到古代民族的信仰和崇拜。《海外西经》中有记录说："巫咸国在女丑北，右手操青蛇，左手操赤蛇。"由此可见，这个巫咸国的图腾很有可能就是蛇。所以，《山海经》是研究中国古代宗教信仰的必不可少的参考资料。

《山海经》也是一部科技书，它记载了古代科学家的创造发明，也反映了当时的科技水平。《大荒经》中有多处关于农业生产的记载，比如《大荒海内经》中的“后稷是始播百谷”“叔均是始作牛耕”。《大荒海内经》中的“义均是始为巧倕，是始作下民百巧”是关于手工业中工匠的最早记录。《大荒海内经》中的“噎鸣生岁有十二”和《大荒西经》中的“帝令重献上天，令黎邛下地。下地是生噎处于西极，以行日月星辰之次”是关于历法和天文的记录。

除此之外，《山海经》也记录了早期的科学实践活动。《海外东经》中的“帝命竖亥步，自东极至于西极，五亿十选九千八百步。竖亥右手把算，左手指青丘北”以及《中山

◇夸父追日的故事最早来自《山海经》

经》中的“天地之东西二万八千里。南北二万六千里”。这些记载的数字虽然不是确切的，甚至看来有几分可笑，却也反映了古人的探测活动。

■ 文学故事库

《山海经》虽然是一部地理著作，但它保存了丰富的神话传说。《山海经》全书共收集了神话传说400多个，是保留中国古神话最多的一部书，后来很多文学作品中的神话故事都是以此为范本改编而来的。

“夸父与日逐走，入日。渴，欲得饮，饮于河渭，河渭不足，北饮大泽，未至，道渴而死。弃其杖，化为邓林。”这是《海外北经》中对于“夸父逐日”的记载，《列子》《淮南子》中关于夸父的神话故事都是据此而来的。

“刑天与帝争神，帝断其首，葬之常羊之山，乃以乳为目，以脐为口，操干戚以舞。”正是以《海外西经》中的刑天为原型，陶渊明才在《读山海经》中写下“刑天舞干戚，猛志固常在”，来赞颂这位不甘失败的断头英雄。

从《封神演义》到《镜花缘》，这些书中的故事都是对《山海经》的一种变化运用。《山海经》中的故事有经典传说，也有很多是荒诞离奇的，但是这些故事为后世的文学创作提供了丰富的素材，让我们看到了多彩的文学世界。

综合性古代地理——《水经注》

汉代的桑钦曾著有一部《水经》，晋代的郭璞还为这部早期的河道纪录著作作过注，但这两部书都在历史中散佚了。所以北魏时期的《水经注》成为中国第一部以记载河道水系为主的综合性地理著作。由于郦道元出彩的文学功底，还使得《水经注》成为中国古典文学名著，在文学史上占据一定地位。明清以后许多学者从各方面对它进行了深入浅出的专门研究，形成了内容颇广的“郦学”。

《水经注》

作者 — 郦道元

郦道元出身于仕宦之家，少年时在山东随父亲居住。他喜欢游历四方，也因此培养了“访渎搜渠”的兴趣。他周游黄淮流域的大片地区，足迹遍布河北、河南、山西等省区。每到一个地方他都细心观察水道形势，究其来源。他在实地考察中广泛搜集各种资料，以弥补文献不足，从而完成了举世无双的地理名著《水经注》。

时代 — 北魏

内容 — 第一部综合性地理名著

《水经注》以水道为纲，将河流流经地区的古今历史、地理、经济、政治、文化、社会风俗、古迹等作了尽可能详细的描述，是中国6世纪的一部地理百科全书。《水经注》涉及的地域范围，除了基本上为西汉的疆域外，还提到了当时不少的域外地区，包括朝鲜半岛等若干地区，覆盖面积实属空前。全书共40卷，记载的河流水道1252条，文字则是《水经》的20余倍，达32万字。

郦道元在著《水经注》时的认真是首屈一指的。为了著作此书，他搜集了大量文献资料，引书多达437种，辑录了汉魏金石碑刻多达350种左右，还采录了不少民间歌谣、谚语方言、传说故事对资料进行补充，并分析研究，实地考察，寻访古迹，才成就了这本闻名于世的地理百科书。

（1）学科贡献

《水经注》是以《水经》所记的水道为纲来记录地理的，但郦道元根据自己的实地考察，对《水经》的内容进行了极大的补充。《唐六典》注中称《水经》共记载了水道137条，而《水经注》则将支流等补充发展为1252条，更增添了这些水道周围的自然地理、人文地理、山川胜景、历史沿革、风俗习惯、人物掌故、神话故事等，它所记述的时间跨度相当之大，上起先秦，下至南北朝当代，共约1000多年。因此《水经注》已不再是简单注释《水经》，而是进行再创作，它在古代地理学史上的地位非常重要，同时科学实用价值也很高。

自然地理	《水经注》所记大小河流有1000余条，从河流的发源到入海，凡是干流、支流、河谷宽度、河床深度、水量和水位季节变化，含沙量、冰期以及沿河所经的伏流、瀑布、急流、滩濑、湖泊等都广泛搜罗，详细记载。记录了湖泊、沼泽500余处，泉水和井等地下水近300处，伏流有30余处，瀑布60多处。记录了各种地貌，高地有山、岳、峰、岭、坂、冈、丘、阜、崮、障、峰、矶、原等；低地有川、野、沃野、平川、平原、原隰（xí）等，仅山岳、丘阜地名就有近2000处，喀斯特地貌方面所记洞穴达70余处。 植物地理方面记载的植物品种多达140余种，动物地理方面记载的动物种类超过100种。各种自然灾害有水灾、旱灾、风灾、蝗灾、地震等，记载的水灾共30多次，地震有近20次。
人文地理	《水经注》所记的一些政区往往可以补充正史地理志的不足。所记的县级城市和其他城邑共2800座，古都180座。除此以外，小于城邑的聚落包括镇、乡、亭、里、聚、村、墟、戍、坞、堡等10类，共约1000处。在这些城市中包括国外一些城市，如在今印度的波罗奈城、巴连弗邑、王舍新城、瞻婆国城等，对林邑国的军事要地粟城和国都典冲城等都有详细记载。交通地理包括水运和陆路交通，其中仅桥梁就记有100座左右，津渡也近100处。 经济地理方面有大量的农田水利资料，记载的农田水利工程名称就有坡湖、堤、塘、堰、堨、覩、墱、坨、水门、石逗等。另外还记有大批屯田、耕作制度等资料。在手工业生产方面，包括采矿、冶金、机器、纺织、造币、食品等。所记矿物有金属矿物如金、银、铜、铁、锡、汞等，非金属矿物有雄黄、硫黄、盐、石墨、云母、石英、玉、石材等，能源矿物有

	煤炭、石油、天然气等。此外还有兵要地理、人口地理、民族地理等各方面资料。
其他学科	除了丰富的地理内容外，还有许多学科方面的材料。诸如书中所记各类地名约在2万处上下，其中解释的地名就有2400多处。所记中外古塔30多处，宫殿120余处，各种陵墓260余处，寺院26处以及不少园林等。

如此丰富的内容，其价值自不待言。这里仅就历史地理方面来说，就有取之不尽的功效。侯仁之教授曾利用此书研究了毛乌素沙漠的历史变迁，并复原了北京的古代水利工程。如今我们也可以用它来研究古代水道变迁，湖泊湮废、地下水开发、海岸变迁、城市规划、历史时期气候变化等诸多课题。

（2）文学名著

《水经注》一书脱离了将各个内容单独罗列的形式，它将所有内容系统的组织起来，并在记述中综合进更多的元素。如它阐述了某一地理地聚在时间长河中的变化，还将历史事件融入到对地理的叙述中。这都使《水经注》超越了一般学科著作的范围，进而成为一部文学名著。

令人称奇的是，郦道元采用了各种手法对枯燥的地理知识进行了艺术性的描述。他“写水着眼于动态”，“写山则致力于静态”。在语言运用方面，郦道元可谓是信手拈来，单是描写瀑布，它所用的词汇就有：泷、洪、悬流、悬水、悬涛、悬泉、悬涧、悬波、颓波、飞清等，变化无穷的词汇给人以美的享受。

郦道元对人文历史绘声绘色的描述，使《水经注》成为魏晋南北朝时期山水散文的集锦，神话传说的荟萃，名胜古迹的导游图，风土民情的采访录。

西域地理——《大唐西域记》

《大唐西域记》问世已经1300余年，这本由唐太宗钦定，由唐玄奘口述，由玄奘弟子辩机执笔的大型西域地理史记，不仅是当时王朝了解西域的重要资料，对于今天也是考察古代西域情况的重要参考。

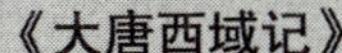

《大唐西域记》

作者——玄奘

玄奘俗姓陈，出生于一个世代儒学的大家庭中。但从小聪慧过人的玄奘，幼年时就开始诵习古代经籍，13岁时出家入东都洛阳净土寺攻读佛典。他学成后先赴首都长安讲法，后遍游成都、荆州、扬州、苏州、相州(今河南安阳)、赵州(今河北赵县)等地，不耻下问，寻访名师，广交朋友，更西行印度求取真经。

时代——唐代

内容——西域史地巨著

《大唐西域记》记载了玄奘西行印度求法所经过的各地方情况。全书共十二卷，约10余万字。

卷一：从阿耆尼到迦毕试国，即从中国新疆经中亚抵达阿富汗；

卷二：印度总述，并记载滥波国至健驮逻国的事，即从阿富汗进入北印度；

卷三至卷十一：从乌仗那国至伐刺拿国，包括北、中、东、南、西五印度及传闻；

卷十二：从漕矩吒国至纳缚波故国，即从阿富汗返抵中国新疆南部地区。

（1）西行求法

佛教约在公元前 246～210年左右创始于印度，由印度僧人传入中国后，虽然几经发展，但由于远离发源地，造成了经文不全的情况，从而在佛教界中出现了许多对同一经文不同的解释。为了解决自己的疑惑，唐太宗贞观元年(627年)，玄奘决定去印度求取佛经，以了解到佛法的真谛。

但由于当时中原的动乱尚未完全平定，玄奘的西行申请没有被朝廷批准，原来计划做伴的一批同行们，考虑到西行的时间实在太长久，加之沿途的艰难险恶，都纷纷放弃了外出的打算，唯独玄奘一个人矢志不移。

公元627年秋天，陕甘一带发生重大灾荒，玄奘乘机混杂在逃荒的灾民群里，偷偷地出了秦州（今甘肃天水），风尘仆仆地一路经过兰州、凉州（今甘肃武威）、瓜州（今甘肃安西县东南），渡过玉门关，穿越荒无人烟的八百里戈壁大沙漠，取道伊吾(今新疆哈密)，于当年年底到达高昌国，受到国王麴文泰的盛情欢迎和款待。国王为了玄奘的西行顺利，还选派了4名沙僧和随行人员跟随西行，并给予往返20年的费用。于是玄奘继续沿着天山南麓向西行走，经过阿耆尼国(今新疆焉耆)、屈支国(今新疆库车)、跋禄迦国(今新疆阿克苏)，翻越凌山(今天山穆素尔岭)，沿大清池(今吉尔吉斯斯坦伊塞克湖)西行，到素叶城(今吉尔吉斯斯坦托克马克西南)，经过昭武九姓中的石国、康国、米国、曹国、何国、安国、史国等(均为乌兹别克斯坦境内)，翻越铁门(今乌兹别克斯坦南部布兹嘎拉山口)，到达睹货罗国(今阿富汗北境)，由此南行经过大雪山(今兴都库什山)，至迦毕试国(今阿富汗贝格拉姆)，东行抵健驮罗国(今巴基斯坦白沙瓦)，进入到印度境内。

当时的印度被称为“天竺”，它被划分为东、西、南、北、中五个部分。玄奘首先到达北印度，跋涉数千里，历经十余国。然后进入中印度，在规模宏大、历史悠久的那烂陀寺留学5年。在这段时间里，他不但学习了大批的佛教经典之作，同时，还研究梵文和多种地方语言，为今后的佛经翻译工作奠定了扎实的基础。此后，玄奘又到印度的其他地方游学，足迹几乎遍及全印度。

贞观十七年(634年)春，玄奘谢绝了印度佛教界的热情挽留，携带着657部佛经以及一批花果种子，取道巴基斯坦北上，经过阿富汗，翻越了罕无人迹的帕米尔高原，沿塔里木盆地南道回国，途中历尽艰难险恶，两年以后才回到了长安。玄奘西行取经，总计行程50000余里，耗时18年，这是中国佛教史上的一次伟大创举。

玄奘回国以后，唐太宗没有责罚他，却敦促他尽快地将这次西行的经历写下来。于是，经过一年的努力由玄奘口述、弟子辩机执笔完成了《大唐西域记》一书。

（2）西域史地

《大唐西域记》记载的范围包括东起中国新疆，西至伊朗，南到印度半岛南端，北达吉尔吉斯斯坦的辽阔地区的历史地理、风土人情、货币经济、宗教民族以及气候、土壤、地形、山川、湖泊、森林等情况的详细记载，是一部重要的西域史地之作。

贞观二十年（646年）秋七月，玄奘完成了《大唐西域记》，他进表唐太宗时说："所闻所历一百二十八国，今所记述，有异前闻，皆存实录，非敢雕华，编裁而成，称为《大唐西域记》，共十二卷。"这本书按照玄奘的旅行路线，对于沿途所见的城邦、地区和国家，逐章描述，中间不时穿插沿途的传闻，并用"行"和"至"二字，把目睹的与耳闻的区别开来。

作为继晋代法显之后又一取经游记巨著，《大唐西域记》"推表山川，考采境壤，详国俗之刚柔，系水土之风气"，把这128个国家的情况都进行了详细的记录。书中还生动地描述了阿富汗巴米扬大佛、印度雁塔传说、那烂陀学府以及诸如佛祖成道、佛陀涅磐等无数佛陀圣迹，还有很多佛教传说故事。

《大唐西域记》对各地的记述都十分详尽，就连哪个寺院奉的是哪乘哪宗，僧众有多少，何人讲什么经，有多少卷等，都写得十分详细，准确无误。

◇《大唐西域记》记载了玄奘西行印度求法所经过各地方的情况

如介绍千泉就写道："素叶水城（碎叶城）西行四百余里，至千泉。千泉者，地方二百余里，南面雪山，三垂平陆。水土沃润，林树扶疏，暮春之月，杂花若绮，泉池千所，故以名焉。"这些记载又被后来的历史文献和文物考古所佐证。

唐朝时，碎叶城和怛罗斯城都是中亚地区的名城，碎叶城是唐朝的安西四镇之一，怛罗斯城则以发生唐军与大食军队的激战而闻名。唐朝的史书对两城的介绍甚略，而《大唐西域记》却对它们有详细的记载："清池（咸海）西北行五百里，至素叶水城（碎叶城）。城周六七里，诸国商胡杂居也。土宜糜麦、蒲桃。""千泉西行百四五十里至逻私城（怛罗斯），城周八九里，诸国商胡杂居也。土宜气序，大同素叶。南行十余里，有小孤城，三百余户，本中国人也。昔为突厥所掠，后遂鸠集同国，共保此城，于中宅居、衣服去就，遂同突厥，言辞仪范，犹存本国。"这两条记载成为研究这两城和唐朝与中亚地区交往的重要史料。

依据《大唐西域记》记载提供的线索，印度对著名的那烂陀寺、圣地王舍城、鹿野苑古刹进行了考古发掘，结果出土了大量文物古迹，成为考古史上的一大奇迹。

地理日记——《徐霞客游记》

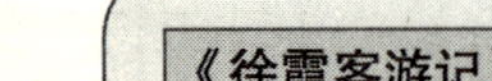

作者 徐霞客

徐霞客是中国明末杰出的地理学家和旅行家，因不满明末政治腐败，毅然辞官，从事野外考察。徐霞客从22岁时起，直到去世为止30多年之间，足迹遍于现在的华东、华北、东南沿海、西至云贵。特别是他晚年的西南之行，不但路途最长，观察记述也最详，他在旅途中都坚持把每天的经历与观察所得随手记载下来，以日记的形式写成了著名的《徐露客游记》。

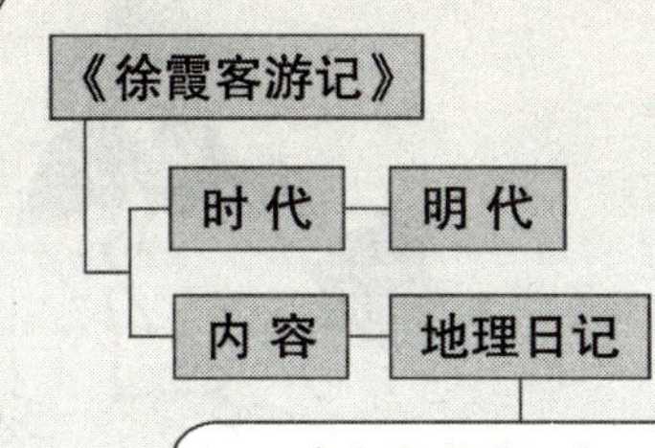

《徐露客游记》可分为“名山游记”与“西游记”两部分。“名山游记”现存游天台山、白岳山、雁宕、黄山、武彝山、太华山、太和山、闽、五台山、恒山日记等17篇，其中天台、雁宕、黄山、闽各有前后二篇，属前期作品，约5万字。崇祯九年（1636）以后作“西游记”，包括《粤西游日记》《黔游日记》《滇游日记》，其后期作品无论形式、内容，对地理学之贡献，均堪称长篇巨制。

《徐霞客游记》是徐霞客通过实地考察，以日记形式写下的一部宏篇巨著。其篇幅之宏大、内容之丰富、科学价值之高是以前任何游记都无法比拟的。作为世界上第一部广泛系统地探索和记载岩溶地貌的地理学巨著，也为这一时期的科学史，增添了光辉的一页。

现存《徐霞客游记》共60余万字，它的篇幅远超过了早它300年的《马可·波罗游记》和晚它300年的斯文赫定的《亚洲腹地旅行记》。洪堡的《新大陆热带地区旅行记》虽有三十卷，但其中大部分是实地考察的资料记录、地图及汇编的论文，并非全属游记，而且其中约三分之一的篇幅为其他人写的。《徐霞客游记》不仅篇幅巨大，而且内容十分丰富，特别是在自然地理方面，徐霞客对地理进行了实地考察，对自然界的规律进行了深入探究，在很多方面提出了新的见解。尤其是对岩溶地貌的论述特别详尽，可以说是世界上最早、最完整的岩溶地貌的考察文献。

（1）学术权威

徐霞客曾用文字详尽地描述各种岩溶地貌。岩溶地貌主要发育在石灰岩分布地区，石灰岩对机械侵蚀和物理风化作用的抵抗力很强，但很容易被水所淋溶，溶解作用沿着岩石的节理进行，便形成各种岩溶地貌，其中地面的岩溶

地貌便形成石芽、溶沟、孤峰、峰林、漏斗、落水洞、洼地、天然桥、石潭等，地下的岩溶地貌则形成伏流、地下河、溶洞、钟乳石、石柱、石笋、石盆、石床、石丸等。

◇《徐霞客游记》是徐霞客通过实地考察，以日记形式写下的一部宏篇巨著

■ 科学的纪录

徐霞客不仅逼真地描写这些奇形怪状的岩溶地貌，还为它们定下了名称。他称岩溶漏斗为井，竖井状的漏斗为龙井，龙井如果和地下河相同便成落水洞，他称盆地状的岩溶地为阱，他又将岩溶洼地按大小分类，大的叫盘洼，小的叫眢（yuān）井，眢井中积水的称为天地。圆洼地的底部常有落水洞，地面水由此漏入地下，潜通地下的洞穴，并由此而成伏流现象。他把洼地中积水的称为石潭或龙潭，伏流潜入地下成地下河。这些都是徐霞客通过仔细观察后定的名称，至今还被岩溶地貌学者沿用。

徐霞客除了为各种岩溶地貌命名外，还运用了类比归纳的方法，指出了它们的分布范围和地区差异性。中国西南的桂、黔、滇三省是世界著名的亚热带岩溶地貌分布地区，面积约达55万平方千米，它的分布范围，东起湖南道州，西止云南罗平。徐霞客说：“盖此丛立之峰，西南始于此（指罗平），东北尽于道州，磅礴数千里，为西南奇胜。”他又将西南三省的石峰地形进行对比说：“粤西之由，有纯石者，有间石者，各自分行独挺，不相混杂，滇南之山，皆土峰缭绕，间有缀石，亦十不一二，故环洼特多；黔南之山，则界于二者之间，独以追耸见奇。滇山惟多土，故多流成海，而流多混浊，惟抚仙湖最清，粤山惟石，故多穿穴之源，而水悉澄清，而黔流亦界于两者之间。”这里他将三省的石山地形通过分析对比，区别其不同特征，完全符合实际。

徐霞客还对岩溶地貌的成因进行了探讨，他指出地面各种石山地形是由于“山洗其骨，天洗其容”（杭州飞来峰），落水洞的成因是“由水捣成井”（茶陵东山），石潭的成因是由于“渊坠成潭”，“皆平地下陷”（桂平石桥村）。徐霞客认为钟乳石的成因是“皆玉乳之所融结”（广西真仙岩）。他指出石盆的成因是“皆石髓所凝，雕缕不逮”（广西安平州），“石膏日久凝胎而成”（云南保山）。

对钟乳石的成因，中国北魏时的郦道元、北宋的沈括、南宋的范成大虽然都有所解释，但他们对石芽、钟乳石、石潭、天生桥、伏流等现象的成因却没有进行完整详尽的解释。在西方，直到1763年俄国的罗蒙诺索夫才提出水滴石的原理，1781年奥国的格鲁柏才提出落水洞的成因是由于塌落的结果。直到1893年奥国的斯维奇的《岩溶现象》一书出版，才对岩溶地貌进行系统的研究。无论从哪个角度看，徐霞客的研究在世界上都是最先进的。

（2）求真务实

为“问奇于名山大川”，徐霞客22岁就开始出游，往后的三十余年，他东渡普陀，北历京冀，南涉闽粤，西达陕西，西南至云贵，足迹遍及当时的十四省，即今之江苏、浙江、上海、北京、天津、山东、山西、河北、陕西、河南、安徽、江西、福建、广东、广西、湖南、湖北、贵州、云南等地。

由于徐霞客有这么丰富的游历经历，所以他在研究史地典籍的过程中发现了诸多疑点，很多典籍所记录的内容不仅不详尽，还出现了错误。为了纠正这些错误，徐霞客坚持实地考察，才收集到最真实的一手资料。

年号	年份	年龄	出游地
万历	三十五年（丁未，1607）	22	游太湖（无游记）
	三十七年（己酉，1609）	24	游齐、鲁，北入京师（无游记）
	四十一年（癸丑，1613）	28	游落伽山（无游记）天台山、雁宕山
	四十二年（甲寅，1614）	29	游南京（无游记）
	四十四年（丙辰，1616）	31	游白岳、黄山、武夷九曲
	四十五年（丁巳，1617）	32	游宜兴善卷、张公二洞
	四十六年（戊午，1617）	33	游庐山、再游黄山

年号	年份	年龄	出游地
泰昌	元年（庚申，1620）	35	游仙游之九鲤湖
天启	三年（癸亥，1623）	38	游嵩山、华山及太和山
崇祯	元年（戊辰，1628）	43	游南至罗浮山（无罗浮山游记）
	二年（己巳，1629）	44	游京师至盘山（无游记）
	三年（庚午，1630）	45	再游闽
	五年（壬申，1632）	47	再游天台山、雁宕山
	六年（癸酉，1633）	48	游五台山、恒山、三游闽漳（五游闽无游记）
	九年（丙子，1636）	51	游浙江、江西
	十年（丁丑，1637）	52	游湖广、广西
	十一年（戊寅，1638）	53	游广西、贵州、云南东部
	十二年（己卯，1639）	54	游云南西部
	十三年（庚辰，1640）	55	自云南东归

诡道之术——兵法

兵法，古代人的用兵方法。无非是两军的对垒，但在中国人富于哲思的眼中，战争却成为谋略与技术的竞技场。或四两拨千斤，或不战屈人之兵，或指左打右混淆视听……中国兵法绝非蛮力的对垒，而是智慧的交锋。

“兵者，诡道也”，孙子的这句名言正是中国古代兵法的核心，那就是“谋略”。

古代兵法到了今天，已不仅仅是用于战场的战术、方法，它的谋略思想，成为政治、商业甚至日常生活中的一种行为思考方式，深受政客和商人的喜爱。

古代兵法书

西周

这时兵法书籍的代表人物便是吕尚。吕尚就是我们熟知的姜子牙姜太公，他辅佐文王灭商建周，是杰出的韬略家、政治家和军事统帅，历代典籍都公认他的历史地位，儒、道、法、兵、纵横诸家皆追他为本家人物，被尊为“百家宗师”。他留下的兵法典籍包括《六韬》、《太公阴谋》《太公金匮》《群书治要六韬》《太公兵法》，其军事韬略、战争谋略、战法战术、军队建设、战争准备等思想高明、深邃，奠定了他作为兵家鼻祖和千古武圣的地位。

春秋战国

诸侯混战、百家争鸣，兵法著述也随之进入历史上第一个辉煌时刻。先后问世的兵法书籍精辟深刻，令人目不暇接。春秋晚期孙武作《孙子兵法》，是现存中国最早的一部兵书，也是世界上最早的兵书。《孙子兵法》论述了战争、军队的基本问题，作战的战略、策略，以及作战的原则、方法等，里面包含了许多有价值的哲学思想。稍后战国的卫国人吴起写《吴子》，《吴子》是宋代颁定的“武经”之一，与《孙子兵法》并称。齐国人孙膑作《孙膑兵法》，是与《孙子兵法》齐名的又一力作，故古时又称《齐孙子》。此外，范蠡的《范子计然》，尉缭的《尉缭子》等都是有名的兵书。

汉代

黄石公是又一个兵法大家，他的《三略》也叫《黄石公三略》，将儒家的仁、义、礼，法家的权、术、势，墨家的尚贤以及道家的重柔这些精髓思想糅合在一起，传说黄石公将此书传授给张良，为刘邦建汉立下了不灭之功。后世流传的还有黄石公的《索书》。此外，汉初晁错的《言兵事书》是针对当时匈奴犯境而提出的军事对策。

魏晋南北朝

诸葛亮有《将苑》《阴符经》《武侯八阵兵法辑略》《便宜十六策》等。其中《将苑》又称《武侯将苑》《武侯心书》《新书》等，以为将之道为核心，内容涉及择将之道、为将之道、用兵之道、取胜之道等多个方面。曹操有《孙子略解》即《孙子注》，它开创整理注释《孙子》十三篇的先河，丰富和发展了中国古代军事理论。晋初司马彪的《战略》一书，是汉语“战略”一词的最早起源。晋武帝时西平太守马隆有《握奇经》，又名《握机经》，是中国古代八阵布列的兵书。南朝陶弘景《古今刀剑录》为研究中国古代刀剑史提供了珍贵的史料。

唐宋

李靖录有《唐太宗李卫公问对》和《卫公兵法辑本》。唐李筌的《神机制敌太白阴经》论述战争成败。北宋何去非《何博士备论》为宋代重要兵书，此书将先秦时代至唐时的重大军事事件和军事人物一一论述，具有远见卓识，受到后人的重视。曾公亮、丁度主编的《武经总要》是北宋的一部大型综合性兵书，也是中国第一部官修兵书。南宋陈规《守城录》是中国宋代城邑防御的专著。南宋陈傅良《历代兵制》阐述了后代兵制对前代兵制的继承和发展。

明清

刘基的《百战奇略》总结了前人的战争经验，是中国古代享誉很高的一部著名军事理论书籍。民族英雄和著名军事家戚继光撰写的重要兵书《练兵实纪》是戚继光练兵实践经验的总结。明末何守法的《投笔肤谈》是一部颇有影响的古代军事理论著作。明末清初王余佑《乾坤大略》是一部专讲战略的兵书。

除此之外，历史上散见的兵法类书籍更是不胜枚举。如《三十六计》是根据中国古代卓越的军事思想和丰富的斗争经验总结而成的兵书，虽然已无法考证是何人何时写的，却对军事政治有极强的指导作用。

第一兵书——《孙子兵法》

《孙子兵法》是中国古代最古老和最完备的一部兵书，是中国古代兵书的奠基作品，也是世界上流传时间最长、传播范围最广、历史影响最大的兵学

圣典。它以辩证的哲学思维作为基础，总结前人的战争经验，发展了有关战争的军事理论，堪称两千年来中国军事家学习、揣摩和实践的瑰宝，被历代军事家誉为“兵经”，对于中国的军事实践和军事理论的发展具有重大的影响，享有“东方兵学鼻祖”“世界古代第一兵书”等美誉。

《孙子兵法》

作者 — 孙武

孙武是春秋末期军事家，他出生于贵族家庭，让他从古代军事典籍《军政》中了解到黄帝战胜四帝的经验以及伊尹、姜太公、管仲的用兵方法，加上他的祖父、父亲也都是善于带兵作战的将领，从小培养了他军事方面的才能。后来他因为战乱逃往到了吴国，在吴国写下《孙子》十三篇，并受到吴国大臣伍子胥的重视和推荐，被吴王任命为将军，从此纵横沙场，为吴国的崛起发挥了重要的作用。

时代 — 春秋末期

内容 — 世界古代第一兵书

《孙子兵法》是古代军事理论专著。虽在篇幅上只有短短5000多字，但内容却包罗万象、博大精深，涉及到战争规律、谋略、政治、经济、外交、天文、地理以及气象等多方面内容，对古代军事理论的各个方面几乎都有所论述，是一部古代兵学理论的宝典。全书分三卷，共13篇。

上卷：《计篇》《作战篇》《谋攻篇》《形篇》

中卷：《势篇》《虚实篇》《军争篇》《九变篇》《行军篇》

下卷：《地形篇》《九地篇》《火攻篇》《用间篇》

（1）军事价值

《孙子兵法》全面、深入地揭示了军事领域的基本规律，构筑了中国古典兵学的完整体系，体大思精，结构严谨，堪称经典。

■ “慎战”核心

在战争观上，《孙子兵法》提出了以“慎战”为核心内容的“安国全军之道”，把战争提到攸关国家存亡、军民死生的高度来认识，主张“非利不动，非得不用，非危不战”，表明了对战争所持的慎重态度。这是孙子全部战争理论的基石。

在战略上，《孙子兵法》以“不战而屈人之兵”为战争的最高境界。以此为牵引，孙子指出在战略指导方面，要“必以全争于天下”，力求“兵不顿而利可全”；在力量对比上，要取得“以镒称铢”的强大优势；在战略造势上，要谋求“若决积水于千仞之溪”的有利态势；在战争准备上，要“先为不可胜，以待敌之可胜”“先胜而后求战”；在战略时机的选择上，要“合于利而动，不合于利而止”“攻其无备，出其不意”；在战略手段的运用方面，强调“上兵伐谋，其次伐交”。这些论述构成比较完整的全胜战略思想。

■ 作战原则

在作战指导上，《孙子兵法》系统地提出了一系列的制胜原则，包括“兵贵胜，不贵久”的速胜原则，“以正合，以奇胜”的出奇制胜原则，“致人而不致于人”的掌握主动原则，“兵以诈立”的军事欺骗原则，“因敌变化而取胜”“践墨随敌，以决战事”的灵活机动原则，“我专敌分”“以众击寡”的集中兵力原则，“乘人之不及，由不虞之道，攻其所不戒”的突然性原则，“形兵之极，至于无形”的隐蔽企图原则，“避实而击虚”的打击弱点原则，“避其锐气，击其惰归”的把握战机原则，等等。

在治军方面，孙子重视将领的选拔和任用，他要求将领具备智、信、仁、勇、严五种才能和“进不求名，退不避罪，惟人是保”的品德；主张“将能而君不御”，授予将领机断指挥权。对士卒主张“令之以文，齐之以武”，即恩威兼施、赏罚并用。他还提出要“令素行而教其民”，非常重视部队的训练和管理。

（2）兵书商用

《孙子兵法》不仅适用于战场，它所包含的谋略思想，可以触类旁通，特别是在现代商业竞争中，它的重要性显得尤为突出，可以说是商家的必胜法典。书中的大量思想，被许多公司、企业和商家，运用到经营管理、市场营销中。“兵书商用”起到了意想不到的效果，可以说《孙子兵法》也是现代企业经营管理的教科书。

■ 致人而不致于人

孙子很重视掌握交战中的主动权，他说：“故善战者，致人而不致于人”，即要努力设法调动敌人而不被敌人所调动。《唐太宗李卫公问对》中，李靖也认为古代兵法千章万句，最重要的就是“致人而不致于人”这一条。为做到这一点，孙子提出了许多相应的谋略，如“以逸待劳”“攻其所不守”“出其不意，攻其不备”等。

孙子关于战略战术的主动性原则，在今天仍然是商战的重要原则。在商战中商人面临着双重的任务：一方面是面对消费者，这就要求商人要调动消费市场而不被市场所挟制；另一方面面对的是竞争对手，这就要求商人在竞争中要始终保持主动，如果被对方牵着鼻子走，就会被动挨打。要掌握主动，一个重要的策略是在做好充分准备和完善部署的基础上“先入为主”，按孙子的说法即是“先处战地而待敌者佚”。事实也证明，最早进入市场的产品常常会在市场中独领风骚，从而获得超常的效益，而那些后起的追从者往往事倍功半，疲于奔命。此外在与竞争对手较量时要掌握主动，必须抓住对方的致命弱点，使其无还手之力，这叫“攻其所不守”。

“致人而不致于人”是孙子兵法的基本原则，以此为原则掌握市场的主动权，是商业成功的关键。

■ 奇正互变

孙子说“凡战者，以正合，以奇胜”“战势不过奇正，奇正之变，不可胜穷也”，运用奇正的策略变化，是孙子的一个重要的制胜谋略。

凡一般的、正常的称为“正”，反常的、变化的即为“奇”。“奇正”常对置使用。如以正面进攻为正，侧面袭击为奇；先出为正，后出为奇；明为正，暗为奇；阳为正，阴为奇；合于常规为正，违常创新为奇等。在孙子看来，奇正是相辅相成、相互转化的。灵活地运用奇正互变策略，就会取得意想不到的效果。

◇《孙子兵法》是中国古代最古老和最完备的一部兵书

若将奇正互变的策略运用在瞬息万变的商战中，即要求商人在管理上要“正”，打开市场要“奇”；产品性能质量要“正”，设计形式新颖要“奇”；产品的生产要“正”，推销方式要“奇”等。就是说，对于产品的性能、质量绝不能马虎，对产品的质量宣传不能有任何的虚假，这是“正”，但可以在设计形式上以奇取胜，在广告宣传形式、具体推销方式上以奇制胜。要做到“奇”，必须要求企业家反应要快，如信息分析要快，产品推销要快。以快出奇，在竞争方还来不及作出反应时，已经占据了市场，这是商战制胜之上策。

■ 避实则击虚

《孙子兵法》中对虚、实关系的论述很多，如以虚示实、以实示虚、避实击虚等都是被作为重要的谋略来阐发的。其中最常用的一个谋略就是“避实击虚”。

孙子说：“水之形，避高而趋下；兵之形，避实而击虚。”就是说在选择进攻路线和主攻方向时，要设法避开敌人的主力所在，而集中全力攻击敌人力量薄弱的地方。历史上孙膑的“围魏救赵”就是避实击虚的成功范例。虚

和实是对立的统一．有实就有虚。再强大的军队，也有薄弱之处，再完善的布署，也不是天衣无缝，只要能发现并全力攻击对方虚弱之点，就能改变全局，由虚转实，由弱变强。

这一谋略在商战中有着充分发挥的余地。虚与实的对立在市场竞争中的表现是多方面的，如市场饱和为实，市场需求为虚；物品充足为实，物品短缺为虚；产品有知名度为实，产品无名为虚；产品新潮为实，产品落伍为虚；热门产业为实，被冷落的产业为虚等。有眼光有胆略的商人就要“避”其“实”，即要避开竞争对手云集的“实”，避开对方资金雄厚的“实”，避开市场饱和“实”，避开营业时间集中的“实”等。而就“虚”，就是把注意力放到那些“虚”的方面，以其“绝无仅有”的项目、独到的生产经营和售后服务、灵活的营业时间等赢得市场。通常所谓“走夹缝”“钻空档”之类就是“避实击虚”的通俗说法。

世界军事经典

《孙子兵法》阐明的军事思想不仅被中国的兵家奉为从事战争活动的金科玉律、至理名言，更在世界军事中拥有崇高的地位。

公元6世纪，《孙子兵法》最早传入日本，然后是朝鲜，它的影响由此超越国界。《孙子兵法》对日本军事思想的影响最为深远，从16世纪的德川幕府时期到第二次世界大战，日本历代名将大多熟读精研《孙子兵法》，并将其奉为用兵指南。18世纪，西方出现了第一个《孙子兵法》译本。至今，《孙子兵法》已被翻译成10多种语言。在西方，受惠于《孙子兵法》最多的是美国的军事思想。美国的许多学者和战略家公认《孙子兵法》的战略思想蕴涵着伟大的智慧，美国的核战略理论、威慑战略理论和空地一体战理论，均受到《孙子兵法》战略思想的启示和影响。1961年，英国著名的军事指挥家蒙哥马利元帅应邀访问中国时，建议把《孙子兵法》作为世界各国军事学院的必修教材。美国前总统尼克松出版的《真正的战争》一书，就多次运用了《孙子兵法》的观点研究分析战争的谋略。

先秦兵学——《六韬》

《六韬》是中国古代一部著名的兵书，成书于战国末期和西汉前期之间，是现存早期文字最多、内容最丰富的一部兵家之作，它标志着先秦军事思想的成熟。宋代，《六韬》被列为《武经七书》之一。

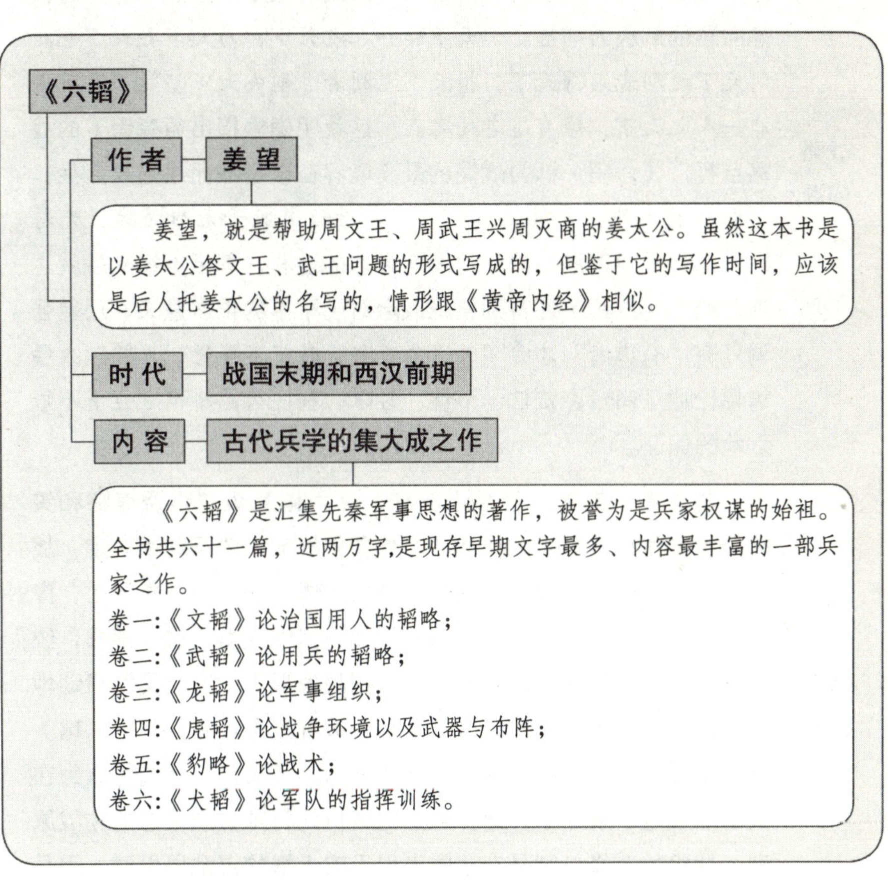

（1）重要的军事价值

在先秦时期，中国人就已经拥有了体系完整的军事理论，《六韬》就集中展示了这一成就。而它还是一本包罗万象的军事书，它的内容极为丰富，涉及到政治、经济、外交、战略、策略、军队建设、国防建设与国防动员、参谋与保密工作、军事地理以及各种战术问题，是一本军事百科全书。

战略问题	《六韬》的第一卷《文韬》和第二卷《武韬》重点论述了战略问题，书中特别重视要在政治上战胜敌人。《六韬》继承了孙子观点的同时，认为军事目的的实现必须以政治、经济、外交等问题的解决为前提。“天下非一人之天下，乃天下之天下也。同天下之利者则得天下，擅天下之利者，则失天下。”“天下者非一人之天下，惟有道者处之。”这就明确地指出争夺天下的战略目标。《六韬》认为战略的最高境界在于不战而屈强人之兵，“即全胜不斗，大兵无创”，“善胜敌者胜于无形之战，无与战”都是希望以最小的代价换取最大的胜利，甚至不经交战就达到目的。《六韬》还特别重视政治对于军事的根本意义，反复强调只有“有道者”才会“天运不能移，时变不能迁”，并以大量篇幅论述了尚贤、法法、节俭、轻赋、利民等是军事上立于不败之地的保证。
战争谋略	与先秦时期的其他兵书一样，《六韬》极端强调谋略和策略的重要作用。其中，作战的态势要依据敌人的行动来决定；战术的变化产生于敌我双方临阵对垒的具体情况；作战指导上，应“凡兵之道，莫过乎一”，即必须做到集中兵力，统一部署，统一行动，统一指挥，同时又必须根据战争形势的变化灵活机动地用兵，即“凡用兵之法，三军之众，必有分合之变。”《六韬》特别重视对于战机的选择、创造和把握。《文韬·兵道》认为在战前准确地了解敌情，选择合适的战机是将帅必须注意的作战原则。战机的选择，则是在敌国出现天灾人祸的混乱局面时。用兵待机时必须静默不露，“阴其谋，密其机”，使敌人无法了解。《龙韬·军势》指出应制造种种假象去迷惑敌人，一旦时机到来，则毫不犹豫地抓住机会，千万不能错过。

战术问题

战国时代，各种新式的铁制兵器开始广泛投入使用，战争的规模和激烈程度都有了很大变化，对各种战争的研究日益引起兵学家重视，在这方面，《六韬》用了三卷的篇幅广泛论述了各种作战形式的战术问题。其篇幅之大，分析之细，范围之广，在前人的兵书中是绝无仅有的。《六韬》特别重视对战机的把握，它认为："夫欲击者，当审察敌人十四变，变见则击之，敌人必败。"所谓"十四变"，是指战场上最有利于打击敌人的十四种战机，包括"敌人新集""人马未食""天时不顺""地形未得""疲劳""不戒""将离士卒""奔走""不暇""乱行""心怖""涉长路""济水"和"阻险狭路"。书中分别叙述了野战、林战、火战、山地战、险隘战、渡水作战以及伏击战、突围战、攻坚战、运动战、奔袭战、歼灭战等多种战法，对作战中的各种队形、阵法也有较多的论述。

军队建设

《六韬》非常重视将帅的作用，为先秦兵书所仅见。它认为选择将帅必须极为慎重，"将者，国之辅，人之司命"。"得贤将者，兵强国昌，不得贤将者，兵弱国亡"。"故置将不可不察也"。怎样才能选择贤将并使其发挥应有的作用呢?《六韬》首先对将帅的素质提出了很高的要求："将必上知天道，下知地理，中知人事。"将帅还必须具备勇、智、仁、信、忠五种品德，同时必须尽量避免十种个性品德上的缺陷。其次，书中介绍了八种选拔和考察将帅的方法，即"八征"，指出"八征皆备，则贤不肖别也"。再次是需要树立将帅的权威，要求君主给予将帅充分的自主权。《文韬·兵道》指出："凡兵之道，莫过于一。一者能独往独来。"《六韬》力主将帅受命之后，要"能独专而不能制"，"军中之事，不闻君命，皆由将出，临敌决战，无由二心"。最后，强调治军统兵必须恩威并重，令行禁止，同时要求将帅身先士卒，"与士卒共寒暑劳苦饥饱"。只有这样，才能使全军上下同心同德，众志成城，为国效命。

军队的编制和训练问题	《六韬》主张根据士兵的不同状况分成不同的分队，这样平时有利于管理训练，战时有利于发挥各自的特长。训练时，则必须遵守军纪，步调一致，还要采用循序渐进的方法："使一人学战，教成，合之十人；十人学战，教成，合之百人；百人学战，教成，合之千人；千人学战，教成，合之万人；万人学战，教成，合之三军之众。大战之法，教成，合之百万之众。"这种系统正规的训练方法在《吴子》《尉缭子》等兵书中也有类似记载，说明战国时期已在各诸侯国得到了推广。
军法军纪问题	《虎韬·略地》指出："无燔人积聚，无坏人官室，冢树社丛勿伐，降者勿杀，得而勿戮，示之以仁义，施之以厚德。"这比《孙子》主张的"掠于饶野，三军足食"进步很多，与《尉缭子》所提倡的"凡兵不攻无过之城，不杀无罪之人"有相同的时代特色。在对"赏"与"罚"的运用方面，《六韬》也有独到之处。它认为赏功罚罪是治军的重要措施，必须严肃对待："凡用赏者贵信，用罚者贵必。"强调赏罚必须打破等级界限，"杀贵大，赏贵小，杀极当路贵重之臣，是刑上极也。赏及牛竖马洗厩养之徒，是赏下通也"，这样才能震慑和激励将士，真正调动起他们杀敌立功的积极性。

（2）民本思想

《六韬》中三次推出了"天下非一人之天下，乃天下之天下"的思想，可谓相当先进。

第一次是在首卷首篇《文韬·文师》中，同时还指出"同天下之利者，则得天下；擅天下之利者，则失天下"，要得"天下"，就要施行"仁、德、义、道。"所谓"仁、德、义、道"就是"天有时，地有财，能与人共之者，仁也"，"免人之死，解人之难，救人之患，济人之急者，德也"，"与人同忧同乐、同好同恶者，义也"，"凡人恶死而乐生，好德而归利，能生利者，道也"。随着生产力的发展和社会的进步，在这种思想支配下，广大民众的地位也自然由以往的奴隶变成了自由民。

第二次是出现在《武韬·发启》篇，篇中指出："利之下者，天下启（拥护）之；害天下者，天下闭（反对）之。"所以上下利益要均享，"取天下者，若逐野兽，而天下皆有分肉之心；若同舟共济，济则皆同其利，败则皆同其害。然则，皆有启之，无有闭之也。无取于民者，取民者也；无取于国者，取国者也；无取于天下者，取天下者也"。这样做，人们就会衷心拥护，而不会遭到反对。不剥削百姓利益的，就能得到百姓的拥护；不侵害别国利益的，就能得到别国的支持；不侵犯天下人利益的，就能得到天下人的友好合作。

第三次是在《武韬·顺启》篇中，文王问姜太公怎样才可以治理天下，姜太公论述的六个方面中就有三个方面与民本思想有直接关系：仁德、恩惠、诚信。篇末，姜太公又一次论述了民本思想与治理天下的道理："故……生天下者，天下德之；杀天下者，天下贼之；彻天下者，天下通之；穷天下者，天下仇之；安天下者，天下恃之；危天下者，天下灾之。"最后姜太公意犹未尽地第三次从心底里发出了"天下者非一人之天下"的呼声，并衷心希望"唯有道者处之"。

刀剑史作——《古今刀剑录》

《古今刀剑录》

作者——陶弘景

陶弘景又叫陶通明，他经历了南朝的宋、齐、梁三个朝代，是继葛洪之后中国古代又一个有名的炼丹家和医药家。陶弘景年轻的时候家境并不宽裕，但他很好学，"读书万余卷"，具有"一事不知，以为深耻"的钻研精神。陶弘景开始时在宫中任职，辞官隐居后一心钻研学问，他知识渊博，成就是多方面的，在药物、冶炼、天文、地理、生物、数学等方面，都有一定贡献。宝剑是道教徒除邪灾的重要法器，陶弘景对刀剑的冶锻也有相当的研究，由此著有《古今刀剑录》一书。

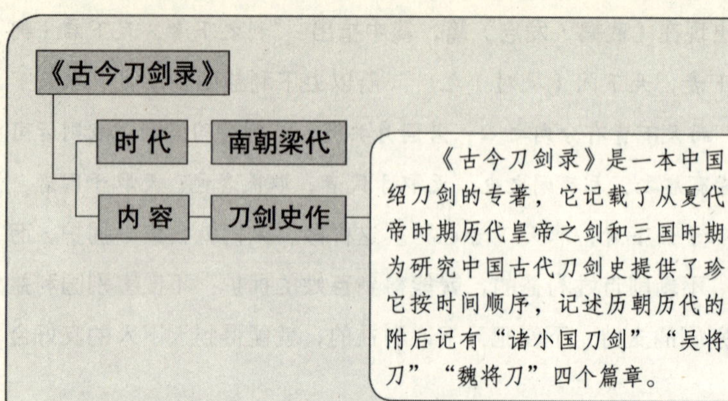

刀剑，历来是战场上用来厮杀的利器，是兵家不可或缺的物品，但它们同时也可以是身份地位的象征。所谓“宝剑赠英雄”，历代的帝王贵族们为了显示威权，彰显身份，往往不惜重金、遍寻方家，为的就是打造一柄合适的刀或剑。《古今刀剑录》中开篇便说：“夫刀剑之由出，已久矣。前王后帝，莫不铸之，但以小事记注者，不甚详录，遂使精奇挺异，空成湮没，慨然有想，遂为记云。”陶弘景痛惜帝王贵族们的那些渐渐被人遗忘的名刀名剑，他要让这些熔铸了荣耀与历史的刀剑也如它们的主人一样，留名千古。

陶弘景在《刀剑录》中纪录了秦始皇铸造的两把名剑，它们都叫“定秦”，是秦始皇为纪念他统一中国的伟业而铸造的，这两把长三尺六寸的“定秦剑”被李斯埋在了阿房宫阁下和观台下。汉武帝则为了使八方朝服，在登基后铸造了八把剑，名为“八服”，并分别把它们埋在了嵩、恒、霍、华、泰山五岳。曹操的剑是在一幽谷中得到的，上面是用金字刻着“孟德王常服之”的字样。刘备则在牛山采铁铸成八把剑，自己一把，太子刘禅一把，梁王理一把，鲁王永一把，他的几个得意臣子诸葛亮、关羽、张飞、赵云各有一把，以示他的君臣一心。在这里，一把刀剑即浓缩了一个朝代的历史。

在这些刀剑的纪录中，不仅有它们属于何人，还有它们的来历、名字、长短、原料采集于何处等丰富的资料。作为古代灌钢冶炼方法的第一人，陶弘景积累了一定的理论知识和实践经验。因此他收集整合资料写成的这本《古今刀剑录》，不仅是刀剑家族的族谱或小说传记，也是研究历史的素材，还是中国古代刀剑冶炼技术发展的展示。

第七章

艺苑拾珠——艺术

自远古的壁画、歌舞开始，艺术就一直伴随人类的成长，中国人在这些艺术的发展过程中不断总结积累经验，形成了大量的理论文字。

琴棋书画对于古代的中国人，不仅是艺术本身，它们更代表了人的修养与素质。基于这样的原因，对于美的追求，成为中国文人孜孜不倦的爱好。于是融汇了中国人哲思的艺术，无论在书法、绘画、音乐还是韵律上，都追求精益求精的最完美境界。

■古代艺术书

在先秦时代，说到艺术成就，主要就是诸子百家的哲学思想和陶瓷青铜器艺术的光辉。散见的古籍文献从《诗经》到诸子百家的著述，从殷商时代的甲骨文字到反映当时时代特征的画轴器物，所有这些都可视作艺术书籍的活宝库。自汉唐以来，随着社会生产发展和文化科技的进步，艺术领域的成就才真正开始成熟繁荣起来，留存后世的书籍资料也陆续产生，并多有专业专著问世。

绘画	南朝齐国谢赫的《古画品录》是中国古代画论名著，对古代诗学也有很深影响。郭若虚的《图画见闻志》是北宋绘画史著作，也是一部重要的绘画理论书，它是对唐代张彦远《历代名画记》的续编。《林泉高致集》是宋代郭思收集其父的绘画理论，以及关于郭熙的一些事迹，可以视做郭熙本人的画论。宋代黄修复作《益州名画录》，是唐、五代至宋初成都区域的画家和壁画创作的记录。宋邓椿的《画继》，是对《历代名画记》和《图画见闻志》续作，故称“画继”。
书法	唐代张怀瓘的《书断》是品鉴、评论书法家和书法的论著。其他的论著多收在唐韦续的《墨薮》、宋朱长文的《墨池编》、陈思的《书苑菁华》中。其中唐太宗的《论书》《笔法》《指意》《笔意》和《笔法诀》，虞世南的《笔髓》论述的是书法中的精神修养。欧阳洵 的《传授诀》《用笔论》《八法》《三十六法》等论述的是字形的重要性。徐浩的《法书论》谈到了书法中

	的筋骨。技法上论述得最为完善详尽的当属张怀瓘的《玉堂禁经》《用笔法》《书诀》及《用笔十法》。颜真卿的《述张长史笔法十二意》讲述了他从张旭处得到的十二笔意。
韵律	中国最早的韵书是三国时期李登编著的《声类》和晋代吕静编著的《韵集》。但这两书早已亡佚。隋代陆法言《切韵》是对前代韵书的继承和总结，又是后世传统韵书演变的基础，是韵书史上划时代的著述。但现在我们可以看到的只是敦煌出土的唐人抄本《切韵》的片段和一些增订本，而原书依然失传。宋真宗时，陈彭年等人奉诏根据前代韵书修订而成《广韵》，这是中国古代第一部官修的韵书。《集韵》则是对《广韵》的修改。此后有繁多的韵书，但流传最广的还是明末清初李渔的《笠翁对韵》。
音乐	唐代段安节的《乐府杂录》又名《琵琶记》，是中国古代音乐著述，主要是对开元以后音乐、歌舞、俳优、乐器等问题的考证，是研究唐代后期礼乐制度、音乐、舞蹈、戏曲发展轨迹的宝贵资料。

画论名著——《古画品录》

绘画艺术是中华文化的一块瑰宝。在有关绘画艺术的理论范畴中，各个历史时期出现过不同的学术理论。在距今约1500年左右的南朝时期，诞生了最早的绘画评论著作，它就是《古画品录》。在这部难得的画论经典中，提出了绘画“六法”之说，成为后世历代画家、鉴赏家们所遵循的典范。

《古画品录》

作者——谢赫

谢赫是位著名宫廷派画家，他的生平在正史中没有记载，也没有画作流传下来，但他的《古画品录》一书却奠定了他在绘画领域不可忽略的地位。同为南朝人的书画家姚最在他的《续画品录》中说谢赫有惊人的观察力：“写貌人物，不俟对看，所需一览，便工操笔。”这是对谢赫作画技巧的高度赞扬。谢赫为官廷服务，追求时尚、求新求变却又能做到精工细密，这在当时来说是很不容易的。也正是在这种长期的实践、思考过程中，他形成了一套自己的理论，写成《古画品录》，提出自己的理论并对世上作品加以分类品鉴，为后人留下了不二之作。

时代——南朝齐、梁时代

内容——画论名著

《古画品录》全文分为序论的“六法”和正文的“画品”两部分。在序论部分，谢赫提出了完整的绘画六法论；在画品部分，收录了从三国吴至南朝齐代的27位画家，分为6个品级，评价他们的优劣之分。

（1）中国画的“六法”

在《古画品录》中，谢赫提出作画应以“六法”为标准，这完整的绘画六法论就是：“一、气韵生动是也；二、骨法用笔是也；三、应物象形是也；四、随类赋彩是也；五、经营位置是也；六、传移模写是也。”

“气韵生动”  **作品刻画的形象具有一种生动的气度韵致，显得富有生命力。**

这一条已经成为中国千百年来画家和艺评家一直所追求的创作最高指导原则。气韵是否生动就是画家表现在画面上的物象是否生动传神，它给人的视觉感受是没有界限的区分，只要欣赏者在内心产生了共鸣的效果就算是作品达到了传神的目标。进一步说“气韵生动”要求画作的物象和色彩、线条应具有流畅、敏捷且独具特色的风格特征。这条纲领，决定了中国画注重“神似”的取向，这与西洋画注重“形似”的风格不同。

“骨法用笔”  **学者对于谢赫“骨法”大致有三种解释，：指人体的“骨相”，或指画的骨架，或指线条的运用。综合起来都是说所谓骨法及与其密切相关的笔法。**

追溯“骨法”二字的源头，最早应该是相学里面的的概念，逐渐演化为被人们用来观察的人物的身份和特征，这在汉、魏时期已经很流行了。“骨”字是一个比喻性的概念，“骨”“骨力”是借助比喻来说明人类性格的刚直、果断及其外在表现等。当时绘画的造型以线条的勾勒来表现，故此物象的结构、体态、表情就与线条的准确性、力量感和变化密切相关。因此谢赫用“骨法”一词来表明用笔的内涵，也表达着笔力、力感、结构、表现的意思。

“应物象形”  **指画家的描绘要与所反映的对象形似。**

在六法中，象形问题摆在第三位，是南北朝时代，绘画美学对待形似、描绘对象的真实性很重视。但把它放在气韵与骨法之后，这就表明那时的艺术家已经相当深刻地把握了艺术与现实、外在表现与内在表现的关系。后世的人们或者贬低形似的意义，或者抬高形似的意义，这源于人们不同的艺术观念，但在“六法论”始创的时代，它的地位轻重还是比较恰当的。

“随类赋彩”  **指着色。**

“赋”通“敷、授、布”等，“赋彩”就是施色；“随类”，可理解为“随物”，这里的“类”作“品类”即“物”讲。这一条是说对于画作的施色要随着所画事物的不同而进行选择。

“经营位置” **指绘画的构图，这与顾恺之“置陈布势”的概念相近。**

“经营”原意是营造建筑，谢赫借来比喻画家作画之初的布置构图。“位置”有名词或动词这两层意思，若做名词用时,指人或物所处的地位；当动词用，则指安排或布置。谢赫说毛惠远“位置经略，尤难比俦”，用的是“安置”的意思；又比如唐代张彦远说“至于经营位置，则画之总要”，他把“经营位置”连起来读，“位置”就被理解为动宾结构中的名词了。这就是说画作的构图须费心安排，实际把构图和运思、构思看作一体，这是深刻的见解。

“传移模写”  **指的是临摹作品。**

“传，移也；或理解为传授、流布、递送。模，法也；通摹、摹仿。写，亦解作摹”。绘画的流传，靠的是模写，谢赫称之为“传写”。把模写作为绘画的美学名词肯定下来，并作为“六法”之一，表明古人对这一技巧的重视。比如顾恺之就留下了《摹拓妙法》一文。模写的功能，一是可以学习基本功，二是可作为流传作品的手段，谢赫并不将它等同于创作，因此将这一条放在六法的最后。

谢赫的“六法论”强调表现对象的内在精神，以至于对具体的造型、营造构图以及训练方法等都要求到位，这样的理论在谢赫之前并没形成。但自从“六法论”提出之后，中国古代绘画有了理论的高度。时至今日，谢赫的“六法”理论还在当今中国画的创作中起着非常重要的作用。后代画家始终将“六法”作为衡量绘画成败高下的标准，于是就有了宋代美术史家郭若虚“六法精论，万古不移”的定论，这也成为谢赫“六法论”经典的封号。

（2）“画品”品画

谢赫在《古画品录》的开文中说“夫画品者，盖众画之优劣也”，他明确地指出“画品”的意思就是各绘画作品的好坏优劣。“品”在这里不仅指标准，并且有评价、衡量的意思。这种体裁大概与魏晋时期士族阶层对人物气质、品格、风貌进行评鉴、品藻的风气有关。

◇《古画品录》奠定了谢赫在绘画领域不可忽略的地位

谢赫在《古画品录》中，将27位画家分为“六品”。其中第一品5人，第二品3人，第三品9人，第四品五人，第五品3人，第六品2人，共计27人。他划分品级的依据自然是“六法”理论。在这里，谢赫关注的是画家的作品对“六法”的全面性体现，“执‘六法’以分‘六品’，立‘六品’以包‘六法’……”谢赫《古画品录》在序言中宣称：“画有‘六法’，……惟陆探微、卫协备该之矣”。可见按照他的品评标准，也有比较推崇的作品。

从谢赫对画的品评过程可以看出，谢赫重视的是哲学审美体验，他的品画的核心并不是“画品”，也不是“人品”，而是一个画家的哲学感悟。这种哲思往往是一个画家走上艺术道路的原因，也更是他成功的关键。谢赫对哲学感悟的重视，恰恰是他对艺术的深入理解。

唐代乐音——《乐府杂录》

记音体系在中国古代并不发达，此时音乐的传承就主要靠艺人间的耳口相传。基于这样特殊的原因，历史上诸多有名的曲子都流失了，如《广陵散》《霓裳》等。然而值得庆幸的是，《乐府杂录》记录下了唐朝的乐曲，也因此让音乐变得能读能看，盛唐时的乐音舞姿，似乎也触手可及了。

《乐府杂录》

作者——段安节

段安节是唐初名将段文昌的孙子，《酉阳杂俎》作者段成式的儿子，温庭筠的女婿。有如此显赫的家世，他最终官至吏部郎中。良好的教育，使他精通乐律，还能自己写曲。由于他看见《教坊记》所记载的内容并不详尽，就在乾宁元年（894年）编著了《乐府杂录》。

时代——唐代

内容——唐代音乐史

本书实为研究唐代礼乐制度、音乐、舞蹈、百戏的专门资料。书中所记雅乐部、云韶乐、清乐部、鼓吹部、驱傩、熊罴部、鼓架部、龟兹部等制度与两《唐书》音乐、礼乐志有异，由此可知道唐朝的音乐体制的变化。后世也将书中记琵琶的一节抽出来单独发行，叫《琵琶录》。

音乐，在中国占据着举足轻重的地位，它贯穿历史文化长河的始终，表达着一个民族的灵魂。无论是在作为中国传统文化经典的《诗》《书》《礼》《易》《春秋》《乐经》的“六经”中，还是在《周礼》所言的“礼、乐、射、御、书、数”的“六艺”中，“乐”都是不可或缺的，所以历代都对音乐很重视。

唐代对音乐的重视程度达到极致，《旧唐书·志第八·音乐一》说：“乐者，太古圣人治情之具也。人有血气生知之性，喜怒哀乐之情。情感物而动于中，声成文而应于外。圣王乃调之以律度，文之以歌颂，荡之以钟石，播之以

◇《乐府杂录》记录下了唐朝的乐曲，让音乐变得能看能读

弦管，然后可以涤精灵，可以祛怨思。施之于邦国则朝廷序，施之于天下则神祇格，施之于宾宴则君臣和，施之于战阵则士民勇。”唐人对于“乐”的重视程度，由此可见一斑。

（1）乐府乐音

■ 文学与音乐相通的“乐府”

根据《汉书礼乐志》记载，汉武帝时，设置了采集各地歌谣和整理、制订乐谱的机构，这就是“乐府”。之后人们就将这一机构收集并制谱的诗歌，称为乐府诗，或简称乐府。至唐代，这些诗歌的乐谱虽然早已失传，但这种形式却相沿下来，成为一种没有严格格律、近于五七言古体诗的诗歌体裁。音乐文学的史料中以乐府借称乐府诗词，已成通例。

《乐府杂录》却不是单纯的以收录诗集为目的，而是记录唐开元之后音乐、歌舞、俳优、乐器等情况的。

虽然唐代已经没有了“乐府”，但却对音乐有更多的重视。当时有“太乐署”来管理音乐，并且由于唐朝开放的思想，所以“太乐署”中既有高雅的雅乐，也有偏于市井的俗乐。唐高祖还在宫廷中设立了教坊，专门教授音乐，并在宴会中演出这些由教坊排练的俗乐。《教坊记》就是一本记录教坊中诸多制度和曲调的书。

段安节在《乐府杂录》的序中说：“尝见《教坊记》，亦未周详，以耳目所接，成《乐府杂录》一卷。自念浅拙，聊且直书，以俟博闻者之补兹漏焉。”在《乐府杂录》之前也有一些乐书，包括《教坊记》在内，但却没有一部对唐朝的整个礼乐制度、音乐、舞蹈等方面记录完整的，段安节就是以记载补缺为目的写成了这部书。它的内容涉及到了乐府各部制度，歌舞、杂戏、乐器、乐曲及乐律宫调，兼及一些演奏者的姓名和逸事，唐朝乐舞在《乐府杂录》中被记载得详细而丰富。

(2)盛唐之音

唐代在朝廷对外对内的大小事务中广泛地使用音乐，并且根据不同的场合、不同的事务而使用不同的乐曲和表演方式。

唐代音乐表演大都集器乐、歌、舞于一体，因此被称为“唐大曲”。而大曲指的是大型乐舞套曲，尤其是汉魏的相和歌、六朝的清商乐、唐宋的燕乐等，它们几乎都是兼有器乐表演的大型歌舞曲。大曲在唐代的发展可谓鼎盛，不仅数量众多，来源丰富，艺术水平也有相当的造诣。唐大曲不仅继承了清乐旧曲，还诞生了大量的创新声音。根据来源与场合的不同，这些大曲可分为雅乐大曲——用于郊庙祭祀等重大典礼，燕乐大曲——用于宴会、元旦朝会、重大节日，道调法曲——源于宗教。

唐代音乐制作对歌唱表演的重视，使得具有相当水平的歌唱家纷纷涌现。唐开元时，吉州的永新就有个歌唱家，叫许和子，是唐代最有名的。《乐府杂录歌》中记载说：“内人有许和子，既美且慧，善歌，能变新声。遇高秋明月，台殿清虚，啭喉一唱，响传九陌。明皇尝独召李谟吹曲爱其歌，曲终管裂，其妙如此。”一席话，把许和子的美妙歌声形容得传神而生动。

唐代的音乐虽以“大曲”为主，但除此之外，也有如散乐、杂歌曲、杂舞曲及俗讲等其他曲子。曲子的歌词有整齐的五言、六言、七言，也有参差不齐的长短句。盛唐时，曲子在乡间最为盛行，在民间踏歌及插秧的劳动中都可以听到，正可谓“踏曲兴无穷，调同词不同”。

■ 唐音乐舞

《乐府杂录》对唐代的乐舞进行了非常完善的记录。它首先罗列了当时的音乐类别，及每类应采用的演奏乐器和代表曲目；其次它从歌、舞工、俳优三个方面分别解释了当时的音乐要素；然后它还介绍了唐代使用的各种乐器和著名曲目的来源。这就弥补了《教坊记》的不足，从而使它的内容被《唐书》《文献通考》《乐府诗集》等广为采用。

所记八部	雅乐部、云韶部、鼓吹部、熊罴部、龟兹部、清乐部、鼓架部、胡部
所记三类	歌、舞工、俳优
所记十四乐器	琵琶、筝、箜篌、笙、笛、觱篥、五弦、方响、击瓯、琴、羯鼓、阮咸、拍板、鼓
所记十四曲	安公子、黄骢叠、离别难、雨霖铃、夜半乐、还京乐、康老子、得宝子、文叙子、杨柳枝、望江南、新倾杯乐、道调子、傀儡子
所记五调	平声羽七调、上声角七调、入声商七调、去声宫七调、上平声调

书法大成——《书苑菁华》

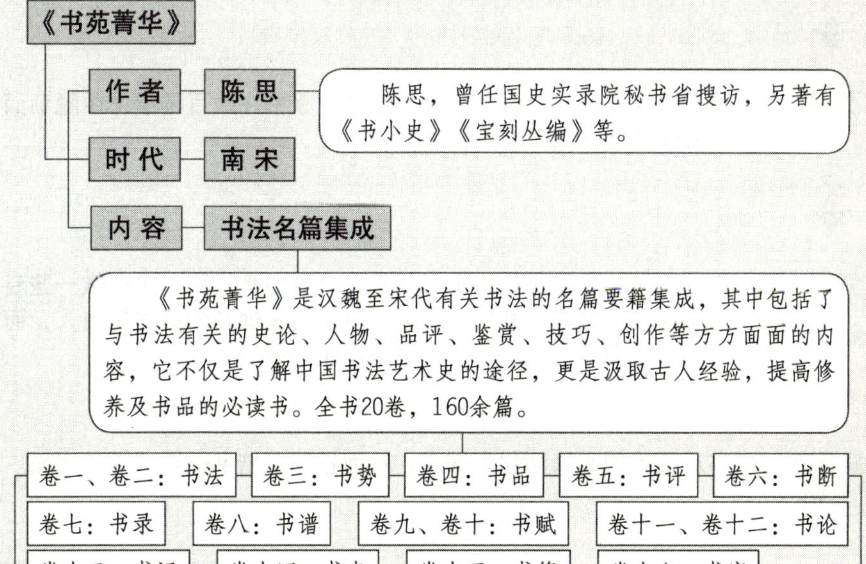

书法，是汉字的书写艺术。中国人自创造出了世界独具一格的文字之后，对书写方式的研究就没有停止过，并把它发展为一项专门的艺术，供人欣赏观摩。《书苑菁华》就是古代人研究书写方法的论文集成，它犹如一本书法的史书一般，记录着书法的发展。虽然后世也有体系更为完备的，但由于它是书法论书的草创，所以备受重视。

中国书法

史前　中国先民在物件上刻画的符号，已经是书法的萌芽。

先秦　随着人文的发展，中国文字开始定型，篆书在数百种字体中脱颖而出，书法从此开始了有序的发展。

汉代　书法的繁荣从东汉开始，草书就在这个时期被发明。这时候一些专门的书法理论著作开始出现，杨雄就是书法理论的最早提出人，而崔瑗的《草书势》则是第一部书法理论专著。

魏晋南北朝　隶书从统治的高峰演化为楷书，从而拉开了楷书一统天下的局面。

唐代　“书至初唐而极盛”，唐代的书法是在对前代的集成中进行的革新，由此楷书、行书、草书在唐代都跨入了一个新的境界，对后世的影响远远超过了任何一个时代。

之后的中国书法日臻完善。

声韵启蒙——《笠翁对韵》

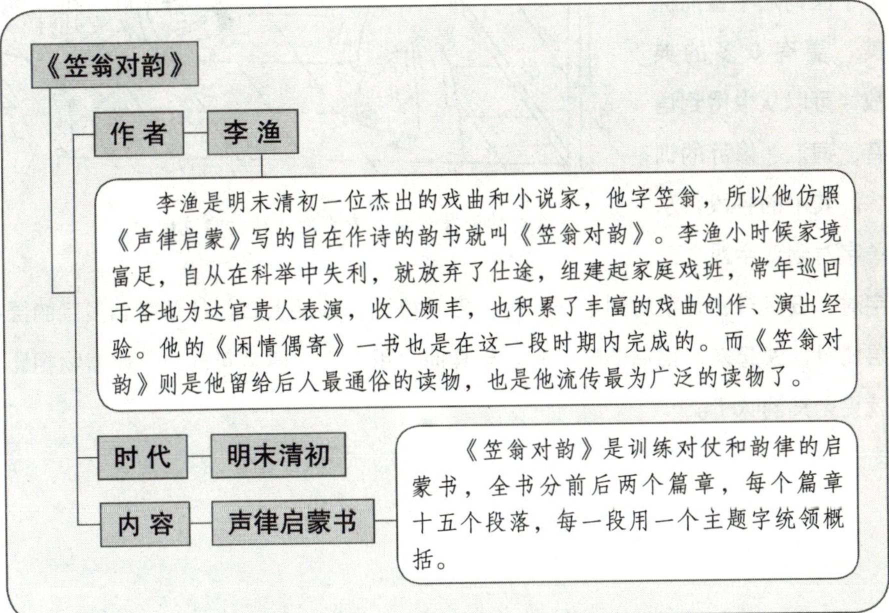

“天对地，雨对风，大陆对长空”，这段读来琅琅上口、韵味十足的文字出自《笠翁对韵》。《笠翁对韵》是训练儿童应对、掌握声韵格律的启蒙读物，它的普及对清朝对联的兴盛起到了极大的推动作用。

中国文学自《诗经》开始就看得出对“韵”有特别的偏爱。所谓“韵”，是指在诗词歌赋中，让文字读起来顺口的字。到了唐朝，律诗中开始要求要有两句话必须对仗工整，即是从字义和字数上，要相对或相近。明朝开

始出现的对联，则是对对仗和韵律的极致发挥，这种原本放置在门框上表达对新一年生活向往的文字，最终发展成一门文字艺术，这也成为《笠翁对韵》产生的基础。

◇《笠翁对韵》是训练儿童声韵格律的启蒙读物

《笠翁对韵》里不仅词汇丰富而优美，更有众多的典故，可以从中得到语音、词汇、修辞的训练。其中的各段，从单字对到双字对、三字对、五字对、七字对到十一字对，声韵协调，琅琅上口。从单字到多字的层层属对，读起来，如唱歌般好听。与其他全用三言、四言句式的声律读物相比就更见其韵味了。

闲品人生

生活

中国人注重生活的精细，许多生活的细节被讲究的归纳出了诸多经验和规矩，无论喝茶还是养花，对器物的使用还是居住的方式，都在书籍中被得以细腻的记载。

柴米油盐酱醋茶，这就是中国古人的生活。虽然都是些实实在在的物质生活，却被充满闲情的中国文人提升到了艺术的境界。生活是宽泛的，古人们将生活的风貌记录于笔端，形成于书籍从而流传后世，那些被提炼过的、精华的生活模式，在今天人的眼中，无疑是一个充满情调和诗意的闲适中国。

先秦两汉时期

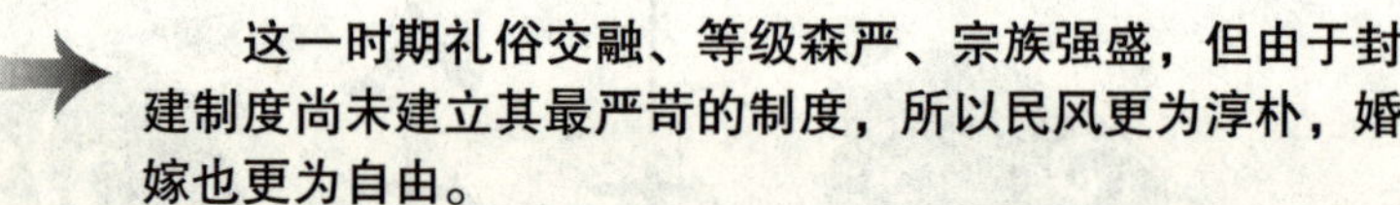

这一时期礼俗交融、等级森严、宗族强盛，但由于封建制度尚未建立其最严苛的制度，所以民风更为淳朴，婚嫁也更为自由。

春秋之前的礼仪风俗，在《尚书》《周礼》中都有所反映。《诗经》《春秋》《史记》都是了解当时生活的一个窗口。《论语》《孟子》等儒家经典则成为千百年来影响教育人们的指导标准。《说文》是关于汉字文字考究和使用的书籍，而很多文字正是来源于生活。西汉王褒的《僮约》是关于茶艺茶道的著作。

汉末至唐宋

这是封建社会文化生活大发展的和成熟的时期。

《世说新语》保存了汉至南朝刘宋王朝的社会、政治、思想、文学、语言等方面的史料。唐初的《茶经》是中国茶文化形成的标志之作；稍后的《十六汤品》则是对后世影响较大的茶道代表作。这一时期棋艺绘画艺术也日趋成熟，北宋的《清明上河图》就充满了浓厚的汴京生活气息。沈括的《梦溪笔谈》是无所不包的百科全书式的生活画卷。此外，唐宋时代是中国诗词最为繁荣的时候，产生了众多的诗词文人，留下无数的诗词名作，在它们的字里行间，无不记录着当时社会生活的方方面面。

明清时代

这一时期的生活已经由成熟变为繁复，许多生活方面已经变得艺术化。

明朝朱晋桢的《桔中秘》一书，是中国象棋的古典名著，与清代《梅花谱》并列为传世两大象棋谱。明末余怀的《板桥杂记》记述明朝末年南京十里秦淮南岸长板桥一带旧院各名妓的情况及有关各方面的见闻。清初李渔所写《闲情偶寄》是中国戏曲理论专著，包括词曲、演习、声容、居室、器玩、饮馔、种植、颐养等8部，内容较为驳杂，戏曲理论、养生之道、园林建筑尽收其中，是典型的生活百科全书。

茶道鼻祖——《茶经》

毋庸置疑，中国是茶树的原产地。然而中国在茶业上的贡献，主要在于最早发现并利用茶这种植物，并将其发展为成一种灿烂独特的文化，传播至全世界。《茶经》是唐代茶业发展的经验和总结，它的问世标志着中国茶文化发展到一定阶段。这本世界上的第一部茶叶专著，系统地总结了当时茶叶采制和饮用的经验，全面地论述了有关茶叶起源、生产、饮用等各方面的问题。《茶经》开创了中国茶道的先河，是中国古代最完备的茶书，除茶法外，凡与茶有关的各种内容，都有叙述，后世的茶论著作，皆以此为根本。

◇《茶经》开创了中国茶道的先河

《茶经》

作者 — 陆羽

陆羽自小被父母遗弃，由一位好心的僧人收养。但他天资聪颖、幽默诙谐，并没有被出身卑微所束缚，反而非常喜欢读书，而且能极快地接受技艺技能。他一生嗜茶，精于茶道，是茶文化的传播者。由于他编纂了世界上第一部茶叶专著《茶经》而被人们誉为“茶圣”，奉为“茶仙”，祀为“茶神”。

时代 — 唐朝

内容 — 茶道始祖

《茶经》是中国古代最完整的一部茶书。陆羽在收集详尽的茶叶史料的基础上，记述了其亲身调查和实践的经验，对唐及唐以前的茶叶历史、采制、煎煮、饮用的技术作出论述。本书使茶叶生产从此有了比较完备的科学根据，对茶叶的生产发展起到推波助澜的作用。全书共七千余字，分上、中、下三卷，共包括茶的本源、制茶器具、茶的采制、煮茶方法、历代茶事、茶叶产地等十章，内容丰富而翔实。其中第七章“茶之事”，辑录了自上古神农氏到唐代中叶数千年间有关茶事的记录，系统而全面地介绍了中国古代茶的发展演变，尤具史料价值。

中国茶业，最初兴于巴蜀，其后向东部和南部逐次传播开来，以致遍及全国。到了唐代，又传至日本和朝鲜，16世纪后被西方引进。由于中国饮茶历史最早，在浩如烟海的中国古代文化典籍中，不但有专门论述茶叶的书，而且在史籍、茶史、笔记、杂考和字书类古书中，也都记有大量关于茶事、茶史、茶法及茶叶生产技术的内容。

《茶经》自面世以来，就被当之无愧地奉为经典。史书上曾称由于陆羽《茶经》的问世，“天下益知饮茶”。以后各朝代也出过多部茶书，但基本上都是对陆羽《茶经》的注释、补充以及重新演绎，几乎没有什么创新。

（1）茶道的开山鼻祖

中国人对茶的使用，最早是从咀嚼茶树的鲜叶开始的，后来才发展到生煮后喝它的水。所谓生煮，就类似于现在的煮菜汤，是把茶当做汤来喝，《晋书》就记载说“吴人采茶煮之，曰茗粥”，甚至到了唐代，仍有吃茗粥的习惯。再后来经过反复的实践，中国人才发明了蒸青制茶。唐至宋期间，贡茶兴起，成立了贡茶院，即制茶厂，朝廷专门组织官员研究制茶技术，从而促进了中国茶叶生产的不断改革。

在陆羽写《茶经》之前，饮茶就跟喝煮菜汤一样，自然不会有人刻意讲究。但通过《茶经》对采造茶叶的方法和饮用方法等一一记述以后，中国就把茶叶的饮用当成重要的事，由最初单纯的充饥解渴发展为一门重要的学问。此时中国真正意义上的“饮茶之道”才开始产生，并且倍受世人青睐和重视。

上卷	源	主要论述茶的起源、名称、品质，介绍茶树的形态特征、茶叶品质与土壤的关系，指出宜茶的土壤、茶的方位、地形，品种与鲜叶品质的关系，以及栽培方法，饮茶对人体的生理保健功能。其中还提到湖北巴东和四川东南发现的大茶树。
	具	谈有关采茶叶的用具。详细介绍制作饼茶所需的19种工具的名称、规格和使用方法。
	造	讲茶叶的种类和采制方法。指出采茶的重要性和采茶的要求，提出了适时采茶的理论。叙述了制造饼茶的6道工序，即：蒸熟、捣碎、入模拍压成形、焙干、穿成串、封装，并将饼茶按外形的匀整和色泽分为8个等级。
中卷	器	写煮茶饮茶的器皿。详细叙述了28种煮茶、饮茶用具的名称、形状、用材、规格、制作方法、用途，以及器具对茶汤品质的影响，还论述了各地茶具的好坏及使用规则。

下卷	煮	写煮茶的方法和各地水质的优劣，叙述饼茶茶汤的调制，着重讲述烤茶的方法，烤炙、煮茶的燃料，泡茶用水和煮茶火候，煮沸程度和方法对茶汤色香味的影响。提出茶汤显现雪白而浓厚的泡沫是其精英所在。
	饮	讲饮茶风俗，叙述饮茶风尚的起源、传播和饮茶习俗，提出饮茶的方式方法。
	事	叙述古今有关茶的故事、产地和药效。记述了唐代以前与茶有关的历史资料、传说、掌故、诗词、杂文、药方等。
	出	评各地所产茶的优劣。叙说唐代茶叶的产地和品质，将唐代全国茶叶生产区域划分成八大茶区，每一茶区出产的茶叶按品质分上、中、下、又下四级。
	略	谈哪些茶具茶器可省略，以及在何种情况下可以省略哪些制茶过程、工具或煮茶、饮茶的器皿。如到深山茶地采制茶叶，随采随制，可简化七种工具。
	图	即提出把《茶经》所述内容写在素绢上挂在座旁，《茶经》内容就可一目了然。

（2）斗茶

“斗茶”一事，源自唐代，是每年春季新茶制成后茶农、茶客们的一种比赛活动：按照新茶优良次劣排名顺序。唐代叫“茗战”，宋代称“斗茶”。

决定斗茶胜负的标准，主要有两方面。一是汤色，即茶水的颜色。二是汤花，即指汤面泛起的泡沫。斗茶，以两人比试为规则，以“三斗二胜”判定胜败，以单位术语“水”为计算胜负的方式。说两种茶叶的好坏为“相差几水”。

这斗茶是比技巧、斗输赢，极富趣味性和挑战性。一场斗茶比赛的胜败，犹如今天一场球赛的胜败，很受关注，它在当时，已经从行业的活动演化为了一种全社会的竞技了。

茶汤专著——《十六汤品》

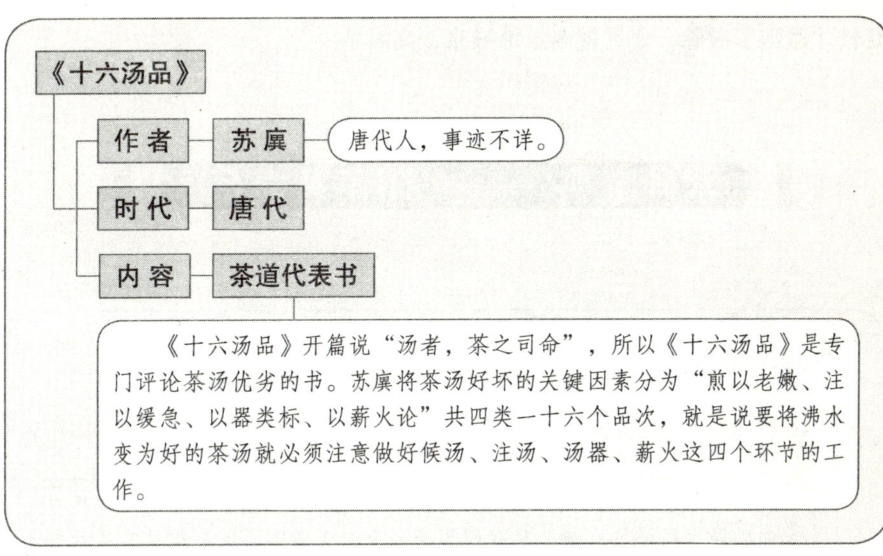

茶是中国独特的饮品，中国人对茶的喜爱已经到了痴狂的程度，由此在茶的著作方面不仅有讲品茶技艺规范方法的，更有对茶叶、器具、薪火、汤水等进行研究的专门著作。自唐代《茶经》较系统地论述茶文化之后，介绍汤水的《十六汤品》成为对后世影响较大的茶道代表作。

我们总结古人饮茶的方式，大概有泡茶法、煎茶法、煮茶法和点茶法四类。所谓“点茶” 就是将碾磨好的茶叶粉末直接放在碗内，把煮沸适度的水先灌进汤瓶，然后冲入茶碗，再用一种状如小炊帚的竹制“茶筅”搅拌均匀。这种方法至今在日本盛行。《十六汤品》应该是点茶法成熟、盛行时的作品，是点茶道的代表之作。

苏廙认为泡茶的水足以掌握茶的优劣，所以他特别对《茶经》中煮茶的一章进行分析，并衍生出了十六种级别。他将茶水的沸腾程度分为三种，将水注入茶器的缓急程度分为三种，又将茶器分为五种，将烧水的燃料分为五种，共计十六种汤品。他还为每一种汤品命名：第一品得一汤、第二品婴汤、第三品百寿汤、第四品中汤、第五品肠脉汤、第六品大壮汤、第七品富汤、第八品秀碧汤、第九品压一汤、第十品缠口汤、第十一品减价汤、第十二品法律汤、

第十三品一面汤、第十四品宵人汤、第十五品贼汤、第十六品大魔汤。

虽然《十六汤品》跟《煎茶水记》都属于茶书中的冷门，但它在唐宋的时候，却十分流行。只是到了元明之后，由于茶的泡法发生了改变，茶汤的神秘性才遭到了破除，之后就渐渐地被束之高阁了。

紫砂宝典——《阳羡茗壶系》

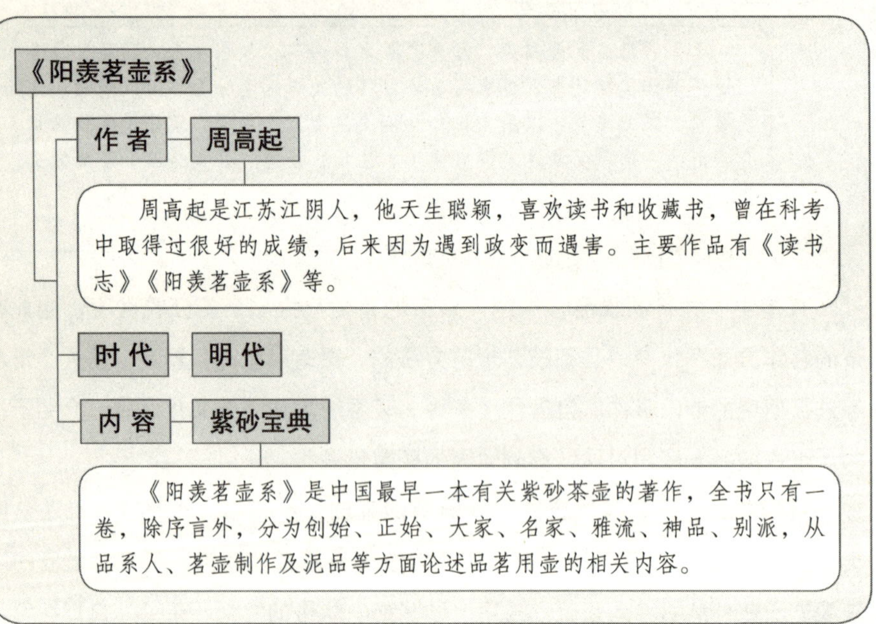

中国的茶文化源远流长，茶客对于茶具也是特别考究，杯子要用景德镇的瓷杯，炉子要用惠山的竹炉，注水要用汴梁锡制的烧水器，壶更是要宜兴的紫砂壶。紫砂壶原产地在江苏宜兴，所以又名宜兴紫砂壶，是中国特有的陶土工艺品，但这一把把小壶上，却汇集了诗词、绘画、雕刻以及手工制造工艺，是茶器中难得的精品。明代是茶书著作最多的朝代，几乎占了中国现存古典茶书一半以上，但是真正关于宜兴紫砂壶的专著，却只有《阳羡茗壶系》一本。

关于紫砂壶的起源，《阳羡茗壶系》中有记载，“近百年中，壶黜银锡及闽豫瓷，而尚宜兴陶……名手所作，一壶重不数两，价重一二十金，能使土与黄金争价。”可见，紫砂用作茶壶的制作是在明代中期。

“陶曷取诸？取诸其制，以本山上砂，能发真茶之色香味。”“壶供真茶，正在新泉活火，旋瀹旋啜，以尽色香味之蕴。故壶宜小不宜大，宜浅不宜深，壶盖宜盎不宜砒，汤力香茗，俾得团结氤氲。”宜兴紫砂壶受欢迎的原因就在于能够将茶的色香味发挥到极致。

《阳羡茗壶系》中还讲到了紫砂茶具的使用保养，“壶经久用，涤拭日加，自发暗然之光，入手可鉴”。长久使用的茶壶不仅会越来越有光泽，而且经常用干布擦拭，还会显得更温润，这样的养壶方法到今天仍然是众多茶客的养壶诀窍。

烹饪佳作——《随园食单》

《随园食单》是一部融合南北菜肴及烹饪方式的重要著作。《随园食单》虽然看似是一本食谱，但它比一般的食谱具有更为诱人的魅力。在香气扑鼻的佳肴之中，袁枚恣意地发挥着自己文学上的天赋，让原本枯燥的说明性的文字，具备了佳肴的色香味。

◇《随园食单》是一部系统地论述烹饪技术和南北菜点的重要著作

《随园食单》

作者 — 袁枚

袁枚是清代著名的诗人、诗论家，与赵翼、蒋士铨合称为“乾隆三大家”。曾于24岁时参加朝廷科考，在试题《赋得因风想玉珂》中作出“声疑来禁院，人似隔天河”的佳句。袁枚同样是一个重视生活乐趣的人，他热爱金陵的灵秀之气。在他任江宁县令之时，便在江宁小仓山下以重金买来随园，在其中挥笔写下《随园诗话》《随园随笔》《随园食单》等佳作。

时代 — 清代

内容 — 菜点烹饪佳作

《随园食单》是一部系统地论述烹饪技术和南北菜点的重要著作。全书分为须知单、戒单、海鲜单、江鲜单、特牲单、杂牲单、羽族单、水族有鳞单、水族无鳞单、杂素单、小菜单、点心单、饭粥单和菜酒单14个方面。在须知单中全面、严格地提出了20个操作要求，在戒单中提出了14个注意事项。接着，又用大量的笔墨翔实地讲述了中国从14世纪到18世纪中流行的 326种南北菜肴饭点以及美酒名茶的特点。

（1）爱美食故

袁枚以文学为终身事业，他是性灵派创作理论的提倡者。所谓性灵，就是性情。他以为“诗者，人之性情也，性情之外无诗”。又说：“凡诗之传者，都是性灵，不关堆垛。”他提倡诗歌应是发自内心的声响，更应是性情的真实表达。不仅仅诗歌上体现了性灵，生活中的袁枚同样充满了情趣，他一旦喜欢上某样事物，便全力以赴。单就因为他对美食的偏好，一本餐饮界的权威便应运而生。

明清两代文人中，袁枚可以说是第一等妙人，除了官做得自如洒脱之外，学问也作得妙。同为君子，却和孟子的“远离庖厨”不同，他丝毫不避荤素，陶醉于庖厨之间，《随园食单》的满纸生香可谓在情理之中。

袁枚靠《随园食单》成为当之无愧的美食家，后人每谈及饮食，总是不忘谈他和他的《随园食单》。在袁枚之前，中国的饮食文化呈现出的是头绪混乱、纷乱无章的状态，在整体上缺乏专研和总结。袁枚凭着对美食的偏爱，在40年的时间里坚持对中国饮食文化进行广泛的搜集和细致的归纳。通过他孜孜不倦的努力，中国的饮食文化才得以系统化、理论化、艺术化。可以说，是袁枚把中国饮食文化提高到了一个新的高度。

袁枚在《随园食单》的序里讲到他收集美食的经历："每食于某氏而饱，必使家厨往彼灶，执弟子之礼。四十年来，颇集众美。有学就者，有十分中得六七者，有仅得二三者，亦有竟失传者。余都问其方略，集而存之。虽不甚省记，亦载某家其味，以志景行。自觉好学之心，理宜如此。"他说每逢我在某家吃饭，一定派家厨去那家，拜那家厨为师。我已经这样做了40年，搜集到了许多家绝妙的烹饪方法，其中有的完全学会了，有的只学了十分之六七，有的只学了十分之二三，也有的已经失传了。我把那些佳肴美味的做法问清了，并把它们汇集起来，虽然不很容易掌握和记住，却也记下了那家美味佳肴，以此表达我的仰慕之心。我认为虚心好学，理应如此。

袁枚用尽毕生精力发掘和保存了散落于民间的饮食烹饪技艺，中国饮食文化更是因为他而得到了推动，从而发展到了历史的巅峰。

（2）饮食之道

袁枚的生活情趣在饮食中得到十分完整的体现，尤其是他对饮食的原料和制作方法的挑剔苛刻。所以他在须知单中明白清楚地说到："学问之道，先知而后行，饮食亦然，作须知单。"以这句话将此篇章作为饮食的通则来研究。他在须知单中阐述了选料、配搭、火候、器具、时节等方面的20项基本准则，将烹饪由感性认识提升到理性认识。在《器具须知》一节中，袁枚就非常赞同古人"美食不如美器"的论断，提出了大小碗盘要摆放得有层次，才觉得满桌生色，并要求物贵者器皿要精，物贱者器皿可以粗一些。

在对盛放食物的物件提出要求后，袁枚更是对饮食的方式和习惯作了14条戒律，他说"为政者兴一利不如除一弊，能除饮食之弊，则思过半矣，作戒单。"他指出在洗菜、做菜过程中都要注意卫生，切刀、砧板、抹布、锅灶要干净清洁，

否则便会“虽绝好烹庖，如西子蒙不洁，人皆掩鼻而过之矣”。他还诫告世人请客不可图贵重、贪虚名；不可以暴食，“暴者不恤人功，殄者不惜物力”；反对残忍的吃法，“至于烈炭以炙活鹅之掌，专刀以取生鸡之肝，皆君子所不为也。何也？物为人用，使之死，可也，使之不死，不可也”。

《随园食单》的另一原则，讲的是万物都有其自己的自然属性，也自有其规律。为此，袁枚通过自己的实践和总结，剖析了食物之间的差异，揭示了食物的内在品质。他告诉人们，海鲜江鲜、羽族水族、有鳞无鳞、杂牲杂素、饭粥茶酒，因为物性不同，就各有做法，或煎或炒，或煮或烹，或炖或焖，或煲或煨。甚至就连作料，譬如油的荤素、酱的清浓、酒的酸甜、醋的陈新，都要根据它们各自特征的差异，各有讲究，绝不能根据自己的主观感觉而随便添油加醋。

此外，袁枚能够成为烹饪理论的大师，也源自他注意细节的性格。也就是如今所讲的“细节决定成败”。在他看来，洗刷是以去除有害的污物为目的；而食物的调剂方法，就是要把最适合的放到合适的位置，也就是资源的合理配置问题；而食材之间的搭配就跟选择对象一样，是互相排斥还是互相吸引都要细心选择。至于烹饪的火候、快慢、器具、时节、多少等，都要沉着应对，绝不能含糊。总的说来，每一个环节，都要顺其自然，都要遵循其规律，才能做出最上乘的菜肴。

袁枚对于奢侈是相当反对的，他鄙视各种庸俗风气，追求天然的饮食之美。他在书中对那些不懂食性的人极尽讽刺：“用肉丝、鸡丝杂之，吃鸡丝、肉丝，非吃燕窝也。”还讽刺有的人为了充阔：“往往以三钱生燕窝盖碗面，如白发数茎……真乞儿卖富，反露穷相。”作为对比，他提到了“冬瓜燕窝”的做法，“以柔配柔，以清入清”，反而得其妙处。

（2）食谱文化

袁枚的食单收录了中国从14世纪至18世纪中流行的南北菜肴饭点，以及当时的美酒名茶，对于其中选择的菜肴，无不进行严格的选择，同时还道出了各种原料的来源、制作流程、馔肴特点及用途，袁枚对饮食的精细由此显露无遗。

<table>
<tr><td>宫廷菜</td><td>在《杂素菜单》中有一款“王太守八宝豆腐”。这道菜用切细的嫩豆腐加香蕈屑、蘑菇屑、瓜子仁屑、鸡屑、火腿屑，同入浓鸡汁中，煮滚起锅而成，制作十分精细。它本是康熙御膳房的菜品，康熙将制法赐给了徐尚书，袁枚则从徐尚书门生的孙子王太守处得到。</td></tr>
<tr><td>官府菜</td><td>《随园食单》记载了各地官府的菜肴约72种，其总的特点是：选料严，切配当，制作巧，用火准。
选料严格。尹文端公家的蜜火腿，“其香隔户便至，甘鲜异常”，秘诀就在于“取好火腿”。袁枚说：“火腿好丑，高低判若天渊。”现在，苏州的名菜“蜜汁火方”仍然十分重视选好火腿。
恰当的切割搭配。杨兰坡府中所做肉圆，就是将肉“去筋去节，斩之极细，肥瘦各半”。袁枚对搭配主张清配清，浓配浓，有时荤素也可相配。海参天性浓重，不可用清汤煨出，“蒋侍郎家用豆腐皮、鸡腿、蘑菇煨海参，亦佳”。
制作奇巧。如张荷塘的女厨“用飞面拌生猪子油团，百搦才用枣肉嵌入为馅，裁如碗大，以手搦其四边菱花样”，袁枚说其中的奥妙是：“枣不去皮，取其鲜也。油不先熬，取其生也。含之上口而化，甘而不腻，松而不滞，其功夫全在搦中，愈多愈妙。”
火候准。火候是决定菜肴质量的关键，如扬州朱分司家最精于制作红煨鳗，其中三戒中有两戒是关于火候的：“一皮有皱纹，皮便不酥；一肉散碗中，箸夹不起。”急火则使皮皱，应用温火；用火时间过久，则肉散，夹不起，味亦不佳。现在红煨鳗，经烹制后皮肉酥而入味，就是火候运用得当的结果。</td></tr>
<tr><td>寺院菜</td><td>袁枚在《随园食单》中主要记载了南京、杭州、扬州和安徽等地寺院的12种菜肴，其特点是善于用素料入烹，有的也兼善荤料制作。
寺院菜主要选择蔬菜等原料，而且很善于烹制。在南京，承恩寺擅长制作的大头菜“愈陈愈佳”，醋渍萝卜也“以陈为</td></tr>
</table>

	妙”；在扬州，定慧庵的僧侣能以木耳、香蕈和蘑菇汁煨制成菜，还有“制之极精”的素面。在杭州，天台山的僧徒先将竹笋蒸过，再压出汁水，制成笋油。有的寺院也善于用荤料制作。在南京朝天宫的道士用好火腿和黄芽菜心加蜜酒酿煨制的菜，“上口甘鲜，肉菜俱化，而菜根及菜心丝毫不散，汤亦极美”。可见当时寺院的烹饪技术水平已达到一定高度，只是以蔬菜为主来体现。
民间菜	《随园食单》所记的126种民间菜的选料基本上是有什么烹什么，根据现有的实际情况而定。 就袁枚家而言，其烹饪原料多是园中之物。《随园琐记》记录有：“榨笋为煮，煮蕈为卤，制桂栗之糖，捣玫瑰之酱，蒸玉兰之粉，酿海棠之蜜，采露荷之菜以蒸猪肉，真觉取之无尽，用之不竭。” 《随园食单》还记载了许多依据厨师的特长制成的民间菜。如袁香亭的家厨善于掌握火候，烹制的猪头味道极好，“大火烧一柱香，退出大火，用文火煨收干，以腻为度。烂后即开锅盖，迟则走油。”
民族菜	袁枚所选民族菜只有一种，即当时南方盛行的满族白片肉。它起源于满洲的跳神肉，用料量大，因用刀自割而食，也称吃片肉。《特牲单》说：“寒士请客，宁用燕窝不用白片肉，以非多不可做也。割法须用小快刀片之，以肥瘦相参，横斜碎杂为佳，……其猪身，肉之名目甚多。满洲‘跳神肉’最妙。”
市肆菜	袁枚在《随园食单》中明确记载的市肆菜以点心的品种为多，如：扬州运司衙门前店的运司糕，“色白如雪，点胭脂红如桃花，微糖作馅，淡而弥旨”；杭州北关外卖的白果糕最佳，“其甜处，非蜜非糖，可暂可久”；以及苏州都林桥的软香糕、南京莲花桥教门方店的松饼等。这些点心，有的至今仍是当地的名点。 其他记载的市肆菜，品种贵贱不一，适合不同经济条件的

人。稍贵的有“杭州忠清里王三房家四钱一斤”的火腿，杭州西湖上王柳居最有名的醋楼鱼，以及鹿筋、红煨鳗、全羊、荔枝肉等；价格较低的，有苏州温将军庙前的乳腐，“黑色而味鲜”，以及烧饼、蓑衣饼等一些大众化点心。

地方菜

《随园食单》记载的40种地方菜，多是江浙一带的传统菜肴，也有江西、广东、山东等地的菜。

江浙地区馔肴的特点，主要是用料精细，口味各异。那里的烹饪原料丰富，因此在选用原料时有条件精细。《随园食单》记录的梨炒鸡，用的是鸡胸肉切片和雪梨薄片、香蕈小块烹制而成，至今杭州的梨炒鸡片仍遵守这一用料原则。江浙菜的另一特点是口味各异，即袁枚所说的“一碗各成一味”。杭州的家乡肉以口味区别其优劣，“有上中下三等，大概淡而能鲜，精肉可横咬者为上品”。扬州的裙带面，用小刀截为微宽的条制成，“总以汤多为佳，在碗中望不见面为妙”。而且扬州小笼依然很著名，如蟹粉小笼、三丁包等，特点是皮薄馅大，口味鲜美。还有苏州的虾子鱼、三层玉带糕、南京的白云片、宁波的段鳝等，都各成一味。

袁枚还记了其他地区的馔肴。如江西的粉蒸肉，“不但肉美，菜亦美，以不见水，故味独全”。广东的颠不棱肉饺、陕西的西饼等。

茶酒

《随园食单》不仅评述了南北名茶，对于茶制食品，更是有记载，显得颇有特色。

其中有一种“面茶”，即是将面用粗茶汁去熬煮后，再加上芝麻酱、牛乳等佐料，面中散发淡淡茶香，美味可口；而“茶腿”是经过茶叶熏过的火腿，肉色火红，肉质鲜美而茶香四溢。

围棋经典——《棋经》

《棋经》

作者——张拟

虽然现在《棋经》的作者都署张拟，但历史上对其作者有很多说法，还有人认为是宋代的张立青或刘仲甫，也有人认为是元代的晏天章等。

时代——宋朝

内容——围棋经典

《棋经》涉及的问题大致有规格等级、品德作用、术语、战略战术等，理论较为全面，还记载了一些善博弈者的名字，书中常引经传中的句子，来说明博弈之道由来已久，并用经典语作为每片的结尾。全书共十三篇：

《序》：对整个围棋的形势进行分类，谈到围棋着法与战术，与兵法相似；

《论局篇》：对棋盘进行解释；

《得算篇》：强调计算关系到一局的胜败；

《权与篇》：讲布局，指出了布局的重要性和原则；

《合战篇》：全面周密地提出了实战中的各种问题，这是全书最重要的篇章之一；

《虚实篇》：探讨战术进攻的原则；

《自知篇》：把有无自知之明提到了胜败的高度加以阐述；

《审局篇》：棋手要重视棋局形势的变化，做到成竹在胸；

《度情篇》：从各个方面讨论了态度问题；

《斜正篇》：讲棋风问题；

《洞微篇》：以变化的观点探讨了围棋战术；

《名数篇》：归纳了下子的三十二种术语；

《品格篇》：把棋力的高低分为九段；

《杂说篇》：比较芜杂，其中最有价值的是提出了棋手的品质作风问题。

游戏一般是为了热闹而发明的，但围棋却不同。由于围棋中蕴涵着古代哲学中的一元生两仪、两仪生四象、四象生八卦、天圆地方、十九农节气、三百六十周天之数等含义，所以变化丰富。相比象棋而言，它更像是经营一个有对手的国家，有很高的难度，需要下棋的人有很高深的智谋。由此围棋独辟蹊径地喜欢安静，黄庭坚有诗说："心似蛛丝游碧落，身如蜩甲化枯枝"，他将围棋过程中殚精竭虑的心智思考表露无疑。所以，虽然围棋是中国游戏中流传最久远的一种，但它却基本上是贵族的游戏。

然而围棋自远古时期的发明到宋代，一直都没有一部系统的理论化著作。从尹文子和太叔文子算起，后来有了班固的《弈旨》、马融的《围棋赋》等，但直到敦煌写本《棋经》和王积薪的《十诀》，围棋理论才逐渐开始系统化。但要算真正建立起一个系统的，还是《棋经》。

《棋经》又叫《棋经十三篇》，它的围棋理论，较以往的更加深刻、全面。特别是涉及围棋战略、战术的篇章，有"棋有不走之走，不下之下"，"有先而后，有后而先"，"有始少而终多者，有始近而终远者"等的真知灼见。

《棋经》还第一次阐述了棋手的品质、作风等问题。它把"胜不言，败不语"，"安而不泰，存而不骄"等作为评价棋手品质作风的标准，并把这些品质当做关系一局棋输赢和提高棋手水平的关键。由此可以看出，《棋经》所讲的不仅是棋理，更是棋道，是棋境。

象棋范本——《桔中秘》

象棋的魅力在于它类似于一场小型的战役，在争战频繁的古代，象棋自然也就拥有了一批爱好者。而这种棋盘上的厮杀，最终成为一种智慧的对垒，调动手中的一车一卒，在棋手眼中就如同调动了千军万马。象棋不仅是中国棋类中厮杀最激烈的棋类品种，还因方便携带，受到更多平民的喜爱，成为普及率最高的棋类。《桔中秘》是至今流行最广、影响最大、版本最多的一部象棋

谱，它概括了明朝及以前时期的象棋成就，成为象棋发展第一个阶段的总结，更是后世象棋学习研究的范本。

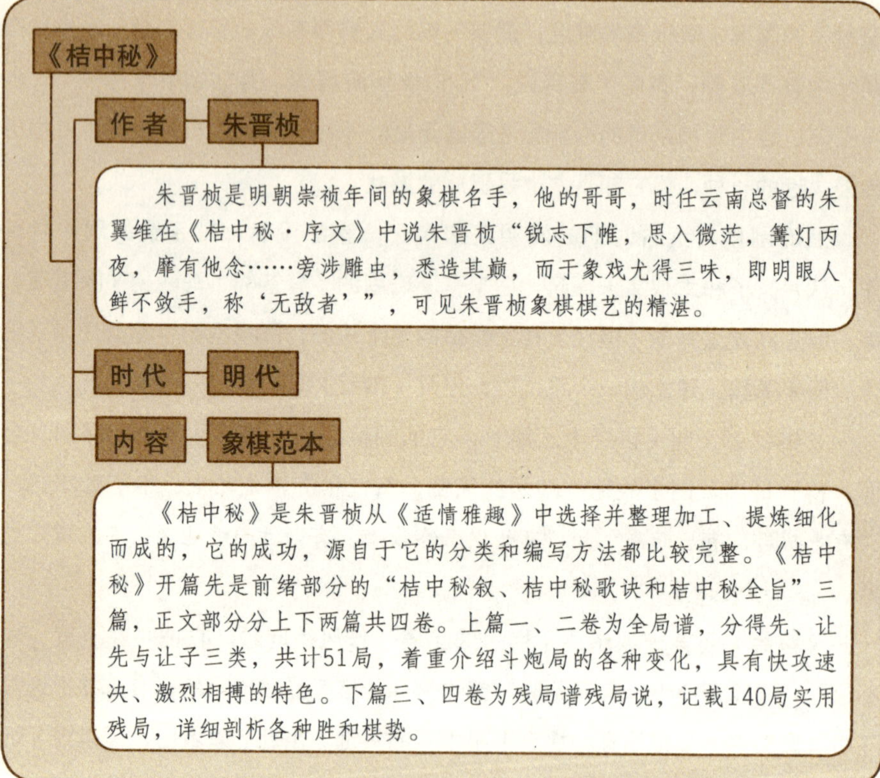

中国象棋源远流长，历史悠久。战国时期宋玉所著《楚辞》“招魂篇”里有“蓖蔽象棋，有六博些”的说法，但当时的“象棋”指的是象牙做的六博棋，不是现代形制的象棋。唐代以前，象棋还只有将、车、马、卒四个兵种，唐代以后，火器开始用于军事，象棋也逐渐改革，从而拥有将、车、马、砲、士、象、卒七个兵种，这就和现代象棋的兵种基本相似了。

象棋成型是在唐代，但直到宋代以后才开始风行并广为流传。

北宋司马光的《七国象棋图》、南宋洪迈的《棋经论》是现代象棋最早的理论著作。在这之后问世的象棋书谱，有明代的《梦人神机》《适情雅趣》《桔中秘》，清代的《梅花谱》《韬略元机》《心武残编》《竹香斋象戏谱》《百局象棋谱》等。这些棋谱中，有专门的全局谱和专门的残局谱，也有归纳分类比较齐全完整的棋谱。

而最有名气、最有代表性的则是《桔中秘》《梅花谱》两谱，它们在总结前人经验的基础上，揭示了象棋的基本规律，探讨了各种开局的战略战术，二者并列为传世两大象棋谱。

（1）象棋制胜的要诀

“棋虽曲艺，义颇精微，必专心然后有得，

必合法然后能超。大抵一局之中，千变万化，

有难殚述，然其妙法，必不能出乎范围。”

朱晋桢用《桔中秘·全旨》来统领阐明象棋制胜的要旨。他认为下象棋要求用心，要广泛地接触熟悉各种棋局才能有所超越，而且棋盘上的局势往往是千变万化的，但万变不离其中，只要掌握一些基本的技能技法，熟然于心，就能做到应对自如了。

他也根据经验总结出一些象棋要诀：

“如顺手炮先要车活，列手炮须补士牢，入角炮使车急冲，当头炮横车将路。破象局中卒必进，解马局车炮先行。巡河车赶子有功，归心炮破象得法。辘轳炮抵敌最妙，重叠车兑子偏宜，鸳鸯马内雇保寨。蟹眼炮两岸拦车，骑河车禁子得力。两肋车助卒过河，正补士防车得照，背立将忌炮来攻。弃子须要得先，捉子莫要落后。士象全可去马兵，士象亏兑他车卒算稳着，要成杀局使急着须有应子，得先时切忌手忙，输车时还教心定。子力强必须求胜，子力弱即使寻和。此局中之定法，决胜之大略也。有能详察斯言，参玩图势，则国手可几矣。”

朱晋桢从千军万马的争战中总结出实用的规律，他化繁为简的功力，使象棋拥有了具有实际指导意义的要诀，成为《桔中秘》广为流传的关键原因。

（2）残局

朱晋桢在《桔中秘》中不仅用全局的对弈来给以学者实战，还有“残局

说”一篇。残局又叫排局，它是历代象棋大师在厮杀到仅存几子的棋盘上，巧妙布局，从而扭败为和，甚至扭败为胜的棋局。由于残局的难度高，这也就成为古代象棋爱好者特别喜欢研究的部分。

◇象棋是一场小型的战役，而围棋则是两个国家的对垒

朱晋桢则在《桔中秘·残局说》中指出，残局的魅力，更重要的是它能迅速帮助学者提升棋艺。在全盘的棋谱中，由于棋子很多，学者很难明了重点在哪儿，但残局就不同，由于子很少，其中使用的方法，就很容易了解到，也就容易把技巧学到手。一旦学到一项技巧，就可以在以后的实战练习中触类旁通，所以比起学习全盘棋谱来，学习残局是有翻倍的收获。

朱晋桢还指出残局实战中存在的一些问题："如局本成和，贵乎能守。惟刚愎自用，锐其攻而布其胜，胜不可寻而反致失中，败且随之。局固可胜，贵乎善谋。彼昏愦不知，馁于进而诿于和，和已自慊而安敢他谋子并弃之，此皆不审局面之误也。”由于不少人容易对残局的局势认识不清，加上学习残局的好处，所以他收集了过去那些有经验的残局谱。他对这些残局进行研究，改正了其中的一些错误，使能胜的局必胜，使能和的局必和，并每局都有自己的独到之处。

插花专著——《瓶史》

《瓶史》又叫《袁中郎瓶史》，中国插花艺术的发展得益于它的传播。大约在17世纪中叶，《瓶史》传入日本，被日本人当做插花的教科书研读。

《瓶史》

作者 — 袁宏道

袁宏道为明代文学家，“公安派”的主帅，同袁枚一样倡导“性灵说”，极力宣扬“独抒性灵，不拘格套，非从自己胸臆中流出，不肯下笔”的主张，作有众多著名的游记。他年少时就有超过同辈人的认识，后来他虽历任苏州知县、顺天府教授、国子监助教等职，却无意于仕途，喜欢以栽花种竹为乐，无奈他的居室狭小，又迁徙无常，不得已才将兴趣转移到插花上。后来，他根据自己的心得与见闻，著有《袁宏道集》《瓶史》十二篇即选自其中。

时代 — 明代

内容 — 插花专著

《瓶史》一书实际上是对中国插花艺术的总结，书中记有专业并且独到的插花方法，详尽地分析阐述了花材的选用、花器的选择、供养的环境以及插法、品赏等内容，如花瓶的质地可分为瓷、铜、玉、石、陶等，还有高、低、方、圆、大、小之分。什么瓶能插什么花也有讲究，看似小道的插花艺术，却能从此书中看到极高的艺术要求，是一本不可多得的学习和研究中国插花艺术的专著。全文仅有三千余字，分两卷：

上卷：瓶花之宜、之忌、之法

下卷：分作十二节。一为花目，二为品第，三为器具、四为择水、五为宜称、六为屏俗、七为花祟、八为洗沐、九为使令、十为好事、十一为请赏、十二为监戒。

中国有着悠久的插花艺术历史。中国插花发源于佛教的供花，始于南北朝，发展于唐宋。而插花艺术的鼎盛时期，则是在明朝，特别是明代中、后期，文人墨客出于崇尚怡情养性而大量种植观赏植物，讲究以花会友，寄情花木丛中。插花逐步走向学术性，不再局限于点缀生活，有关插花的专著亦相继问世，其中就包括了袁宏道的《瓶史》。

袁宏道是一个极其热爱生活的人，同时也是一个艺术眼光比较高的人。无奈他一生为官职所牵绊，处处身不由己，因此崇尚起隐逸悠闲的生活。在《瓶史·引》中，袁宏道曾写道：“夫幽人韵士，屏绝声色，其嗜好不得不钟

于山水花竹。”他还说：“高人隐士们住深山，濯清泉，与世无争，并以把世间一切让人为乐。他们的生活恬淡、安逸，绝无大祸临头之恐。这正是我生平极为羡慕的事。”

既然不能在现实生活中实现隐逸的生活，袁宏道就在花木中逃避。他认为插于瓶中之花有极高的观赏价值，也是人生一大乐事。经过反复的插花实践，一整套的宝贵经验被他总结出来。

（1）瓶中之花

中华民族以风雅著称，素来赋予花人格魅力，以花赞人，以花喻人，如松竹梅被誉为“岁寒三友”，梅兰竹菊被称为“四君子”等。中国插花在风格上追求崇尚自然，朴实秀雅，寓意含蓄；同时，在形式结构上讲究完整和变化，注重线条、构图的自然流畅，简洁清晰；用色以淡雅为主，体现朴素大方的特点；在意境营造方面，插花题材广泛，多赋予作品寓意深刻的思想性，观之耐人寻味，回味悠长。

《瓶史》更将这种特质发挥到了一个高度。如花材，是插花中必不可少的原料，袁宏道就在《瓶史》中将“花目”一节，摆在篇首，足见他对花材的重视，至于花材的选用，袁宏道更有独到之见：“取花如取友。”在当时的历史条件下，不能不说是一大进步。

花目	花材的品种。 燕京较冷，普通儒生寒士之家，难以栽植南方名花，所以只能就近选取花木。春天有梅与海棠，夏天有牡丹、芍药与石榴，秋天有木樨、莲与菊花，冬天有蜡梅。袁宏道认为取花如同取友，乏花之时，宁贮竹、柏数枝，也不应滥用凡枝凡花。
品第	花材的等级。 袁宏道重名贵花木，介绍了一些优异的插花植物品种，如梅花中有重叶、绿萼、玉蝶、百叶缃梅，海棠中有西府、紫锦，芍药中有冠群芳、御衣黄、宝妆成等。然而，他本人也以为，一般人家要选用所有名优品种来插花是不大可能的。

器具	花瓶的种类。 袁宏道认为铜器如花觚、铜觯、尊 、方汉壶、素温壶、匾壶，窑器如纸槌、鹅颈、茄袋、花樽、花囊、蓍草、蒲槌等瓶，均以改小为宜；插贮牡丹、芍药、莲等大型花卉则不在此限。
择水	瓶花用水的选择。 袁宏道主张多贮梅雨季节的雨水，或取湖水方宜。现在科学考证，湖水在风吹日晒条件下，有一定的自然净化作用。
宜称	插花的布局。 袁宏道认为插花不可太繁，亦不可太瘦，宜高低疏密，应该像画苑布置一样。他还主张插花以“整齐”为好，“夫花之所谓整齐者，正以参差不伦，意态天然，如子瞻之文，随着断续，青莲之诗，不拘对偶，此真整齐也”。至于置瓶成对，插花成行列，插法千篇一律，或枝叶相当，红白相间，如墓门华表，这种形式的整齐并不可取。
屏俗	室内家具的合适摆设。 袁宏道不主张使用彩花瓶架之类器物，主张自然美感。
花崇	花卉养护。 袁宏道认为花下不宜焚香，烛气煤烟均能“杀花”，他对花卉的保养、护理有自己独到的见解。
洗沐	花卉的除尘。 京师风沙较大，瓶花容易蒙上尘垢，会使花枝枯萎，故需给花枝沐浴。浴花之法是将清澈的泉水浇洒花枝，慎用手触摸。
使令	花材的搭配。 袁宏道用主婢关系套用于花卉。如梅花以迎春、瑞香、山茶为婢；海棠以苹婆、林檎、丁香为婢；牡丹以玫瑰、蔷薇、木香为婢；芍药以蜀葵为婢；石榴以紫薇、千叶木槿为婢；莲花以山矾、玉簪为婢；木樨以芙蓉为婢；菊以秋海棠为婢；蜡梅以水仙为婢。不过，他认为诸婢姿态仍有浓淡雅俗之分，水仙神骨清绝，山茶鲜妍，瑞香芬烈，玫瑰旖旎，芙蓉明艳，林檎、苹婆，姿媚可人，蜀葵艳于篱落，山矾洁而逸，有林下气，丁香瘦，玉簪寒，秋海棠娇然有酸态。

（2）东西方插花

西方主要是以大堆头的块面式插法为主，而东方则主要以勾线来表现插花的形式，也就是所谓的线条式插花。

◇中国插花清雅绝俗，用色淡雅，以幽雅见长

西方插花讲究视觉上的强烈感，给人以奔放热烈的感官刺激。他们喜欢将色彩鲜艳的花朵聚集在一起，给人以视觉上的艳丽震撼，对造型与意境并不刻意追求，仿佛仅仅是为了突出花草的雍容华贵，使气氛显得异常浓烈。另外，西方插花还注重几何构图，S型和圆形是他们惯用的造型。

东方插花则更注重线条感，花枝的数量并不要求多，但却追求线条、构图的变化与结合，采用青枝绿叶作为衬托，体现自然之美，轻轻勾勒便显得清雅脱俗。在用色上也强调淡雅，以清新恬淡见长，一般只用二三种花色，便足以自然明朗。

第九章

海纳百川——百科

中国古代的百科全书叫做类书，这种对社会生活全方面的记载，方便了人们对资料的保存和检索，它随着中国书籍的成熟程度而日益成熟，最终在明朝的《永乐大典》达到了最高的成就。

中国古代的百科全书很多，比如《诗经》是中国最早的诗歌总集，它收集了从西周初期至春秋中叶的诗歌305篇；《梦溪笔谈》涉及力学、光学、磁学、声学、考古、语言、文学、音乐、绘画以及财政、经济等各方面，从自然科学到社会科学，应有尽有。中国古代百科全书的巅峰之作是类书。类书，其实就是一种工具书。它采集群书，记录各门类或某一门类的资料，以便于必要时检索、征引。

类书

义系

按材料的义类分部编排，如天文、地理、人事类。每系中又分若干小类，如天文分有日、月、星、时等；时又分春、夏、秋、冬等。古代类书大多属此类。其中以取材范围又可分为综合性和专科性两种。

形系

形系类书是字形编类，即将两个字组成的词语按其上一字归入同一字的类中，而举出包含这个词语的诗文篇目，如清代的《骈字类编》。其作用与音形类书略同。

音系

音系类书是从古书中摘取二至四字的短语，按末一字的韵编入某韵，主要供编纂字、词典找资料出处所用。如元代的《韵府群玉》、清代的《佩文韵府》。

“类书”之作

魏国	《皇览》	该书为中国类书之祖，据《三国志·魏志·文帝纪》载：魏文帝曹丕时“使诸儒撰集经传，随类相丛，凡千余篇”。但这部书早已散佚，后世虽有一些辑佚本，但所存不多。
六朝	《修文殿御览》	北齐后主武平三年奉皇命编撰的，今已散佚。
唐代	《艺文类聚》	该书从1400多种古籍中分类摘录，分岁时、政治、产业等48部，事实居前，诗文列后，内容丰富。
	《文馆词林》	该书分类编纂自先秦到唐代各体诗文。
	《北堂书钞》	该书从当时各类书籍中摘录名言佳句，供当时作文采摭词藻之用。
宋代	《太平御览》	该书征引古书1690余种。它不仅是一部重要的综合性资料工具书，也是保存古代佚书最为丰富的类书之一。
	《册府元龟》	该书将历代事迹，自上古至五代，分门顺序排列。以史籍为主，间有取经、子，引文多是整章整节，对宋以前史辑的校勘工作有较高价值。
	《山堂考索》	又名《群书考索》，该书共分46门，所引经史百家之书，都附有辑书人的断语。
	《玉海》	该书分天文、地理、官制、食货等21门，对宋代史事大多采用《实录》和《国史日历》，有较高的史料价值。
明代	《永乐大典》	该书集中图书八千余种，依洪武正韵将有关资料整编。其体例是“用韵以统字，用字以系事”。每一单字下详注音韵训释，录有篆隶楷草各种字体，字下将有关人物事件、制度名物、山

		川河流、天文地理、诗词歌赋、号令文章之类收录记载。它篇幅浩繁，保留了不少古籍。
清代	《古今图书集成》	该书如它的书名，是对中国书籍的一个整理。原书分六编，三十四志，共一万卷，而它的内容更是“贯穿古今，汇合经史，天文地理，皆有图记。下至山川草木，百工制造，海西秘法，靡不备具。洵为典籍之大观”。为世界文化史上所罕见。

百科全书之最——《永乐大典》

《永乐大典》收录古代重要典籍达七八千种之多，上起先秦，下至明初，可谓中国最大的百科全书，用“包括宇宙之广大，统会古今之异同”来形容也不为过。而宋元以前的佚文秘典，多亏了《永乐大典》的编纂才得以保存流传。《永乐大典》所辑录的书籍，都一字不易，全照原著整部、整篇或整段的分别编入，无形中在很大程度上提高了保存资料的文献价值，所以人称《永乐大典》为“辑佚明初以前珍本秘籍的宝库”。

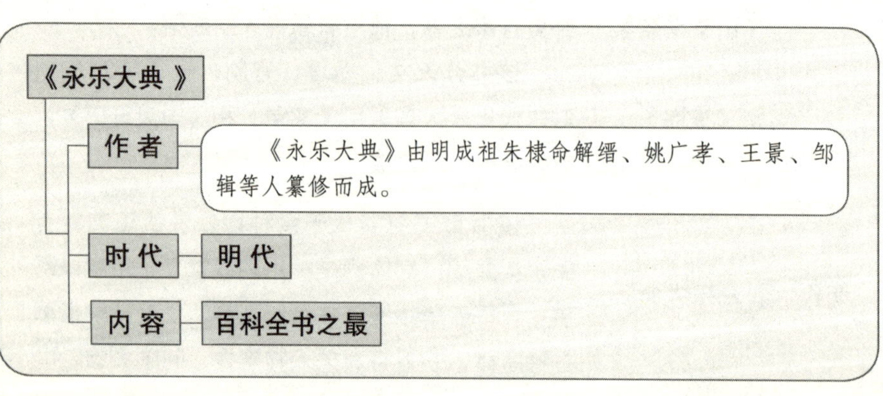

百科全书之最

《永乐大典》是明代官修的大型综合性类书。明成祖朱棣赐书名为《永乐大典》，并亲撰序言以纪其事。《永乐大典》收录古代重要典籍至七八千种之多，上至先秦，下达明初，收录的内容异常广泛，编排翔实。全书按《洪武正韵》的韵目编排，以韵统字，以字系事。举凡天文、地理、人伦、国统、道德、政治制度、名物、奇闻异见以及日、月、星、雨、风、云、霜、露和山海、江河等内容，无所不包，是古今第一的大型百科全书。

《永乐大典》，初名《文献大成》。1403年，朱元璋第四子朱棣，借“靖难”之名，赶走建文帝，夺取政权，改年号为“永乐”。为了炫耀他的文治，朱棣命令官员收集天下古今书籍，编纂成一套大型书集。这套书在永乐五年大体定稿，朱棣将其正式定名为《永乐大典》。永乐十九年北京紫禁城建成，朱棣迁都北京，《永乐大典》随之运到了北京，长期贮藏于宫城内的文楼。

朱棣命令编纂《永乐大典》，最初目的是为拉拢人心，巩固自己的政权，然而有意无意间，却给我们留下了一部气势恢宏的文化巨著，其内容包罗万象，特色众多，编排方式也匠心独具、录入字体更是细致精美，当做一件艺术佳品欣赏也很出色。

收集范围广泛	《永乐大典》汇集了上自先秦、下讫明初的八千余种古书典籍，除了著名的经史子集，还有哲学、文学、历史、地理、宗教、医卜等各类著作，包罗万象，是中国历史上最大的一部百科全书，比著名的《不列颠百科全书》成书早了300多年。
收集内容详实	《永乐大典》的内容包括诗文、戏曲、僧、道、医药、工艺等方方面面，其中，《永乐大典》还收录了许多后世已经残缺或佚失的珍贵书籍，如《薛仁贵征辽事略》、宋本《水经注》等，其所征引的材料，都是完整地抄录原文，保存了许多宝贵文献的原貌。

科学的编排方式	《永乐大典》的编排方式非常科学，全书按《洪武正韵》的韵目编排，以韵统字，以字系事，类似于今天字典的拼音检字法，在书的前面，用不同的字体演绎一个“门”字，有端庄的楷书、有狂放的草书、有秀美的隶书，尽显汉字的魅力。
书法特色	《永乐大典》不仅篇幅巨大，收集广泛，而且缮写工整，书中的文字全部用毛笔以楷书写成，每半页八行，大字占一行，小字抄成双行，每行28个字；此外，《永乐大典》中还有许多精致的插图，山川、地形，均以白描手法绘制，形态逼真，书为硬裱书面，由粗黄布装裱其外，典雅庄重，被中外专家学者誉为有史以来世界上罕见的珍品。

然而《永乐大典》却命途多舛。明世宗在1562年下令抄写一副本，自此，《永乐大典》分正本、副本两个版本流传于世。不幸的是，正本于明末清初就已流失，下落不明；副本虽流传下来，但几经周折，也破损严重，是为中国古代文化的巨大遗憾。

图书在版编目（CIP）数据

中国经典一本通 / 陈韵鹦主编.—西安：陕西师范大学出版社，2007.11
ISBN 978-7-5613-4100-1

Ⅰ.中… Ⅱ.陈… Ⅲ.文化常识 - 普及读物 - 中国 Ⅳ.Z422

中国版本图书馆 CIP 数据核字（2007）第 171091 号

图书代号：SK7N1110
上架建议：文化常识 / 社科

中国经典一本通

著　　者：陈韵鹦
责任编辑：周　宏
特约编辑：刘　丹　王　阳
封面设计：大象设计工作室 · 潘峰
全程技术支持：海派工坊
版式设计：利　锐
出版发行：陕西师范大学出版社
（西安市陕西师大 120 信箱　邮编：710062）
印　　刷：北京市业和印务有限公司
开　　本：787 × 1092　1/16
字　　数：500 千字
印　　张：26.5
版　　次：2008 年 5 月第 1 版
印　　次：2008 年 5 月第 1 次印刷
ISBN 978-7-5613-4100-1
定　　价：32.00 元